Jean Claude Bologne

MAGIE UND ABERGLAUBE IM MITTELALTER

Jean Claude Bologne

MAGIE UND ABERGLAUBE IM MITTELALTER

Aus dem Französischen übertragen
von Dr. Marta Jacober

Albatros

Titel der französischen Originalausgabe:
Du Flambeau au Bûcher

Titel der deutschen Originalausgabe:
Von der Fackel zum Scheiterhaufen

Bibliographische Information der Deutschen Nationalbibliothek

Die Deutsche Nationalbibliothek verzeichnet diese Publikation
in der Deutschen Nationalbibliographie; detaillierte bibliographische Daten
sind im Internet über http://dnb.d-nb.de abrufbar.

Albatros Verlag, Düsseldorf

Umschlaggestaltung: butenschoendesign.de
Umschlagmotiv: J. W. Waterhouse, The Crystal Ball, 1910, Private Collection, Mexiko
Printed in Czech Republic
ISBN 978-3-491-96243-9
www.patmos.de

Inhalt

EINLEITUNG

Mit den Augen des Mittelalters

Prof. C.*** M*** hilft, wo alles versagt hat – Erstklassiges Medium mit außergewöhnlichen Fähigkeiten – Eingeweihter in die Geheimnisse Afrikas und Asiens ... Ihm gehört das Vertrauen einflußreicher Persönlichkeiten. Er hilft Ihnen, alle Ihre Probleme zu lösen. Schwierigkeiten in der Familie. Rückeroberung einer verlorenen Liebe mittels Telepathie. Körperlicher und seelischer Bereich. Erfolg, Gewinnung von Kunden, Glück beim Spiel, Lösung aus Zauberbann. Arbeit, Fruchtbarkeit, sexuelle Potenz, Geschäfte. Wenn Sie kommen, wird Ihnen das Glück lächeln und Sie nie mehr verlassen.[1]

Man sagt gewöhnlich, das religiöse Mittelalter habe mit dem Zweiten Vatikanischen Konzil sein Ende gefunden. Aber das Mittelalter der Magie und des Aberglaubens hat ein Kielwasser hinterlassen, das es noch zu erforschen gilt. Das heißt, wenn wir noch dem Mittelalter gegenüber am Klischee einer dunklen, irrationalen Epoche festhalten wollen. ... Wer weiß, vielleicht wird die Geschichte unser Jahrhundert als das der Gurus, der Magier, der Wahrsager, der Talismane und der Zauberer ansehen. Überall feiert man die Hellseherei, die einschlägigen Publikationen haben Erfolg auf einem Buchmarkt, der sonst in einer Dauerkrise steckt, Briefkasten geben in verlockenden Magazinen Gratisratschläge, und man deutet an, auch Politiker fällten keine Entscheidung mehr, ohne die Sterne zu befragen ... Wir haben weder dem Mittelalter noch anderen Jahrhunderten Lektionen zu erteilen, was den Aberglauben angeht. Höchstens darin, daß wir unsere Hexen beweihräuchern, statt sie zu verbrennen.

Hexenverbrennung? Auch das ein trotz aller Berichtigungen nicht auszurottendes Klischee. «Hier haben wir den Sabbat, in häßlichen Versen von einem Dämonologen geschildert, dem auf traurige Art berühmt gewordenen De Lancre.» So beginnt eine Geschichte der Magie in

Frankreich.[2] Der einzige berühmte De Lancre ist Pierre, Verfasser einer *Übersicht über die Unbeständigkeit der bösen Engel.* Dieser französische Inquisitor mag für einige Scheiterhaufen verantwortlich sein, aber sein Todesjahr ist 1631. Das goldene Zeitalter der Hexenprozesse ist im 16. und 17. Jahrhundert zu suchen.[3] Der *Hexenhammer*, die Waffe der Inquisitoren gegen die neue sie quälende Geißel, kam 1486 heraus, und seine Verfasser, Institoris und Sprenger, konnten in den germanischen Ländern nur unter dem Schutz einer päpstlichen Bulle wirken, weil sie dort schlecht behandelt worden waren. Denn zu Ende des 15. Jahrhunderts kam es vor, daß man lieber die Inquisitoren vertrieb als die Hexen ...

Zauberbücher, hohe Rituale der Magie und Beschwörungsbücher stammen zum größten Teil aus dem 16. und 19. Jahrhundert, werden aber großzügig dem Mittelalter zugeschrieben. Die wirklich mittelalterlichen Zauberbücher wurden so oft überarbeitet, erweitert und neuen Praktiken angepaßt, daß es schwierig ist, die Originalfassung auszumachen. Der *Petit Albert*, der auf dem Land noch im Umlauf ist, enthält zweifellos mehr Text aus dem 19. Jahrhundert, als er dem Pseudo-Albert dem Großen verdankt.

Seitdem die Gesellschaftsklassen offiziell abgeschafft wurden, ist uns bewußter, daß es bei der Behandlung des Aberglaubens oft um ein bestimmtes intellektuelles oder kulturelles Niveau geht. Der Teufel mag zwar auf dem Land besser daheim sein als in der Stadt, aber dennoch bezeichnen wir nicht mehr eine ganze Klasse, zum Beispiel die Landbevölkerung, als leichtgläubig, wie das die ersten Jahrhunderte taten. Die Überbleibsel der Wissenschaftsgläubigkeit überzeugen uns, daß die Vernunft, die sich mit vermehrtem Wissen verbreitet, über das Irrationale triumphieren wird. «Die Vernunft exorziert uns», klagen die Geister bei Béranger. Bildung, weit stärker als Evangelisation, wird sie auf Nimmerwiedersehen verjagen. Aber auch da: der Spott, mit dem Gebildete den «Volksglauben» bedenken, unterscheidet sich nicht sehr von dem, mit dem der mittelalterliche Intellektuelle der Magie und dem Aberglauben begegnete.

Wir verwechseln heute Magie nicht mit Zauberkunststücken, Folklore nicht mit Religion, Parapsychologie nicht mit Psychosomatik, Astrologie nicht mit Astronomie ... Das Irrationale auf einem Gebiet zu akzeptieren, heißt nicht, daß wir es durchwegs annehmen müssen. Man kann über UFOs spotten und jeden Morgen sein Horoskop lesen, an Gott glauben, aber nicht an den Teufel, «Freitag den Dreizehnten» fürchten, aber nicht den Gehsteig verlassen, um einer Leiter auszuweichen. Die gleichen Unterschiede und Paradoxa gibt es auch im Mittelalter. Astronomie und

Astrologie, Magie und Zauberkunststücke sind klar getrennt. Ein durchdringender Geist wie zum Beispiel Pierre von Ailly (Petrus de Alliaco) kann mit der gleichen Feder astrologische Hirngespinste und Betrachtungen über die Rundheit der Erde niederschreiben, die Christoph Kolumbus beeindruckt haben. Ziel der mittelalterlichen Intellektuellen ist es vor allem, die «Tricks» zu finden, die sich hinter Wundern verstecken, und als «natürlich» darzustellen, was die Naturgesetze zu verletzen scheint. Niemand ist einem Wunder gegenüber skeptischer als ein Theologe.

Aber die Leichtgläubigkeit ist eine Funktion des Nichtwissens. Für einen Westeuropäer des 12. Jahrhunderts sind Elefanten und Einhorn zwei phantastische Tiere aus den Bestiarien. Begegnet man dem ersteren, gewinnt das letztere an Glaubwürdigkeit. So wird auch häufig die Fähigkeit des Magnets, Eisen anzuziehen, als Beweis dafür angeführt, daß andere Steine andere Fähigkeiten haben. Eine Sternschnuppe wird zu einer Feuerlanze und verstärkt den Glauben an die himmlischen Heerscharen. Geburtsschäden bestätigen die Existenz von Ungeheuern ... Und denken wir an meteorologische Erscheinungen, die, ehe die Gelehrten sie uns erklärten, uns hätten schwören lassen, wir seien einem UFO begegnet.

Der Plan zu diesem Buch ist vor allem aus der Frage entstanden: Ist der geräumige Sack des Mittelalters, in den wir Magie und Aberglauben gesteckt haben, nicht eher die Projektion unserer eigenen Phantasmen und einer Leichtgläubigkeit, die wir unsererseits angesichts des Irrationalen exorzieren möchten? Wenn der technische Fortschritt, wie Comte glaubte, zu «positivem» Denken führt, so können die Jahrhunderte blinden Glaubens und Schwarzer Magie nur Jahrhunderte sein, in denen die Kenntnis und die Beherrschung der Welt am schlechtesten waren. Diese Gleichung ist natürlich allzu einfach. Man weiß heute, daß Technik, Architektur, Landwirtschaft und Industrie im Mittelalter viel weiter entwickelt waren, als man gemeinhin annimmt; auf jeden Fall übertrafen sie das klassische Altertum. Was das Irrationale angeht, darf man es nicht mit unseren Augen ansehen, die durch spätere Entdeckungen geschärft sind, sondern man muß den Blick des mittelalterlichen Menschen zu rekonstruieren versuchen.

Wichtig für die Beurteilung der Reaktionen auf das Irrationale ist also weniger der Glaube an das Erfahrene, denn der hängt vom Fortschritt der Wissenschaft und der Kenntnis der Welt ab; was wirklich zu beurteilen ist, ist das Bedürfnis nach einer rationalen Erklärung der Erscheinung oder die Weigerung, eine solche anzunehmen. Wenn man zum Beispiel glaubt, daß ein rechts getragener Fetus ein Knabe wird, ist das ein Aberglaube, der ganz natürlich verschwindet, sobald die Anatomie genügend fortgeschritten ist, um festzustellen, daß die Gebärmutter nicht in eine linke und eine rechte Kammer geteilt ist. Aber wenn man im selben Zusammenhang hört, daß der Arzt erklärt, das Sperma, das in die rechte Hälfte gelangt, liege näher bei der wärmespendenden Leber und werde deshalb besser «gegart», so zeigt sich hier ein wissenschaftliches Bedürfnis nach Erklärung, das mit Leichtgläubigkeit nichts zu tun hat.

Diese aktive Haltung gegenüber allem, was man nicht versteht, hat mich stärker interessiert als die öde Aufzählung abergläubischer Inhalte und die magischen Akte einer bestimmten Epoche. Der Akt und der Gegenstand haben keine Bedeutung. Wenn jemand am Hals einen Skarabäus trägt (oder ein Kreuz oder ein hebräisches Tetragramm oder ein ägyptisches *ankh* ...), kann das mit Religion oder mit Magie, oder mit Schmuckbedürfnis zusammenhängen, je nachdem, ob man das Anhängsel als Glaubenssymbol, als Talisman oder als Schmuckstück betrachtet. Es ist also die Haltung gegenüber dem Gegenstand oder der Handlung, die mich seit Beginn meiner Studie fesselt und die mein Leitfaden bleiben wird.

Das Mittelalter bietet, wenn man die Magie und das Irrationale generell studiert, besonders reiches Material, denn der religiöse und der wissenschaftliche Rahmen waren damals noch genügend elastisch, um die verschiedensten Vorstellungen aufzunehmen. Besonders interessant ist dabei die lange Zeit, die es gedauert hat – zehn Jahrhunderte; sie erlaubt uns, die Entwicklung des Irrationalen parallel zu betrachten: Die Geschichte des Hexenwesens, der Spiritualität, des Aberglaubens ... liest sich ganz verschieden, wenn man jedes Gebiet getrennt studiert. Die Geschichte der Literatur, diejenige der Theologie und die der Naturwissenschaft sind ebenfalls wichtig, um die allgemeine Geschichte magischer oder abergläubischer Praktiken zu beleuchten. Eine Gesamtschau ist nötig, und diese sehr weite Perspektive möchte ich hier geben.

Ein Überblick über die Bereiche des Irrationalen während zehn Jahrhunderten kann nur monumental oder karikaturistisch sein. Man braucht deshalb einen genügend scharf definierten Annäherungswinkel, wenn man sich nicht mit einer Aufzählung von Gemeinplätzen zufrieden geben will. Zuerst dachte ich daran, die vom Irrationalen berührten Bereiche während des ganzen Mittelalters zu besprechen, ohne allerdings jemals eine erschöpfende Liste der Praktiken zu geben. Dann wollte ich in jedem Bereich die Reaktionen studieren, die das Irrationale und das Magisch-

Religiöse bei den Intellektuellen hervorrief; so würde ich die Geschichte des Blicks fortsetzen, die ich in früheren Büchern behandelt habe.

Ich habe mich vor allem für den Versuch interessiert, das Irrationale in den verschiedenen Bereichen, die es berührt, immer stärker rational zu erfassen. Diese Bewegung, die seit den ersten Jahrhunderten bis heute fühlbar ist, konzentrierte sich auf das 11. bis 13. Jahrhundert, eine Epoche, in der die Intellektuellen auf allen Gebieten in dem Haufen gesammelter Kenntnisse Ordnung zu schaffen suchten. Daraus ergab sich eine Verschärfung der Positionen auf allen Gebieten: die Rationalisierung des Glaubens führt zu ekstatischer Mystik, aber auch zu einem halbverdeckten Atheismus (dem Averroismus), die Folklorisierung des Aberglaubens macht aus dem Heidentum eine Satanslehre und schürt die Angst vor Zauberern; die wissenschaftliche Rationalisierung ersetzt die auf Erfahrungswerte abgestützte Wahrsagerei durch die gewaltigen Strukturen der Astrologie und der Geomantie ... Im 14. bis 17. Jahrhundert erscheinen die großen Mystiker (von Meister Eckhardt bis Jeanne-Marie Guyon) gleichzeitig mit den großen rationalistischen Philosophien (von der Scholastik bis zum Kartesianismus), gibt es neben Humanismus auch Fanatismus, neben Hexenpsychose auch politischen Macchiavellismus. Vom Templerprozeß bis zu den Teufeln von Loudun ist dies die Zeit der Hexenjagd. Die Fackel der Vernunft ist in die Hände der Inquisitoren gefallen und entzündet nun die Scheiterhaufen des Glaubens: der Preis dafür, daß man sich in den vorausgehenden Jahrhunderten bemühte, die Welt neu zu ordnen, ähnlich wie der Turm von Babel bei seinem Einsturz die Nähe des Himmels Lügen strafte.

ERSTER TEIL

DER MENSCH VOR DER MAGIE

In einem Dorf des Limousin stritten sich zur Zeit des Königs Karl VII. zwei Familien um einen Acker und das Getreide, das die eine darauf gesät hatte. Eines Abends versuchten Pierrot de Mernères und seine zehn Kinder, im Gefühl, der Streit gehe zu ihren Ungunsten aus, das umstrittene Korn zu ernten. Durant de la Planha und seine Familie ertappten sie dabei. Und kaum hatte er sie gesehen, schrie er: «Das sollst du mir büßen!» und «Ah, ihr Diebe de Mernères! Seid ihr gekommen, um das Getreide von meinem Acker zu stehlen?» Schläge und Flüche beiderseits; Angriffe mit Schwert, Spieß, eisenbeschlagenen Stöcken und Fäusten ... Auf beiden Seiten wurden Männer und Frauen an Armen und Kopf verletzt.

Alle gingen heim, um ihre Wunden zu versorgen. Die heilten bei allen, ausgenommen bei Etienne de la Planha, «der seine Kopfwunde besprechen ließ, ohne ein anderes Mittel anzuwenden. Er blieb etwa zwei Wochen krank im Bett und verschied dann, entweder infolge seiner Nachlässigkeit oder aus anderen Gründen.» Der Familie de Mernères, Vater, Frau und Kindern, blieb nichts anderes übrig, als auszuwandern, um eine Anklage vor Gericht zu vermeiden, dem sie Haus und Hof hinterließen. Ein Begnadigungsschreiben erlaubte ihnen 1444, ins Dorf zurückzukommen und ihr Eigentum wieder in Besitz zu nehmen.[1]

Ein banaler Dorfstreit, der besser ausgegangen wäre, wenn nicht einer der Beteiligten einem Zauberer mehr getraut hätte als dem Arzt. Diese «Nachlässigkeit» rechtfertigt zum Teil die Begnadigung seines Mörders. So hatte also eben, als man auf höherer Ebene mit den Hexenjagden begann, die medizinische Magie, die besprochene statt verbundene Wunde, ihre Glaubwürdigkeit verloren – sowohl bei den Bauern, wo nur einer von siebzehn diesen Weg gewählt hatte, als auch bei den Klerikern. Auch Sebastian Brant verspottete fünfzig Jahre später jeden, der alten Weibern mehr vertraue als einem Arzt. Aber gleichzeitig vertritt er noch den alten Glauben, Krankheit sei eine Strafe für Versündigung![2]

1. DIE MAGIE IM MITTELALTER

Das Ende der Sintflut bedeutete die Versöhnung zwischen Gott und dem Menschengeschlecht; Jahwe besiegelte sie mit einem Regenbogen. Aber der Friede dauerte nicht lange: Noahs eigener Sohn Ham, der sich über die Nacktheit seines Vaters lustig gemacht hatte, wurde von diesem verflucht und gründete einen Stamm von Zauberern und Götzenanbetern ... Hams Nachkommen, in denen das Mittelalter bald die Schwarzen, bald mißgebildete Menschen, bald Zwerge und alles, was abstieß, sah, bevölkerten die Gebiete östlich und westlich des Mittelmeers bis nach Mesopotamien. Am meisten interessiert uns hier das Gebiet Mizrajim, dessen Name auf hebräisch «Ägypten» bedeutet.

Laut der *Genesis* war Mizrajim der Vorfahre des ägyptischen, des lybischen und des palästinensischen Volkes. Aber vom 3. Jahrhundert an dehnte man seine Rasse auf Babylonien und Persien aus. Hier beschloß Mizrajim, sich als Gott verehren zu lassen; er täuschte die Menschen, indem er sich mit Funken umgab, die, wie er sagte, vom Himmel fielen. Er lehrte die Menschen, in den Sternen zu lesen und Götzenbilder zu machen. Seine Strafe war sinnvoll: Der Dämon, den er gerufen hatte, um sich von Flammen umgeben zu lassen, verzehrte ihn lebendig. Sein entsetztes Volk nannte ihn nur noch Zoroaster, «lebenden Stern»[3].

Die Wissenschaft von der Magie ging hierauf an Nimrod über, den der Autor der Pseudo-Klementinen als Sohn von Mizrajim bezeichnet. Er war es, der unter dem gräzisierten Namen Ninos die Stadt Ninive gründete und der die okkulten Wissenschaften von Persien nach Ninive brachte. Hier endet die Urfassung der Legende; sie wies eine beträchtliche Lücke auf: Nimrod stammt in Wirklichkeit von einem anderen Sohn Hams ab, nämlich von Kusch, dem Vorfahren der Äthiopier. Man versuchte, diese Unstimmigkeit auf verschiedene Weise zu umgehen: Augustinus (4. Jahrhundert) zog die Bibel nicht heran und beschränkte sich vorsichtig auf Zoroaster und Ninos. Um den Stammbaum zu retten, hielten andere

Zoroaster und Kusch für ein und dieselbe Person. Tatsächlich erscheint Mizrajims Name nicht mehr in den späteren Versionen. Wieder andere lösten das Problem, indem sie eine Generation übersprangen und den Ursprung der Magie Ham selber zuschrieben. Und schließlich gibt es Versionen, die Nimrod weglassen und Ninos zum Sieger über Zoroaster machen.

Bei Gregor von Tours (6. Jahrhundert) finden wir ein Gemisch all dieser Lösungen, und die meisten späteren Autoren beziehen sich auf ihn.[4] Kusch ließ sich von den Persern, denen er die Verehrung des Feuers und der Sterne beibrachte, Zoroaster nennen. Ninos, König von Assyrien, soll ihn getötet und seine Bücher verbrannt haben, aber mehrere hunderttausend Verse wurden versteckt und später wiedergefunden. Demokrit habe die magische Kunst ausgebaut, und böse Geister hätten sie in die Welt hinausgetragen. Um alle klassischen Traditionen zu wahren, fügen einige hinzu, Orpheus habe die Magie von Demokrit übernommen.

Diese Legende enthält potentiell bereits eine ganze Anzahl von Themen der mittelalterlichen Magie. Das Thema von den versteckten und wiedergefundenen Manuskripten zum Beispiel war damals sehr beliebt: Man findet in Toledo ein Manuskript, das Hippokrates dort in einem Keller versteckt hat; Motiv auch des jungen Maugis für die Reise. Vergil stirbt und umklammert dabei mit der Faust das Buch aller Wissenschaften «par anging et par nigromance». Die *Kyraniden* wurden in Troja, im Grab des Königs Kiranos, in eine Eisensäule eingekerbt.[5] Ein von der Antike geerbtes Thema. Nach Plinius schändete Demokrit das Grab des Dardanus, um Bücher über die Magie zu entwenden. So beruft man sich auf die Notwendigkeit der Geheimhaltung und sichert gleichzeitig das verehrungswürdige Alter des Textes. Legende? Vielleicht enthält sie, die so oft wiederholt wurde, ein Körnchen Wahrheit: Die heilige Wissenschaft, die Magie und die Alchimie ließen sich nur mündlich weitergeben, und die Magier nahmen ihre Bücher mit ins Grab. Man hat tatsächlich in einem thebanischen Grab die Leydener Papyri gefunden, die die ältesten Texte der ägyptischen Alchimie enthalten.

Was die symbolische Abstammung Zoroasters von Ham und Demokrits von Ninos angeht, so spiegelt sie die geographische Verbreitung der Magie wider. Ham und Mizrajim stehen für Ägypten, das stets das Land der Magie war. Mizrajim bedeutet ja auf hebräisch Ägypten; Hams ägyptischer Name ist allerdings Khemi, die Schwärze, für die Ägypter die Farbe des befruchtenden Schlammes. Die christlichen Autoren kennen dieses Wort, sie verbinden mit ihm die Alchimie, die schwarze Wissenschaft ... Für sie ist es Ham, der dem Land seinen Namen gegeben hat.[6] So wie Kusch zu Zoroaster wurde, hielten sie Ham für Ammon, den Sonnengott. So bestätigt sich die vom 1. Jahrhundert an aufgestellte Hypothese über den Ursprung der heidnischen Götter: Man betrachtete sie als vergöttlichte Menschen (euhemeristische Theorie).

Zoroaster – die verwestlichte Version des Namens Zarathustra – lebte im 6. Jahrhundert vor unserer Zeitrechnung. Als Gründer des Mazdaismus macht er deutlich, daß die Magier, dieser Stamm, der die Priesterkaste des medischen und persischen Reichs stellte, die okkulte Wissenschaft so sehr verkörperten, daß sie ihr ihren Namen gaben (Magie). Sein Vorhandensein in dieser Genealogie stammt aus einer heidnischen Überlieferung: Seit dem 5. Jahrhundert v. Chr. sehen die Griechen in ihm den Bahnbrecher der Magie. Aber sie glaubten wenig an diesen Perser, von dem sie annahmen, er habe mehrere tausend Jahre vor Homer gelebt, und sie erwähnten ihn nur als mythischen Vorfahren. Für den modernen Leser verkörpert er auch den Anfang des dualistischen Denkens, das am Grund der meisten großen mittelalterlichen Häresien (Manichäismus, Katharer) liegt und die Zauberei vom Satanismus her erklärt. Die Legende sagte auch, Zoroasters Frau sei Hermaphroditin gewesen und er habe auch ihr seine Magie beigebracht. Sie wird zur Schirmherrin der Hexen und Zoroaster zum Schirmherrn der Zauberer.[7]

Ninos, der legendäre Gründer von Ninive, hat Zoroaster nicht besiegt: Wenn es ihn gab, so lebte er lange vor dem iranischen Propheten, und seine Stadt wurde im Gegenteil von den Medern und Persern eingenommen. Was die Zerstörung der magischen Bücher angeht, so handelt es sich vielleicht um die Umkehrung einer Erinnerung: In Ninive existierte lange vor Zoroaster eine der größten Bibliotheken der Antike. Die Vernichtung der magischen Bücher kommt jedoch in jeder Zivilisation vor: Keine hat dies unterlassen. Das Autodafé der alchimistischen Manuskripte und hierauf aller Bücher der Bibliothek in Alexandrien durch die Römer im Jahr 290, durch die Christen 416 und durch die Moslems 645 ist nur *ein* Beispiel, ein schreckliches, aber kein isoliertes.

Nimrod, der in der Urlegende mit Ninos gleichgesetzt wurde, ist auch eine gleichnishafte Gestalt. Nach der jüdisch-christlichen Überlieferung baute er den Turm von Babel, um den Himmel zu ersteigen: Als Symbol des menschlichen Ehrgeizes, der so mächtig sein möchte wie Gott, verkörpert er den Hochmut der Dämonen, die hinter den Magiern stehen.[8] Er stammt übrigens aus dem in der Antike für seine Magie berühmten Babylonien. Und auch er selbst benutzte eine Art Magie, denn laut einer apokryphen Legende hatte er von seinem Vorfahren Noah das Kleid aus Tierfellen geerbt, das Jahwe für Adam gemacht hatte und das diesem «großen Jäger vor dem Herrn» tödliche Macht über alles Wild verlieh. Symbolisch gesprochen, könnte es sich um den Ursprung der Verzauberung durch universelle Sympathie handeln.

Auch Ninos hatte in dieser Genealogie Symbolkraft: Er ist ein König, der sich von einem Propheten zu einem Philosophen wandelte. Das Thema des Zauberer-Königs ist wiederum ein häufiges Thema. Alchimistische Bücher werden Kheops[9], Kleopatra, Heraklios, Justinian zugeschrieben, und magische Schriften Nektanebo (einem Pharao der 30. Dynastie) und Kyros ... Hierbei sollte man nicht nur an die Autorität des Namens denken, sondern wohl auch an die religiöse Aufgabe der Pharaonen: Nur ihnen durfte die heilige Wissenschaft der Priester enthüllt werden. Und die Totenbücher, die Verstorbene ins Jenseits begleiten, sind Sammlungen magischer Formeln und haben vielleicht zum Mythos der in Gräbern entdeckten Manuskripte beigetragen ...

Demokrit von Abdera (ca. 460–370 v. Chr.) erinnert an die Rolle der Griechen bei der schriftlichen Überlieferung, das heißt bei der Weitergabe dieser Wissenschaft. Sein Name allein ist ein ganzes Programm. Die Legende zeigt ihn als lachenden Philosophen, währenddem Heraklit weint – vielleicht ein Echo auf Zoroaster, von dem man seit Plinius erzählt, er habe bei seiner Geburt gelacht, um die Welt zu verspotten. Dieser atomistische Philosoph gilt als ideales Sinnbild für den heidnischen Materialismus. Unsere Genealogie betrifft allerdings weniger ihn als vielmehr einen Pseudo-Demokrit, der im 2. Jahrhundert v. Chr. in Ägypten lebte und auf den die Alchimie zurückzuführen ist. (Heute schreibt man Bolos von Mende die *Physica et mystica* zu, die damals unter seinem Namen zirkulierten.) Er sagte, er sei der Schüler eines persischen Propheten, Ostanes, und er war der ideale Vermittler von Wissen zwischen Orient und Okzident. In den Alchimistenkreisen der ersten Jahrhunderte bezieht man sich andauernd auf Demokrit; auch bei Plinius findet man seinen Namen.[10]

Orpheus, der erst spät in den Texten erscheint[11], ist die Erinnerung an eine parallele Legende, die Plinius bekanntmachte. Der lateinische Naturphilosoph konnte sich nicht vorstellen, daß eine so komplexe Kunst wie die Magie von Zoroaster bis nach Thessalien verbreitet worden sei, und er glaubte eher an einen medizinischen und religiösen Ursprung; Orpheus wurde ihr Schirmherr.[12] Plinius stellte diesen mythologischen Ursprung gegen die zoroastrische Genealogie; das späte Mittelalter vereinte dann die beiden Legenden.

Hinter einer vereinfachten Genealogie muß man also, wie bei den biblischen Genealogien, eine weit breitere Geschichte lesen, in der Personennamen Völker vertreten. Die Ansichten über die geographischen Zusammenhänge der Magie verändern sich von der Antike zum Mittelalter hin. Für die Antike handelte es sich bei der Magie in erster Linie um eine orientalische Kunst: Mesopotamien, Persien, Kolchis und Ägypten waren die Hauptlieferanten. Man beschuldigte aber auch Nachbarvölker: Die Griechen klagten Thrazien und Thessalien an, die Römer Etrurien und die «fiebernde Bretagne», die nach der Eroberung Galliens, der Vertreibung der Druiden und dem Verbot jeder keltischen Magie zu einem Zufluchtsort geworden war ... Das Mittelalter hielt an gewissen antiken Klischees fest (Ägypten, Chaldäa), verdächtigte aber vor allem die rivalisierenden Religionen: Magie war gleichbedeutend mit der jüdischen Kabbala, die im westlichen Christentum verbreitet worden war, mit dem islamischen Spanien, vor allem Toledo, und mit der Zauberei Irlands.

Symbolisch wird die Magie also mit der Sünde verbunden (Ham), mit der Götzenanbetung (Zoroaster), mit dem Hochmut (Nimrod) und mit der heidnischen Philosophie (Demokrit). Grundsätzlich kann alles, was der christlichen Religion und Moral widerspricht, magisch sein. Von der Alchimie (Pseudo-Demokrit) zur Verzauberung (Nimrod) und zur Astrologie (Zoroaster) findet man die okkulten «Lieblingsideen» des Mittelalters. Das christliche Weltbild eignet sich besser für die Überlieferung dieser Genealogie als der gesunde lateinische Verstand. Die Weitergabe von okkultem Wissen erklärt sich hier leichter, denn sie geschieht durch Dämonen und gefallene Engel. Ihre Verbindung zu den heidnischen Göttern erklärt plausibel die Bande zwischen Magie und alter Religion, wie Plinius sie in der Legende von Orpheus entdeckt hat.

Schliesslich kann man die Legende über den Ursprung der Magie geographisch, historisch oder typologisch ausdeuten. Christlich gesehen, läuft sie auf eine Erklärung der Gegenwart hinaus. Nach der Evangelisation Europas zogen sich die Dämonen aus der westlichen Welt zurück und flüchteten nach Asien, eine Gegend, in der man wahllos das Paradies auf Erden, Völker von fabelhaftem Aussehen, merkwürdige Tiere, unerhörte Wunder und die letzten Heiden ansiedelte. Das ist das Thema der «Wunder Indiens», wo man Gräser und Steine mit höherer magischer Kraft fand und von wo Leute, die wirklich oder nur in der Fantasie auf Reisen gewesen waren, die verblüffendsten Legenden mitbrachten.[13] Auf diese Weise ist das Irrationale im Abendland theoretisch aus Zeit und Raum weggedrängt. Seit dem 3. Jahrhundert wird immer wieder gesagt, die Zeit der Wunder sei vorbei: Als Christus lebte, waren sie notwendig; jetzt sind sie überflüssig geworden, weil der Glaube herrscht. Räumlich sind die Wunder den götzenanbetenden Ländern vorbehalten. Diese doppelte Verdrängung des Irrationalen, die das Abendland der Vernunft oder dem Glauben überließ, treibt Zauberer und Magier in immer stärkere Isolation; sie werden als Überbleibsel des Heidentums oder als Spione Andersgläubiger betrachtet. In seinen eigenen Augen ist der Okzident eine Insel in der Welt der Leichtgläubigkeit und des Aberglaubens. So stellt er sich auf den Landkarten dar, umgeben von Inseln mit Ungeheuern oder unbekanntem Land, wo alle Wunder möglich sind. Er wäre höchst erstaunt, wenn man ihm sagte, daß er heute genau für die Leichtgläubigkeit steht, von der er sich verschont geglaubt hatte ...

Eine weitere, weniger verbreitete Legende wurzelte im *Buch Henoch*, einer apokryphen Schrift, die in den ersten Jahrhunderten sehr beliebt war. Es brachte die Einführung der verfluchten Wissenschaften in Zusammenhang mit dem Verkehr gefallener Engel mit Menschentöchtern. Schemehaza lehrte sie Zaubersprüche und Botanik, Hermoni die Teufelsaustreibung, die Magie, die Zauberei und die Kartenkunststücke, Kokabiel die Sternzeichen, Ziquiel die Meteorzeichen, Arataquif die Erdzeichen, Schamschiel die Sonnenzeichen, Sahriel die Mondzeichen, «und sie machten sich alle daran, ihren Frauen Mysterien zu enthüllen»[14]. In der Schöpfungsgeschichte, wir erinnern uns, wurde die Sintflut ausgelöst, weil die Engel sich von den Frauen angezogen fühlten. Die beiden Legenden widersprechen sich nicht, denn die Verfluchung Hams findet unmittelbar nach der Sintflut statt. Er hätte zu den Menschen gehören können, die von lüsternen Engeln eingeweiht wurden ...

Und wie sehen das die Heiden? Eine Legende scheint mir in diesem Zusammenhang interessant, jene, die das *Kalevala* abschließt, das finnische Nationalepos, das im 19. Jahrhundert von alten Erzählern berichtet wurde, aber nach Ansicht der Spezialisten auf eine Tradition aus der Zeit vom 6. bis 11. Jahrhundert zurückgeht. Die Mythen, die dieses «Epos» enthält (es handelt sich eher um einen mythologischen Zyklus als um einen epischen Bericht), sind nicht christianisiert, mit Ausnahme des letzten Liedes, in dem man unschwer im Sohn der Jungfrau Marjatta (Maria) Christus erkennt, der vom bösen Ruotus (Herodes) verfolgt wird und gekommen ist, um die Macht von Wäinämöinen, des ewigen *Runoia*, zu brechen. Der *Runoia*, Barde, Komponist und Sänger von *runot* (was den lateinischen *carmina* entspricht, die gleichzeitig Lieder und Zaubersprüche bedeuten), hat einen magischen Aspekt, überdeutlich beim alten, unerschütterlichen Wäinämöinen: Seine Lieder fesselten Menschen und Elemente, bauten Schiffe, beruhigten Stürme.

Das Kind der Jungfrau, das seine Mutter «Blumenknospe», andere aber «verfluchter Herumtreiber» nannten, klagte Wäinämöinen an, und dieser, in Wut und Scham, floh auf einem Kupferschiff, das er mit einem Lied erschaffen hatte. «Dann setzte er sich ans Steuerrad und fuhr mitten ins Meer hinaus, und, während er die Wellen spaltete, erhob er seine Stimme und sagte: ‹Zeiten werden vergehen, Tage werden auf- und untergehen, und man wird mich wieder brauchen; man wird mich erwarten, damit ich nochmals einen Sampo bringe, damit ich eine neue Kantele fabriziere, damit ich den verschwundenen Mond und die Sonne wiederfinde, damit ich mit ihnen die Freude wiederbringe, die von der Erde verbannt wurde.› Und der alte Wäinämöinen fuhr fort in seinem Kupferschiff, durch stürmische Fluten, und erreichte ferne Horizonte, die unteren Himmelsräume. Da hielt er an und da blieb er mit seinem Schiff.» [15]

Man kann nicht umhin, das Ende dieses finnischen Epos neben den Tod Arthurs zu stellen, der auf die Insel Avalon geht und dort weder tot noch lebendig bleibt, bis ihn die Bretonen wieder brauchen. Und neben das Verschwinden Merlins, der mit seiner ganzen Wissenschaft und seiner Magie in Vivianes Luftschloß eingeschlossen ist. Wäinämöinen umfaßt auf seine Art mehr oder weniger die spirituelle und weltliche Macht des Gespanns Arthur und Merlin. Im Geist der Nordländer und der Kelten ist die *ars magica* nach dem Siegeszug des Christentums nur verbannt, aber bereit, mächtig wiederzukommen zu einer anderen Zeit.

Ein Land mit fließenden Grenzen

Die Schwierigkeit, das Irrationale im Mittelalter zu fassen, rührt wesentlich davon her, daß sich die verschiedenen Bereiche überschneiden. Ein berühmtes Beispiel: War Jeanne d'Arc eine Heilige oder eine Zauberin? Zwischen christlicher Magie und Zauberei, himmlischen Stimmen und Einflüsterungen des Teufels, weisen heidnischen Frauen und Erscheinungen kann nur das Wohl- oder Übelwollen der Inquisitoren unterscheiden. Diese Epoche ist voll Verwirrungen dieser Art. Die Verwandtschaft zwischen Heidentum und Magie war bald einmal klar, dann auch die zwischen Ketzerei und Magie, aber auch zwischen wissenschaftlichen Erkenntnissen und okkulten Kräften. Die nichtchristlichen Nationen wurden natürlich als Heiden betrachtet, also auch als Menschen, die sich mit Magie befaßten und mit Dämonen verkehrten. Toledo und Sizilien, die wichtigsten Begegnungsstätten zwischen der christlichen und der islamischen Kultur, waren die beiden mythischen Zentren der mittelalterlichen Magie. In einem Manuskript des 13. Jahrhunderts wird das Wunder Theophils mit Bildern veranschaulicht: Der Mann, der im Namen des Teufels die Verehrung des Priesters entgegennimmt, ist ein Jude, gut kenntlich an seiner spitzigen Mütze und an anderen Eigenheiten des Gewandes, mit denen sich die Juden seit König Ludwig dem Heiligen kenntlich machen mußten.[16] Je nach den Ängsten und den Feinden, die es zu besiegen gilt, können Heidentum, Ketzerei, Wissenschaft oder fremde Religionen mit einem Verrat am christlichen Gott gleichgestellt werden.

Eine weitere Quelle der Verwirrung: Alles, was ungewöhnlich ist, ist *mirandum*, erstaunlich. Eine Überschwemmung, große Kälte, ein abnormales Kind, Vierlinge, ein gewaltsamer Tod können bald als natürlich, bald als übernatürlich angesehen werden. Es braucht nur ein großes Ereignis, und man sucht nach einer Bedeutung und glaubt, es habe etwas die Ordnung der Natur gestört, und spürt in diesem Außergewöhnlichen den Finger Gottes. Shakespeare schildert in *König Johann* die Reaktion des Volkes auf die Ermordung eines Kindes Anfang des 13. Jahrhunderts. Eine solche Missetat, auf der ein illegitimer König seine Macht aufbauen möchte, darf nicht ungesühnt bleiben, und alles wird jetzt zum Zeichen. «Denn wer sein Heil in echtes Blut getaucht, der findet nur ein blutig unecht Heil. Der Frevel wird die Herzen seines Volks erkälten und den Eifer frieren machen, daß, wenn sich nur der kleinste Vorteil regt, sein Reich zu stürzen, sie ihn gern ergreifen. Am Himmel kein natürlich Dunstgebild, kein Spielwerk der Natur, kein trüber Tag, kein leichter Windstoß, kein gewohnter Vorfall, die sie nicht ihrem wahren Grund entreißen und nennen werden Meteore, Wunder, Vorzeichen, Mißgeburten, Himmelsstimmen, die den Johann mit Rache laut bedrohn.»[17] Tatsächlich – und Shakespeare nutzt hiefür historische Quellen – erhebt sich später ein Prophet, Peter von Pomfret, und kündigt das Ende der Herrschaft Johanns an: Man sah fünf Monde in einer Nacht – und wahrscheinlich wurde jedes Unglück, das geschah, der Sünde von Johann ohne Land zugeschrieben.

Der momentanen Verfassung entsprechend kann also eine Naturkatastrophe eine Laune der Natur sein, ein Zeichen für kommende Ereignisse oder die Strafe für einen Fehler oder ein Verbrechen. Hungersnöte und Überschwemmungen kündigen 1174 das Kommen des Antichrists an; der Brand der Kirche Notre-Dame von Noyon 1132 ist nur die gerechte Strafe für den schlechten Empfang des Papstes; die Vergiftung der Ernten unter Karl dem Großen wurde mit den Missetaten des Herzogs von Benevent erklärt.[18] So kann es geschehen, daß ein gleiches Vorkommnis zwei einander diametral entgegengesetzte Erklärungen findet. Der erste Stigmatisierte der Geschichte, glaubt man allgemein, war Franz von Assisi, der die Male der Kreuzigung 1124 beim Wunder von Alverna erhielt. Irrtum: Zwei Jahre früher durchstreifte ein Stigmatisierter England und zeigte dem Volk fünf Wunden an den Händen, an den Füßen und an der Seite. Er wurde vom Konzil von Oxford verurteilt und den Flammen übergeben. Allerdings behauptete er, Christus zu sein, der Volk und Geistlichkeit zu bestrafen gekommen sei.[19]

Ist es übrigens erlaubt, den Tod des Erbprinzen vorauszusagen? Ja, für den heiligen Bernhard auf der Höhe seiner Laufbahn - man hält heute noch für ein Wunder, daß er 1131 den Tod des Sohnes von Ludwig VI.[20] prophezeite. Aber zwei Frauen aus Liège, die 1176 den Tod des Erbprinzen Ludwig ankündigten, wurden beschuldigt, an seiner Vergiftung beteiligt gewesen zu sein. Ebenso kann die Wiederbelebung Toter mit Recht als ein typisch christliches Wunder bezeichnet werden. Heilige vollbrachten es immer wieder und ganz legal bis in die Zeiten, da Wunder rar wurden - der heilige Malachias macht 1138 einen Toten wieder lebendig, andere Fälle werden 1198 und 1211 gemeldet. Übertriebener Eifer? Die Wiederbelebung Toter wurde von Papst Johannes XXII., von trauriger Berühmtheit in der Geschichte der Zauberei, 1331 zur Ketzerei erklärt. Daraus ergaben sich heftige Meinungsverschiedenheiten in der Christenheit.[21]

Schon mit einer simplen Gegenüberstellung von Tatsachen läßt sich beim Leser eine irrationale Deutung hervorlocken. Wilhelm von Nangis, 1198, stellt selber keinerlei Verbindung her zwischen der Häufung von Wundern und seltsamen Erscheinungen einerseits und der Verfolgung der Juden in Frankreich durch Philipp August andererseits. Aber das Zusammentreffen wird einem bewußt, sobald man sich fragt, warum Frankreich von Gott so heimgesucht wurde. Die Antwort ergibt sich leicht aus dem im mittelalterlichen Christentum verbreiteten Antisemitismus.

Eine weitere Quelle von Mißverständnissen: Unbekannte Kräfte zu kennen oder zu beherrschen, das verstehen sowohl Magier wie Gelehrte ... Befiehlt nicht, wer die Kräfte der Natur nutzt, den Geistern der Materie? Diese Verwechslung der animistischen und der rationalen Erklärung der Welt wird von der folgenschweren Verwechslung von Kenntnis und Beherrschung überlagert: In einem primitiven Geist heißt, die Gesetze zu beobachten, auch, sie verändern zu können. Noch heute erhalten Meteorologen Bitten, sie möchten doch vor dem Weekend die Sonne zurückbringen – als sei Kenntnis und Beherrschung ein und dasselbe. Im Mittelalter wurden, oft aus Böswilligkeit, Wissenschaft und Magie oft in einen Topf geworfen.

Ein kosmopolitisches Weltbild

Mit sehr viel weniger materiellen Mitteln, als uns heute zur Verfügung stehen, und mit einer Duldung neuer Ideen, die derjenigen der klassischen Antike weit nachstand, hat das mittelalterliche Abendland eine Zivilisation des Reisens und des Kulturaustausches geschaffen. Der christliche Rahmen war elastisch genug, um die verschiedensten neuen Dinge und die Neugier – andere nennen sie Leichtgläubigkeit – zu vertragen. Magie und Aberglauben haben die ausgefallensten Einflüsse erfahren.

Eines der merkwürdigsten Beispiele dieser Vielfalt von mehr oder weniger gut verarbeiteten Nachrichten ist das *Hysperica*, ein Kauderwelsch aus Griechisch, Lateinisch, Hebräisch und Keltisch, in dem magische Formeln oder Heilgebete festgehalten wurden. Das Werk aus dem 8. Jahrhundert sei den Römern durch einen Engel überbracht worden, damit sie eine Epidemie von Dysenterie bekämpfen könnten: «Ranmigan adonai. eltheos. mur. O ineffabile. O miginan. midanmian. misane. dimas. mode. mida. memagartem. Orta min. sigmone. Beronice. irritas. unas quasi. dulath. feruor. fruxantis. sanguinis. siccatur. fla fracta. frigula. mirgui. etsihdon. segulta. frautantur. in arno. midoninis. abar uethó. sydone multo. sacula pp pppp Sother Sóther. miserere mei deus deus mini deus mi. AMHN Alleluia Alleluia.»[22] Natürlich ist das ein extremer Fall, aber er ist bezeichnend für die Ehrfurcht, mit welcher unverständlich gewordene Formeln weitergegeben wurden. Allgemein gesprochen, wußte man im

Mittelalter um das zusammengewürfelte Wesen der Magie, wenn es auch schwierig war, ihre richtigen Quellen auszumachen: Isidor von Sevilla schrieb so die Wasserdeutung den Persern zu, die Eingeweidedeutung den Etruskern, die Vogelflugdeutung den Phrygiern ...

Das größte kulturelle Substrat ist, wie in anderen Bereichen auch, die griechisch-römische Zivilisation. Die Gedankenstrukturen, in die sich die Magie wie die anderen Wissenschaften, seien sie neuplatonisch oder aristotelisch, einordnen muß, sind ihre direkten Erben. Ein Großteil der medizinischen und der naturwissenschaftlichen Magie stammt aus der klassischen Antike, die ihr Wissen oft von noch weiter her bezogen hatte. Plinius der Ältere, der lateinische Enzyklopädist des 1. Jahrhunderts, hat, wenn auch mit Vorbehalt, die wahnsinnigsten abergläubischen Vorstellungen in seiner Auflistung der wissenschaftlichen Kenntnisse seiner Zeit zusammengestellt, und er ist für die Überlieferung weitgehend verantwortlich. Der erste Beitrag der römischen Antike ist zweifellos das Wort «Magie» selbst: In Rom wurde seit dem Gesetz der XII Tafeln des Romulus die okkulte Wissenschaft mit der Barbarei gleichgestellt; man hatte sie nacheinander den Etruskern, den Thessaliern, den Chaldäern zugeschrieben und später den persischen «Magiern», diesen Wanderpriestern, die man noch im Evangelium vorfindet. Von Plinius stammt die Verschmelzung von «Magiern» und Zauberern.[23]

Lateinisch und Arabisch sind außerdem die unumgänglichen Gefäße der griechischen, ägyptischen und orientalischen Tradition. Gewisse abergläubische Vorstellungen, die ihren Ursprung in ihrem Namen verraten, wie die *dies egiptiales* (ägyptische Tage), müssen durch die kosmopolitische Formung einer mediterranen Magie im spätrömischen Reich gegangen sein. In den Lapidarien zum Beispiel lassen sich babylonische oder ägyptische Einflüsse erkennen, weitergegeben wurden sie aber ausschließlich mit Hilfe des *Damigeron*, eines griechischen Lapidariums, das zur Kaiserzeit ins Lateinische übersetzt wurde. Das Mittelalter bewahrt die kostbare orientalische Herkunft des Werkes, denn es schreibt es «Evax, dem König von Arabien», zu!

Von den jüdischen Spekulationen und der semitischen Weltsicht kannte das Mittelalter im wesentlichen, was die beiden Testamente sowie ein paar Apokryphen (wie das Buch *Henoch*) vermitteln. Das war ein wichtiger Rahmen des Denkens, denn er war dazu bestimmt, die ganze griechisch/römische Mythologie zu ersetzen: Die Berichte über den Ursprung der Welt, die Erbsünde, die Sintflut haben das westliche Denken trotz gewisser Parallelen (Mythen vom Chaos, von Pandora, von Deukalion) geprägt. Die Engel und die Dämonen, die wichtig sind, um die verschiedenen Typen erlaubter oder verbotener Magie zu unterscheiden, haben ihre semitischen Namen behalten (die Cherubim erinnern an die wohlwollenden Engel Mesopotamiens) und prägen eine Weltsicht, die der klassischen Antike fremd ist: Der eine und eifersüchtige Gott verstößt die anderen Götter zu den Dämonen. Auf gleiche Weise wie die fremden Götter im Alten Testament, Beelzebub oder Astaroth, wurden die griechischen und lateinischen Götter für die Juden wie für die Christen zu Teufeln.

Ein Juden und Christen gemeinsames Weltbild also, das sich aber für die Christen unabhängig vom jüdischen Denken entwickelte: Auf dem gemeinsamen Fundament haben die Kirchenväter und die Rabbiner sehr verschiedene Gedankengebäude errichtet, obwohl sich beide Schulen denselben Problemen gegenübersahen. Die christliche Mystik ist nicht die Kabbala; der Aristotelismus eines Thomas ist nicht der eines Maimonides. Der Neuplatonismus hat mehr zur Hierarchisierung der Engel und der Dämonen beigetragen als das jüdische Denken über dasselbe Thema. Wenn gewisse offene Geister vielleicht die jüdische Kabbala kannten, war ihr Einfluß doch nur punktuell. Die zeremoniellen Riten der Magie haben allerdings die hebräischen Namen Gottes und der Dämonen behalten, was ein wenigstens formeller Beweis für den Einfluß ist, den die jüdische Dämonologie auf die christliche ausübte. Salomon – der des Midrasch eher als der der Bibel – bleibt die obligatorische Referenz der zeremoniellen Magie für Christen und für den Koran. Für das ganze Mittelalter ist der Jude ein dämonischer Magier par excellence: Die Gleichstellung des Sabbats mit einer teuflischen Feier ist die sichtbarste Konsequenz. Eine paradoxe Situation, denn die Christen haben die Kampfmaßnahmen gegen die Magier von den Juden übernommen.[24]

Der arabische Einfluß betraf vor allem den naturwissenschaftlichen Bereich. Die islamische, von den Griechen ererbte Medizin enthält sehr wenig an Aberglauben und magischen Praktiken, als sie im 11. und 12. Jahrhundert das Abendland erreicht. Die Zukunftsvorhersage, die uns vor allem interessiert, verdankt am meisten den Arabern: Astrologie, Geomantie, Physiognomie, und vergessen wir nicht die Alchimie, die unter ihrem arabischen Kleid ihren griechisch-ägyptischen Ursprung verbirgt und die die antike Technik wiederbelebt hat. Wie der Jude für die Christen der Typ des dämonischen Magiers war, erscheint der Moslem als weiser Magiker, obschon er auch große Teile der arabischen zeremoniellen Magie einbrachte.

Inmitten dieses arabischen Einflusses gebührt den Sabiern ein besonderer Platz. Ihnen reservierte der Koran (II, 63) ein besseres Los als anderen Völkern, indem er sie unter den gläubigen Monotheisten einreihte. Sie wurden oft mit den Einwohnern des Königreichs von Saba (Yemen) verwechselt oder auch mit den Einwohnern von Carrhae (Harran im türkischen Mesopotamien). Ihnen gelang es, ihre Religion und ihren manchmal magischen, vielleicht aus Ägypten stammenden Kultus beizubehalten. Auf sie soll die Entsprechung zwischen Metallen und Planeten zurückgehen.

Thebit ben Corat, ein arabischer Magier, der 901 in Bagdad starb, war in Haaran geboren und zweifellos ein Sabier. Seine *Abhandlung über die drei magischen Bilder (De tribus imaginibus magicis)*, die von Adelard von Bath und von Johannes von Spanien (12. Jahrhundert) ins Lateinische übersetzt wurde, lehrt, wie man kleine astrologische Figuren machen kann, um jemanden zu verhexen.

Diese mediterranen Einflüsse, die sich auf den jeweiligen Gebieten auswirken (Religion, Dämonologie, Schwarze Magie, Naturwissenschaft), sind im wesentlichen schriftlich überliefert. In Gallien und Nordeuropa sind zudem auch keltische und germanische Überlieferungen in Betracht zu ziehen, die man nicht immer erkennen kann, weil sie selten niedergeschrieben wurden.

Marcellus Empiricus aus dem 4. Jahrhundert, ein Arzt aus Bordeaux, ist einer der wenigen Zeugen des keltischen Beitrags zur klassischen Medizin. Er erwähnt den gallischen Namen gewisser von ihm verwendeter Pflanzen (*gilarum*, Feldthymian, *De medicamentis liber* XI. 10) und bedient sich der Übertragungsmedizin, die zweifellos in der keltischen Magie benutzt wurde: Man soll, wenn man eine Stadt betritt, Kieselsteine aufnehmen und hinter seinen Rücken werfen, damit Kopfweh verschwindet (I, 54). Die Verwendung der Mistel als Talisman geht wohl auch auf die den Druiden heilige Pflanze zurück.[25]

Die Folklore weist noch Spuren keltischer Figuren auf (zum Beispiel die *duses*, Wichtelmännchen). Durch Plinius und Caesar kennt man auch gewisse gallische Praktiken, die im Mittelalter und sogar in der modernen Folklore erscheinen. Die bekannteste ist der Gebrauch des «Schlangeneis», von Plinius ausführlich beschrieben (XXIX, 52–54), den man im Buch *La Vouivre* von Marcel Aimé wiederfindet: Das Schlangenei ist ein legendärer Diamant, der aus den Sekretionen von verknäulten Schlangen entstanden sein soll und den man mit dem Drakonit identifizierte, einem ebenfalls legendären Stein, den man aus dem Kopf eines Drachen herausnehmen mußte.

«In Deutschland», erzählt Albert der Große, «in Schwaben, habe ich selbst einen Stein gesehen, auf dem sich mehr als fünfzig Schlangen versammelt hatten, das war zwischen den Bergen auf einer Wiese. Und da sich das auf dem Weg des Grundbesitzers befand, zogen seine Knechte das Schwert und hieben die Schlangen in mehrere Stücke. Und unter dem Kopf einer Schlange fand man einen schwarzen Stein von der Form einer geköpften Pyramide, er war undurchsichtig und in eine blaßfarbene Haut gehüllt, auf der eine sehr schöne Schlange abgebildet war. Die Frau des Adligen schenkte mir diesen Stein zusammen mit dem Kopf der Schlange.»[26] Im Kopf des Gelehrten begegnete die griechische Legende vom Drakonit der keltischen Tradition dank der christlichen Überlieferung, die Drache und Schlange einander gleichsetzte. Drei Überlieferungen wurden vermischt, um eine ungewöhnliche, aber durchaus reale Erscheinung zu erklären, die das Wissen der mittelalterlichen Naturwissenschaft überstieg.

Vom Aberglauben und von der Magie der germanischen Mythologie scheint uns wenig erhalten zu sein. Seltene Denkmuster (die neun Stücke der von Wotan getöteten Schlange) beeinflußten vielleicht die angelsächsische Medizin; man findet diesen und jenen Gott, allerdings romanisiert, in einem karolingischen Text[27]; ein paar Wörter wie *nodfyr* (Notfeuer) und *spurcalibus* (Sporkelmonat) deuten im gleichen Text das Überleben gewisser Bräuche an. Im bäurischen Aberglauben hat sich die germanische Mythologie am längsten erhalten, und zwar, ohne jeden theoretischen oder dogmatischen Rahmen, in Form von einzelnen Vorstellungen und Gesten, die ein deutscher Mönch des 14. Jahrhunderts mit Entsetzen wahrnahm.[28] Im Mittelalter finden sich diese Spuren nicht an zentralen Stellen, und Cardini meint, dies könnte ein Grund sein für ihr Überleben.[29] Als Grimm sie im 18. Jahrhundert sammelte, scheinen sie sich kaum verändert zu haben, seitdem die mittelalterlichen Autoren sie beschrieben hatten.

Die zehn Jahrhunderte, die willkürlich unter der Etikette «Mittelalter» zusammengefaßt werden, erscheinen uns als ungeheuerliche Brühe verschiedener Kulturen, der Grund dafür ist, daß man sie um jeden Preis als kompaktes und homogenes Gebilde betrachten will. Die verschiedenen

Einflüsse, die wir eben geschildert haben, machten sich nicht gleichmäßig in allen Epochen, auf allen Kulturebenen und im ganzen Land geltend. Einzig die griechisch/römische Kultur hat den mittelalterlichen Enzyklopädismus konstant und überall genährt; aber auch dies um den Preis periodischer Umschmelzungen und verstümmelter Übersetzungen, die sich weiter und weiter vom Original entfernten. Vor allem im spätrömischen Reich (2.–4. Jahrhundert) kann man von einer Prägung der christlichen Mentalität durch die Kultur der Antike sprechen. Von hier an gibt es nur hie und da neue Zuflüsse, manchmal auf indirekte Art.

Die keltischen oder germanischen Substrate blieben zweifellos auf ihre Ursprungsländer beschränkt und haben die wissenschaftliche Kultur nicht wesentlich beeinflußt. Die Texte, welche den germanischen Aberglauben kritisieren, stammen alle aus dem Kaiserreich; daß sie lateinisch waren, sicherte ihnen eine große Verbreitung. Das hartnäckige Überleben der germanischen Vorstellungen, angefangen mit den Zeugnissen des Burchard von Worms bis zu den Sammlungen der Brüder Grimm, weist darauf hin, daß sie nicht völlig ausgerottet werden konnten und schwer zu christianisieren waren. Als im 12. Jahrhundert die keltischen Legenden aus Irland und Schottland einflossen, beruhte dies vor allem auf einer literarischen, aristokratischen Mode, die die allgemeine Mentalität nicht tief beeinflussen konnte. Sie wurden übrigens sofort dem christlichen Gebäude einverleibt. Was den arabischen Einfluß angeht, so wirkte er sich nur auf die Naturwissenschaften (Medizin, Astrologie, Wahrsagerei, Alchimie) oder, vom 12. Jahrhundert an, auf die hohe Magie aus.

Klassifizierung der Praktiken

Magi, harioli, sortilegi, venefici, divini, incantatores, malefici, coragii, augures, sorticularii, necromantii, hydromantii, haruspices, pythones, genethliaci ... Es fehlt im Hochmittelalter nicht an Bezeichnungen von verbotenen Praktiken. Die verschiedenen Versuche im Mittelalter, in dieses Gewühl System zu bringen, erschöpften sich meist in der Aufzählung und in Definitionen. Diese Klassifikation war nutzlos, denn sie vermengte Fakten verschiedenen Ursprungs: germanisch *(coragii)*, griechisch *(pyromancii)*, etruskisch *(haruspices)*, römisch *(augures)*, persisch *(magi)*, und sie gruppierte andererseits ähnliche Fakten unter verschiedenen Titeln (*mathematici, magi, horoscopi, genethliaci* sind Ersteller von Horoskopen).

Und vor allem bezieht sie sich auf ein theoretisches oder vergangenes Stadium der Wahrsagung. Vergangen war die Zeit der *haruspices*, der Priester, die in den Eingeweiden von Opfertieren lasen, der *augures*, die die Zukunft aus dem Flug oder dem Appetit der Vögel errieten. Theoretisch war die Differenz zwischen Hydromantikern, Geomantikern, Aeromantikern, Pyromantikern, die die Zukunft mit Hilfe der vier Elemente (Wasser, Erde, Luft und Feuer) vorhersagten: Von Varro übernommen und während des ganzen Mittelalters wiederholt, zeigte sie erst ab dem 12. Jahrhundert eine konkrete Wirklichkeit, als die arabische Geomantie ins Lateinische übersetzt wurde. Die Tatsache, daß man den Namen Geomantie einer neuen Wissenssparte gab, die nichts mit einer «Weissagung mit Hilfe der Erde» zu tun hatte, zeigt deutlich, daß das Wort keiner bekannten Realität mehr entsprach.

Tatsächlich geht es bei den zwanzig Arten von Magiern, die Isidor von Sevilla aufzählt[30], bei achtzehn um die Vorhersage der Zukunft mit verschiedenen Mitteln: ein typisch römisches Anliegen. Den Germanen und den Christen liegen die Hexer viel mehr am Herzen. Nur die *malefici* und die *incantatores* beziehen sich auf Praktiken der Zauberei, der Hexerei und der Beschwörung.

Das Mittelalter liebt Klassifizierungen. Auch die Bereiche der Magie wurden geordnet. Aber jeder Autor begann wieder von vorne und arbeitete je nach Quellen und Vorlieben verschieden. Einige Beispiele aus dem 12. und 13. Jahrhundert zeigen, wie verschieden man in der christlichen, der jüdischen und der arabischen Welt die Sache anpackte und beurteilte. Dennoch ging es um eine verbreitete Sorge: klar zu unterscheiden, was erlaubt ist und was verboten werden sollte.

Hugo von Sankt-Viktor schlägt im 12. Jahrhundert eine Einteilung in fünf Gruppen vor, die jedoch unter den eben angedeuteten Nachteilen leidet: die Mantiker (Nekromantie, Geomantie, Hydromantie, Aeromantie, Pyromantie), die Mathematiker *(haruspices, augures, horoscopi)*, die Hexer, die bösen Zauberer, die Illusionisten.[31] Die vier überkommenen Formen der Mantiken behielt man bei, weil sie der damals sehr in Mode stehenden Einteilung in vier Elemente entsprachen, aber sie entsprechen immer noch keiner Wirklichkeit, die Nekromantie, die unter ihnen figuriert, wird zum üblichen Wort für jede Art von Schwarzer Magie. Wenn man von den Mathematikern die *haruspices* und die *augures* wegnimmt, die es nicht mehr gibt, so haben wir nur noch Ersteller von Horoskopen, die einen Zweig der Astrologie darstellen. Zauberer und Schicksalsdeuter sind allgemeine Ausdrücke und bezeichnen fortan die gleichen Zauberarten: Der Wahrsager, der ursprünglich die Täfelchen der Vorhersage zusammenstellte, um die Zukunft eines Menschen zu lesen, wurde ganz allmählich zum bösen Zauberer, der seinem Nachbarn schadet. Das ist die einzige Figur, die wirklich angst machte; am Ende des Mittelalters war es dann die des Hexers.

Was die Illusionisten anging, so schufen sie Zauberbilder, die die Menschen täuschen sollten, und sie gehören eher zur Scharlatanerie oder zur Literatur als zur Magie.[32] Empirisch gelangt man in Wirklichkeit zu zwei Sparten: einer «Wissenschaft», die vor allem weissagen kann, und einer «Technik», die alle verfügbaren Mittel zusammenrafft, um in der Gegenwart jemandem zu schaden. Für die Aufzählung dieser Mittel kennen wir kein klassisches Beispiel, und man hat sie nicht versucht.

Maimonides, ein spanischer Jude vom Ende des 12. Jahrhunderts, unternimmt zwar eine Klassifizierung der magischen Techniken anhand der angewendeten Verfahren.[33] Er unterscheidet Verfahren, die an irgendein Wesen wie Pflanze, Tier oder Stein gebunden sind, solche, die einen bestimmten Zeitpunkt vorschreiben, an dem die Praktiken auszuüben sind, und solche, die vom Menschen Aktivitäten verlangen wie Tanz, Händeklatschen, Auf-einem-Bein-Hüpfen. Aber die Schwäche dieser Einteilung ist ihm selber klar, denn manche Praktiken müßten in allen drei Kategorien erscheinen: Eine Pflanze pflücken, wenn der Mond in einem bestimmten Sternzeichen steht, und dazu eine Beschwörungsformel sprechen, das alles ist ein einziger magischer Akt.

Und so kommt auch er zu einem Schluß, der zwei Arten von Praktiken einander entgegensetzt: «Alles, was zum Studium der Physik erforderlich ist, ist erlaubt, und alle anderen Praktiken sind verboten.» So wurden alle irrationalen Praktiken als illegal bezeichnet, ausgenommen lediglich die durch Erfahrung bewährten Praktiken der Medizin: «Alle Heilmittel, die sich in der Erfahrung bewährt haben, darf man benutzen, und sie gehören in die gleiche Kategorie von Medikamenten wie die Abführmittel.» Eine Pfingstrose über einem Epileptiker aufzuhängen, ist nicht rational, aber wirksam. Halten wir fest, daß für den jüdischen Philosophen die Wirksamkeit auch von der Mode abhängen kann: Der «Nagel des Gehängten» war früher erlaubt, weil man an seine Wirkung glaubte ...

Dieselben Vorbehalte gelten für den arabischen *Picatrix*, der etwa zur selben Zeit eine Klassifizierung vorschlug, die zwischen Magie (chaldäischen Ursprungs), Astrologie (griechischen Ursprungs) und der Wissenschaft von den Geistern (indischen Ursprungs) unterschied. Das scheint möglich, aber die Praktiken gehen doch ineinander über; zum Beispiel fordern die Sterne einen Kult (Räucherungen, Gebete, Opfer), der demjenigen der Geister sehr ähnlich ist.[34]

Wenn man empirisch vorgeht, gelangt man oft zu einem Paar von Gegensätzen, zum Beispiel rationale oder irrationale Praktiken, Weissagung oder Verhexen. So haben sich auch die traditionellen Kategorien gebildet, nach denen man die magischen Akte anordnet. Die Schwarze Magie (Zauberei, Dämonenbeschwörung) steht der Weißen entgegen (bei der die Engel helfen), die Naturmagie (mit natürlichen Mitteln, die die Menschen noch nicht kennen) der künstlichen (mit Maschinen bewerkstelligten), die himmlische Magie (Astrologie des günstigen Zeitpunkts) der zeremoniellen (Dämonenbeschwörung) ... Aber alles findet sich schließlich in zwei großen Lagern: einer erlaubten (natürlichen, Weißen, himmlischen, künstlichen) Magie und einer verbotenen (Schwarzen, zeremoniellen) Magie.

Die erlaubte Magie ist nur scheinbar magisch; praktisch fällt sie mit der Taschenspielerkunst zusammen (wenn Dinge erscheinen und verschwinden), mit der wissenschaftlichen Forschung (wenn natürliche Vorgänge im Spiel sind, die die Menschen noch nicht kennen) oder mit dem Wunder (bei dem gute Engel helfen). Bleibt die Schwarze Magie, ob zeremoniell oder nicht, der man in buntem Durcheinander alles mögliche zuschreibt: die Dämonenbeschwörung, die Kabbala, die Verhexungen, den bösen Zauber, die Entdeckung von verborgenen Schätzen und von Geheimnissen, die Zukunftsvorhersage, die Heilungen mit magischen Formeln und abergläubische Handlungen, die vor Gefahren und Krankheiten schützenden Talismane, die Heiligung des Sabbats ... Gewisse Praktiken sind je nach persönlicher Empfindung in die eine oder die andere Kategorie eingereiht: Die Astrologie, die zuerst mit Mißtrauen als heidnische Überlieferung betrachtet wurde, ist schließlich zur Wissenschaft geworden, und gewisse therapeutische Praktiken (Gebete, geheimnisvolle Formeln, Talismane, abergläubische Praktiken) wurden der Medizin oder der Naturmagie einverleibt. Zusammenfassend läßt sich sagen, daß es eher die Absichten (böswillig oder wohlwollend) der Magie als deren Techniken sind, die die Zuhilfenahme irrationaler Praktiken legitimieren oder verurteilen.

Eine Einteilung in zwei Kategorien genügt nicht, um einer Studie Struktur zu verleihen. Ich selbst wage eine Klassifizierung, die unseren modernen Vorstellungen besser entspricht und die auf der Tabelle des Irrationalen beruht, die ich im Anhang (I, S. 279–281) aufzustellen versucht habe. Ich möchte als erstes untersuchen, wie ein heidnisches Gedankengebäude in ein christliches übergeht, wo die Reste des Heidentums je nachdem Aberglaube, Folklore oder Satanismus werden, hierauf denjenigen Teil des Irrationalen, der bei den offiziellen Vertretern des Denkens verbleibt (Religion, Naturwissenschaft, Medizin ...), und schließlich die an den Rand gedrückten, verdächtigten oder verbotenen Praktiken, die in jedem Fall okkult sind (Zauberei, Satanismus, Alchimie). Diese Einteilung ist vor allem praktisch und oft willkürlich, denn die Beziehungen zwischen den verschiedenen Arten der Magie sind komplex. In Predigten hat oft der Teufel die heidnischen Götter abgelöst, und ein und dieselbe Vorstellung kann je nach Epoche als heidnisch, abergläubisch oder von Zauberern eingegeben sein ...

2. DAS ERSCHEINUNGSBILD DES MAGIERS

Wer wendet magische Praktiken an? Je nach Gesellschaftsmilieu, Epoche, angestrebten Zielen variiert das Erscheinungsbild des Magiers unendlich. In den ersten Jahrhunderten sehen wir ihn, wie er mit einem gewaltigen Wortschatz schließlich doch nur seine Weissagungen vermittelte. Dieser Wortschatz, ein Rest der antiken Bildung, paßte schlecht zur soziologischen Wirklichkeit, die in den zehn Jahrhunderten des Mittelalters dauernd in Bewegung war. Die Armut des Vokabulars (*maleficus*, böser Zauberer), das zur Verfügung stand, um die große Vielfalt der neuen Praktiken zu bezeichnen, hatte eine Menge Verwirrung zur Folge, wie wir zum Teil bereits sahen.

Aber welche Unterschiede zwischen dem Ketzer, der die Gesellschaft reformieren möchte, dem Gelehrten, der das Mysterium der Welt ergründen will, der Frau, die einem wenig beneidenswerten Leben durch Halluzinationen entgehen möchte, dem ehrgeizigen Priester, der die Stufen der kirchlichen Hierarchie rasch erklimmen will, dem Bauern, der dem Nachbarn seinen Wohlstand neidet, dem Scharlatan, der die Leichtgläubigkeit der Großen dieser Welt ausnützt, den Königinnen oder hohen Würdenträgern, die versuchen, mit Zaubersprüchen eine komplexe politische Situation nach ihren Wünschen zu regeln. ... Alle werden schließlich in den gleichen Topf geworfen und streng bestraft. Der Mythos der Hexe, der zu Anfang des modernen Zeitalters (15. bis 17. Jahrhundert) seinen Höhepunkt erreichte, hat sich langsam während der zehn Jahrhunderte des Mittelalters aufgebaut. Einige Magierfiguren, vorzugsweise aus dem Hochmittelalter, sollen als Hors d'œuvre und Kontrapunkt zum klassischen Porträt der Hexe dienen, wie es uns eingeprägt wurde.

Die magiekundigen Königinnen

Unter den merowingischen Königen war das Übernatürliche alltäglich geworden. Fangen wir zuoberst an, bei den Königinnen, die man gerne in Heilige (Chlothilde, Radegunde) und in Magierinnen einteilt, unter den letzteren zum Beispiel Basine, Gattin des Childerich (457–481). Wir müssen hinzufügen, daß dieser König der salischen Franken – Sohn Merowechs und Vater Chlodwigs – seine Frau dem König von Thüringen weggenommen hatte und daß leidenschaftliche Liebe, die sich über menschliche und göttliche Gesetze hinwegsetzt, stets den Verdacht erweckt, sie gehorche der Zauberei. «Manche glaubten, daß sie Magierin gewesen sei», lächelt Sorel, «als wenn sie, um die Liebe dieses Königs zu erringen, eines weiteren Zaubers außer ihrer Schönheit bedurft hätte.» Immerhin berichten Fredegar und Aimoin über ein seltsames Ereignis während der Hochzeitsnacht des jungen Paares, das zu einem Klassiker der Zukunftsvorhersage wurde – «und das Volk würde, wenn dieses Ereignis nicht in der Geschichte enthalten wäre, eine Lücke empfinden».

Während der Hochzeitsnacht forderte also die schöne Basine von ihrem Gatten eine grausame Enthaltsamkeit und schickte ihn ohne Erklärung zu den Pforten des Palasts mit dem Auftrag, ihr zu berichten, was er dort gesehen habe. Childerich fügte sich der Laune seiner Königin und ging hinaus. Riesige Tiere, Leoparden, Einhörner und Löwen, überquerten seinen Hof. Entsetzt erzählte er das seiner Frau, die ihn gleich auf neue Kundschaft schickte. Draußen sah er Bären und Wölfe, die einander jagten. Das dritte Mal, als ihn die Königin hinausschickte, sah er nur noch Hunde und kleine Tiere, die einander auffraßen.

Basine, als kluge Frau *(prudens femina)* versprach ihrem Gatten, ihm die Bedeutung dieser Visionen am nächsten Morgen zu erklären, wenn er diese Nacht weiter enthaltsam bleibe wie bisher. Childerich erfüllte die Bedingung. «Verjage deine Sorgen aus dem Herzen, mein Mann», sagte sie ihm bei Sonnenaufgang, «und höre, was ich dir zu sagen habe. Die Dinge, die dir gezeigt wurden, haben weniger mit der Gegenwart als mit der Zukunft zu tun. Denke nicht an die Formen der Tiere, die sich vor dir bewegten, sondern entdecke in ihnen den Charakter unserer Kinder und die Taten unserer Nachkommen. Als erstes wird aus unserer Vereinigung ein Sohn von großer Stärke hervorgehen, den du als Löwen oder als Einhorn gesehen hast. Als Wolf und Bär sind seine Söhne erschienen, die kräftig, aber beutegierig sein werden. Was nun den Hund angeht, der nur der Wollust lebt und keine Tugend kennt und auch nur mit der Hilfe eines Menschen siegen kann, so sagt er die Schwäche voraus, die das königliche Szepter in seinen letzten Jahrhunderten haben wird. Die Menge kleiner Tiere, die einander fressen, ist das Volk, das den Adel nicht mehr fürchtet und, während die Großen des Reichs einander mit Haß bekämpfen, in alle möglichen Schwierigkeiten gerät.»[1]

All dies bezog sich wohlverstanden auf das erste Königsgeschlecht, die Merowinger. Fredegar schrieb im 7. Jahrhundert, in einer schwierigen Epoche, in der die Legitimation der Dynastie aber noch respektiert wurde. Er konnte mit dieser Fabel eine diskrete Kritik seiner Zeit anbringen, die er mit dem zum Mythos gewordenen Reich Chlodwigs und dem ruhmreichen Anfang der Monarchie verglich. Aber im Maße, wie die Jahrhunderte verflossen und die Legende populär wurde, wurde den Leuten klar, daß die drei Generationen, die an Childerich vorbeizogen, durchaus die drei Königsrassen, Merowinger, Karolinger und Kapetinger, darstellen konnten, die sich auf Frankreichs Thron abgelöst hatte. Die Prophezeiung verblüffte jetzt, denn die kleinen einander zerreißenden Tiere wurden zu einem Bild der Französischen Revolution. Sorel, im 17. Jahrhundert, interpretiert die Sage von den drei Generationen ebenfalls als die Geschichte der drei Dynastien.

Die Magie, die der Chronist des 7. Jahrhunderts Basine zuschreibt, beruht auf einem altbekannten Aberglauben, laut dem in der Hochzeitsnacht die Zukunft der Familie am ehesten vorausgesagt werden könne und einer Jungfrau besondere Hellsicht verliehen sei. Nichts deutet in Wahrheit darauf hin, daß Basine in irgendeiner Weise für die Visionen des Königs verantwortlich war. Aber das okkulte Wissen wurde sehr rasch mit böswilligen Praktiken in Verbindung gebracht, und man fügte Basines Kräften die Kunst, Liebestränke zu brauen, hinzu. Bezeichnend ist auch die Tatsache, daß der Aberglaube bezüglich der Hochzeitsnacht in den Mund einer Frau gelegt wurde, deren Rolle in der Legende letztlich überflüssig war ...

Eine andere, berühmtere Königin wurde in merowingischer Zeit der Zauberei bezichtigt: Brunhilde, deren Rivalität mit Fredegunde zum Mythos geworden ist. Nach der Ermordung ihres Mannes war sie Königin von Austrasien und versuchte, ihre Autorität zu wahren, als ihr Sohn Childebert und danach ihre Enkel Theodebert (König von Austrasien) und Theuderich (König des Burgund) regierten. Zu diesem Zweck wählte sie für ihre Enkel Frauen, die es nicht mit ihr aufnehmen konnten. Für

Theodebert kaufte sie eine Sklavin, Bilichilde, und versäumte nicht, ihr hin und wieder ihre niedrige Herkunft vorzuwerfen.[2] Theuderich seinerseits hatte eine Menge Konkubinen, die ihm regelmäßig kleine Bastarde bescherten.

Hohe Würdenträger versuchten, die Macht der Großmutter zu brechen. Diejenigen in Austrasien überzeugten Theodebert, er müsse sie verjagen; diejenigen von Burgund schlugen Theuderich eine politische Heirat mit Hermenberge vor, der Tochter des Königs Vitteric in Spanien. Da Theuderich wußte, daß dies seiner Großmutter kaum gefallen würde, knüpfte er die Beziehungen so geheim an, daß sie nichts erfuhr, bis die Prinzessin in Frankreich ankam. Brunhilde mußte also ihre sämtlichen Mittel anwenden gegen das, was sie als Staatsstreich empfand. Sie versuchte es mit bösem Zauber, damit die Ehe nicht vollzogen würde: Theuderich faßte sofort eine Abneigung gegen seine neue Frau. Er schickte sie nach Spanien zurück – behielt aber, praktisch, wie er war, ihren Schmuck.[3] Der Sexualzauber – hier einmal umgekehrt angewendet – ist eine der Ängste des Mittelalters, besonders wenn es um königliche Vereinigungen geht. Die Legende von Brunhilde ist nur eine von vielen.

Neigen besonders Frauen zur Zauberei? Viele Dinge lassen uns das glauben. Die Zauberprozesse betrafen in der lebhaftesten Zeit zu achtzig Prozent Frauen. Bei den Affären, die im 14. und 15. Jahrhundert mit Prozessen und Begnadigungen endeten, war die Mehrzahl der Angeklagten Frauen; bei den Männern handelte es sich hauptsächlich um Kleriker, die ebenfalls ein Zauberer-Archetyp sind.[4] Aber welche Art von Zauber ausgeübt wurde, läßt tief blicken. Praktisch alle Geschichten von Liebeszauber gingen auf Frauen zurück; die kleine Bäuerin, die 1352 verurteilt wurde, weil sie in der Hoffnung auf eine Heirat eine Maulwurfspfote auf sich getragen hatte, tat nichts anderes als die merowingischen Königinnen. Wenn sich drei Männer sexuellen Zaubers bedienten, hofften sie, sich jede gewünschte Frau verschaffen zu können; was die Frauen wollten, war lediglich ein Ehemann. Das ist ein erwähnenswerter Unterschied![5]

Was die medizinische Magie angeht, so unterschied sie sich kaum von der Medizin selbst, in deren Büchern man Beschwörungsformeln, Talismane und Zauberbalsam finden kann. Der Beruf war Frauen noch nicht verschlossen, aber der prozentuale Anteil der Frauen war sehr niedrig, und die Kunst des Heilens schien bei ihnen mehr mit Zauberei zu tun zu haben. Man muß eine große Heilige sein wie Hildegard von Bingen, wenn man Kräuterkenntnisse haben will, ohne als Hexe zu gelten. ... Kräutermedizin steht eher Brangien, Isoldes Amme, zu, die Heilbalsame und Liebestränke kennt. Ist sie eine Hexe? eine Hebamme? eine Amme? Die Grenzen sind fließend. Die *sapiens mulier* (kluge Frau) steht der antiken *saga* und der französischen *sage-femme* sehr nahe.

Man muß also verstehen, welches Bild die Menschen sich von der Frau immer wieder machten, um sich ihre behaupteten Neigungen zu okkulten Künsten zu erklären. Ein romantischer Mythos sah in der kleinen Bäuerin, die ihrem Mann zu dienen, die Gelüste hoher Herren zu befriedigen und den Verfolgungen des Klerus zu entgehen hatte, eine leichte Beute für böse Geister.[6] Man weiß zwar, daß das Leben der Frauen im Mittelalter nicht so hart war wie in der Antike und wie es im 16. Jahrhundert von neuem wurde, aber ihr Bild, das auf den frauenfeindlichen Klerus zurückging, war abscheulich. Und in diesem Bild der Frau, eher als in der soziologischen Realität ihres Lebens, ist die Erklärung zu suchen. Dem von Natur aus schwachen Geschlecht (*mulier*, Frau, gehört zu *mollis*, weich, wie *vir*, Mann, zu *vis*, Kraft) traut man die Anfälligkeit für allen Aberglauben zu, über den man sich abends unterhält, sei es in den *Evangiles des quenouilles* oder in den *Caquets de l'accouchée*, in der weiblichen Welt der Geburt. Sie ist par excellence ein Gefäß für verbotene Bräuche, und als solche verfolgt man sie bis in ihre Phantasie, die Wilhelm von Auvergne mit Leichtigkeit als teuflisch schildern kann.

Indem der gelehrte Bischof zwei verbreitete abergläubische Vorstellungen, den Mythos der himmlischen Reiterscharen und den der Dame Abonde, nebeneinanderstellt, vergleicht er die sexuellen Phantasien der beiden Geschlechter.[7] Die Kämpfer in der Luft, die die Menschen hören, wenn sie an Kreuzungen aufeinandertreffen, seien keine bösen Geister, erklärt er, sondern wahrscheinlich die Seelen der Toten, die dafür büßen, daß sie durch die Waffen sündigten, und die um die Gebete geliebter Menschen bitten. Sie halten Leuten, die ihnen begegnen (und die nicht so schnell als möglich davonrennen), sehr moralische Predigten, sie sollten sich nämlich besser der Gewalt enthalten, als sie es taten. Sie sind nicht körperlich, erscheinen weder in ihrem Wesen noch persönlich; es sind «Zeichen», wie man sie im Traum erfährt. Alles also sehr christlich und sehr achtbar: Der Bischof schließt, es sei den Seelen der Toten erlaubt, die Lebenden zu warnen. Diese «erlaubten» Visionen gewähren sie vor allem Männern, weil «solche Dinge in ihrem Herzen und ihrer Seele fixiert sind».

Wilhelm ist ein früher Psychoanalytiker, der weiß, daß man nur das sehen kann, was uns bereits eingeprägt ist, selbst wenn eine irrationale Erklärung der Auslegung nachhilft ...

Ganz anders geht es zu, wenn er sich den weiblichen Visionen zuwendet. Als schwache Wesen, deren Seelen, wie die Mediziner sagen, leichter zu formen sind als die der Männer, neigen sie stärker zu melancholischen Krankheiten, welche Erscheinungen förderlich sind. Was sehen sie denn? Bestimmt keine Kämpfe, keine männlichen Reiterheere oder Verstorbene, die moralische Predigten halten, sondern das, was in ihrem Herzen enthalten ist: «Damen», die im Gefolge ihrer Herrin Abonde in die Häuser gehen und sich der Kinder bemächtigen, die sie je nachdem stillen, zerstückeln oder ins Feuer werfen. Teuflisch, sagen Sie? An sich nicht. «Manchmal ist es ihnen erlaubt, die Kinder zur Verzweiflung ihrer Eltern zu töten, weil die Eltern sie so lieben, daß sie darüber Gott vergessen; man tut diesen Eltern also Nützliches und Gesundes an *(utiliter atque salubriter)*, da man ihnen eine Gelegenheit raubt, den Schöpfer zu beleidigen.» Was hingegen wirklich dämonisch ist, ist der Kult, den diese Wesen fordern, damit die Kinder verschont bleiben. Reiner Götzendienst, donnert der Bischof. Schlußfolgerung – glücklicherweise unausgesprochen: Laßt eure Säuglinge um eures Seelenheils willen sterben, versucht aber ja nicht, sie durch Gebete zu bösen Geistern zu retten!

Im Zusammenhang mit diesen Frauen ist nicht mehr die Rede von erlaubten Erscheinungen und armen Seelen. Der Nachweis ist radikal. Sie offenbaren sich an heidnischen Kultorten (Herd, Gehölzen); sie verlangen Opfer; sie geben keine guten Ratschläge. Und *last but not least*, es sind eben Frauen. «Die Heiligen und die seligen Geister erscheinen jedoch niemals als Frau, sondern stets als Mann.» Warum? fragen Sie erstaunt. Weil die Frau geschaffen wurde, um dem Mann «Gehilfin» zu sein und um der Fortpflanzung willen. Aber die guten Engel vermehren sich nicht, sie haben also kein Geschlecht. Sie können wählen, in wem sie sich zeigen wollen; wenn sie das Männliche wählen, dann, weil die moralische Stärke, die körperliche Kraft und die aktive Energie *(virtus, fortitudo, vis activa)* männliche Eigenschaften sind und zu den spirituellen Substanzen besser passen; die passive Energie, die körperliche und moralische Schwäche *(vis passiva, informitas, debilitas)* hingegen sind weiblich und passen nicht zu ihnen. *Quod erat demonstrandum.*

Und es gibt noch mehr solcher verfänglicher Folgerungen. Nutzen die Frauen, die so in Erscheinung treten, ihr Geschlecht zum Vergnügen oder zur Vermehrung? Klar ist: Sie sind ja nicht sterblich; wenn sie nun Kinder haben könnten, würden diese die Welt erfüllen. Sie sind also unfruchtbar. Von Natur aus, oder weil sie alt sind? Bestimmt nicht wegen des Alters, Unsterbliche altern nicht. Natürliche Unfruchtbarkeit kann aber nur vorkommen, wenn sie einen früheren Fehler bestraft. Es handelt sich also um böse Geister. Großartige Logik!

Diese lange und fesselnde Passage war nötig, um zu zeigen, wie weit die Frauenfeindlichkeit des von der Welt abgeschnittenen Klerus ging; sie verfolgte die Frauen bis in ihre Träume. Wie kann man da erstaunt sein, wenn diese, denen man *per barbaram* bewies, daß sie gar nichts anderes können, als dämonische Visionen zu haben, sich überbieten, bis sie selber glauben, der verfluchten Gesellschaft Abondes anzugehören? Diese Fee des Herdes mit ihrem Gefolge von Geistern war zweifellos die Erinnerung an eine heidnische Göttin des Überflusses. Sie erscheint unter verschiedenen Namen, je nach Zusammenhang. Einmal war sie Diana: die Jagdgöttin mit einem Gefolge von Nymphen, dem Mond zugeordnet, einem weiblichen Gestirn, da er demselben Zyklus folgt wie die Frau. Dann wieder heißt sie Holda oder Pharaildis: Die Frau Holle der germanischen Mythologie wohnt in den Wolken und läßt es schneien, indem sie ihre Daunendecke schüttelt. Anderswo Herodias, vielleicht entstanden aus einer Verschmelzung von Hera und Diana[8] und sogleich mit der Herodias gleichgesetzt, die aus enttäuschter Liebe den Tod Johannes des Täufers forderte: Als sie den abgehauenen Kopf küssen wollte, habe der Mund des Heiligen gewaltig geblasen und seine Mörderin in die Luft geworfen, wo sie ewig fliegen muß; sie darf sich nur zwischen Mitternacht und dem Hahnenschrei und nur auf Eichen und Haselnußbüschen niederlassen. Auch Bensozia (*Bonia socia*, meint Grimm) wollen wir nicht vergessen, die Enkelin von Herodias, die gerne am nächtlichen Ballett teilnimmt ... alle diese Luftgeister von verschiedener Herkunft haben sich mit den römischen Nachtvögeln vermengt, jenen Frauen, die sich des Nachts in Käuzchen verwandeln und unherfliegen auf der Suche nach menschlichem Fleisch.[9]

Es handelt sich hier um einen Volksglauben, dessen Spuren man noch heute in der Folklore finden kann. Die Intellektuellen nahmen ihn niemals an, häufig nicht einmal diejenigen, die davon sprachen. Von der lateinischen Antike an bis zu den ersten christlichen Gesetzen war Skepsis angesagt. Neu war, daß vom 10. Jahrhundert an der Mythos der fliegenden Frauen für dieses Geschlecht, das man samt seinen Visionen als gering erachtete, zu einem Fluchttraum wurde. Regino von Prüm ist der erste, der von den «verrückten Frauen» spricht, die glauben, im Gefolge Dianas durch die Lüfte geflogen zu sein.[10] Viele Zeugnisse aus dem 11. bis 13. Jahrhundert bestätigen diese neue Erscheinung, die man Alpträumen zuschrieb.

Burchard, der dreimal darauf zurückkommt, erzählt Einzelheiten: Manche Frauen glauben, verschiedene fliegende Tiere zu besteigen und Dianas Zug zu folgen; andere glauben, daß sie Männer töten und essen und nachher wieder beleben, aber statt eines Herzens setzen sie ihnen ein Bündel Kräuter oder ein Stück Holz ein; andere sehen sich in die Wolken erhoben, wo sie mit anderen Frauen kämpfen. In allen Fällen betont der Bischof von Worms die Unmöglichkeit dieser Ereignisse, denn die Frau bleibe im Bett bei ihrem Mann, und alle Türen seien verriegelt. Jean de Meung schildert diese «Verrücktheiten» ebenfalls im Roman de la Rose:

«Und manche Menschen haben den Wahn, nachts Eulen zu sein und mit Dame Abonde umherzustreifen. Sie sagen, daß in der ganzen Welt das dritte Kind ein solches Wesen habe und dreimal in der Woche seinem Schicksal folge [...] Und die Seelen trennen sich vom Körper und gehen draußen und in den Häusern mit den Damen. Und sie beweisen es so: Die vielen Dinge, die sie gesehen haben, konnten sie nicht in ihren Betten sehen, es sind die Seelen, die sich abmühen und so durch die ganze Welt laufen.» [11]

Träume (sie sind ja im Bett) von solcher Lebhaftigkeit, daß man überzeugt ist, draußen «viele Dinge» gesehen zu haben, was einen glauben machen kann, daß Seele und Körper sich trennen. Der Mythos der «Damen» gibt den besten Rahmen her, um die Visionen zu erklären. Wenn auch die Intellektuellen skeptisch bleiben und daran erinnern, daß der Körper ohne Seele nicht leben kann («sie sterben dreimal und werden dreimal wieder lebendig», spottet Jean de Meung), so kommt es ganz anders heraus, wenn die Angst vor Hexen den Geschichten dieser armen Frauen Glaubwürdigkeit verleiht. Norman Cohn, der diese Bewegung studiert hat, erzählt von zwei Frauen, die in Mailand 1384 und 1390 verbrannt wurden, weil sie Dianas Zug gefolgt seien. Ein Jahrhundert früher wären sie auch, aber weniger streng verurteilt worden, und zwar, weil sie so etwas glaubten. Auf einen gewissenhaften Inquisitor wie den, der eine Nacht bei einer Halluzinierenden blieb, um ihre Phantasien zu besiegen, kommen viele Fanatiker, die solche Geschichten noch so gerne wörtlich nehmen. Nicht lange, und die Hexensalbe, die man sich einreibt, um fliegen zu können, erscheint bei Nider (1437)[12], dann der Ritt auf dem Besen am Rand eines Manuskriptes von Martin le Franc (1451). Man scherzt nicht mehr über die Alpträume von Frauen, die in einer Macho-Gesellschaft drangsaliert werden: Man hat den Teufel gefunden.

Von der Königin bis zur Bäuerin immer dasselbe: eine allzu leichtgläubige Frau, die heidnische Glaubensinhalte bewahrt und geheime Rezepte vor allem der Sexualmagie kennt.

Die bösen Zauberer

Sind die Frauen große Verbraucherinnen von Liebeszaubern und Heilkräutern, so schreibt man in diesem Kontext den Männern eher Haß und Neid als Beweggründe zu. Die «bösen Zauberer» *(malefici)* handeln nicht unbedingt aus Ehrgeiz oder Gewinnsucht: Böses tun heißt, das Spiel des Teufels zu spielen, die natürlich richtige christliche und soziale Gesellschaftsordnung auf den Kopf zu stellen. Wir kommen nicht darum herum festzustellen, daß die Männer oft diese nutzlose Bosheit zeigen; selbst wenn sie weniger Interesse für okkulte Dinge bekunden als die Frauen, bedienen sie sich manchmal ihrer Macht, um ihre Ziele zu erreichen. Eines der größten Zaubereiereignisse, der Prozeß von Mummol, des Lehrers der Fredegunde, liefert ein gutes Beispiel.[13]

An einem Bankett, als ein Teilnehmer über die Dysenterie klagte, die seinen Sohn quäle, rühmte sich Mummol, ein ausgezeichnetes Mittel gegen diese Krankheit zu kennen. Das Gespräch kam Fredegunde zu Ohren, die Mummol aus persönlichen Gründen haßte: Nun war eben der Sohn der Königin an Dysenterie gestorben, und es war leicht, Mummol anzuklagen, er habe ihn verhext.

Die Sache war schnell inszeniert. Man verhaftete in Paris ein paar Frauen von zweifelhaftem Ruf, die unter der Folter ohne großes Zögern zugaben, sie seien Hexen. Geschickt befragt, erklärten sie Fredegunde sogar: «Wir haben deinen Sohn geopfert, oh Königin, um Mummols Leben zu retten.» Befriedigt ließ die Königin sie verbrennen oder aufs Rad flechten. Dann ging sie nach Compiègne zurück, wo der König hof hielt, und ließ den unvorsichtigen Präfekten kommen. An einen Balken gehängt und gefoltert, erwies er sich als weniger gesprächig. Er gestand nur, daß er bei den der Zauberei angeklagten Pariserinnen Salben und Getränke erworben habe, die ihm zur Gunst des Königs und der Königin verhelfen sollten. Wie wenig sie gewirkt hatten, hätte Mummol erbleichen lassen sollen ... Letzte Trotzhandlung oder Gedankenlosigkeit? Mummol wurde vom Henker befreit und vertraute ihm an, er habe bei der Folter keinen Schmerz verspürt.

Wie unvorsichtig! Man erzählte das dem König, was genügte, um Mummol in die Folterkammer zurückzuversetzen, wo man mit großer Sorgfalt feststellte, daß er tatsächlich nicht schmerzempfindlich war. Diese Empfindungslosigkeit galt als Beweis von Zauberei. Unser Mummol wird also wieder an den Balken gehängt und mit Ruten, die dreifache Riemen hatten, gepeitscht, bis der Henker nicht mehr konnte, erzählt Gregor von Tours. Dann wurden ihm spitzige Pflöcke unter die Finger- und Zehennägel getrieben, und das Schwert war schon erhoben, um ihm den Kopf abzuhauen, als die Königin Fredegunde in ihrer Milde ihn begnadigte. Sein Vermögen wurde trotzdem für alle Fälle eingezogen, und man brachte ihn arm wie eine Kirchenmaus nach Bordeaux, wo er geboren worden war.

Die zweite Folter hatte Mummol stärker zugesetzt als die erste; auf seiner Reise erlitt er einen Herzanfall und verschied kurz nach der Ankunft in Bordeaux. Fredegunde ihrerseits verbrannte von der Habe ihres toten Sohnes alles, was brennen konnte, sowohl um sich schmerzliche Erinnerungen zu ersparen, als auch um alles zu reinigen, was noch Zauber enthalten konnte. Das Gold und das Silber ließ sie sogar umschmelzen.

Mit Mummol sind wir noch bei der Hofzauberei, wo die Rivalitäten zwischen hochgestellten Personen wichtiger sind als die Leichtgläubigkeit oder Tüchtigkeit von Machthabern. Aber hinter dem Bild des Präfekten, der sich mit Medizinaltränken, Giften und Unempfindlichkeitszauber auskennt, erscheint das Bild, das sich das Volk vom Zauberer macht, dem Menschen, der aus reiner Bosheit bewirkt, daß die Kühe des Nachbarn ihre Kälber nicht austragen, und der dem Nachbarn den Hagel über die Felder schickt. Der Hexer ist ein praktisches Mittel, um das Böse in einer Welt zu erklären, die von einem guten Gott geleitet wird; dies gilt auch für den Aberglauben. Das Unglück von einem banalen Vorkommnis (verschüttetes Salz) oder von einem begangenen Fehler (das außerhalb der erlaubten Perioden gezeugte Kind) oder von der unerklärlichen Feindseligkeit eines mit geheimen Kräften begabten Menschen abzuleiten: All dies ist beruhigender, als den Glauben an

Gottes Güte oder an die grundlegende Harmonie des Universums aufzugeben.

Der zweite Pol der Magie und der Zauberei im Mittelalter war die Leichtgläubigkeit der Bauern, oft, wenigstens zu Anfang, verbunden mit heidnischen Überresten. Der Respekt gegenüber heidnischen Tempeln und das Einhalten von Bräuchen, die uns heute so unschuldig scheinen wie Weihnachtsgeschenke oder das Johannisfeuer, der Glaube an Hexer, die Konsultation von Wahrsagern oder Horoskopen, all dies sind ebenso schwere Verbrechen wie jemanden zu verhexen, denn sie richten sich gegen den christlichen Glauben. Sehr lange vermischten sich Magie und Heidentum in der Vorstellungswelt der Kirche. Denn als sie die alten Götter einigermaßen überwunden hatte, bemächtigte sich ihrer der Satan: Erlaubt nicht beides, Gott von der Verantwortung für das Böse in dieser Welt zu entlasten?

Die gesellschaftliche Bedrohung

Die Mummol-Affäre ist nicht nur lehrreich, was den Glauben an die Willkür des Bösen und den daraus entstandenen Manichäismus angeht. Sie ist auch eines der ersten Beispiele eines politischen Prozesses, bei dem ein in Ungnade gefallener Höfling unter einem nichtigen Vorwand abgeschoben wurde. In größerem Maßstab gibt es manchmal gesellschaftliche Gründe für die Anklage der Zauberei gegen jemand, der im Weg steht. Gregor von Tours[14] erzählt, wie sein gutes Volk, als er einmal abwesend war, auf einen Magier namens Didier hereinfiel, «der behauptete, sehr mächtig zu sein und viele Wunder vollbringen zu können». Er kam aus Bordeaux – niemand ist Prophet in seinem Vaterland –, was einige bereits hätte mißtrauisch machen müssen. Aber wie konnte man jemandem mißtrauen, der persönlich mit den Aposteln Peter und Paul korrespondiert hatte und der, wie alle Heiligen jener Zeit, bald Blinde und bald Lahme heilte? Nur eine Nuance, nörgelte der Bischof bei seiner Heimkehr: Macht ihr denn keinen Unterschied zwischen den Heiligen, die wirklich heilen, und den Magiern, die die Kranken mit der List der Nekromanten täuschen? Aber nein, man machte keinen Unterschied, denn es schien ja, daß die Blinden sahen und die Lahmen gingen – obwohl es nicht immer klappte, was aber auch den gewissenhaftesten Heiligen passierte.

Überlassen wir diese saftige Beschreibung dem Historiker der Franken: «Die Lahmen und diejenigen, die sich wegen einer anderen Behinderung schlecht bewegen konnten, ließ er mit Gewalt strecken, um durch seinen Fleiß diejenigen zu heilen, denen er nicht dank einer göttlichen Macht hatte helfen können. Seine Diener packten also die Patienten, die einen packten sie an den Füßen, die anderen an den Armen, und zogen an ihnen so stark, daß man fürchtete, ihre Sehnen würden reißen, und dann schickte er sie entweder geheilt oder tot fort, denn es kam oft vor, daß sie vor Schmerzen den Geist aufgaben.»

Alles wurde kompliziert, als Didier auf die Verleumdungen antworten wollte, die man in seiner Abwesenheit ausstreute. An manchen Tagen kam er traurig und kummervoll an und sagte zu den bösen Zungen und Klatschtanten der Stadt: «Warum habt ihr über mich das und das erzählt, was meiner Heiligkeit unwürdig ist?» Man hätte glauben können, daß der gute Mann schlau verteilte Spione habe oder aufrichtige Freunde, die ihm «hinterrücks und unter dem Siegel der Verschwiegenheit» mitgeteilte Äußerungen hinterbrachten. Aber auch das wäre wohl seiner Wissenschaft unwürdig gewesen. Man zog es vor, in dieser Allwissenheit ein unzweifelhaftes Zeichen von Zauberei zu sehen: «Wie hätte er das wissen können, wenn es ihm der Teufel nicht eingeblasen hätte?» Und dennoch ging man weiter zu ihm – schließlich kann der Handel mit einflußreichen Leuten einträglich sein, wenn man einen genug großen Löffel nimmt.

Und was Didier zu Fall brachte, war die Sünde der Naschhaftigkeit. Dieser heilige Mensch, der stets eine Tunika und eine Kapuze aus Ziegenhaar trug und dessen bemerkenswertestes Wunder war, daß er in der Öffentlichkeit niemals aß oder trank, wurde eines Tages in einer Herberge überrascht, die dem gastronomischen Ruf der Tourraine Ehre machte. «Wenn er in diese Wirtschaft ging», entrüstet sich Gregor von Tours, «aß er dermaßen viel, daß der Kellner nicht schnell genug servieren konnte.» Man kann einem falschen Heiligen den Umgang mit dem Teufel verzeihen. Aber man verzeiht ihm kaum, daß er uns für naiv gehalten hat. Die Leute von Tours waren beschämt und verwirrt und verjagten ihn aus der Stadt.

Dieses Mißgeschick hätte ihnen eine Lehre sein sollen. Aber offenbar hatten sie harte Köpfe. Eines Tages kam aus Spanien ein Mann, der behauptete, er besitze Reliquien des heiligen Felix und des heiligen Vinzenz. Er bekehrte viele Leute und hätte seinen schlechten Einfluß auch auf die

Menschen von Tours ausüben können, wenn Gregor nicht dagewesen wäre, als er ankam. Der Zauberer vertrug diese Konkurrenz schlecht und wurde unverschämt; er stritt sich öffentlich mit dem Bischof. Er hatte seine Macht zweifellos überschätzt: Er hatte beim Volk noch nicht genügend Autorität, um die alte Autorität aus dem Feld zu schlagen.

Der Zauberer war für die Bittags-Prozessionen in die Hauptstadt gekommen. Er stieß also direkt mit dem Bischof und der Priesterschaft zusammen. Je mehr Reliquien man hat, desto mehr betet man. Der Archidiakon lud also den Reliquienbesitzer ein, sich dem Zug anzuschließen, die Reliquien der Basilika anzuvertrauen und bis zum Ende der Zeremonien bei den Gläubigen zu bleiben. Er aber beschimpfte den Archidiakon und den Bischof so heftig, daß man sich entschließen mußte, ihn mitten in der Prozession zu verhaften und in eine Zelle zu schließen. Man durchstöberte hierauf das Gepäck des Unbekannten. Es war voll Wurzeln diverser Kräuter, dazu Maulwurfszähnen, Rattenknochen, Krallen und Fett von Bären, allen möglichen Mittelchen, kurz, die komplette Ausrüstung eines Nekromanten. Eiligst warf man diese Attribute des Bösen in die Seine, darunter auch die «Reliquien», die man am Vortag geküßt hatte. Was den Zauberer selbst anging, begnügte man sich damit, ihn aus der Stadt zu jagen.

Aber welche Überraschung: Nach wenigen Tagen erschien er aufs neue in der Stadt der Könige und fuhr mit seinen Angebereien fort. Man belud ihn mit Ketten in der Absicht, ihn in ein düsteres Verlies zu bringen, aber es gelang ihm, sich in eine Kirche zu flüchten – Gipfel der Frechheit für einen Magier! Aber der Schreck mußte dem armen Kerl in die Gedärme gefahren sein, und die Kirche war von einem wahrhaft teuflischen Gestank erfüllt. Vier Kleriker erklärten sich bereit, die Kirche zu putzen. Hierauf erschien glücklicherweise, wenn auch etwas spät, der Bischof von Tarbes, Amelius, der in dem selbsternannten Zauberer einen seiner Leibdiener erkannte und ihn zurückerhielt, nachdem er versprochen hatte, ihn nicht zu mißhandeln.[15] ... Man kann nicht genug betonen, mit welcher Milde man damals Leuten begegnete, die der Zauberei angeklagt waren. Zehn Jahrhunderte später wurden sie wegen weit geringerer Vergehen verbrannt.

Das Bild des Zauberers, das sich aus solchen Anekdoten ergibt, weicht stark vom überkommenen Bild der Hexe ab, die sich tief in den Wäldern versteckt und ihre teuflischen Tränke mischt und die man um Rat bitten kommt, wenn die offizielle Wissenschaft und die Religion nicht imstande sind, die verlangte Hilfe zu leisten. Die Zauberer selbst gehen zu den Leuten und versuchen, Anhänger zu gewinnen. Man kann sich fragen, ob in diesen wirren Zeiten nicht unter dem Deckmantel der Magie und der Reliquienverehrung versucht wurde, Gesinnungsgenossen zu Gruppen zusammenzufassen und in den Städten Zwietracht zu säen. Damals waren die wirklichen Herrscher über die Stadt die Bischöfe, und ihre politische Macht war weit stärker als ihre geistlichen Aufgaben; sie waren also die ersten, gegen welche sich solche Gruppen auflehnten, und sie waren «verantwortlich», eine von Anarchie bedrohte Stadt zu retten. Die Verbannung, eine milde Bestrafung von Zauberei, war somit eine gesellschaftliche Strafe, deren Zweck es lediglich war, Störenfrieden ihre Angriffe gegen die öffentliche Ordnung zu verunmöglichen. Ein wiederum Gregor von Tours[16] entnommenes Beispiel bestätigt diese Auslegung.

Ein Einwohner von Bourges war, wie er später selbst zugab, in einen Wald gegangen, um Holz zu schlagen. Sofort wurde er von einem Schwarm Mücken überfallen, der ihn so verfolgte, daß er zwei Jahre lang nicht mehr bei Verstand war. Mehr war nicht nötig, um zu glauben, daß der Teufel diesen Schwarm gesandt hatte – war Beelzebub nicht der Herr der Fliegen? Als sein Wahn geheilt zu sein schien, brach er auf zu einer Reise durch das Frankenland, durchquerte mehrere Städte und kam in Arles an. Hier kleidete er sich wie Kain in Tierfelle und betete wie ein echter Ordensbruder. Aber Satan spielte ihm einen Streich: Er verlieh ihm die entsetzliche Fähigkeit, in der Zukunft zu lesen ...

Hierauf wandte sich der Mann aus Bourges größeren Verbrechen zu. Er verließ Arles und reiste ins Gévaudan, wo er sich als Christus ausgab; seine Begleiterin, die seine Schwester sein sollte, mußte «Maria» genannt werden. Das Volk strömte herbei und brachte ihm die Kranken, denen er – unverschämterweise – durch bloßes Handauflegen die Gesundheit zurückgab. Man verkündete, er tue Wunder, und brachte ihm Gold, Silber, Kleider. Ein Gipfel der Heuchelei: Er verteilte die empfangenen Reichtümer wieder den Armen, um das Volk noch besser von seiner Uneigennützigkeit zu überzeugen. Dann warf er sich zu Boden und betete, und die gute Frau, die ihn begleitete, tat dasselbe. Nachher erhob er sich und befahl den Zuschauern, ihn anzubeten.

Er sagte auch die Zukunft voraus und kündigte Krankheiten und Unglück an. Sehr selten erwähnte er das Heil. «Er tat alle diese Dinge mit Hilfe des Teufels und ich weiß nicht was für Vorspiegelungen», schließt der heilige Historiker, der in großer Verlegenheit ist, wie er diesen falschen Propheten von Christus unterscheiden soll. Denn Tatsache ist, daß unser Mann mit seiner scheinbaren Heiligkeit eine große Menge Leute für sich gewann, «nicht nur Bauern, sondern auch Priester». Mehr als dreitausend Fromme folgten ihm.

Diese Menge stellte bald eine richtige Armee dar, mit deren Hilfe er Reisende, die seinen Weg kreuzten, ausplünderte. Aber da er die Beute, die er den Reichen abgenommen hatte, an die Armen verteilte, galt er als Heiliger, der gekommen war, die gesellschaftliche Ungerechtigkeit auszugleichen. Dann wandte er sich gegen die Bischofsstädte und bedrohte die Bischöfe mit dem Tod, weil sie nicht an ihn glaubten. Hatten die Hohenpriester an Jesus geglaubt? Er durchquerte Velay und näherte sich Le Puy. Hier stellte er seine Truppen bei einer benachbarten Basilika auf, um den Bischof Aurelius, der damals dort residierte, anzugreifen.

Dieser Christus ermangelte nicht des Humors, und er schickte dem Bischof als Boten nackte Männer, die herumtanzten. Aurelius war sprachlos und sandte ihnen mutige Leute entgegen, um zu erfahren, was diese Verrenkungen bedeuten sollten. Einer der Friedensbringer bückte sich vor Christus, als wollte er seine Knie küssen, was damals als der respektvollste Gruß galt. Aber – Neuauflage des Judaskusses – er stürzte ihn in den Schmutz und befahl, daß man ihn ergreifen und ausziehen solle. Dann zückte er sein Schwert und hieb ihn in Stücke. «So fiel und verendete dieser Christus, den man besser Antichrist genannt hätte.»

Damit hätte die Geschichte schließen können. Aber wie sechs Jahrhunderte früher war es sehr schwierig, Unglücklichen, die dank eines selbstlosen Menschen die Hoffnung wieder gefunden hatten, beizubringen, daß der, der sich für sie geopfert hatte und eines unwürdigen Todes gestorben war, nur ein gesetzloser Taugenichts gewesen sei. Seine Jünger ließen von ihrem Glauben nicht ab, aber sie hatten glücklicherweise keine Apostel, um aus ihrer Sekte eine Religion zu machen. Was Maria angeht, ließ man sie nicht lange auf ihrem Kalvarienberg weinen. Die Franken waren immerhin zivilisierter als die Römer: Sie holten und folterten sie, damit sie den teuflischen Ursprung aller vom Zauberer vollbrachten Wunder gestehe. Sie war ein braves Mädchen und gestand alles, was man wollte, und man durfte wieder auf gerecht erworbenen Reichtümern einschlafen, ohne daß irgendein Christus sie einem streitig machte. Aber, beschließt Gregor seinen Bericht, «mehrere ähnliche Betrüger erhoben sich in ganz Frankreich; mit Hilfe von Halluzinationen gewannen sie ein paar unglückliche Frauen für sich, die in eine Art Wahn verfielen und sie zu Heiligen erklärten, und auf diese Weise fanden sie viel Glauben im Volk». Schon wieder die Frauen ... wußte der heilige Bischof nicht, mit welchen Tricks man sie an sich binden kann?

Die Bedrohung durch den Zauberer ist in den beiden letzten Fällen sozialer Natur. Nicht nur tat er nichts Böses und zog sich nicht den Haß der Menschen zu, sondern er versuchte mittels Wundern und mittels Gewalt die ungerechte Ordnung zu verbessern. Der Vergleich mit Christus drängt sich auf und ist peinlich: Auch er hatte die öffentliche Ordnung gestört, sich mit Priestern zerstritten und Zuflucht zur Gewalt genommen. Liegt einem solchen Auflodern des Volkes ein strukturiertes Gedankengebäude zugrunde, ist der Vorwurf der Ketzerei bereit; wenn nur das Charisma eines einzelnen Menschen oder seine Wunder den Erfolg erklären, spricht man von Zauberei. Wenn im einen oder andern Fall kein sichtbares Vergehen den Unbequemen diskreditiert, muß er gestehen, einen Vertrag mit dem Teufel zu haben. Der Wunsch, Böses zu tun, der mit dem Bild des Zauberers verbunden ist, hätte dann als Fernziel: soziale Ungerechtigkeiten auszugleichen, vielleicht, aber gleichzeitig Satans Reich vorzubereiten.

So definiert sich nach und nach die teuflische Struktur der Zauberei, verbunden mit einem Thema, das ab dem 13. Jahrhundert zur Besessenheit wird: dem Komplott. Der Ketzer und der dämonenbeschwörende Zauberer stellen mögliche soziale Bedrohungen dar, aus demselben Grund wie der Moslem, der Jude, der Leprakranke, denen er sich gern zugesellt. Es genügt nicht mehr, Böses zu tun, um verdächtig zu werden. Randfiguren und die Möglichkeit, die öffentliche Ordnung zu stören, sind genügende Beweise für Böswilligkeit. Wäre es dem Antichrist nicht erlaubt, gute Wunder zu tun, um die Menschen zu betrügen?

Der Teufel im Weihwasserbecken

Der direkte Konkurrent der Frau in den magischen Handlungen, die das Mittelalter fürchtet, ist der Priester selbst. Er ist gebildet, und nur er kann die verbotenen Bücher lesen; er kennt Geister und Riten und kann sich ebenso leicht den Kräften des Bösen zuwenden wie denjenigen des Guten. Und um das Heidentum zu bekämpfen, hat er eine christliche Magie geschaffen, die imstande ist, antiken Glaubensinhalten die Stirn zu bieten.

Ehre, wem Ehre gebührt: Selbst Päpste wurden verdächtigt, Satans Gefolge Tribut zu bezahlen. Honorius I., der siebzigste Papst (625–638), hatte das Unglück, seine päpstliche Unterstützung dem Monotheletismus zu leihen, einer Ketzerlehre, die Kaiser Heraklius vertreten hatte, um die Christenheit in Ost und West zusammenzubringen. Seine Nachfolger auf dem Heiligen Stuhl und bald darauf das Konzil von Konstantinopel (680–681) mißbilligten die Haltung des Honorius und belegten ihn und den ganzen Monotheletismus mit dem Kirchenbann. Ein ketzerischer Papst macht immer einen schlechten Eindruck. Bald kam deshalb die Idee auf, Honorius habe sich der Magie ergeben und in Rom den ersten großen Kongreß aller Zauberer organisiert. Er selbst, wurde versichert, hätte stets einen mit magischen Kreisen gravierten Talisman getragen, auf dem sich folgende Wörter befanden: «Bolkuk – Selix – Kabob – Karea – Papos – Lopio» und dazu «Tike – Normison – Duc», begleitet von vielen kabbalistischen Zeichen.

Die Geschichte gab Honorius dem Großen immerhin eine unerwartete Gelegenheit, sich reinzuwaschen: Honorius II. (1061–1072) war ein «Gegenpapst» im Dienst des Kaisers von Deutschland, der den Heiligen Stuhl mit Gewalt an sich gerissen hatte und rasch wieder von dort vertrieben wurde. Auch hieran knüpfte man eine diabolische Legende ... Man weiß also nicht, von welchem Honorius das *Buch der Beschwörungen* stammt, das seit dem 14. Jahrhundert unter seinem Namen zirkuliert. Dieses alte Magiebuch wurde zweifellos, damit es Gewicht erhielt, einem Papst zugeschrieben, der für seine unorthodoxen Ansichten aus Prestigegründen bekannt war oder, wie aus dem Vorwort der ältesten Ausgaben hervorgeht, gleich hieß wie ein obskurer Honorius, der im 14. Jahrhundert schrieb ...

Auch Papst Leo III. (795–816) war nach der Legende ein großer Magier. Man veröffentlicht noch immer unter seinem Namen ein *Enchiridion*, das er für Kaiser Karl den Großen geschrieben haben soll. Auch er spielte eine Rolle im Schisma der westlichen und östlichen Kirche, da er die Formulierung *filioque* als Glaubenswahrheit akzeptierte, was für die östlichen Christen ein Skandal war; doch fügte er es noch nicht in die Liturgie ein. Aber wahrscheinlich ist nicht das der Ursprung seiner Legende, sondern die engen Beziehungen, die er zu Karl dem Großen pflegte. Von den Römern ins Gefängnis geworfen, eroberte er seinen Stuhl mit Hilfe des Königs der Franken zurück und krönte diesen aus Dankbarkeit zum Kaiser. Der scheußliche Ruf, den Karl der Große wegen seines zügellosen

Sexuallebens hatte, färbte auch auf den Papst ab. Es war Leo III., sagt die Legende, dem der Kaiser mit dem prächtigen Bart die «geheime Sünde» beichtete, an welche das Mittelalter glaubte (vielleicht Inzest mit seiner Schwester, woraus Roland hervorging).

Das *Enchiridion*, das unter seinem Namen veröffentlicht wurde, ist vor allem eine Sammlung von Gebeten gegen Unglück, Krankheit und Gefahren; sie sollten Reisende schützen oder treuen Ehefrauen beistehen. Man findet hier ohne große Ordnung Gebete, um Feuersbrünste einzudämmen, Hagel abzuwehren, die Füchse und Wölfe zu vertreiben ... alles umgeben von einer Fülle von schützenden Pentagrammen, mystischen Siegeln, Monogrammen, Darstellungen von Kraft und Licht mit Hilfe des goldenen Schlüssels oder des Tau, Symbolen, magischen Kreisen ...

Hier als Beispiel ein kurzes Gebet (es gibt mehrseitige!) gegen den Donner, morgens, mittags und abends aufzusagen:
«Jesus Christus, ruhmreicher König, komme in Frieden; Gott ist Mensch geworden; Jesus Christus siegt, Jesus Christus regiert, Jesus Christus befiehlt, Jesus Christus schützt uns vor allem Bösen. Amen.»

Dieses späte Magiebuch enthüllt vor allem, wie das auch das heilige Buch des Honorius tat, wie leichtfertig man am Ende des Mittelalters die Legende von nekromantischen Päpsten akzeptierte.

Der berühmteste Papst und wohl auch der älteste, der der Magie angeklagt wurde, bleibt Gerbert von Aurillac, der Papst des Jahres 1000, der sich Silvester II. (999–1003) nannte. Dieser Mönch aus Cluny war einer der berühmtesten Gelehrten und beteiligte sich an der Erneuerung der Wissenschaften im Abendland. Er war ein bedeutender Astronom und schrieb, nachdem er die Schulen Spaniens besucht hatte, einen *Traktat über das Astrolabium*; er konstruierte auch eine Ringkugel, die die Bewegungen der Gestirne wiedergab. Das war unverzeihlich. In Erfüllung einer Prophezeiung, er werde von R zu R gehen, wurde er zuerst Erzbischof von Reims, dann von Ravenna und schließlich von Rom: Papst. Die drei R von Gerbert wurden zur Legende. War es glaubhaft, daß der kleine Hirte aus der Auvergne so schnell die Stufen der kirchlichen Hierarchie erklommen hatte? Der älteste der Chronisten dieser Überlieferung – er war fast gleich alt wie der Papst – erzählte, Gerbert selbst habe den berühmten Vers geschrieben und dazu gelacht *(laetus et hilaris*[17]*)*. Er hatte damit seinen künftigen Gegnern Ruten gegeben, womit sie ihn schlagen konnten.

Es wird überliefert, Silvester II. habe, als er starb, seinen Umgang mit Dämonen gestanden. In den mathematischen Wissenschaften und in der Kabbala bewandert, habe er den Heiligen Stuhl mit Hilfe des Teufels gewonnen oder, nach Walter Map, mit Hilfe von Meridiana, einer Frau von unerhörter Schönheit, der er zur Mittagsstunde begegnet sei und die ihm für seine Liebe Reichtümer angeboten habe.[18] Der Teufel, die Fee oder eine magische Statue hätten dem zukünftigen Papst versprochen, er werde nur in Jerusalem sterben, und Gerbert schwor sich, niemals seinen Fuß in diese Stadt zu setzen.

Leider spürte er, als er eines Tages in einer seiner römischen Kirchen die Messe las, daß ihn eine schwere Krankheit überfiel. Und plötzlich erkannte er die Wahrheit: Er amtete in einer Kapelle, die dem Heiligen Kreuz von Jerusalem geweiht war, und sang, Gipfel der Unbesonnenheit, die Messe *Statio ad Jerusalem!* Er verstand, daß sein Ende nahe war, und ließ sich in derselben Kapelle ein Lager aufschlagen. Er beichtete seinen Kardinälen seinen Verkehr mit dem Teufel und befahl dann, man solle ihn nach seinem Tod auf einen neuen Holzwagen legen, der von zwei jungfräulichen Pferden, einem schwarzen und einem weißen, gezogen würde. Man solle diese Pferde nicht lenken und seine Leiche dort begraben, wo sie anhielten. Der Wagen durchquerte die Stadt Rom und hielt vor der Kirche des Lateran an. Man hörte hierauf laute Schreie und Seufzer, dann wurde alles wieder ruhig, und man konnte die Beerdigung vornehmen.

Die allzu hohe Wissenschaft dieses Mannes und seine Verbindungen zur arabischen Welt trugen ohne Zweifel zu den Beschuldigungen bei, er sei Nekromant. Verschlimmert wurde die Sache noch dadurch, daß er im Jahr 1000 Papst war: Nach der Apokalypse sollte 1000 Jahre nach Christus der Antichrist erscheinen und das Ende der Zeiten ankündigen. Man hat auch die Tatsache hervorgehoben, daß sein spezieller Ruf in der Hitze des Investiturstreits zustande kam. Läßt man eine doppeldeutige Anspielung beiseite[19], stammt die Legende um Silvester vom Ende des 11. und vor allem aus dem 12. Jahrhundert. Ursprünglich soll ein Kardinal Benno, ein deutscher, von einem Gegenpapst ernannter Prälat, ein Pamphlet gegen Gregor VII. geschrieben haben. Die Beschuldigung der Magie drängte sich auf: Gregor VII. hätte sie von Benedikt IX. und von Gregor VI. gelernt; diese waren beide Schüler Gerberts und durch ihn des Teufels gewesen. Die Legende von den drei R und der Tod in Jerusalem bestätigten den teuflischen Ursprung ihres Wissens. Unglücklicherweise ist Bennos Text nur in einer Sammlung von parteiischen Legenden auf uns gekommen, die ein protestantischer Autor des 16. Jahrhunderts herausgegeben hat; seine Absicht war offensichtlich, die Geschichte des Papsttums durch die schmutzigsten Verleumdungen zu besudeln.[20] Von den Pseudoprophezeiungen Joachims bis zum Brief Luzifers an die kirchlichen Würdenträger fehlt keine Fälschung, die die lutherische Historiographie des 16. Jahrhunderts in die Welt gesetzt hat. Man kann, bis zum Beweis des Gegenteils, die *Vita et gesta Hildebrandi* von Benno für fragwürdig halten, aber die Legende von Silvester II. zirkulierte zweifellos schon im 12. Jahrhundert.[21]

Das Erscheinungsbild des Magier-Papstes ist komplex. Vom Ehrgeiz, der einen Kirchenmann treibt, die Stufen der kirchlichen Hierarchie rasch emporzuklettern (vgl. die Legende von Silvester II.: *Gloriae cupiditate captus*, sagt Wilhelm von Malmesbury), bis zur heiligen Wissenschaft, die den beiden Herren der Welt, dem Papst und dem Kaiser, der geistigen und der weltlichen Macht, hilft, weise zu regieren (vgl. die Legende von Leo III.), ist für alle Nuancen Platz. Auf einer anderen gesellschaftlichen Ebene finden wir die gleichen Schemata. Der Ehrgeiz und vor allem der Rachedurst bringen den arm gewordenen Kleriker Theophil dazu, seine Seele dem Teufel zu verkaufen. Ein allzu großes Wissen über die Welt der Geister macht aus Klerikern die bevorzugten Mittler bei Beschwörungen oder Verzauberungen, wie man es zum Beispiel beim Prozeß des Guichard sehen wird.[22]

Vor allem gibt es viele Priester, die täglich mit dem Aberglauben des Volks konfrontiert sind und sich mit Resten des Heidentums arrangieren müssen. Seit dem Konzil von Arles (443–452) darf kein Bischof heidnische Prozessionen gestatten, ohne sich der Gotteslästerung schuldig zu machen. Konzile und Predigten zeigten uns, daß zur merowingischen Zeit die Priester immer wieder beschuldigt wurden, Magie zu treiben. Man wirft ihnen vor, in den Flammen von Kerzen, welche für die Heiligen entzündet wurden, die Zukunft zu lesen, ebenso im zufälligen Aufschlagen der Bibel (Bibliomantie) heilige Talismane zu fabrizieren, eventuell mit Worten aus den Evangelien, welche als magische Formeln dienen. Der religiöse Zauberer ist vor allem ein tapferer Priester, der angesichts der Zähigkeit des Heidentums die Bräuche so gut christianisiert, wie er eben kann, und schließlich als Spezialität des Übernatürlichen konsultiert wird. Die Quellen, die einem Heiligen geweiht werden, oder der ursprünglich heidnische Brauch, vor der Statue eines Seligen

Kerzen anzuzünden, zeugen von der Beständigkeit dieser Praktiken, die in der Zeit des Kampfes gegen das Heidentum streng bestraft wurden.

Die verbotene Frucht des Wissens

Das Beispiel des Gerbert von Aurillac hat uns die dünne Grenze zwischen Religion und Wissenschaft im Bild des Magiers bewußt gemacht. Verweilen wir dabei, aber anhand eines anderen Beispiels: ein großer Gelehrter des Mittelalters, der auch ein großer Mystiker war und den die öffentliche Meinung zum gefährlichen Zauberer stempelte ... Es handelt sich um den Katalanen Ramón Llull, dem alchimistische Bücher und wenigstens ein Werk über dämonische Magie zugeschrieben wurden. Obwohl er 1315 als Achtzigjähriger starb und stets ungemein aktiv gewesen war, kann man nicht umhin, ein wenig zu zweifeln angesichts der dreihundertdreizehn Werke, die uns unter seinem Namen erhalten blieben ... von den viertausend, die er geschrieben haben soll. Man ist heute der Ansicht, daß unter den erhaltenen die achtzig, die sich mit Alchimie und Magie befassen (davon dreiundfünfzig nicht veröffentlichte), nicht echt sind.[23] Man findet darunter die *Schlüssel*, eine *Natürliche Magie*, ein *Testament*, die *Kunst der Kabbala*, die *Geheimnisse oder die Quintessenz der Natur*, eine *Abhandlung über die Alchimie*, das *Geheimnis der Geheimnisse*, ein *Vademecum*, weiter das *Buch über den Stein und das Öl der Weisen* und *Wie man mit dem Stein der Weisen Reichtum gewinnen kann* ... Wie kam es, daß alle diese Abhandlungen ihm zugeschrieben wurden?

Ramón Llull ist vor allem ein exzentrischer Autodidakt, der sich außerhalb der üblichen Wissenschaftsbereiche bewegte. Weltlich, ein eleganter Dichter, «bekehrte» er sich, ganz im Sinn des Mittelalters, als er im Verlauf weniger Tage viermal eine Vision des Gekreuzigten hatte. Dieses Wunder, das 1266 geschah, veränderte seinen leichtsinnigen Lebenswandel. Er beschloß, die Ketzer und die Heiden zu bekehren, und schrieb die *Ars Maior* (1275), ein Werk, das an gewissen Universitäten bis ins 17. Jahrhundert ein großer Erfolg war. Es handelte sich um eine neue Art von Syllogistik, die er in seinen Büchern sämtlichen Gebieten angedeihen ließ: Theologie, Philosophie, Recht, Medizin. Er verfaßte auch fiktive Dialoge mit häretischen oder heidnischen Philosophen oder Prinzen, Juden, Sarazenen, Tataren, Griechen, Averroisten.

Und er setzte seine Dialoge in die Praxis um. Er gründete in Mallorca ein Kloster, in dem man Arabisch lernen konnte, um die Sarazenen zu bekehren, und predigte mehrmals den Moslems. In Tunis wurde er fortgeschickt, nachdem er knapp dem Tod entgangen war. In Bougie (heute Bejaia in Algerien) wurde er ins Gefängnis gesteckt, nachdem er in einem Rededuell einen islamischen Priester besiegt hatte. Man zögerte, schreibt ein zeitgenössischer Biograph, ihn vor Gericht zu stellen, denn er konnte Gründe gegen Mohammeds Gesetz anführen, auf die man keine Antwort mehr wußte. Er blieb sechs Monate im Gefängnis, und man schlug ihm vor, zusammen mit islamischen Weisen ein Buch zu schreiben, das aufzählte, welche Gründe für die beiden Gesetze sprächen. Doch bevor das Buch fertig war, wurde er ausgewiesen. Mit achtzig Jahren kehrte er nach Tunis zurück, wo er 1315 gemäß einer späteren Überlieferung von der Menge, die er hatte bekehren wollen, gesteinigt wurde.[24]

Dieses beispielhafte Leben enthält alle Elemente, um den Verdacht auf Magie aufkommen zu lassen. Der Kontakt mit den Arabern als erstes; in vielen legendären Berichten dienten sie als Mittler zwischen Magier und Teufel. Dann die Tatsache, daß er sich am Rand der offiziellen wissenschaftlichen Kreise bewegte, was Rivalitäten und Eifersucht zur Folge hatte. Jahrhunderte nach seinem Tod hatten seine Schüler in mehreren Universitäten, vor allem in Paris, einen schlechten Ruf. Und schließlich seine mehrdeutigen Beziehungen zur kirchlichen Macht; wenn es ihm schließlich gelang, für sein Kloster die Unterstützung des Papstes zu erringen, so brauchte er dazu doch zahlreiche Reisen nach Rom. Am Konzil von Wien, wohin er sich 1311 begab, durfte er nicht teilnehmen. Die Inquisition, die gegen ihn einen Prozeß wegen Magie angestrengt hatte, machte ihm das Leben schwer. Dennoch wurde er nach seinem Martyrium für den Glauben seliggesprochen; sein Leben, nach seinen eigenen Worten erzählt von einem Zeitgenossen, ist in den *Acta sanctorum* der Bollandisten enthalten: seltsamer Abschluß für diesen «erleuchteten Doktor», dessen Werk von Gregor XI. 1376 als ketzerisch erklärt wurde, ehe es 1419 reingewaschen wurde. Diese Persönlichkeit stößt offensichtlich in allen Bereichen an. Die Legende will, daß er für die englischen Könige Edward II. und Edward III. Gold hergestellt habe, in der Hoffnung, so einen Kreuzzug ins Heilige Land finanzieren zu können. Aber das Gold finanzierte die englischen Kriegszüge gegen Frankreich, was den Katalanen bei den Franzosen von neuem unbeliebt machte.[25]

Woher kamen diese Legenden? Ohne Zweifel vom Aufenthalt Ramóns in Rom gegen 1295–1296. Die Inquisition ermittelte damals für mehrere Magieprozesse, vor allem gegen Bernard Délicieux, dem man vorwarf, ein verbotenes *Vade mecum* zu besitzen. Der Angeklagte behauptete schließlich, Ramón Llull sei der Verfasser des Buches. Nach den Richtern enthält es «viele Schriftzeichen», mehrere Namen von Dämonen, die Art, wie man sie beschwören und ihnen Opfer anbieten kann, wie man mit ihrer Hilfe Häuser und Festungen zerstört, wie man Schiffe auf dem Meer zum Kentern bringt, wie man sich der Freundschaft Mächtiger und anderer versichert und wie man dank der Grausamkeit (dieser Dämonen) nicht nur Frauen heiratet oder sexuell verführt, sondern mit Hilfe von Statuetten und anderer abergläubischer Praktiken auch Blindheit, Brüche, andere Gebrechen und sogar den Tod von gegenwärtigen oder abwesenden Personen herbeiführt.[26] Das ist der Inhalt und das Versprechen vieler Beschwörungsbücher, die in zahlreichen Prozessen des 14. und 15. Jahrhunderts erscheinen. Aber nichts von alledem findet sich in Ramóns Büchern, nicht einmal in den zweien, die als Untertitel *Vade mecum* haben. Verleumdet, verleumdet, etwas bleibt immer hängen! Zwar wurde der katalanische Gelehrte von jedem Verdacht entlastet, aber sein Name und die Nekromantie bleiben im Geist vieler verbunden.

Es ist leicht, bekannten Gelehrten anonyme Bücher zuzuschreiben, die man heimlich weitergibt. Das erhöht ihr Prestige. Eine Abhandlung über Medizin muß mit Hippokrates oder Galen unterzeichnet sein; im 12. Jahrhundert wollte man ausschließlich Araber lesen, und zahlreiche moderne Autoren sahen sich genötigt, ihre eigenen Bücher als Übersetzungen auszugeben.[27] Aber auf diese Art kann man auch verdächtige Bücher verzollen. «Wenn jemand», schreibt Adelard von Bath, «hört, wie ich von unbekannten Dingen spreche, möge er sie nicht meinen Worten zuschreiben, sondern der Lehre gebildeter Araber. Ich will nicht selbst Objekt des Mißvergnügens sein, wenn meine Texte wenig gebildeten Leuten nicht zusagen. Ich weiß, welches Los gewöhnliche Leute für denjenigen reservieren, der die Wahrheit lehrt. Deshalb ziehe ich es vor, die Sache der Araber, nicht meine eigene, zu verteidigen.»

Diese unverhohlene Flucht vor der Verantwortung eines Werks ist üblich. Selbst anonyme Bücher können für ihre Besitzer gefährlich sein. Wenn sie auf die erste und die letzte Seite den Namen eines anerkannten Verfassers schrieben, glaubten sich die Besitzer gedeckt: Wurde das verbotene Buch entdeckt, konnte er behaupten, er kenne seinen Inhalt nicht.

Die Anklge gegen Bernard Délicieux beschränkt sich nicht darauf, daß er das *Vade mecum* besaß, sondern präzisierte, «er habe es, er bewahre es, er habe es in allen Teilen gelesen, kenne seinen Inhalt und habe, um seinen Stoff zu gliedern, Notizen an den Rand geschrieben».

Große Gelehrte (Albert der Große, Michael Scottus, Arnald von Villanova, Ramón Llull ...) wurden auf diese Weise in der Legende zu Alchimisten oder Magiern. Nur die Päpste entgingen dieser Tendenz; sie garantierten für die Heiligkeit eines Werkes. Von Kopist zu Kopist konnte sich ein unbestimmter Hinweis gefährlich präzisieren. So hat zum Beispiel die *Wahre Praxis der edlen Wissenschaft der Alchimie*, Teil eines Manuskripts des 15. Jahrhunderts in der Bibliothèque Nationale, für zwei Manuskripte des 17. Jahrhunderts als Modell gedient. Ein falscher Eintrag erweckte den Eindruck, es «gehöre» Nicolas Flamel. Einer der Kopisten fand es farbiger, wenn er den Pariser Autor zum Verfasser ernenne; der andere zweifelte zwar, aber wählte einen bekannteren Autor, Arnald von Villanova![28]

Die Konfusion zwischen hohem Wissen und Magie kommt sicher überall und jederzeit vor. Galen wurde der Magie angeklagt, weil er den Verlauf der Krankheiten zu gut voraussagte.[29] Aber die christliche Welt eignete sich besonders gut für diese Verbindung: Die Gefahr des Wissens wurde bestätigt durch den Mythos der Erbsünde und eine lange Tradition der Feindseligkeit gegenüber der Wissenschaft; die Unterscheidung zwischen dem göttlichen und dem teuflischen Ursprung des Wissens machte es leicht, einen allzu gelehrten Mann in Verdacht zu bringen.

Die Frau, der Priester, der Gelehrte. Die Erscheinungsbilder des Zauberers, die sich im Mittelalter definieren, sind nicht zufällig gewählt; sie stehen in Zusammenhang mit theologischen Überlegungen. Die Moralisten unterschieden drei Arten der Lust – Fleischeslust, Macht, Wissen –, sie stellten jene Schwächen der Persönlichkeit dar, die dem Teufel Macht über die Menschen gaben, und das Mittelalter betrachtete die Frau als Opfer der ersten, den Priester als Opfer der zweiten, den Gelehrten als Opfer der dritten Art. Der Fortschritt der Naturwissenschaften und die seit dem 13. Jahrhundert erlassenen strengen Verbote gegen die Priester, die verdächtige Praktiken ausübten, bewirkten, daß sich der Verdacht auf die verwundbarste der chronisch Beschuldigten konzentrierte: die Frau.

ZWEITER TEIL

DAS ANTIKE ERBE UND DER ABERGLAUBE

Anfang des 15. Jahrhunderts rühmt sich eine alte Frau in einem deutschen Dorf, sie fliege jeden Abend fort und schließe sich dem Zug Dianas an. Zu einer Zeit, die für den Mythos der Hexe und ihrer Teilnahme am Hexensabbat empfänglich ist, braucht es, um sie auf den Scheiterhaufen zu bringen, nicht mehr als eine solche Aussage. Denn ein berühmter Inquisitor, Johann Nider, ist gerade in der Gegend. Die alte Frau läßt sich aber nicht beeindrucken. Sie wiederholt ihre Geschichte vor dem Priester und ist damit einverstanden, daß er die Nacht an ihrem Bett verbringt.

Nider sieht, wie sie sich mit einer unbekannten Salbe einschmiert, einschläft und die ganze Nacht zappelt, bis sie sogar aus dem Bett fällt! Als die Träumerin, erschöpft von ihrer nächtlichen Aktivität, ihn fragt, ob er ihr jetzt glaube, bestätigt er seine Diagnose: Es ist ihre Phantasie, die sie umtreibt, nicht der Teufel.

Die alte Deutsche hatte Glück. Andere Inquisitoren nahmen sich nicht soviel Zeit. Nachts davonfliegen? Heidnischer Aberglaube, hätte man im Hochmittelalter gesagt, als man an Dianas Zug glaubte. Böser Traum, fanden das 13. und 14. Jahrhundert. Hexensabbat, wußte das 15. Jahrhundert. Derselbe Glaube kann zu verschiedenen Zeiten verschieden beurteilt werden. Ein erster Überblick über die Praktiken und den Aberglauben muß sich notwendigerweise dem Erbe widmen, das die Antike mit ihrer Religion und ihrer Wissenschaft hinterlassen hat, und untersuchen, wie das zerbröckelnde heidnische System im kollektiven Bewußtsein langsam zum Aberglauben wurde.

Manche Gebiete am Rand der Christenheit haben die christliche Invasion besser überstanden – das keltische Irland, der germanische Hohe Norden. Und gewisse, besser strukturierte Systeme, die weniger stark mit den heidnischen Kulten verbunden waren, brauchten nur eine dürftige

Verkleidung – vor allem die Zukunftsvorhersage trägt wenig christliche Züge. Es lassen sich unzählige einzelne Vorstellungen und Meinungen ausmachen. Sie wirken wie kleine Hügel, die zueinander keinen Bezug haben, isolierte, aber zähe Trümmer der zerstörten lateinischen, germanischen und keltischen Gebäude. Gewisse Prediger haben versucht, sie als gefährliche Ableger einer verbotenen Religion auszurotten. Ansässige Kleriker versuchten im Gegenteil, diese Vorstellungen rasch zu taufen und sie in die große christliche Struktur zu integrieren. Studierstuben-Theologen errichteten schließlich aus den verstreuten Materialien ein neues Gebäude, ein verfluchtes und teuflisches Gebäude, in das sie passend oder unpassend einschlossen, was die vergangene Welt überlebt hatte und jetzt ohne Heimat war.

1. ES RIECHT NACH HEIDENTUM

Ungefähr 1110 richtete Adalgoz, Bischof von Magdeburg, einen aufrüttelnden Appell an alle seine Brüder in der Christenheit; er wurde dabei von hohen Würdenträgern, die ihm nahestanden und ihm rasch helfen konnten, unterstützt. Seine Diözese wurde damals von fanatischen Banden, «Heiden», «sehr grausamen Rassen», «Männern ohne Barmherzigkeit, die sich aus Bosheit ihrer Unmenschlichkeit rühmten», verwüstet. Sie entweihten Christi Kirchen, zerstörten die Altäre, entführten sogar die Gläubigen, um sie zu töten, zu foltern, zu köpfen, auszuweiden, zu verstümmeln, lebendig zu häuten. Das Bild ihrer Missetaten wird vom Bischof mit Grauen im einzelnen festgehalten. Es habe nichts zu tun mit den üblichen Razzien der Normannen oder mit fremden Piraten: Die Beute sei nicht dem Zufall überlassen. Diese «Heiden» griffen nur Christen an und schnitten ihnen Hände und Füße ab; sie schrien dabei: «Wo bleibt euer Gott?» Sie opferten die Köpfe ihren Dämonen. Sei das Massaker beendet, riefen sie «Freudentage» aus, um die Niederlage Christi und den Sieg Pripegals[1] zu feiern.

Die Entweihung heiliger Orte, die Zerstörung der Altäre, die Glaubensprüfung («Wo bleibt euer Gott»), das den Göttern dargebrachte Menschenopfer, die kosmische Interpretation des Sieges (Pripegal gegen Christus): All das sieht nach einem «Religionskrieg» zwischen heidnischen Völkern und einem Deutschland langsam erobernden Christentum aus. Einen Pripegal kennt man sonst nicht, aber – immer nach dem Bischof Adalgoz – heißt er auch Priapos, schamloser Belphegor. Die Bezugnahme auf einen phrygisch-lateinischen Gott und einen hebräischen Dämon ist bei einem germanischen Gott wenig wahrscheinlich. Und nichts in den Beschreibungen der Zeremonien läßt auf einen phallischen Kult oder obszöne Handlungen schließen. Zweifellos handelt es sich um eine Interpretation des Bischofs von Magdeburg: Die phonetische Ähnlichkeit zwischen den beiden heidnischen Gottheiten und die christliche Besessenheit von der Sexualität haben den Schluß begünstigt. Adalgoz stellt dieses unerwartete Aufflackern des Heidentums in einen vertrauteren Rahmen.

Eine so direkte Gegenüberstellung von Monotheismus und heidnischen Überbleibseln ist rar im 12. Jahrhundert, in dem das Christentum gesiegt zu haben scheint. Die Grenzgebiete Deutschlands und Skandinavien, wo das Christentum seit dem 10. Jahrhundert langsam vorankommt, sind die letzten Zufluchtsorte des Heidentums. In Uppsala gab es noch im 11. Jahrhundert einen heidnischen Tempel, in dem Thor, Freyr und Odin verehrt wurden.[2] Im übrigen Europa hat zu dieser Zeit die Verurteilung des Polytheismus einer anderen Art der Verfolgung Platz gemacht, derjenigen der Ketzerei. Haben die unterschiedlichen Auffassungen des einen Glaubens und der Streit über den Dualismus die Konfrontation mit den Göttern der Völker verdrängt?[3] Doch die jeweiligen Gegner sind von verschiedener Herkunft: Bei der Ketzerei geht es um den Klerus und die Intellektuellen, beim Heidentum um die Bauern. Es war nötig, daß die Evangelisierung der ländlichen Gegenden kein vordergründiges Problem mehr war, damit die Kirche beginnen konnte, in ihren eigenen Reihen Ordnung zu schaffen. Der Siegeszug von Pripegal war nur ein letztes Aufbäumen, nachdem das Heidentum offiziell besiegt worden war.

Offiziell, denn mindestens bis zum 16. Jahrhundert, wenn nicht gar bis heute, haben heidnische Impulse die Mentalität des Abendlandes gefärbt. Man kann unmöglich sagen, in welchem Ausmaß diese Impulse damals wirksam waren. Manche sind der Ansicht, daß es sich um eine regelrechte Volksreligion gehandelt habe, die im Untergrund des Katholizismus wirkte und deren Hexen Priesterinnen waren. Der Sieg der Religion habe nur auf dem Pergament stattgefunden, und, daß man bis jetzt keine Spuren des alten Glaubens gefunden habe, zeige lediglich, daß sich die Kirche das Monopol der schriftlichen Kultur bewahrt hätte. Eine verlockende, aber unbeweisbare These. Es ist wahrscheinlicher, daß sich die heidnischen Traditionen in Form von Aberglauben, Legenden und Vorstellungen lebendig erhielten; hier wurden sie von der Kirche bekämpft, anderswo zog man ihnen ein christliches Gewand an. Die Verwandlung der alten Götter in Planeten und die Duldung der Astrologie verliehen auf dieser Ebene den antiken Kulturen einen weniger schwefligen Geruch.

Verdammung oder Eingliederung?

Die Haltung der Missionare gegenüber dieser Frage ist ziemlich zwiespältig. Eines der berühmtesten und vollständigsten Zeugnisse in dieser Sache ist das des heiligen Eligius (ca. 588–660), des Bischofs von Noyon-Tournai, der das merowingische Gallien und vor allem die Friesen evangelisierte. Die lange Predigt, die er den Heiden hielt, wurde von einem zeitgenössischen Biographen, dem heiligen Audoin (ca. 600–684) festgehalten. Für die karolingische Epoche besitzen wir einen kostbaren *Indiculus superstitionum et paganiarum* (Liste des Aberglaubens und der heidnischen Dinge) aus dem 8. Jahrhundert, der in die Kapitularien Karls des Großen integriert ist. Für die romanische Epoche haben wir die lange Liste von Fragen, die Burchard, im 11. Jahrhundert Bischof von Worms, seinen Beichtkindern stellte, um das Maß ihrer Leichtgläubigkeit festzustellen. Walter Map (12. Jahrhundert) und Wilhelm von Auvergne (13. Jahrhundert) hielten fest, was die Leute zu ihrer Zeit glaubten. Ein merkwürdiges *Cherubim-Buch*, das ein Minderbruder, der sich einfach Rudolfus nannte, im 14. Jahrhundert in Deutschland verfaßte, gibt uns ein sehr vollständiges Bild der weiblichen Folklore am Ende des Mittelalters: Riten und Volksglauben über die Geburt, die Heirat, die Schwangerschaft, die Liebe sind in reichen Details festgehalten. Im 15. Jahrhundert liefern uns die *Evangiles des quenouilles* ein unterhaltsames Zeugnis vom Aberglauben der Frauen. Jede Epoche hat sich offenbar darüber beklagt, wie zäh der Aberglauben fortlebt. Wenn es bei gewissen Autoren wie Burchard oder Wilhelm von Auvergne schwierig ist, die literarische Tradition und die Beobachtung des Alltags zu entflechten, so klingen die heilige Entrüstung eines Bruders Rudolfus oder der ernste Humor der *Evangiles des quenouilles* authentischer.

Zur Zeit des heiligen Eligius wird noch ein direkter Kult angeprangert, bei dem namentlich Götter verehrt werden: Neptun, Diana, Minerva, Orcus (eine Gottheit der Unterwelt, der lateinische Name für Pluto) werden beschworen, man geht in ihre Tempel, man opfert Tiere. Der heilige Remaclus (7. Jahrhundert), dessen Leben vom prinzlichen Bischof von Lüttich, Notger (10. Jahrhundert), beschrieben wurde, begegnet in den Ardennen, in der Nähe von Steinen, die den Namen Dianas und anderer Götter tragen, noch Männern, die deren Zweck kennen und die von heidnischen Irrtümern befleckt sind *(gentilismi erroribus polluti)*. Aber für ihn sind das Dämonen, die man aus den Wassern der Warche vertreiben muß:

Nach der Segnung tauft er das befreite Dorf um in *Malmundarium*, das heißt *a malo mundatum* (vom Bösen gereinigt). Daraus wurde später *Malmédy.*[3] Der karolingische *Indiculus* spricht seinerseits von Jupiter und Merkur. Wie bei Pripegal ist das wahrscheinlich eine lateinische Verkleidung für keltische und germanische Götter. Die häufige Nennung von Jupiter und Merkur in einem stark von der germanischen Kultur beeinflußten Text bezieht sich wohl auf den Kult von Wotan und Donar.

Solche direkten Bezüge auf antike Gottheiten verblassen in späteren Texten. Man trifft sie praktisch nur noch in einem Fall an: dem der «Feen», zu denen die Frauen sich nachts zu gesellen glauben und in denen man griechische (Hera), lateinische (Diana, die Parzen) oder germanische (Holle) Göttinnen erkennt. Die Erinnerung an die alten Gottheiten ist offensichtlich zu verblaßt in einer Volks-Mythologie, in der man auch vergeblich nach einem strukturierten Kult sucht. Die Götter sind zu Dämonen geworden und integrierten sich ins christliche Weltbild: So findet man Apollo in der *Chanson de Roland* unter den Götzen der Sarazenen zusammen mit Mohammed und dem mysteriösen Tervagant. Was Venus angeht, so steht sie nur noch für die schuldhafte Freude an fleischlichen Gelüsten, und sie wird in höfischen Kreisen zu einer Art Anti-Jungfrau. Solche Erwähnungen von Göttern haben nichts mehr mit der Religion des Volkes zu tun.

Wenn die ursprünglichen Namen der Götter immer seltener erscheinen – außer in literarischen Texten –, so bleiben die Gewohnheiten doch zäh bestehen, und einige haben wir geerbt. Zum Beispiel, wenn wir den Donnerstag zum Ruhetag erklären: Das war Jupiters Tag, wie der Sonntag der Tag des Herrn war. Der heilige Eligius hat schon diesen Brauch gegeißelt; man findet ihn im 15. Jahrhundert in den *Evangiles des quenouilles;* nach der Zusammenkunft vom Donnerstag, der ein Tag der Erholung ist, ißt man fett und trinkt derb.[4] Der Glaube an Unglückstage und Unglücksmonate hat sich lange gehalten: Die ägyptischen oder die verworfenen Tage des Mittelalters sowie das Verbot, im Mai zu heiraten, das noch im letzten Jahrhundert eingehalten wurde, sind Erinnerungen daran. Spezielle Vorstellungen wie die Unreinheit der menstruierenden Frau oder die Beachtung, mit welchem Fuß man zuerst aufsteht, werden ebenfalls als heidnischer Aberglaube bezeichnet.[5] Die erste kommt für Wilhelm von Auvergne vom Mondkult, wurde aber im Gesetz Mose niedergelegt, um die Götzenverehrung auszurotten; die zweite hat mit der Furcht zu tun, eine Sache unter bösen Vorzeichen zu unternehmen, eine häufige

Angst in der römischen Antike. Aber beständiger als über diese punktuellen Überbleibsel schimpfen die Priester über die Kultstätten: Bäume, Steine (Megalithe), Quellen, Wegkreuzungen. Der Glaube an die Feen, eine Schöpfung des Mittelalters, die wir separat besprechen müssen, ist das neue Gewand der früheren heidnischen Kulte.

Die Kultelemente, die der heilige Eligius verfolgt, und andere Kulte öffnen noch weitere Perspektiven. Manche sind heute in der Folklore oder in bedeutungslosen Vergnügungen enthalten; andere wurden zu christlichen Bräuchen umprogrammiert. Die Lieder, die Tänze, die Reigen, die Sprünge, die Festmähler, die als teuflisch bezeichneten Spiele sind die kulturellen Bräuche, die in Predigten und an Konzilen am häufigsten verurteilt wurden. Dieselben Verurteilungen findet man während des ganzen Mittelalters; oder anders gesagt: Die Anschuldigungen wegen mangelnden Anstands verdrängten immer mehr diejenigen wegen Götzenanbetung.

Zweifellos können solche Lieder heilige Hymnen an heidnische Götter enthalten. Aber die ältesten Volkslieder, die wir vor allem durch ihre gelehrten Nachahmungen im 12. Jahrhundert kennen, sind auffallend harmlos. Was die Tänze angeht, so handelt es sich um eine sehr alte Kultform, die in allen Kulturen nachgewiesen ist. Manchmal sind es heilige Tänze, spontane Freudenausbrüche, in denen man einen mystischen Rauschzustand zu erreichen versucht.[6] Wurden sie als unanständig angesehen, weil man mit ihnen durch Gesten oder obszöne Körperhandlungen phallische Gottheiten ehrte? Vielleicht haben die antiken Saturnalien bis hinein in unseren Karneval Spuren hinterlassen. Zu einem Zeitpunkt, da die Liturgie gereinigt wird und man symbolträchtigere Räusche sucht, kann schon die tierhafte Entfesselung des Tanzes genügen, und der Tanz wird als anstößig bezeichnet. Auch der Ort, an dem er sich abspielt (Kirche, Friedhof), genügt, um ihn als schamlos zu empfinden. In der jüdischchristlichen Tradition hat die Anstößigkeit eines heiligen Tanzes ihren Platz: David schon wird verspottet, als er vor der Bundeslade tanzt, und er verstößt deswegen seine Frau Michal. Was das heilige Mahl angeht, so ist es für alle antiken Kulturen bezeugt und ist symbolisch in der katholischen Messe enthalten, wo man Wein und Brot miteinander teilt.

Ein Rundtanz, ein Reigen, ausgelassene Bewegungen und Blumen im Haar sind noch kein heidnischer Kult. Man weiß aber, daß sie im 15. Jahrhundert Jeanne d'Arc vorgeworfen wurden. Es sind vor allem der Zeitpunkt und der Ort der fröhlichen Feste, die die Priester schockierten. Um einen heiligen Baum oder im Friedhof zu tanzen, über das Johannisfeuer zu springen, am Neujahr ein Festmahl zu bereiten – all das erinnert an einen Kult der Natur, der Jahreszeiten oder der Toten. Wilhelm von Auvergne entrüstet sich im 13. Jahrhundert über die Verbrennung von Hunde- und Pferdeknochen zum Gedenken an das Verbrennen der Gebeine des heiligen Johannes.[7] Soll das heißen, daß die Religion durch Vermittlung der Folklore die Riten des Ackerbaus und Feste der Heiden übernommen hat? Die Volkskundler des letzten Jahrhunderts glaubten das und sprachen vom «Weiterleben der Riten»; Van Gennep hingegen nahm an, daß es zu einer «Gleichzeitigkeit» von christlichem und heidnischem Brauchtum kam.

Es ist nicht zu leugnen: Die Predigt des heiligen Eligius, die heidnische Bräuche verurteilt, ist eine Art Handbuch der zeitgenössischen Folklore. Der 1. Januar ist noch heute, wie im 7. Jahrhundert, der Tag des Festessens, der Geschenke, des Rausches und, in der Folklore, der Tag, an dem man mit allerlei Bräuchen das Wetter oder die Ernte des bevorstehenden Jahres voraussagt. Die Sommer-Sonnenwende bleibt der Tag des Feuers, über das man springt und Kinder und Vieh springen läßt. Der Zusammenfall der Daten macht einen nachdenklich. Die Sonnenwenden (Weihnachten im Winter, Johannistag im Sommer), das Fest der Toten (1. November) und die Fruchtbarkeitsriten (Karneval), die Ackerbaufeste (Bittprozessionen, Mariä Himmelfahrt ...) erwecken den Eindruck, der christliche Kalender sei eine Kopie des heidnischen. Wahrscheinlich wurde das Geburtsfest Christi (ursprünglich am 6. Januar gefeiert, dann am 28. März, am 19. April, am 29. Mai) im 4. Jahrhundert auf den 25. Dezember verlegt, um die vielen heidnischen Feiern der Winter-Sonnenwende zu bekämpfen. Die Feier des *Natalis Invicti* (Geburt der unbesiegbaren Sonne) war zum Beispiel Gott Mithra geweiht, der im römischen Kaiserreich hoch verehrt wurde.[8] *Sol invictus* wird nun zu einem Epitheton Christi.

Statt von einem Erbe sollten wir vielleicht eher von einer Verdrängungspolitik sprechen – einer Technik, die es in allen Jahrhunderten gibt. Die staatlichen Feste haben sich bewußt oder zufällig über die wichtigen kirchlichen oder folkloristischen Feste gelegt: Der 1. Mai folgt der Walpurgisnacht, der 11. November dem Martinstag, das Musikfest der Sommer-Sonnenwende geht dem Johannisfest voraus. Niemand würde heute daran denken, hier Zusammenhänge herzustellen. Der Vergleich mit anderen Zivilisationen und die Verschiedenartigkeit der Bräuche, die aus der Antike stammen sollen, hat die Ethnologen ebenfalls vorsichtiger gemacht in bezug auf die Ausdehnung des antiken Erbes, das Van Gennep für die wichtigsten Feiern des liturgischen Jahres widerlegt.[9] Die Seltenheit von Quellen aus den ersten Jahrhunderten und dem Hochmittelalter und der Mißbrauch zahlreicher Theorien, die schwer zu interpretierende Quellen verallgemeinerten, mahnen zur Vorsicht.[10]

Die Predigten und Konzilien bezeugen es: Der Kalender mit den beiden wichtigsten Versuchen, die alten Kulte, Folklorisierung und Christianisierung, zu assimilieren, war ein mühsames Geschäft. Zahlreiche Praktiken, zahleiche Kultstätten und sogar Kultgegenstände mußten ein christliches Gewand anlegen, um zu überleben. Am bezeichnendsten ist es beim Kult des Lichtes; mit Kerzen, die bei Quellen, Steinen und vor allem zur Heilung Kranker angezündet wurden, huldigte man heidnischen Gottheiten.[11] Wir haben davon die Gewohnheit behalten, einem Heiligen eine Kerze zu entfachen, wenn ein Wunsch erhört wurde. Ebenso sind die Knoten oder Gebetsriemen, die in die Bäume gehängt wurden, als Exvoto in die Kirche eingegangen, die Hefte, in denen Gebetsanliegen festgehalten werden, und die Gaben von Stoff oder Kleidern.

Was die gesegneten Medaillons angeht, so kann man nicht umhin, an heidnische Talismane zu denken. Schon der heilige Eligius entrüstet sich darüber, daß gewisse Priester solche herstellen: «Niemand darf es wagen, an den Hals eines Menschen oder irgendeines Tieres Bänder zu hängen, selbst wenn ein Priester sie gemacht hat und wenn gesagt wird, es sei ein heiliger Gegenstand, der göttliche Weisungen enthalte, denn in ihnen wohnt nicht ein Heilmittel Christi, sondern ein Gift des Teufels.»[12] Die jüdischen Gebetsriemen, die heiligen Bänder der Römer, die Runen-Talismane spielten oft mit heiligen oder magischen Wörtern. Zahlreiche Talismane begnügten sich damit, ein paar Worte oder irgendein Gebet auf ungebrauchtes Pergament oder auf ein Blei- oder Silberblatt zu schreiben. Das Mittelalter hat uns Dutzende davon hinterlassen, sie bestehen aus kurzen Gebeten oder göttlichen Namen; sie sollten, wenn man sie auf sich trug, jede Gefahr oder Krankheit abwenden. Zweifellos kritisierte der heilige Eligius solche Amulette, da zu seiner Zeit das Heidentum noch zu bedrohlich war, so daß die christliche Praxis keine Traditionen aufnehmen konnte, welche den alten Bräuchen noch zu nahe standen.

Die offensichtlichsten und bekanntesten Christianisierungen der heidnischen Kulte betreffen Gegenstände und Orte, von denen die Gläubigen nicht abzubringen waren: behauene oder mit einem Kreuz gezeichnete Menhire, Wunderquellen, die der Heiligen Jungfrau oder einem Wundertäter geweiht waren, Kirchen, die an den Orten von früheren Tempeln erbaut waren, der Einbezug eines großen Steines in die Kirchenmauer – wie in Le Mans –, die Anrufung einer alten Gottheit unter dem Namen der Jungfrau, was der Fall sein soll bei der Jungfrau von Sarrance, oder die Heiligsprechung eines heidnischen Gottes wie bei Saint Veniers (*sanctus Veneris*, Heiliger der Venus) oder beim heiligen Pluto (Plutus). Ein Buch würde nicht genügen, um all diese Spuren aufzuzählen. Der christliche Rahmen eignet sich sehr gut für die Wiederherstellung heiliger Orte: War denn eine Quelle mit wundertätiger Wirkung nicht ein Geschenk des Himmels? Man brauchte bloß die Heilung der göttlichen Allmacht zuzuschreiben statt einer Najade.

Es ist schwierig, die Größe dieser Assimilationskraft zu bestimmen. Manchmal haben die Protestanten (16. Jahrhundert) und die Volkskundler (19. Jahrhundert) in den katholischen Heiligen direkte Nachfolger der heidnischen Götter gesehen. Apollo, der Bogenschütze, der die Pest schickt und heilen kann, wäre zum heiligen Sebastian geworden, der die gleichen Attribute und die gleiche Macht hat. Vinzenz, Martin und andere hätten Bacchus verdrängt und beschützten nun an seiner Stelle die Reben, und unzählige phallische Heilige hätten den priapischen Kult fortgesetzt. Die Übertreibung dieser Theorien und die Polemik, die sie entstehen ließ, genügen, sie zu diskreditieren. Denn außerhalb jeder zeitlichen Abfolge gibt es eine Beharrlichkeit gewisser Mentalitäten (die Notwendigkeit eines Kults der Zeugungskraft) oder gewisser Bilder (die Verbindung von Pfeil und Pest); sie ist wahrscheinlicher als die direkte Abstammung von Kulten, die in verschiedenen Rahmen auftauchen.

Die Missions-Taktiken der merowingischen Epoche sind übrigens durch theoretische Texte bekannt. Man legt den Priestern nahe, sich der lokalen Kultur anzupassen: Gebrauch der Dialekte, mündliche Instruktion und Beachtung gewisser Zeremonien, der Wunderglaube. Verhaltensweisen, die der klerikalen Kultur nicht entsprechen. Aber die Ernte in Sachen Brauchtum ist in den Predigten und den Biographien der Heiligen dieser Epoche armselig; das gestehen selbst diejenigen, die es versucht haben; die populären Themen tauchen während der karolingischen oder der romanischen Zeit und vor allem während der großen Welle der volkstümlichen Traditionen im 12. bis 13. Jahrhundert auf.[13]

So waren gegenüber den Spuren von Heidentum, welche die Bauern eigensinnig bewahrten und weitergaben, mehrere Haltungen möglich. Die radikalste war die des heiligen Eligius und zahlreicher Konzilien: Unterschiedslos wurde alles verdammt, was von der Verehrung eines einzigen, transzendenten Gottes abwich. Ein Edikt von Carloman verlangt von den Bischöfen, alle heidnischen Praktiken und allen Zauber zu verbieten, «sogar christliche». Und er erinnert an «geheim vollzogene Opferungen, die dumme Leute mit heidnischen Zeremonien vollziehen, wobei sie die Namen von Märtyrern und Beichtvätern rezitieren».[14] Diese Einstellung der ersten Konzilien und der merowingischen Epoche mildert sich allmählich: Aber man findet sie noch zum Beispiel bei Bruder Rudolfus, der auf dieselbe Art die Götzenverehrung der Christen verurteilte, seien es heilige Gegenstände, seien es eigentliche Überbleibsel des germanischen Heidentums. Diese Kompromißlosigkeit geht an der Wirklichkeit vorbei, und man erahnt ein zartes Netz von pragmatischeren Haltungen: Die Priester, die Bänder umlegen, sind wahrscheinlich keine Zauberer, wie der heilige Eligius meint, sondern Landpriester, die versuchen, mit einem christlichen Lack zu überdecken, was sie mit Gewalt nicht ausreißen konnten.

Von da an war das Wichtige nicht die Handlung, sondern das, wofür sie stand. So toleriert Wilhelm von Auvergne gewisse abergläubische Handlungen in den Kirchen: Aus gesegnetem Wachs wird ein Lamm geformt, das die Blitze fernhält; die Glocken werden geläutet, um den Donner zu vertreiben; der Teufel wird mit Salz und Weihwasser vertrieben, und – das erinnert am lebhaftesten an das Heidentum – im Namen der Jungfrau werden Eichen gesegnet, die Gewitter abweisen.[15] Zwei Jahrhunderte später hätte ihm Jeanne d'Arc eine harte Nuß zu knacken gegeben ... Aber, erklärt der Bischof von Paris, alles das geschieht nicht durch die Kraft der gesegneten Gegenstände, sondern durch die Segnung und Macht Gottes. So habe das königliche Siegel keine andere Macht als die des Königs selbst, und ebenso hätten Gegenstände und Tiere keine Seele, die ihnen erlaubte zu handeln, sondern nur die Kräfte, die Gott ihnen verlieh.

Die kulturellen Ebenen

Das zweite Mittel, die heidnischen Kulte zu entschärfen, ist ihre Popularisierung. Das wird im 12. Jahrhundert die Aufgabe der Literatur sein. Die lateinische Literatur und die frühe romanische Literatur (Heldenlieder und Biographien von Heiligen) haben versucht, das Bild eines christlichen Wunderbaren zu entwerfen, das es mit den keltischen, germanischen und griechisch/römischen Mythologien aufnehmen konnte. Letztere war zwar weniger gefährlich, denn sie war importiert und hauptsächlich in kultivierten Kreisen bekannt. Aber das Volksgedächtnis tradierte eine Erbschaft an Legenden, die schwierig zu bewältigen war.

So entsprechen die Reisen des heiligen Brandan, eines irischen Eremiten, der zu Schiff das irdische Paradies sucht, der Tradition der keltischen *imrama*, diesen fiktiven Reisen zu den fabelhaften westlichen Inseln. Die Legende des heiligen Albée, der im Wald ausgesetzt und von einer Wölfin genährt wurde, erinnert an zahlreiche Legenden der Antike, u. a. diejenige von Romulus und Remus.[16] Die alten Nachdichtungen, wie die Lais der Marie de France, geben sich Mühe, die Authentizität ihrer unwahrscheinlichen Helden zu unterstreichen. Yonec, der Vogelmensch, der eine in einem Turm eingeschlossene Frau verführt hat, verlangt nach der Kommunion und rezitiert das Credo, um seiner zukünftigen Freundin zu beweisen, daß er kein Dämon ist. Während des ganzen Mittelalters werden keltische Themen christianisiert, was zu originellen Erzählungen führt (wie *Atre périlleux*, der Geisterfriedhof) oder zur authentischen christlichen Dichtung um den Gral und die Artus-Runde.

Die leicht zu durchschauenden Überarbeitungen sind nur ein Notbehelf. Wenn sie nicht, wie beim Gral, auf eine echte christliche Mythologie stoßen, werden sie belächelt oder kritisiert. Genügt es zu sagen, daß Faé der Hochmütige, der durch seinen bloßen Namen an einen Kampf der Theologen gegen das Übernatürliche denken läßt, mit Gottes Hilfe Tote auferweckt und Blinde sehend macht?[17] Die Erklärung wird immer künstlicher und der Vorwand unnütz. Die Gebräuche der Literatur und die Freude an der Bildhaftigkeit genügen, um das Wundersame passieren zu lassen. Die Feen sind in den Romanen heimisch, der Feenglaube ist die Sache der Bauern. In *Aye d'Avignon* suchen Garniers Neffen Aye, die sich in die Felder gerettet hat, um einem Kampf zu entgehen. Die Bauern, die sie befragen, wissen nichts, aber sie sagen, sie hätten eine Fee vorbeigehen sehen, die oft im Quell badet. Die Ritter lächeln über ihre Leichtgläubigkeit und verstehen, daß sie die Nichte Karls des Großen haben vorbeigehen sehen.[18] Die Schönheit der Fee ergibt einen schmeichelhaften Vergleich[19], gerade weil man nicht mehr daran glaubt.

So lächelt man auch bei der Lektüre der *Evangiles des quenouilles* über die törichten Reste des Sternkultes: Sonne und Mond zu segnen, um seine Habe zu vermehren, die Plejaden, den Kükenkäfig-Stern zu grüßen, damit es viele Küken gibt.[20] Der Blick des Klerikers, der manchmal seine Erheiterung nicht verbirgt, genügt, um eine heilsame Distanz hervorzurufen. Die Literatur hat die volkstümlichen Traditionen regelrecht integriert: Es handelt sich um ein Verhalten, das zwei Gesellschaftsklassen unterscheidet und nicht mehr zwei Glaubensebenen. Steht das fest, so kann die antike Mythologie wieder erscheinen: Sich Venus zu unterwerfen, ist keine Götzenanbetung mehr, sondern ein Gleichnis der vollkommenen Liebe - allerhöchstens eine Sünde, aber kein Aberglaube und keine Ketzerei.

Die höfische Literatur bildet jedoch nur den bekanntesten Flügel einer großen Anstrengung, die im 12. und 13. Jahrhundert auf die Verbreitung der volkstümlichen Anschauungen zielte. Viele Elemente, die noch heute populär sind, stammen aus dieser Anstrengung des Klerus, die heidnischen Überbleibsel in parodistische Kundgebungen einzuschließen. Jacques Le Goff hat zum Beispiel das Entstehen der Drachen aus Weidenruten studiert, die seit dem 12. Jahrhundert während der Bittgänge bekämpft werden; der Drache von Tarascon, der zu jener Zeit erscheint, ist der bekannteste. Wenn die Mehrzahl solcher Zeremonien auch erst ab dem 14. Jahrhundert bezeugt sind (Douai 1361), so fangen die theoretischen Schriften schon 1180 davon zu sprechen an (Jean Beleth).[21] Das Mittelalter kennt zwei Wellen von Popularisierungen: im 12. und im 15. Jahrhundert; sie bezeugen den Geschmack, den die Aristokratie und die Intellektuellen für die Kultur des Volkes empfinden, und das neue Bewußtsein, daß es mehrere Ebenen der Kultur gibt.

Die dritte Etappe in der literarischen Aneignung des vorchristlichen Wundersamen ist seine rationale Deutung, eine große Spezialität der französischen Romanschriftsteller und vor allem von Chrétien de Troyes. Da die späteren Entwicklungen des Gral-Mythos auch notwendigerweise die Lektüre seines Romans beeinflussen, vergißt man allzu leicht, daß der Gral bei diesem ersten eigentlichen Schriftsteller bloß aus einem Gefäß besteht, dem eine blutige Lanze folgt - all dies mehr rätselhaft als wunderbar. Diese Haltung gegenüber dem Wunderbaren, die man als sehr französisch betrachtet, ist oft untersucht worden. Man hat diese Haltung auch in den Volksliedern gefunden, wo die an Wunderbarem reiche Einführung im allgemeinen durch eine psychologische Analyse ersetzt wird. Wer würde im *Roi Renaud* das Abenteuer eines Ritters erkennen, dem eine Fee vorschlägt, zwischen dem sofortigen Tod und einer langen Krankheit zu wählen? Oder im *Pont du Nord* die Entführung eines Mädchens durch einen Meeresgott? Die Freude an der rationalen Erklärung und am psychologischen Abenteuer hat vielleicht mehr dazu beigetragen, den Legendenschatz zu entschärfen, als die Exkommunikationen der Priester.

Götter oder Dämonen

Die «positivistische» Tradition ist im christlichen Denken seit langem verankert. Vom 1. bis 3. Jahrhundert findet man in den hermetischen Büchern[22] den Versuch, den heidnischen Aberglauben aus christlicher und platonischer Sicht rational zu erklären. Es ist der Mensch, der die Götter geschaffen hat, indem er die Natur vergöttlichte, erklärt Hermes Trismegistos, zum Beispiel die Vorfahren, Asklepios und Hermes, dann auch Isis, und alle Tiere, die in Ägypten verehrt wurden. Ihre Eigenschaften «beruhen in der göttlichen Kraft, die natürlicherweise in Kräutern, Steinen und Gewürzen wohnt». Mit einer überraschenden Vorahnung der Philosophie von Comte erklären die Gnostiker des 1. Jahrhunderts, wie man von einem animistischen Stadium (Verehrung der Naturelemente) zu einem polytheistischen gelangt (man gibt ihnen einen Namen und verleiht einem Gott die Macht einer Pflanze), weil man den wahren Gott verkennt, der allen Naturelementen ihre Kraft verleiht – das monotheistische Stadium, das sie erreicht haben.

Hermes erklärt hierauf, wie man den Göttern, die man eben erfunden hat, Gefühle zuschreibt: Sie lieben Opfer, Hymnen, Lobpreisungen, glaubt man, und wenn sie sich geschmeichelt fühlen, zeigen sie sich geneigt, lassen uns die Zukunft ahnen und kommen uns zu Hilfe. Selbstverständlich bezog sich in einem gläubigen Jahrhundert der Versuch der vernunftgemäßen Erklärung nur auf heidnische Götter, die man ja als falsche Götter betrachtet, weil man ihnen die Kraft der natürlichen Elemente zuschrieb. Diesem Ursprung der Götter aus der natürlichen Welt gab man zudem eine euhemeristische Erklärung (die Vergöttlichung von Sterblichen). Man findet diese Theorie bei den ersten christlichen Autoren wieder, die sie sich übrigens von heidnischen Philosophen liehen: Das Aufkommen des «Atheismus» im kaiserlichen Rom, besonders bei Epikuräern und Stoikern, war den ersten Christen dienlich; bei ihren Gegnern fanden sie die Ruten, mit denen sie sie schlagen konnten.

Diese rationale Deutung dauerte nur eine begrenzte Zeit und wich dann einer theurgischen Erklärung. Die beiden Theorien gehen beim heiligen Augustin im 4. Jahrhundert noch zusammen. Die heidnischen Götter sind vergöttlichte Menschen, erklärt er: Ein Sohn, der seinen Vater aus dessen Reich vertrieben hat, hat den Mythos von Jupiter und Saturn geboren (*De Civitate Dei*, VII, 18). Aber gleichzeitig sind es schmutzige Dämonen, die sich als Götter ausgeben, entweder in Form von Seelen der Toten oder von irdischen Geschöpfen (VII, 33). Der Euhemerismus des heiligen Augustin knüpft offen an denjenigen von Hermes Trismegistos an (VIII, 26). Aber auch eine neue Auffassung kommt zum Vorschein. Die heidnischen Götter werden nicht mehr als vergöttlichte Menschen betrachtet, sondern als «Dämonen», die *daimones* der Neuplatoniker, die die immaterielle Welt der Götter und die Welt der Menschen miteinander verbinden. Der Einfluß der Theurgie, des Wissens von übernatürlichen Geistern, das sich zu spätlateinischer Zeit entwickelt hat, ist offensichtlich.

Eher als mit Naturkräften oder vergöttlichten Sterblichen erklärt man jetzt die heidnischen Götter mit Luftgeistern, die allerdings nur mit Zustimmung Gottes handeln können. Am Grund der Argumentationsweise (entwickelt von Origenes, Augustin, Hrabanus Maurus) findet man einen Psalm, der die Gottheiten der Völker als «Dämonen» bezeichnet[23]: Das sind falsche Götter, diese «Engel des Bösen»; bevor das Evangelium kam, haben sie auf der ganzen Welt die magischen Künste eingeführt, die Vorhersagen der Auguren und anderer Wahrsager. Hermes Trismegistos wird nach Ansicht von Psellos, einem griechischen Dämonologen aus dem 11. Jahrhundert, selber ein Zauberer: «Dieser Zauberer muß die heiligen Schriften sehr gut gekannt haben. [...] Es ist nicht schwer zu sehen, wer der Poimandres der Griechen war; es war derjenige, der bei uns *Fürst der Welt* heißt, oder einer der Seinigen.»[24]

Ihre Macht, obwohl auf Illusionen gebaut, ist durchaus real. Haben die ägyptischen Magier nicht, wie Moses, ihre Stäbe in Schlangen verwandelt und das Wasser des Nils in Blut?[25] Um die Kräfte der Dämonen zu beweisen, wies man auf Circe hin, die die Gefährten des Odysseus in Schweine verwandelte, oder auf Lykaon, der zu einem Wolf wurde. «All dies wurde mit magischen Kunststücken simuliert, nicht wirklich bewerkstelligt.» Nur Gott hat die Macht, zu verwandeln oder zu erschaffen; die Dämonen haben für die frühen Christen lediglich Macht über die Sinne.

Wie kommen solche Wunder zustande, wenn sie scheinbar ein Mensch vollbracht hat? Zuunterst liegt eine Hauptsünde, die Selbstüberschätzung, die «unerlaubte» Neugier, alles zu wissen, selbst, was die Vernunft nicht versteht. Der heilige Augustin verbindet etymologisch das griechische Wort «Daimon» (nach Plato) mit der Wissenschaft[26], und zwar mit der sinnlosen Wissenschaft, die von der Selbstüberschätzung kommt, wie er präzisiert. Dieser Appetit auf Kenntnisse wird von den Dämonen befriedigt, mit Gottes Erlaubnis, der auf diese Weise den Glauben prüfen will. Nun gibt es aber in allen körperlichen Dingen, in jedem Element der Welt, *quaedam occultae seminariae rationes*, gewisse Gründe, die ähnlich wie Samen versteckt sind und sich, wenn man ihnen Gelegenheit gibt, zu ihrer Art entwickeln können. Wäre das Erblühen einer Pflanze denn nicht ein Wunder für den, der nichts vom Samen in der Erde weiß? Die Bauern vollbringen keine Wunder, aber sie geben den Weizensamen die Möglichkeit, ihr Potential zu entwickeln. Ebenso benutzten die «Magier», die ihren Stab in eine Schlange verwandelten, eine Eigenschaft, die den meisten Menschen unbekannt, aber dennoch natürlich ist. Nur in hermetischen Büchern finden wir ähnliche Erklärungen.

Die ersten Jahrhunderte, die von Wundern, Orakeln und verschiedenen Zaubern überquollen, konnten sich allerdings mit abstrakten Argumentationen nicht abfinden. Wie kommt es, daß die Vorhersagen der Wahrsager eintreffen, daß sie Kranke heilen oder Gesunde krankwerden lassen, wenn ihr Können nur illusorisch ist? Hier springen die Luftgenien ein, die zu jener Zeit in allen Köpfen spuken. Hrabanus Maurus greift eine Theorie über Dämonen auf, deren Elemente sich in der *Apologia* von Tertullian sowie in *De Civitate Dei* und in der *Wahrsagekunst der Dämonen* von Augustin finden.[27]

Die Dämonen haben nach ihm weit sensiblere Körper als wir Irdischen. Sie können also, «dank der Schärfe ihrer Sinne und der Geschwindigkeit ihrer Körper», Dinge verkünden, die die Menschen mit ihren Sinnen noch nicht bemerken können. Sie sehen auch sehr weit, so daß sie viel mehr wahrnehmen als wir. Diese drei Vorteile (Sinnesschärfe, Schnelligkeit, Erfahrung) erfüllen uns mit Bewunderung, und wir rechnen den Luftgeistern göttliche Eigenschaften zu. Aber hat der Hund nicht einen stärker entwickelten Geruchssinn als der Mensch? Haben Geier und Adler nicht schärfere Augen? Gibt es nicht Tiere, die – so glaubt man im Mittelalter – instinktiv die Kräuter kennen, die sie heilen? Gibt es nicht verschiedene Tiere, die schneller laufen oder fliegen als der Mensch? Man müßte sie vergöttlichen oder als dem Menschen überlegen betrachten, wenn man dieselbe Logik anwendete. Wie alle selber erfahren können, gibt es böse alte Männer *(malos senes)*, denen junge, weisere Männer überlegen sind. Die Überlegenheit kommt nicht von der Macht, sondern vom Wissen, und der weise Mensch ist dem Dämon stets überlegen.

Die Luftdämonen sind also nur Taschenspieler, begabt mit besseren, «übermenschlichen», aber natürlichen Fähigkeiten. Ihr Luftkörper erlaubt ihnen, unbemerkt sichtbare Gegenstände zu bewegen, sie zu ändern, sie umzustoßen und vorauszusagen, was sie bewirken; sie können auch in den Körper, in die Träume eines Menschen eindringen und Krankheiten oder Visionen verursachen.

Warum all diese Wunder? In den ersten christlichen Jahrhunderten ging es um den kosmischen Kampf zwischen dem wahren Gott und den falschen Götzen, die bis dahin regiert hatten. Zur Zeit von Hrabanus Maurus kann man an den Sieg des christlichen Gottes glauben, und die Zaubereien sind Rückzugsgefechte der Gottheiten, die am Verschwinden sind, aber sich beeilen, «ihre hohlen Lehren noch einmal zu zeigen», um schwache Geister zu verführen und ihre Truppen zu verstärken. Man darf also nicht auf den Lorbeeren ausruhen: Wenn Meister sich ausruhen, Doktoren träge und Priester so faul sind, daß sie ihre Herden verlassen, gibt man den Dämonen freie Hand, das Land wieder zu erobern. Die einzigen Gegenmittel sind intensive Predigten und Gebete, Fasten, Almosen; sie bringen göttliches Wohlwollen zu der gefährdeten Herde. Der schlimmste von Hrabanus Maurus angeprangerte Irrtum ist auch eine Glaubensfrage: Der menschliche Übermut und sein Appetit auf Wissen bilden die Grundlage der Magie. Der Irrtum besteht darin, daß man auf die Magie vertraut, denn das ist gleichbedeutend mit einer Verehrung heidnischer Gottheiten. Die magische Handlung an sich ist natürlich sündhaft, aber der Kampf der Priester zentriert sich mehr auf den Glauben an die Magie als auf die Magie selbst.

Die Argumentation gilt für ein Jahrhundert, in dem man immer noch gegen das Heidentum kämpft (Hrabanus Maurus lebte zur Zeit des *Indiculus*): die Magie als eine Kunst der Illusionen, die sich an Völker richtet, die die Wahrheit nicht kennen, so wie die Scharlatane auftreten, wenn es keine Ärzte gibt, mit möglicherweise dem gleichen Erfolg und den gleichen Mißerfolgen. Aber die Ausbreitung des Evangeliums, die in der westlichen Welt im 11. Jahrhundert praktisch abgeschlossen ist, verändert die Voraussetzungen: Es gibt keine heidnischen Götter mehr, aber immer noch Zauberer. Man kann nicht mehr annehmen, die Magie verliere ihr Licht von selbst, wie eine Kerze bei Sonnenaufgang – wie das 19. Jahrhundert geglaubt hat, Aberglauben weiche von selbst dem Licht der Wissenschaft. Nach und nach wird nicht mehr der Glaube an die Magie verurteilt, sondern die Ausübung. Der Kampf gegen das Heidentum mobilisiert keine großen Theologen mehr wie seinerzeit Augustin und Hrabanus Maurus, sondern Landpfarrer, für die die Begegnung mit dem Aberglauben alltäglich ist, oder die Brüder Rudolfus, die sich über die Realität ihrer Umgebung entrüsten. Die wirklichen Gefahren für die Christenheit – oder was sie als solche wahrnimmt – werden Ketzerei und Hexerei.

2. VOLKSGLAUBE UND ABERGLAUBE

In den Jahrbüchern der Justiz ist der Prozeß gegen Jeanne d'Arc ein Meisterstück der Kunst, gestehen zu machen, was niemals geschehen ist. Die Mehrdeutigkeit, die wir oft bei den verschiedenen Schichten des Wunderbaren entdeckt haben, beeinträchtigt die Verteidigung der Schafhirtin: In Domrémy hat sie Stimmen gehört, und diese Stimmen werden spitzfindig diskutiert. Jeanne gesteht, daß sie den Arbor Dominarum, oder Arbor Fatalium, «gallice Faées», einen Baum an einer Wunderquelle, kennt. Was ist dieser «Feenbaum», «l'arbre charmine faée de Bourlemont», wie er in der französischen Version genannt wird? Zweifellos einer dieser heidnischen Bäume, deren Verehrung schon im 6. Jahrhundert der heilige Eligius verurteilte. Die Quelle daneben heilt Kranke, aber Jeanne ist vorsichtig; sie wisse nicht, ob die Quelle diese Kraft habe oder nicht. Sie ging hin und wieder mit anderen Mädchen unter dem Baum spielen. Man fertigt Blumenkränze für die Heilige Jungfrau an, man singt Lieder und führt Kinderreigen auf. Seit dem 12. Jahrhundert sind wir durch Romane und Lieder mit diesen ländlichen Spielen vertraut, die Könige den Schäfern neideten.

Zweifellos haben alte Leute antiken Aberglauben bewahrt, und Jeannes Patin ist selbst überzeugt favon, Feen gesehen zu haben. Aber sie ist eine gute, achtbare Frau, die Gattin des Bürgermeisters von Aubery, «als ehrbar bekannt», keine Wahrsagerin oder Hexe. Man darf sie nicht behelligen. Ein Gerücht besagt nun, Jeanne habe bei diesem Baum beschlossen, Frankreich zu retten. Natürlich bestreitet sie alles und gesteht ein wenig später doch, daß die Heiligen an der benachbarten Quelle mit ihr gesprochen haben. Sie gibt gern zu, daß sie die Heiligen geküßt, ihre Hände in die ihren genommen, ihnen Kränze geflochten habe.

All dies wäre aus einem christlichen Gesichtswinkel durchaus orthodox. Aber Jeanne hat es unterlassen, bei ihrem Pfarrer in bezug auf diese

Erscheinungen Rat zu holen; sie war sicher, daß sie den als Sankt Michael verkleideten Teufel ohne Hilfe erkennen würde. ... Alles sieht plötzlich ganz anders aus. Nach der langen Befragung liest man überraschend die Zusammenfassung in siebzig Abschnitten, die für ihren Prozeß erstellt wurde. Dieselben Fakten, dieselben Wörter klingen ganz anders in einer veränderten Reihenfolge. Tanzen, Singen und Kränzeflechten unter einem Baum sind heidnische Praktiken, die von den Kirchenvätern ausdrücklich verurteilt werden; als die Schäferin die Hände der Heiligen berührte, müssen ihre Ringe die ihren berührt haben, als ginge es um die Übertragung magischer Kräfte ... Jeanne begnügt sich damit, auf ihre früheren Antworten zu verweisen, und leugnet alles, was hinzugefügt oder interpretiert wurde. Aber in einem dritten Stadium werden zwölf Zitate aus dem Prozeß ausgewählt und der Universität von Paris vorgelegt. Diese kann nicht anders, als mit einer strengen Verurteilung zu antworten: Götzenanbeterin, abergläubisch, dämonenbeschwörend, Jeanne hat binnen weniger Monate den ganzen Verlauf der mittelalterlichen Magie durchgemacht.

Götzenanbeterin? Wir sind in einer Phase des Hochmittelalters, als man noch gegen das Heidentum kämpfen mußte und jede Handlung, die nach Animismus roch, auf Verehrung der alten Götter hindeutete. Abergläubisch? Das ist die Haltung des 12. und 13. Jahrhunderts, als das Heidentum besiegt schien und der Volksglaube der Bauern eher Belustigung oder Mitleid hervorrief. Dämonenbeschwörend? Das ist die Furcht des 15. Jahrhunderts, als man hinter jeder übernatürlichen Erscheinung den Teufel vermutete. Aus einer antiken Magierin wurde Jeanne eine leichtgläubige Bäuerin und dann eine Hexe.[1]

Übernatürliche Wesen

Erinnern wir uns, daß es im 15. Jahrhundert – und zweifellos bis ins späte 20. Jahrhundert hinein! – auf dem Land noch Frauen gibt, sogar sozial hochstehende, die an die Feen glauben. Was diese «guten Damen», diese *Dominae Fatales,* angeht, sind sie in der Geschichte des Aberglaubens bekannt. Die Feen, wichtige Bestandteile unseres Erbes aus dem Mittelalter, sind in der westlichen Mythologie in drei Stadien bekannt. Der älteste Typ scheint der der patenstehenden Fee zu sein, den die Volksmärchen noch heute kennen.

Drei «fatale Damen» (*fata*, von dem das Wort Fee stammt, bedeutet Schicksal) besuchen jeden Neugeborenen und sagen ihm je nach dem Empfang, den man ihnen bereitet hat, eine gute oder eine schlechte Zukunft voraus. Bei jeder Geburt bereitet man ihnen eine Mahlzeit, ein Brauch, der schon um das Jahr 1000 in Burchards Dekreten belegt ist. Es ist also kein folkloristisches Thema, sondern ein noch lebendiger Volksglaube, den der Bischof von Worms aus den ländlichen Gegenden auszurotten sucht. Die Romanschreiber des 12. Jahrhunderts, die gern Motive aus der Volkskultur verwenden, erzählen, daß ihre Helden von ihren Patinnen zwar hohe Gaben erhalten, aber dann doch einen Makel besitzen, weil die Feen einen fehlenden Löffel oder eine schlecht angerichtete Mahlzeit[2] mißliebig bemerkt haben. *Amadas et Ydoine*, *Huon de Bordeaux*, *Escanor* greifen dieses beliebte Thema auf, dem wir «Dornröschen» verdanken ...

Die Zahl Drei und die Rolle von Feen im menschlichen Schicksal erinnern uns an die römischen Parzen und die griechischen Moiren, diese drei Schwestern, die das menschliche Leben spinnen und zerschneiden. Aber das strenge Bild dieser *tria fata* ist wohl etwas gemildert durch das der gallischen Muttergöttinnen, die ebenfalls oft zu dritt erscheinen. So soll die Triade der mittelalterlichen Patinnen entstanden sein. Man nennt sie erst später Feen; man spricht von Parzen, weil das auf einen älteren Ursprung hindeutet.

Auch andere übernatürliche Frauen mischten sich unter die Sterblichen. Sie waren weniger bekannt, weil sie sehr bald mit den Feen oder Hexen gleichgestellt wurden: Dianas, der Mondgöttin, Gefolge fliegt seit dem 10. Jahrhundert durch die Lüfte. Sicher sind sie die Vorgängerinnen der «guten Damen», für die man sorgfältig jede Nacht unbedeckte Nahrung auf dem Tisch läßt. «Dame Überfluß» und ihre Gefährtinnen begünstigen Häuser, in denen sie gastlich empfangen werden. Im 13. Jahrhundert gibt es auch weniger erwünschte Besucherinnen: Vampire und Lamien erscheinen des Nachts als alte Frauen, die die Kinder nehmen und nähren oder ins Feuer werfen. Die schützenden Feen wurden gekreuzt mit den Lamien und später als Teufel angesehen. Ein Festmahl der Dame Überfluß wurde, wie Nider im 14. Jahrhundert erzählt, von einem Inquisitor gestört: Der heilige Germanus von Auxerre entdeckte einen für die guten Damen gedeckten Tisch und beschloß, wach zu bleiben, um sie zu enttarnen. Als sie ankamen, hielt er sie mit Gewalt fest und weckte alle im Haus. Die nächtlichen Besucherinnen entpuppten sich als Nachbarinnen! Aber für dieses teuflische Mahl gab es trotzdem keine rationale Erklärung. Denn Germanus schickt die Männer zu den Nachbarinnen, die er doch gefangen hält, und man findet sie schlafend im Bett. Also waren es Teufel, die ihre Gestalt angenommen hatten, um am Festmahl teilzunehmen.[3] Die Zuordnung dieser Personen ist nicht schwer: das Festmahl, das man für Dame Überfluß bereitet hat, erinnert an dasjenige, das man den Feen anbot, damit sie dem Neugeborenen gutgesinnt seien; das manchmal mütterliche Interesse, das die Vampire den Kindern entgegenbringen, verbindet sie ebenfalls mit den schützenden Feen. Was die Säuglinge angeht, die man ins Feuer warf, so handelt es sich vielleicht um eine böswillige Auslegung eines anderswo gut belegten Brauchs, daß man nämlich ein fieberndes Kind dadurch pflegte, daß man es dreimal in den Backofen schob; schon Burchard erwähnt diese Praktik in Zusammenhang mit dem Feenkult. Wir finden sie wieder in einem didaktischen Roman des 14. Jahrhunderts[4], wo sie von einer «guten Hexe» angewandt wird. Die Konfusion der verschiedenen Typen nächtlicher Besucherinnen trägt zu ihrer Verteufelung bei. Von der guten Dame bis zum Vampir, dann zur Hexe und schließlich zum Teufel: Man sieht, wie die christliche Propaganda das Thema entwickelt hat.

Der dritte Ursprung der Fee ist praktisch eine Schöpfung der Schreiber des 12. Jahrhunderts, obschon das Thema schon Anfang des 11. Jahrhunderts vom unvermeidlichen Burchard zitiert wurde.[5] Können Frauen, die aus einer anderen Welt stammen, sich in Sterbliche verlieben? Die klassische Antike kannte die Nymphe Egeria, deren Beziehung zu König Numa im Mittelalter gut bekannt ist. Die irische Literatur erzählt seit dem 7. Jahrhundert, wie Männer von Damen aus einer anderen Welt auf eine gefährliche Reise gebracht werden. Sie erscheinen allein oder mit einigen Frauen in einem Wald, bei einer Wasserstelle – was erklärt, warum man sie mit den antiken Waldgeistern und Nymphen gleichstellt.

Diese *sylvaticas*, wie Burchard sie nennt, die «Damen des Waldes», sind äußerst zahlreich in der französischen und lateinischen Literatur des 12. Jahrhunderts. In den höfischen Romanen sind sie vermenschlicht, aber in den lateinischen Texten behalten sie ihren übernatürlichen Ursprung. Die Freundin Lanvals, bei Marie de France, aber auch all die verloren wirkenden Damen, die bei Chrétien de Troyes in Erscheinung treten und Lancelot, Parzival oder Erec zu fangen versuchen, stammen aus diesem Mythos. In den lateinischen Texten erkennt man im Keim die zwei großen Typen von liebenden Feen, die sich in den folgenden Jahrhunderten entfalten: Melusine und Morgan.

Laurence Harf-Lancner hat gezeigt, daß die liebenden Feen ausnahmslos einem dieser zwei Grundschemata angehören. Im Schema der Melusine verliebt sich eine Fee in einen Menschen und heiratet ihn unter einer Bedingung – zum Beispiel, sie nicht am Samstag sehen zu wollen. Der Familie geht es gut, solange das Verbot beachtet wird, aber eine ungeschickte Neugier zerbricht den Zauber, und die Frau entflieht in Form einer Schlange. Melusine, die «Mutter Lusigne», ist die mythische Ahnin der Familie Lusignan; sie soll offiziell auf den Roman von Jean d'Arras zurückgehen, der 1392 erschien. Aber der Typ der Erzählung wurde von Walter Map zwei Jahrhunderte früher fixiert.

Morgan, der 1148 in der *Vita Merlini* von Geoffrey von Monmouth erscheint, ist am Anfang die Zauberin, die König Arthur auf der Insel Avalon pflegt, damit er eines Tages wiederkommen und die Bretagne retten kann. Sie wird dann den Damen aus dem Jenseits in den irischen Legenden zugeordnet und wird zum Prototyp der liebenden Fee, die ihren Liebhaber entführt, um mit ihm in einer anderen Welt zu leben. Die Bedingung spielt dann bei der Rückkehr zur wirklichen Welt: Im Moment, da der Liebhaber auf die Erde zurückkommt, ist ihm nicht klar, daß Jahrhunderte vergangen sind, und er darf keinen Fuß auf die Erde setzen, sonst wird er augenblicklich alt.

Beide Schemata schildern also eine glückliche Liebe zwischen einem Sterblichen und einer Fee, bis ein Verbot mißachtet wird und ein Unglück geschieht. Aber im Märchen des melusinischen Typs mischt sich die Fee unter die Lebenden und hinterläßt Kinder; beim morganischen Typ wird der Mensch ins Land der Feen entführt.

Im 13. Jahrhundert verschmelzen dann all diese übernatürlichen Frauen zu einem einzigen Typ, demjenigen, den wir heute kennen. Viviane, die Herrin des Sees, ist gleichzeitig die liebende Fee Merlins und die Patenfee Lancelots, wie Melusine gleichzeitig Gattin und Mutter ist. Sie ist die Inkarnation des doppelten weiblichen Ideals, liebend und beschützend. Trotz der Versuche der Kirche, sie zu christianisieren oder zur Hexe zu erklären, bleibt die Fee in der kollektiven Bilderwelt das kindliche Symbol des Wunderbaren.

Eine ähnliche Geschichte ist diejenige der Zwerge, denen Claude Lecouteux eine feinsinnige und gut dokumentierte Studie gewidmet hat.[6] Diese für die keltische und die germanische Folklore charakteristischen

Persönlichkeiten, die in der römischen Mythologie fehlen, waren lange Gegenstand eines heimischen Kultes, dessen Spuren in der Volks-Überlieferung zu finden sind. Sie haben magische Kräfte und sind verbunden mit dem Totenkult, den Fruchtbarkeitsriten, der Herstellung von Waffen oder religiösen Gegenständen ...

Die Christianisierung hat gegen sie dieselben Waffen gerichtet wie gegen die Feen. Man hat sie zuerst auf bestimmte römische Götter zurückgeführt und nachher auf Dämonen. So hängen das französische Wort «lutin» (unsere «Wichtelmännchen») und seine wallonische Entsprechung «nuton» – im Mittelalter die üblichen Namen für diese kleinen Hausgeister – mit «Neptun» zusammen. Gewisse Kategorien von Zwergen sind seit der Spätantike bekannt, zum Beispiel der keltische «Duse», den Augustin im 4. Jahrhundert erwähnt, oder die germanische Elfe, von der man eine indirekte Spur bei Tazitus findet (1. Jahrhundert).

Aber erst im 12. Jahrhundert verbreiten sie sich massiv in der Literatur und in religiösen Texten. Der Zwerg wird nun eine literarische Figur, die alle Versionen der Wichtelmännchen zusammenfaßt und bald – wenigstens offiziell! – die wohlwollenden kleinen Genien und die Elfen verdrängt, die nun zu den bösartigen Gnomen gezählt werden. Claude Lecouteux hat dargelegt, daß Oberon, dank *Huon de Bordeaux*, Shakespeare und Mendelssohn der bekannteste Zwerg, in Wirklichkeit eine beschützende, wohlwollende Elfe ist, die der Vereinheitlichungskampagne und der Verleumdung des Volksglaubens zum Opfer gefallen ist ...

Diese «Verteufelung» des Zwergs ist die religiöse Reaktion auf die Beharrlichkeit des Mythos. Die Literatur hat andere Waffen. Die eine ist der Realismus: Genau wie die Feen in den Romanen Chrétiens de Troyes zu gastfreundlichen Schloßherrinnen werden, so werden die Zwerge zu neidischen und böswilligen Gnomen, die oft keinerlei Magie haben. Liest man mittelalterliche Romane, so könnte man glauben, die Erscheinung dieser Figuren entspreche einer soziologischen Wirklichkeit: der Vielzahl von mißgestalteten Kindern in einer Gesellschaft, deren Kenntnisse über Ernährung und Geburtshilfe ungenügend waren. Claude Lecouteux hält dem entgegen, daß Zwergwuchs in der mittelalterlichen Geschichte kaum bezeugt ist, wohl weil solche Kinder nicht lebensfähig waren. Man hatte übrigens für solche Fälle eine rationale Antwort bereit: Aristoteles hatte den Nanismus durch die Enge der Gebärmutter und die ungenügende Ernährung erklärt; Avicenna sprach von einem unvollständigen Koitus, der nur einen Teil des väterlichen Samens in die Gebärmutter entließ.[7] Das alles hat wenig mit den Geschöpfen des Volksglaubens zu tun.

Auch eine andere Eingliederung ist möglich: Man hat versucht, die Zwerge in die offizielle Kultur zurückzubringen. Das klassische Vorbild war das der Pygmäen, die seit Hesiod (8. Jahrhundert v. Chr.) bekannt waren; die märchenhafte Überlieferung über die Pygmäen erscheint in allen wissenschaftlichen Büchern des Mittelalters. Der religiöse Rahmen ist derjenige der verfluchten Generationen: die Generation Kains in *Beowulf*, einem sächsischen Epos, das vor dem 10. Jahrhundert entstand; die Hams im *Livre de la Vache brune* (gegen 1100), denn Kains Nachkommen sind ja in der Sintflut umgekommen.[8] Was die Volkskultur angeht, entnimmt sie ihre Erklärung dem analogen Denken: Wenn man über ein Kind hinwegspringt, hört es auf zu wachsen und wird ein Zwerg, außer man springt nochmals, im entgegengesetzten Sinn, über das Kind hinweg. Die Analogie der Kinder- und Zwergengröße und die anderswo bezeugte Symbolik der schädlichen Handlung ergeben eine zusammenhängende Erklärung.[9] Heidnische Götter, verfluchte Völker, Pygmäen, abergläubische Vorstellungen, Monstren der Natur: Keine Möglichkeit, das Irrationale zu bewältigen, wurde ausgelassen, um diese Wesen, deren Kult auf dem Lande verwurzelt blieb, zu neutralisieren.

Allen außerordentlichen Geschöpfen – und die mittelalterliche Vorstellung wimmelt von ihnen – ging es gleich.[10] Die Riesen wie der Ferragus (Fergus) des *Pseudo-Turpins* oder Gargantois (Gargantua) sind Spuren des Mythos vom wilden Mann, der den Zwergenmythos ergänzt, die «chevaliers faés», die in den bretonischen Romanen erschienen, die Bärenmenschen und die Wolfsmenschen, die die ganze mittelalterliche Literatur durchziehen[11], oder die Nymphe, die 1403[12] wahrhaftig in Harlem landete, sie alle zeigen den Reichtum einer Kultur, die durch die Missionierung langsam ausgehöhlt wurde; wie kleine Hügel bezeugen sie unserer Erinnerung eine verschwundene Landschaft, ohne daß wir diese wieder ausgraben könnten. Der Fall der Gespenster wurde ebenfalls gründlich untersucht: Die christliche Eschatologie hatte keinen Platz für Tote, die aus dem Jenseits entwichen waren; sie sah da nur Leichen, die von Dämonen belebt wurden, oder einfach Halluzinationen. Die allmähliche Entfaltung des Fegefeuers, das seine leidenden Seelen entläßt, damit sie die Lebenden bitten, für sie zu beten, wird die Antwort der Theologen auf einen populär gebliebenen Volksglauben sein, der den alten Totenkult neu zu beleben drohte. Jacques Le Goff, Jean-Claude Schmitt und Claude

Lecouteux haben diesen ideologischen Kampf des 11. und 12. Jahrhunderts studiert, der die Beerdigungsriten und die Verehrung der Heiligen in Frage stellte.[13]

Feen, Zwerge, Riesen, Ungeheuer, Gespenster ... Dasselbe Schema gilt für alle diese Wesen: Der Volksglaube, der nach der Verdrängung der heidnischen Kulte (Totenkulte, Naturkulte, Personifizierung des Schicksals) nur noch in Fragmenten vorhanden war, lebt in den Formen des Aberglaubens weiter. Im 11. und 12. Jahrhundert versuchen neue Weltbilder (Fegefeuer, eine Vielzahl von vermittelnden Geistern), diese Wesen zu christianisieren oder zu dämonisieren. Die Literatur und die Intellektuellen legen realistische Visionen oder rationale Erklärungen vor, erreichen damit aber nur eine schärfere Trennung zwischen wissenschaftlicher Kultur und Volksglauben. Dieser gefällt einem höfischen Publikum als «Folklore». Aber der Erfolg dieser übernatürlichen Kreaturen bewirkt eine Radikalisierung der Kirche; im 14. und 15. Jahrhundert hat sie sie schließlich alle ins Reich des Teufels verwiesen.

Ein Mosaik von Glaubensinhalten

In einem deutschen Dorf des 14. Jahrhunderts wird ein Kind geboren. Um die Mutter sind die Hebamme, Verwandte, Nachbarinnen versammelt, ein ganzes Völklein von Frauen, die für den Aberglauben besonders empfänglich sind. Was ist ihre erste Sorge? Den Säugling in einen Sack zu stecken und einen Tanz ums Feuer zu improvisieren, wobei sie Seltsames zueinander sagen. «Was trägst du?» fragt die eine. «Einen Luchs, einen Fuchs und einen Hasen», antwortet die andere. Zweifellos glauben sie, dem Neugeborenen die Kräfte der Tiere zu sichern: scharfe Augen, List und Schnelligkeit. Die drei Tiere ersetzen die drei Feen, die man früher als Patinnen des Kindes herbeiwünschte, damit sie ihrem Patenkind «ein Geschenk» gaben. Was das Feuer betrifft, so gilt seine Kraft auf der ganzen Welt als reinigend, sei es, daß man das Kind durch das Johannisfeuer wirft, sei es, daß man es zu heilen versucht, indem man es dreimal in den Backofen schiebt.

Die zweite Sorge dieser Damen ist übrigens, das Neugeborene «in der Streu, die zur Reinigung des Herdes» gebraucht wurde, zu «baden» und es mit Asche einzureiben. Wenn es dann in seiner Wiege liegt, legt man, «damit es schlafe», ein Hasenohr und die Pfoten eines Maulwurfs hinein –

wahrscheinlicher ist, daß die großen Organe dieser Tiere deren Kräfte auf das Kind übertragen sollten.

Was die Wöchnerin angeht, so bringt man sie ins Bett zurück (man gebar vorzugsweise auf einem besonderen Stuhl) und rezitiert dabei viele phantastische Segnungen, und die Hebamme schlägt ihr mit einer Hacke auf den Kopf, vielleicht eine Erinnerung an Donar und seinen wohltätigen Hammer. Sie wird in Mehl und Salz gebadet in einem Gefäß, das mit «rohem» Faden umgeben ist, damit sie viel Milch hat.

Nun kommt der Vater an die Reihe. Man zeigt ihm die Füße des Kindes, ehe er noch sein Gesicht sehen kann – zweifellos eine beschwörende Geste, denn in allen ursprünglichen Kulturen ist der Vater der erste Feind des Neugeborenen. Er muß die mit den Zähnen in drei Stücke geteilte und hierauf zu Pulver gemahlene Plazenta[14] essen. Auf seine Hände wird das Badewasser seines Sohnes gegossen. Er segnet das Kind mit verknüpften Schilfrohren.

Hierauf ist Gott an der Reihe. Die Taufe allein genügt nicht. Das Kind muß nachher mit dem Fuß den unbedeckten Altar berühren, damit es die kosmischen Kräfte aufnehmen kann, die im heiligen, monolithischen Stein wohnen. Sein Mund berührt das Glockenseil, seine Hand ein Buch (wohl die Bibel), damit es gelehrig wird, und sein Gesicht wird mit dem Altartuch abgerieben, damit es schön wird.

Zurück zum Haus und zu den heidnischen Verrichtungen. Das Kind muß durch die Tür hinein, die für das Vieh reserviert ist, und wird zuerst unter einem Besen versteckt, dessen magische Kraft in anderem Zusammenhang bekannt ist. Es wird noch einmal getauft: Unter den Heizkessel werden neun Sorten Körner, alle Arten von Mehl und ein schwarzes Huhn gelegt. Es folgt eine Menge von Sühne- oder Beschwörungsriten: Man tanzt um die angezündeten Lumpen, hebt das Hemd des Kindes, um verlorene Gegenstände wiederzufinden, man schüttet das Badewasser vor die Hecke einer eben zur Mutter gewordenen Nachbarin, damit eher ihr Kind schreie als das eigene, die Mutter berührt es «mit dem Ort des Körpers, der die Pforte unseres Eintritts ins Leben ist». Abends stellt man sich vor die Tür und ruft Fauna, «die Waldfrau», damit das Kleine nicht wehleidig wird, sondern wirklich von der Fee ist ...

Der verfrühte Volkskundler, der diese damals noch sehr lebendigen Bräuche mit Abscheu aufzeichnet, ist ein Minderbruder aus Deutschland, Rudolfus, der eine kleine, an einen Cherub gerichtete Abhandlung schrieb. Das Amt dieses Engels ist, wie man sich erinnert, mit seinem

Feuerschwert das irdische Paradies und den Lebensbaum zu bewachen, damit nur gute Christen nach ihrem Tod dort eintreten können. Es ist also Aufgabe des Priesters, ihm Leute zu melden, die Gottes Gesetze verletzen, und vor allem diejenigen, die das erste Gebot nicht einhalten: die Götzenanbeter.

Aber von allen diesen meint Rudolfus ausschließlich die Frauen: Neben einer langen Beschreibung der Entbindung enthält die Abhandlung Berichte über die Vorkehrungen junger Mädchen, um einen Mann zu finden, und jungvermählter Frauen, um die Liebe ihres Gatten zu erringen, und schließlich Hinweise auf empfängnisverhütende Praktiken.[15] Unser Minderbruder erklärt sich das Verhalten der Frauen durch das «Virus der Götzenanbetung» (das Gift, wir wollen ja keine Anachronismen begehen), das die *prima mater*, Eva, über den Kontakt mit der Schlange, das heißt: mit dem Teufel, befallen habe. Sind denn abergläubische oder magische Praktiken nicht ein Wunsch, «mehr zu wissen, als sich gehört», also die Neugier, die man schon immer für weiblich hielt und die vom Apfel herkommt, der vom Baum der Erkenntnis gestohlen wurde?

Ein parodistischer Text hat sich mit dem Thema des weiblichen Brauchtums befaßt und aufgezeigt, daß der Aberglaube zu einer Art Parallelreligion geworden ist: *Les Evangiles des quenouilles*. Es wird behauptet, sechs Matronen hätten sie einem Kleriker Ende des 15. Jahrhunderts diktiert. An sechs Abenden, während denen jede von ihnen zwei Dutzend Sentenzen verkündet, die von der Versammlung kommentiert werden, führen sie uns durch den in der Picardie am Ende des Mittelalters verbreiteten Volksglauben: Fast zweihundertdreißig abergläubische Überzeugungen werden mit dem Ernst von Evangeliumsworten vorgetragen, *cum grano salis*, da der Abend häufig mit Gelächter endet.

Die Sexualität, die Wichtelmännchen und die Werwölfe, der religiöse Aberglaube, das häusliche Leben, das Wachstum des Kindes bilden die wichtigsten Themen. Ein mit Analogien arbeitendes Denken erklärt eine Serie von Tabus, Verwünschungen und Empfehlungen. Man findet unter anderem viele Nahrungsverbote; Spuren davon finden sich noch heute in der Ansicht, es gebe «Schwangerschaftsgelüste». Die Theorie wird ohne Umschweife erklärt: Man soll vor einer heiratsfähigen oder schwangeren Frau nichts Eßbares erwähnen, das nicht im Haus ist, sonst ergeben sich Gelüste, und das Kind trägt dann ein entsprechendes Zeichen. Und man denkt automatisch an den «Weinfleck»: Wenn man einer schwangeren

Frau Erdbeeren, Kirschen oder Rotwein ins Gesicht wirft, bleibt der rote Fleck am Kind haften, das sie trägt.

Das Verbot gilt auch für genossene Nahrung: Wenn die Frau einen Hasenkopf ißt, kann das Kind eine Hasenscharte bekommen. Bei einem Fischkopf wird der Mund des Kindes spitz und aufgeworfen. Bei Hahnenkämmen kann die zukünftige Tochter Hahnenkämme bekommen, und zwar an einem ungünstigen Ort. Was den Vater angeht, wehe ihm, wenn er bei der Zeugung schmutzige Füße hat: Das Kind bekommt übelriechenden Atem. Und wenn beide Elternteile jungfräulich sind, kann das Kind nur verrückt geboren werden[16] ... Im weiblichen Aberglauben steht das Wohl des Kindes zuvorderst.

Andere abergläubische Ansichten erinnern an Haushaltregeln, die mit übernatürlichen Drohungen verbunden sind. Wenn eine Frau vergißt, den Stuhl, auf dem sie ihre Schuhe ausgezogen hat, wieder an seinen Platz zu stellen, so riskiert sie den Besuch eines Incubus; wenn sie einen Schemel umgekehrt liegen läßt, wird sich auf jedes Bein ein Teufel setzen.[17] Vergißt man religiöse Gesten, gibt es dafür ähnliche Strafen: Wenn man es am Sonntag unterläßt, Weihwasser zu nehmen, so setzt sich einem ein Teufel auf die Schulter; vergißt man am Morgen, das Kreuz zu schlagen, so wird die Arbeit des Tages nicht fertig; beginnt man mit dem Essen, ohne ein Tischgebet zu sprechen, lädt man den Teufel ein, an der Mahlzeit teilzunehmen. Man versucht auch die Männer zu erziehen: Gegen eine Kirche oder ein Kloster oder in den Kamin zu urinieren kann Tod durch Schlaganfall oder wenigstens Harngrieß zur Folge haben.[18]

Man glaube aber nicht, daß das männliche Geschlecht gegen Aberglauben und Irrationalität gefeit sei. Sie kommen auch bei der intellektuellen Elite, bei Kirchenfürsten, Ärzten und Schriftstellern vor. Aber diejenigen, deren Aufgabe es ist, die Welt zu erklären, versuchen, vernünftige Gründe zu finden für das, was ursprünglich reiner Aberglaube ist. In den *Evangiles des quenouilles*, im *Livre du Cherubin* und sogar in der *Naturgeschichte* des Plinius finden wir tausend kleine abergläubische Vorstellungen unserer Kindheit: Das vierblättrige Kleeblatt bringt Glück; ein Hufeisen ist ein gutes Zeichen; das Geschenk eines Messers zerbricht die Liebe; wenn sich die Katze mit der Pfote hinter den Ohren wäscht, wird es regnen; der Storch bringt einem Haus, auf dem er nistet, Reichtum; man segnet jemanden, der niest; unsere Ohren läuten, wenn jemand von uns spricht; man zerbricht die Schalen von Eiern, die man gegessen hat, sonst könnten sie zur Hexerei gebraucht werden.[19] Manchmal findet man einen Versuch der Erklärung. Eine frühe Ausgabe der *Evangiles des quenouilles* sagt zum Beispiel, daß Eisen zu finden etwas Gutes und Silber zu finden etwas Schlechtes bedeute. Das ist eine Art von Vorhersage mittels Gegensatz, die auch anderswo bezeugt ist.[20] Das Eisen, dem man damals am leichtesten begegnete, war dasjenige des Pferdes, und man versteht, wie der entsprechende Aberglaube entstehen konnte: Er erscheint bereits in der zweiten Ausgabe des Buches.

Eine der verbreitetsten und weitest verzweigten abergläubischen Vorstellungen war zweifellos die des «bösen Blicks» – das *fascinum*, das im mittelalterlichen Frankreich *faisne* hieß. Um sich vor dem bösen Blick bestimmter Personen, Rassen oder Bilder zu schützen, gebrauchte man verschiedene Amulette oder Gesten, die uns geblieben sind. Wenn man seinen Daumen mit den anderen Fingern umfaßt, was seit der Antike bekannt ist, so handelt es sich um eine obszöne Geste, die dem Eigner des bösen Blicks zeigen soll, daß man seine Macht nicht fürchtet und Böses mit Bösem vergelten wird, so daß er davon absieht, uns zu schaden. Die obszönen Darstellungen, von denen die Kirchen und die mittelalterlichen Manuskripte wimmeln, hatten vielleicht diesen Zweck. Da antwortete das Auge des Hintern dem bösen Auge des Gesichts. Und in gewissen Fällen kann man annehmen, daß Miniaturen mit ausgekratzten Augen von der Furcht dieser Art zeugen. Der Teufel, die Schlange, selbst nur gezeichnet, konnten dem Leser schaden.[21]

«Diese Gebräuche entstanden», meint Plinius, «durch Leute, die glaubten, die Götter seien in allen unseren Handlungen stets gegenwärtig und hätten uns deswegen, trotz unserer Laster, ihr Wohlwollen bewahrt.» Manche Gesten sind uns geblieben, ohne daß wir bis jetzt ihren Ursprung kennen: In die Hand zu spucken, bevor man einen Schlag austeilte, machte diesen grausamer; in die Hand zu spucken, nachdem man kräftig zugeschlagen hatte, milderte den Schmerz des Geschlagenen ... «Zwei» oder «Daumen» sagen heute französische Kinder, um eine Verfolgungsjagd abzubrechen; sie wissen nicht, daß die Römer dieselben Zeichen verwendeten: «Zwei» zu sagen hinderte einen Skorpion am Stechen, ein erhobener Daumen bat um Gnade für die römischen Gladiatoren, und mit dem in den Fingern versteckten Daumen wurde ihnen Gnade verweigert.[22]

Andere Bräuche sind einfach zu Höflichkeitsregeln geworden. Man zieht den Hut vor Magistraten; man legt die Knöchel nicht auf die Knie. Nach Plinius war diese Art zu sitzen bei Versammlungen von Generälen und Magistraten, bei öffentlichen Gebeten und Opfern verboten.[23] Was man einmal für unglücksbringend hielt, ist nur noch unhöflich. Diese isolierten Bräuche, beibehalten, weil der «gute Ton» es so wollte und weil man damit zeigen konnte, daß man die gute Gesellschaft gewohnt und gut erzogen war, haben sich viel leichter gehalten als zusammenhängende Systeme, deren Beziehung zum Heidentum offensichtlicher war. Die Erscheinungen am Himmel, vor allem, bewahrten Reste des Sternenkults.

Wenn einem der Himmel auf den Kopf fällt

Die Sonne, die sich verfinstert, der blutüberströmte Mond, der Komet von Halley, die Sternschnuppen ... Wir haben uns seit langem mit diesen Himmelserscheinungen vertraut gemacht und lachen über die Inkas, die glauben, Tintin sei der Herr der Sonne. Früher wurden, obschon die Gelehrten wußten, wie Sonnenfinsternisse zustande kamen, die kleinsten atmosphärischen Erscheinungen oft als Zeichen des göttlichen Zorns oder als Vorbote einer Katastrophe oder das Ergebnis einer menschlichen Bosheit angesehen.

Während des ganzen Mittelalters, besonders zur merowingischen und karolingischen Zeit, wurde der Himmel von seltsamen Zeichen durchquert – so häufig, daß die UFO-Anhänger an eine systematische Erforschung unserer Länder durch Schwadronen von fliegenden Untertassen glaubten: Bei Ravenna regnet es 1114 Blut; 1173 überqueren feurige Armeen den Himmel; 1198 legt sich Honigtau auf die Ernten; in Cremona findet man 1240 ein Hagelkorn, auf dem das Kreuz Christi und die Inschrift INRI eingraviert sind[24], ohne von den Schneefällen, sintflutartigen Regen, Hagelstürmen, gewaltigen Blitzen, denen man einen übernatürlichen Ursprung zuschrieb, sprechen zu wollen.

Übertriebene Leichtgläubigkeit eines finsteren Zeitalters? O nein. Die seltsamen Himmelskörper des Mittelalters sind sehr zahm im Vergleich mit denen, die der Antike angst machten. Im ersten Jahrhundert unserer Zeitrechnung berichtet Plinius ohne Wimpernzucken von besonderen Regenphänomenen während der ganzen römischen Geschichte: Milch- und Blutregen, Regen von Fleisch, von Eisen, von Wolle, sogar von gebrannten Ziegeln.[25] Und Zauberer, die Gewitter heraufbeschwören können, sind in allen antiken Zivilisationen bekannt. Vom Zwölftafelgesetz der Römer bis zum Theodosianischen Kodex ist Rom davon durchtränkt.[26] Seneca bleibt der Macht der Gewitterverjager gegenüber skeptisch, auch Plinius traut den Beschwörungen nicht, doch er hält ihre Wirksamkeit für «erprobt», und so läßt er jeden denken, was er will. Lukan hat in seiner *Pharsalia* eine lange, epische Szene, in der Jupiter hoch bestürzt ist, als der Blitz sich seiner Macht entzieht und den Hexen gehorcht.[27] Im Vergleich zur Vorsicht, mit der das Mittelalter derlei Vorstellungen aufnimmt, ist die römische Antike direkt abergläubisch.

Je nach Umständen und Glaubwürdigkeit der Zeugen war die Deutung solcher Erscheinungen verschieden. Als Geoffroy Martel, Graf von Anjou und Le Maine (1040–1060), von seinem Schloß in Vendôme aus drei feurige Lanzen in einen Brunnen mitten im Feld fallen sieht, läßt er dort ein Kloster erbauen, das er der Dreifaltigkeit widmet. Kluge Maßnahme, vielleicht, um dem damals viel weiter verbreiteten Aberglauben zu begegnen, ein Komet kündige den Tod eines Königs an.

Etwas Abnormales am Himmel hatte in jedem Fall eine Bedeutung in einer geschlossenen Welt, in der alle Elemente miteinander in Beziehung standen. Das sagt schon die Heilige Schrift: vom Stern der drei Könige, die Christi Geburt anzeigen, bis zur Apokalypse, die das Ende aller Zeiten ankündigt. Ähnlich vergleicht Gregor von Tours die ungewohnte Verdunkelung der Sonne in der Auvergne[28] mit einem härenen Tuch (Apc 6, 12). Nicht erstaunlich, wenn Gallien hierauf von einem Unglück, nämlich der Pest, heimgesucht wird, denn in der *Offenbarung des Johannes* kündigt die große, schwarze Sonne die endzeitlichen Plagen an.

Außergewöhnliche meteorologische Erscheinungen in den mittelalterlichen Chroniken zu vermerken hat also einen Sinn. Das Entstehen von Schuldgefühlen zeigt sich besonders klar bei Gregor von Tours, der den Himmel wie auch die Politik des 6. Jahrhunderts genau beobachtet ... Seine *Historia Francorum* hält Jahr für Jahr die Überschwemmungen fest, die Blutregen, die Feuer des Himmels, die Kometen und eine Erscheinung, die stark ans Nordlicht erinnert.[29] Und dasselbe Schema wiederholt sich von Jahr zu Jahr: Himmelserscheinungen, Epidemien, Unterlassungen, die diese rechtfertigen. So sind also die Veränderungen am Himmel nur Vorboten irdischer Katastrophen, die eine Strafe Gottes darstellen. Wir haben hier alle Elemente, aus denen zwei Jahrhunderte später eine regelrechte Psychose entsteht.

Für das 6. Jahrhundert sind die atmosphärischen Erscheinungen noch göttlichen Ursprungs. Wenn ein Mensch dafür verantwortlich ist, so indirekt, durch einen Fehler, der eine göttliche Strafe nach sich zieht – aber diese Verantwortlichkeit wird niemals ausdrücklich formuliert; sie ergibt sich lediglich dadurch, daß die Ereignisse nebeneinandergestellt werden. In dieser Epoche ist das einzige Beispiel eines Sturmes, den ein Mensch verursacht hat, der Sturm der Königin Chlothilde (475–545), die mit diesem Mittel ihre drei Söhne, die in offenem Bruderkrieg miteinander lagen, versöhnte. Auf die Gebete der heiligen Königin hin stürzte sintflutartiger Regen auf zwei Armeen, Hagel und ein Steinregen fegten die Reihen leer und zwangen die Könige, Frieden zu schließen mit Chlothar, dessen Truppen wunderbarerweise verschont geblieben waren.[30] Wichtig ist, daß die Königin nicht einen Sturm erbeten hatte, sondern nur die Einstellung der Kämpfe, und daß keinerlei teuflisches Element mit im Spiel war. Zur Zeit, da Gregor von Tours dieses Wunder aufschrieb, erklärte das Konzil von Braga (560): «Alle, die glauben, der Teufel könne allein Gewitter oder Dürren entfesseln oder daß die Sterne das Schicksal des Menschen bestimmten»[31], seien Anathema. Vergessen sind die gewitterverursachenden Zauberer der römischen Antike. Wie bei anderen Überbleibseln aus dem Heidentum ist allein schon der Glaube daran strafbar.

Ein Jahrhundert später verändert sich alles. Die furchterregende Persönlichkeit erscheint offiziell aufs neue. Was am Konzil von Braga als Überbleibsel des Heidentums betrachtet wird, nämlich der Glaube an Sturmbringer, fegt durch Europa wie eine Feuerspur. Ein Gesetz von Chindaswinth, König von Spanien von 642 bis 653, bedroht die Zauberer, «die Gewitter entfesseln können», die, wie gesagt wird, «mit bestimmten Beschwörungen den Hagel über die Weinberge und die Äcker schicken können»[32]. Sie werden mit zweihundert Peitschenhieben bestraft, dann rasiert und in den nächstgelegenen zehn Dörfern vorgeführt. Im Jahre 692, im Konzil von Trulla bei Konstantinopel, werden die Wolkenvertreiber *(Νεφοδιώκτης)* zu sechs Jahren Exkommunikation verurteilt. In der lateinischen Übersetzung haben sie noch keinen spezifischen Namen und werden mit *nubium expulsores*[33] bezeichnet. Erst in karolingischer Zeit hat man offenbar das Bedürfnis, sie *tempestarii* zu nennen. Ein Kapitularium Karls des Großen verfolgt die *tempestarios* inmitten anderer Zauberer. Der gleiche Text wird 802 wiederholt.[34]

Nun geben die zivilen und kirchlichen Behörden einer kollektiven Psychose nach. Manche Gegenden unterhalten einen Zauberer, damit er die Stürme abwende, wie das nach Seneca gewisse griechische Städte taten. Er verlangt von den Bauern eine Gebühr *(canonicus)*, die man ihm gerne *(sponte)* zahlt, obwohl es den Predigern kaum gelingt, dem Volk den Zehnten für die Priester und Almosen für die Armen zu entlocken.[35] Man behauptet, Schiffe aus Magonia[36] schwämmen auf den Wolken, um ihre Ladung von Hagel und Regen auszuschütten. Man fing vier Seeleute, darunter unglücklicherweise eine Frau, die aus ihrem Schiff gefallen waren und die, hätte der Bischof nicht eingegriffen, gesteinigt worden wären.[37] Der Glaube an Sturmbringer ist allgemein verbreitet. Beim kleinsten Hauch hört man dieselbe Beschuldigung: «Das ist ein hervorgerufener Wind» *(aura levatitia est)*, unausgesprochen bleibt «durch die Zauberer». Die Beschreibungen Agobards von Lyon (814–840) zeugen von der Bestürzung der Kirche über die Entfesselung des Volksglaubens.

Der Himmel wird immer schärfer beobachtet. Das Thema ist bei Gregor von Tours noch diskret – Feuerklingen oder Schlachtgetöse am Himmel –, aber jetzt kommt es zu kosmischen Schlachten himmlischer Armeen, die die karolingische Welt bedrängen. Eine wurde sogar identifiziert: Der Herzog von Benevent, zufällig eben im Krieg mit Karl dem Großen, sandte, wie man glaubte, Luftschwadronen ins Lyonnais, deren Kampfwagen Gift über Felder und Flüsse schütteten. Eine abnormale Sterblichkeit der Ochsen lag am Grund dieser Psychose, die so ernst war, daß der Bischof Agobard zur Feder griff. Fremde wurden ergriffen, die schließlich gestanden, Zauberer zu sein; sie wurden umgebracht, an Bretter gebunden und in die Flüsse geworfen. Unsinn, ereiferte sich der Bischof von Lyon: Wenn jeder Einwohner von Benevent drei Kampfwagen geführt hätte, wäre noch immer keine so große Pulverwolke entstanden. Und warum hatte das Pulver nur die Ochsen und keine anderen Tiere getötet?[38]

Was Stürme angeht, kann Agobard nur das klassische Argument vorbringen, allein mit Gottes Vermittlung könnten sie entstehen. So haben Moses und Aaron Hagel über Ägypten gesandt, und das waren die einzigen Wunder, die die Zauberer des Pharaos nicht nachmachen konnten. Wenn der Teufel ihnen hätte helfen können, hätten sie ihn sicher gerufen. Andere Bibelstellen überzeugen ihn, daß nur tugendhafte Menschen in hilfreicher Absicht und mit Gottes Unterstützung atmosphärische Erscheinungen beeinflussen können. Aber weder Menschen noch Teufel könnten Regen herbeirufen.[39] Der Bischof von Lyon stützt sich vorsichtigerweise auf das Konzil von Braga.

Aber seine Abhandlung genügt nicht, um die Geister zu beruhigen. Die romanischen Jahrhunderte begegneten dem Übernatürlichen mit größerer Umsicht und schienen nicht von Sturmmachern besessen zu sein. Jetzt bemächtigt sich aber die Legende des Themas, eine historische Legende, denn man beschuldigt einen schwedischen König, er könne den Wind in die Richtung blasen lassen, in die er seinen Hut drehe. Erik VI. (gestorben 882) bekam so den Übernamen Vederhat (Windhut). Sein persönlicher Dämon «konnte den vom Hut angeforderten Wind so exakt geben, daß man ohne Zögern die königliche Kopfbedeckung als Wetterfahne hätte brauchen können»[40]. – Aber wahrscheinlicher ist, daß glückliche See-Expeditionen der Grund des königlichen Übernamens waren.

In der Geschichte Ivains, die Chrétien de Troyes am Ende des 12. Jahrhunderts erzählte, ist keine Rede von einem Dämon. Die Zauberquelle im Wald von Brocéliande wurde dank ihm enorm bekannt: Man muß nur Wasser aus ihr schöpfen und es auf das «Perron» bei der Quelle schütten, «um Blitze, Winde, zerbrechende Bäume, Regen, Donner und Blitz» zu sehen.[41] Die keltische Magie rächt sich an den christlichen Dämonen. Das Wunderbare kann im Roman eine andere Rolle annehmen als in einer Predigt. Die Idee läuft auf ihrer Bahn weiter, und die Argumente Agobards sind vergessen.

Der heilige Thomas von Aquin liefert im 8. Jahrhundert eine biblische Rechtfertigung der Jagd auf die Sturmbringer. Er erinnert daran, daß der Dämon im Buch Hiob den Blitz auf die Herden und Knechte des Gerechten geschleudert habe, und schließt daraus, daß die Herrschaft über atmosphärische Erscheinungen nicht mehr allein Gottes Bereich sei.[42] Die Bibelstelle ist sehr wichtig und steht dem von Agobard vorgebrachten Beispiel von Moses entgegen. Die Inquisitoren haben ihn so verstanden; sie zögerten überhaupt niemals, sich auf die Autorität des engelhaften Doktors zu berufen, wenn sie ihre teuflischen Verfolgungen ausführten.

Johannes Nider beschreibt 1437 als erster, wie die Zauberer vorgehen, wenn sie Stürme herbeirufen. Man muß sich in die Mitte eines Feldes stellen und den Chef der Dämonen rufen, damit er einen seiner Untertanen schickt. Wenn er gekommen ist, muß man ihm ein schwarzes Huhn geben, indem man es auf einer Kreuzung, dem traditionellen Stelldichein der Winde, in die Luft wirft. Der Dämon fängt es auf und schlägt vor Befriedigung mit den Flügeln. «Dann läßt er Hagel und Blitz los, allerdings nicht immer dort, wo wir es wünschen, sondern wo es der lebendige Gott erlaubt.» Letzte Einschränkung der Macht der Dämonen; bald wird sie aufgehoben durch die unvermeidlichen Sprenger und Institoris, die in Deutschland gegen Ende des 15. Jahrhunderts als Inquisitoren wirkten.

In der Diözese von Konstanz führten sie bei Regensburg die Ermittlung gegen zwei Hexen, die beschuldigt wurden, einen verheerenden Hagelsturm hervorgerufen zu haben. Agnes, die ein Badehaus führt, wird zuerst befragt. Sie leugnet wild, auch unter der Folter, offensichtlich leidet sie am «bösen Zauber der Schweigsamkeit». Aber schließlich gesteht sie, daß sie seit mehr als achtzehn Jahren mit einem Incubus verkehrt. Eines schönen Tages besucht sie ihr Dämon mit ein wenig Wasser und gesteht ihr, er habe Lust, es regnen zu lassen. Er führt sie aus dem Haus, befiehlt ihr, am Fuß eines Baumes ein Loch zu graben, in das sie das Wasser gießt. Sie rührt es hierauf im Namen des Teufels und all der anderen Dämonen mit dem kleinen Finger, der böse Geist trägt das Wasser in die Luft, und Agnes kann nur noch schnell in ihr Haus laufen, ehe der Hagel fällt. Sie wird samt ihrer Komplizin verbrannt; auch diese litt am bösen Zauber der Schweigsamkeit.[43]

So sind die Sturmbringer der römischen Antike, nachdem sie von den ersten Konzilien als Überbleibsel des Heidentums angesehen worden waren, schließlich, wie die meisten volkstümlichen Vorstellungen, in die christliche Welt integriert worden; sogar ihr Platz in der kosmischen Ordnung mußte neu definiert werden. Die Angst vor dem Teufel hat ihnen vom 13. Jahrhundert an die Macht gegeben, die ihnen bisher verweigert wurde, und die Hexenjagd kennt ein neues Vergehen. Immerhin handelt es sich beim Beispiel *Hexenhammer* nicht wirklich um eine «Macht», denn der Entschluß, es regnen zu lassen, kommt vom Teufel, und die Hexe ist das erste Opfer. Die Hexe erscheint im 15. Jahrhundert eher als Sklavin des Teufels denn als Herrin der bösen Geister.

Die Jahrhunderte der Hexenjagd geben ihnen ihre Macht zurück. Mit derselben Gelehrsamkeit und Intelligenz, mit der Agobard von Lyon vor acht Jahrhunderten die Unmöglichkeit dargetan hatte, Stürme zu verursachen, beweist Martin Antonio Delrio zu Beginn des 17. Jahrhunderts, daß Zauberer das sehr wohl können.[44] Als die Scheiterhaufen der Hexen erloschen sind, bemächtigt sich der Volksglaube der Sturmbringer. Im Berry erzählt man, wie alle Zauberer, um den Beuvron versammelt, Stürme hervorrufen, indem sie mit ihren Stöcken aufs Wasser schlagen. Unsere Epoche hat diese Vorstellungen natürlich vergessen, selbst wenn es vorkommt, daß man Herrn Meteo telefoniert, um am Wochenende Sonnenschein zu erbitten. Was die Himmelsarmeen des Herzogs von

Benevent angeht, so sind sie weit rationaler durch Schwadronen von UFOs ersetzt worden ...

Prophetische Träume

«Viele Leute sagen, Träume seien nur Fabeln und Lügen. Aber man kann wirklich Träume haben, die keine Lügen sind, sondern nachher Wirklichkeit werden. [...] Was mich betrifft, so bin ich überzeugt, daß die Träume Zeichen des Glücks und des Unglücks der Menschen sind. Die meisten träumen des Nachts mehrere Sachen, auf verborgene Weise, und nachher werden sie aufgedeckt.»

Roman de la Rose[45]

So beginnt der *Roman de la Rose*, eine der berühmtesten Erzählungen, die sich im Rahmen eines Traums abspielen. Guillaume de Lorris hat Grund genug, die Wahrhaftigkeit von Träumen zu verteidigen, denn ein Traum, den er als Zwanzigjähriger hatte, dient als Vorwand für seinen langen allegorischen Roman. In seinem Gefolge benützen viele mittelalterliche Werke denselben Kunstgriff: Der *Songe du castel* schildert die Eroberung des Weltschlosses durch sieben Könige, die für die sieben Todsünden stehen; der *Songe d'enfer* von Raoul de Houdenc nimmt die traumhafte Reise des Pfarrers von Cucugnan vorweg; der *Songe du vergier* dient als Rahmen für ein Streitgespräch zwischen geistlichen und weltlichen Mächten.

Es handelt sich aber um mehr als um ein literarisches Klischee: In einer Epoche, wo man noch glaubt, sich rechtfertigen zu müssen, wenn man die Feder ergreift, versteckt man sich gerne hinter einer realen oder fiktiven Autorität. Der höfische Roman hatte die Vorwände, das Buch sei in einem Schrank gefunden, von einem Beschützer bestellt oder aus dem Bretonischen übersetzt worden, zu Gemeinplätzen verflacht. Beruft sich der Romanschreiber auf einen Traum, dessen prophetische Natur damals von Ärzten und von Theologen anerkannt wurde, so hat er einen unangreifbaren Garanten für seine Geschichte: Gott.

Der andere Garant Guillaume de Lorris' ist nicht weniger beeindruckend: *Und als Garanten kann ich einen Autor nennen, der sich Macrobius nennt und Träume nicht für irreführend hält. Im Gegenteil, er hat die Vision beschrieben, die dem König Scipio zustieß.*

Macrobius, ein lateinischer Autor des 4. Jahrhunderts, ist unser einziger Zeuge eines der berühmtesten Träume der Antike, der einem verlorengegangenen Buch Ciceros entstammt: des Traums Scipios, in dem das Mittelalter eine Vorahnung des Christentums sah. Scipio der Afrikaner soll im Traum seinem Enkel erschienen sein, um ihm die Belohnungen zu schildern, die den tapferen Soldaten im Jenseits erwarteten.

Macrobius nimmt dies zum Anlaß, um eine der ersten Klassifizierungen der Träume zu errichten, die dem Mittelalter als Vorbild dienten. Fünf Arten von Träumen können nach ihm unseren Schlaf stören. Die erste, der Traum *(insomnium,* ἐνύπτιον*)*, erinnert uns nur an die Mühsale des Geistes oder des Körpers, an die Sorgen des Tages, und hat deswegen keinen wahrsagerischen Wert. Das Phantasma *(visum,* φάντασμα*)* ist ebenfalls nur der zwischen Wachen und Schlaf entstehende Eindruck, das Zimmer sei von fantastischen Wesen und Alpträumen erfüllt. Die drei anderen Arten hingegen können prophetisch sein. Das Orakel *(oraculum,* χρηματισμός*)* ist die Erscheinung einer wichtigen Persönlichkeit, Vater, Mutter, Priester, Gott, die uns Ratschläge geben. Die Vision *(visio,* δραμα*)* gilt als Vorwarnung, daß etwas auf uns zukommt, ebenso der Traum *(somnium,* όνειρος*)*, der in Bildern spricht und der Deutung bedarf. Weitere fünf Arten von Träumen werden hierauf noch unterschieden nach den Personen, die sie angehen: Privatpersonen, Fremde, einfache oder öffentliche Personen, oder allgemeingültige Träume.[46]

Das reiche lateinische Erbe brauchte jedoch Zeit, um sich neuen Mentalitäten anzupassen. Die Kirchenväter zeigen sich mißtrauisch gegenüber Träumen und Visionen, die von übernatürlichen Wesen geschickt werden, welche ja auch Dämonen sein könnten. Macrobius ist nur der bekannteste Autor, der in der Spätantike, zwischen dem 2. und 4. Jahrhundert, den Träumen zur Beachtung verhalf.[47] Das riecht oft sehr nach Heidentum. Die Bibel ermangelt allerdings nicht der Träume, die von Weisen gedeutet werden (Joseph, Daniel), noch der Visionen, die Jahwe schickt, aber sie kennt keine Träume, die von Toten gesandt sind, was die Römer hingegen besonders liebten. Die Kirchenväter bemühen sich vor allem, zwischen Träumen göttlichen und solchen teuflischen Ursprungs zu unterscheiden. Da sichere Kriterien fehlen, ist ihre mißtrauische Haltung offensichtlich. Man wird bis ins 12. Jahrhundert warten müssen, um Macrobius wieder zu entdecken und zu erleben, daß die Theologen die Typologie der Träume mit mehr Ernst studieren.[48] Diese Epoche der «Wiedereroberungen des Traums durch die Kultur und die mittelalterliche Mentalität» (J. Le Goff) läßt die teuflischen Träume zugunsten der göttlichen und vor allem der menschlichen in den Hintergrund treten. Der Traum verliert seine Heiligkeit, man versteht besser, welche Rolle die täglichen Sorgen und die Physiologie bei seiner Entstehung spielen.[49] Der Alptraum, der im Lateinischen keine Entsprechung hat, darf als Produkt des Mittelalters angesehen werden. Aber man zögert noch, ihn einer körperlichen Bedrückung oder einem Besuch des Teufels zuzuschreiben. Das Mißtrauen gegenüber dem Irrationalen räumt in der Literatur des 12. Jahrhunderts den Träumen menschlichen Ursprungs mehr Platz ein: Man vermeidet prophetische Träume; sie gelten als weibischer Aberglaube und würden dem, der sich danach richten wollte, Schande bereiten. Aber wie im Roman handelt, wer so die göttlichen Warnungen mißachtet, auf eigene Gefahr.[50]

Eine neue Typologie, weitgehend in Anlehnung an Macrobius, erscheint; sie ist zu üppig, als daß man sie zusammenfassen könnte. Man mischt im 13. Jahrhundert Erinnerungen an die Abhandlungen des Aristoteles über im Schlaf wahrgenommene Träume und Wahrträume und würzt das Ganze mit der in Mode stehenden Astrologie. Der Traum wird als äußerer oder innerer Eindruck aufgefaßt, zu dem die Ruhe verhilft. Gleich wie eine Farbe, sagt Aristoteles, die wir zu lange angeschaut haben, vor unseren Augen noch bleibt, obwohl sie in Wirklichkeit verschwunden ist, so hinterlassen Eindrücke des Tages, die wir nicht einmal bemerken, ein Echo bei uns. Denn wie ein kleines Feuer neben einem großen verschwindet, wird ein Eindruck, den wir empfangen haben, durch die Menge der Empfindungen verwischt und zeigt sich erst wieder, wenn die Sinne eingeschlafen sind. Diesen eigentlichen Eindrücken gesellen sich äußere, materielle hinzu, die von den Himmelskörpern oder, wenn sie geistig sind, von Engeln oder Dämonen zu uns kommen. Je nach Ursprung können die Träume also prophetisch sein oder nicht.

Um größere oder kleinere Unklarheiten gewisser Träume zu erklären, stellte man sich vor, allerlei Begebnisse könnten die inneren Visionen stören. Wie eine trübe Flüssigkeit klar wird, je mehr die sie störende Bewegung sich beruhigt, so wird ein Traum klar, wenn die Bewegungen, die ihn umtreiben, aufhören. Zum Beispiel kann eine Vision durch große Ermüdung, durch Trunkenheit, durch Fieber verwirrt werden; sie verliert dann ihre Form und verschwindet. In einem solchen Fall sind zwar die Hinweise unserer Träume nutzlos für den Propheten, können aber dem Arzt helfen. Träumen wir von Wolken oder Regen, so leiden wir sicherlich an zuviel Phlegma; an zuviel Galle, wenn wir Feuersbrünste oder Sternschnuppen sehen, an Melancholie, wenn wir im Traum Saures essen, und an zuviel Blut, wenn unsere Visionen hauptsächlich rot sind. Ein Arzt träumte mehrmals, daß ihn eine schwarze Katze in seinen rechten Fuß biß; deswegen war sie beileibe kein teuflisches Tier, sondern kündigte lediglich die Entwicklung einer schwarzen Pustel an eben diesem Fuß an; und der Arzt starb daran.[51]

Die Erklärungen der Mediziner überzeugen die Theologen nicht immer. So wird die Existenz von nächtlichen Dämonen, die unsere Alpträume bevölkern, von den Naturwissenschaftlern bestritten. Sie sollen von einem «Druck auf das Herz» kommen, wodurch der Nerv, durch den der empfindsame und bewegliche Lebensgeist in die Glieder fließt, diese Lebenskraft blockiere. Und der entsprechende Verlust an Empfindung und Bewegung würde solche Phantasien nähren. Vielleicht aber, erwidert Wilhelm von Auvergne, im 13. Jahrhundert Bischof von Paris, ist dieser Druck die Folge der bösen Geister, die bekämpft werden müssen. O nein, sagen die Physiker, es ist der Druck des Magens auf das Herz, wenn man auf dem Rücken schläft. In diesem Fall, schließt der gelehrte Bischof, ist es die Strafe für übermäßiges Essen, das den Magen schwer gemacht hat; und das ist gewiß das Werk des Teufels. Und er tritt den Beweis an: Man soll, um diese «Ephialten» zu vermeiden, in sein Zimmer wie in sein Grab treten, man soll sich auf den Tod vorbereiten und den Herrn anflehen; man soll sich den Tod als einzigen Ausweg wünschen, und die bösen Geister haben keinen Grund mehr, uns zu quälen.[52]

Arnald von Villanova unterscheidet sieben Grade der Vision, je nachdem, ob der Eindruck körperlich oder geistig ist, ob er die Phantasie oder die Intelligenz betrifft, ob die Seele zur Aufnahme sehr oder wenig bereit ist, direkt oder indirekt. Eine schwache und indirekte Bereitschaft der kognitiven Fähigkeit, zum Beispiel, hat umgekehrte Wahrträume zur Folge: Alle Texte über die Träume lehren, daß der Traum von einer Hochzeit etwas Trauriges ankündigt, währenddem der Traum vom Tod oft Glück verheißt. Der siebte Grad, wo die Dinge, die die Intelligenz betreffen, direkt gezeigt werden, ist natürlich der seltenste und wird nur von denen erlebt, die einsam leben und vor unnützen Eindrücken geschützt sind: Es ist nicht erstaunlich, daß die Eremiten stets die besten Propheten waren.

So erfahren die Träume, vom Mediziner erklärt, ihre Rechtfertigung durch den Theologen. Die Einteilung des heiligen Thomas hat den Vorteil, klar zu sein; sie unterscheidet zwischen innerlich und äußerlich verursachten Träumen. Die ersteren können seelisch sein (wenn wir davon träumen, was uns am Vorabend beschäftigt hat) oder körperlich (wenn unsere Körpersäfte mitspielen). Äußere Ursachen können wiederum körperlich sein, wenn der Traum von der Luftbeschaffenheit oder von Himmelskörpern abhängt, oder geistig, wenn uns die Träume mit Hilfe von Engeln von Gott geschickt werden. Dämonen, mit denen wir einen Vertrag abgeschlossen haben, können uns auch Warnträume schicken. Nur sind diese nicht erlaubt.[53]

Der Inquisitor Nider übernahm diese Einteilung, um festzustellen, um welche Träume er sich zu kümmern habe. Diejenigen, die eine innere körperliche Ursache haben, gehen den Mediziner an; die äußerlichen körperlichen Ursachen sind Anliegen der Naturphilosophie oder der Astronomie; lediglich die Träume, die eine äußerliche geistige Ursache haben, betreffen den Theologen. Er muß entscheiden, ob die Ursache göttlich oder teuflisch ist. Aber die sechs Verhaltensregeln, die er gibt, um schlechte Träume zu vermeiden, zeugen zwar von gesundem Menschenverstand, scheinen jedoch kaum wirksam: Man soll nicht an den absoluten Wert der Träume glauben, es sei denn, man habe die unanfechtbare Gabe bekommen, sie zu deuten; man soll sie nicht verdrängen, wenn sie unseren geistigen Fortschritt fördern; die traurigen Träume sollen uns helfen, ein künftiges Unglück zu ertragen; wird man vor einer kurz bevorstehenden Gefahr gewarnt, soll man die gefährlichen Gelegenheiten und Orte meiden; man soll Gottes Gnade anrufen, da unsere Freiheit und unsere Anstrengungen nicht genügen, um Tugend zu erringen. Vor allem, wenn wir Visionen haben, die der Heilige Geist uns eingegeben hat, sollen wir nicht glauben, daß dies wegen unserer Verdienste geschieht, denn das wäre die Sünde des Hochmuts.[54] Soviel zum Ursprung der Träume.

Zusätzlich muß man die Informationen, die uns Himmelskörper und Engel schicken, auch noch korrekt interpretieren, vorausgesetzt, wir haben sie von unseren Verdauungsbeschwerden und unseren rosa Elefanten unterschieden. Arnald von Villanova gibt hierzu einige Ratschläge, die die Psychoanalytiker wohl annehmen würden. Feinde zum Beispiel sind symbolisiert durch Tiere, deren Wildheit von der Beharrlichkeit des Hasses abhängt, den sie uns entgegenbringen. Todfeinde erscheinen als Drachen oder Löwen, hinterhältige Menschen als Schlangen oder Füchse ...

Das beliebteste Buch des Mittelalters war zweifellos das *Traumbuch*, das vom Propheten Daniel stammen sollte – denn war er nicht es, der in Babylon den Traum Nebukadnezars vom Koloß mit den tönernen Füßen gedeutet hatte? Dieser Text war griechischen Ursprungs, geschrieben wurde er bestimmt im 4. Jahrhundert, und wir besitzen heute davon mindestens dreiundsiebzig lateinische Manuskripte, aufbewahrt in ganz Europa von Budapest bis Oxford, sie stammen aus dem 9. bis 16. Jahrhundert. Dieser mittelalterliche Bestseller, der in viele Regionalsprachen übersetzt wurde, begnügt sich damit, in alphabetischer Reihenfolge ein paar hundert (716 in der vollständigsten Version) Dinge aufzuzählen, denen er eine ungefähre Bedeutung gibt. Vögel im Traum zu bekämpfen, zum Beispiel, kündigt einen Streit an; fängt man welche, steht ein Gewinn bevor; Kohle essen heißt, daß unsere Feinde von uns sprechen; Absinth trinken ist das Zeichen eines heftigen Streites; kaltes Wasser trinken bedeutet Gesundheit ...

Es ist unmöglich, den ursprünglichen Zustand eines Textes, der über die Jahrhunderte vielerlei Änderungen erfahren hat, wiederherzustellen. Gewisse Einzelheiten erinnern an die antike Welt: sich als Gladiator sehen, von Herkules träumen, in einem Amphitheater warten, an einem Opfer teilnehmen ... Andere haben, besonders in den späteren Niederschriften, soziologische Wirklichkeiten oder technische Neuheiten des Mittelalters mit einbezogen: Orgeln hören, von einem Mönch träumen oder von Christus, sich im Kloster befinden, einen zerstörten Altar sehen ... Oft findet man die umzukehrende Symbolik, die Arnald von Villanova erwähnte: heiraten, küssen, tanzen, lachen, Wein trinken sind schlechte Vorzeichen, aber weinen, einen Toten küssen oder sehen, sein Testament machen oder seine Frau tot sehen, kündigen glückliche Ereignisse an. Aber meistens handelt es sich um eine direkte Symbolik, die ziemlich leicht zu generalisieren ist. Von seiner Mutter träumen, zum Beispiel, sei sie lebend oder tot, bedeutet Sicherheit, sogar wenn man träumt, man schlafe mit ihr – aber mit der Frau oder mit einer Jungfrau schlafen bedeutet Angst, und mit der Schwester, einen Verlust. Ein Bart deutet auf Kraft, ein Esel auf die Arbeit, eine Krone auf die Macht. Manchmal haben Farben Symbolkraft: Der Ritt auf einem weißen Pferd kündigt Glück an, der Ritt auf einem schwarzen Angst, der Ritt auf einem falben Verlust, der Ritt auf einem braunen eine Reise, der Ritt auf einem rotbraunen einen schändlichen Handel.

Wenn manche Beispiele häufig auftretende Träume beschreiben (wenn man zum Beispiel läuft, aber den Eindruck hat, man komme nicht vorwärts, Ankündigung eines Hindernisses oder einer Krankheit), so handelt es sich doch vor allem um Einzeldinge, Tiere, Pflanzen, Gegenstände, oder um einfache Abläufe, die dem Reichtum der meisten Träume nicht gewachsen sind. Die Kompliziertheit derjenigen, die die Literatur uns erhalten hat, läßt sich mit so einfachen Entsprechungen nicht erklären. Das Traumbuch von Artemidor aus Ephesus, der im 2. Jahrhundert in Lydien lebte und das *Traumbuch* von Daniel inspiriert hat, zieht weniger zahlreiche, dafür eingehendere Erklärungen vor: Träumen, man habe lange Haare, ist besser für die Frauen, die Könige, die Opferpriester als für diejenigen, die keinen guten Grund haben, es wachsen zu lassen; Zähne verlieren kündigt den Tod eines Verwandten an, dessen Alter, Geschlecht und Verwandtschaftsgrad daraus hervorgeht, an welchem Platz der verlorene Zahn gewesen war ... Dieser Text, der im Mittelalter weniger verbreitet war, faßt sich sehr kurz.[55]

Ein Traumbuch, das gegen 1300 abgeschrieben wurde, liefert ebenfalls merkwürdige Deutungen, die vom sozialen Status abhängen; ein und derselbe Traum bedeutet nicht das gleiche für einen König oder einen Bettler, für einen Priester oder einen Laien, für einen Mann oder für eine Frau. Die Träume von Heiligen, Priestern, Prinzen, Königen, Magistern oder Wahrsagern, die keine Zauberei treiben, werden immer wahr, aber man kann kein Vertrauen haben zu den Träumen jener Leute, «die wahrsagen nach Zahlenverhältnissen, Physiognomik, Würfel, Steinen, Handlinien der ekelhaften Eunuchen und jener, die sich nach dem Sand, der Lage der Organe oder nach den Toten richten»! Je nach der Stunde der Nacht bewahrheitet sich der Traum früher oder später. Ein Traum zwischen der ersten und der dritten Stunde kann sich in zwanzig Jahren realisieren oder in zwanzig Monaten, zwanzig Wochen oder zwanzig Stunden ... Bei einem Traum zwischen der dritten und der sechsten Stunde muß man zwischen fünfzehn und achtzehn Jahre warten; bei einem Traum zwischen der neunten Stunde und der Morgendämmerung: von zehn Tagen bis zu einem Jahr ... Den Träumen, die kurz vor Sonnenaufgang erscheinen, kann man am meisten trauen, und sie werden am schnellsten wahr.[56]

Der Glaube, daß Träume prophetische oder mahnende Eigenschaften hätten, ist im Mittelalter überall verbreitet. Vergeblich warnt der heilige Eligius im 6. Jahrhundert.[57] Zuviele Bibelstellen untermauern diesen

Glauben, der nicht auf die Heiden beschränkt ist. Gregor von Tours erzählt, Christus habe einem Priester in Narbonne durch einen Traum befohlen, seine Blöße zu bedecken; auch durch einen Traum erfährt eine Witwe, daß der gute Wein, den sie für Messen zum Gedächtnis an ihren Mann gestiftet hatte, durch Essig ersetzt worden ist.[58] Um den göttlichen, nicht teuflischen Ursprung eines Traums zu garantieren, ist es gut, wenn er sich noch zweimal wiederholt, wie der des Priesters aus Narbonne oder derjenige, der, wie es in einem Heldenlied heißt, Karl den Großen davon überzeugt, daß er die Reise nach Jerusalem unternehmen müsse: «Ich will das Kreuz und das Grab anbeten gehen; ich habe dreimal davon geträumt, ich muß gehen.»

In der *Chanson de Roland* wird der Kaiser mit dem prächtigen Bart ebenfalls mit zwei Wahrträumen bedacht: Im Augenblick des Verrats träumt er, daß Ganelon ihm seine Eschenlanze wegnimmt und zerbricht; und wie bei den Tierkämpfen im Buch *Daniel* wird er von einem Eber und einem Leoparden angegriffen, dann aber von einem Jagdhund verteidigt.[59]

Subtiler ist dafür der Traum, den Maugis d'Aigremont, im Heldenlied seines Namens, dem König von Galafre erklärt: Eine Allegorie, die vom Traum Nebukadnezars abgeleitet ist, enthüllt die Ankunft einer feindlichen Armee und den Übergang der Königswürde an einen seiner Söhne. Man muß zugeben, daß Wilhelm von Bayern seine ganze Weisheit brauchte, um den Traum zu deuten, der ihm seinen Tod ankündigte. Er sah einen Hirsch, der auf einer Seite des Geweihs Glöcklein trug und auf der anderen Kerzen und der von Jägern und Hunden gejagt wurde, die ihn zum Friedhof, der die Frauenkirche in München umgibt, drängten. Der Hirsch steigt in ein offenes Grab hinab, wo die Hunde ihn töten. Der Herzog bereitete sich auf seinen Tod vor und ließ sich im Friedhof begraben, den er im Traum gesehen hatte.[60]

Eine Traumkategorie muß gesondert gruppiert werden, denn es kann durch sie das Irreale ins Reale einbrechen: die Träume von Inkuben und Sukkuben, den männlichen oder weiblichen Dämonen, die sich in erotische Träume einfügen, um sich mit Frauen und Männern zu paaren. So entstehen die leibhaftigen Teufelssöhne, deren berühmtestes Beispiel Merlin der Zauberer ist. Wenn Polemik dazukommt, sieht man in den Gründern gewisser Dynastien wie Merowech und König Arthur Söhne von Inkuben.[61] Nach dem Volksglauben waren alle Hunnen und sogar alle Zyprioten teuflischen Ursprungs ... In den *Evangiles des quenouilles* wird mit größtem Ernst von Inkuben gesprochen, und mehrere Frauen mit den einschlägigen Erfahrungen gaben zu, sie hätten welche gekannt; es seien «samtene Wesen mit ziemlich weichem Fell», sagt eine Frau, die ein solch beunruhigendes Erlebnis gehabt hatte.[62]

Der heilige Augustinus spricht im 4. Jahrhundert als erster von Inkuben und gibt ihnen ihren Namen[63]: Es handelt sich um eine Vorstellung des Mittelalters, denn in der Antike brauchten die Götter keine Träume, um sich mit sterblichen Frauen zu vereinigen. Praktisch, vielleicht, um eine unerwünschte Schwangerschaft zu erklären: Von den Inkuben wurde noch zur Zeit Wilhelms von Auvergne gesprochen; er schreibt auch ausführlich über sie. Der Glaube, erklärt er, stammt aus der *Genesis*, wo Gottes Söhne sich tatsächlich mit den menschlichen Frauen paarten. Diese Episode verursachte die Sintflut, und seither forderte das Gesetz, daß die Frauen sich verschleierten, um die Engel nicht in Versuchung zu führen – die bösen natürlich. Unsinn, kommentiert der Bischof von Paris. Die Geister haben kein Fleisch und daher auch kein Fortpflanzungsorgan. Wenn sie übrigens zur Unzucht neigten, so wären diese Archetypen aller Laster auch von der Sodomie betroffen und stellten ohne Unterschied Männern und Frauen nach. Aber man hat nie gehört, daß Inkuben (lateinisch *in-cubus*, der oben Liegende) sich an Männer herangemacht hätten; diese Rolle war den Sukkuben (*sub-cubus*, unten liegend) vorbehalten, von denen viel seltener die Rede ist; vielleicht waren sie konkurrenziert durch die liebenden Feen, von denen wir schon gesprochen haben.

In seiner großen Jagd auf Dämonen konnte Wilhelm die bekanntesten nicht übergehen. Er kennt eine damals verbreitete Legende: die der Stuten von Portugal, die der Westwind befruchten kann. Machen das die Inkuben nicht auf gleiche Art? Was sie in die Frauen spritzen, die sie im Traum besuchen, ist «wie der Geist des männlichen Samens, denn offensichtlich handelt es sich wie bei den Stuten um Geistsamen, der dem weiblichen Samen beim Samenerguß hinzugefügt wird»[64]. Der Geist ist gemäß den griechisch/römischen Theorien über die Fortpflanzung tatsächlich ein wesentlicher Bestandteil des männlichen Samens. Er ist immateriell, aber er ist es, der den weiblichen Samen zu einem Embryo formt. Wenn der Wind, der die portugiesischen Stuten befruchtet, diesem männlichen Geist gleicht, so können die Dämonen dasselbe mit den Frauen machen und vortäuschen, daß sie mit ihnen schliefen. Auf alle Fälle nennt der Theologe ein Verhütungsmittel, das nichts schaden kann: Die Inkuben erscheinen vor allem den Frauen, die ihr Haar pflegen, denn sie sind eher in sich selbst verliebt ...

In der großen Bewegung der Rationalisierung abergläubischer Vorstellungen versucht das 13. Jahrhundert, die Inkuben zu erklären. Die Intellektuellen glauben nicht mehr an diese Teufelssöhne. Zunächst stellt man die Theorie auf, daß der Teufel in Form eines Sukkubus das Sperma eines Mannes aufsammelt; er braucht es dann nur, in Form eines Inkubus, in den Bauch der Frau zu legen. Das ist wichtig, denn das aus dieser Vereinigung geborene Kind ist durch und durch menschlich und kann getauft werden.[65] 1489 geht Ulric Molitor weiter und lehnt diese komplizierte Alchimie ab. Nach ihm ist der Glaube an ein von einem Inkubus gezeugtes Kind pure Illusion. In den beunruhigendsten Fällen wie demjenigen Merlins machte der Teufel die Mutter glauben, er habe sie geschwängert, und er machte sie alle Schmerzen der Schwangerschaft und der Geburt erleiden. Hierauf stiehlt er ein Kind – ein nicht getauftes, weil er nur über ein solches Macht hat –, bringt es der Mutter und macht sie glauben, es sei das ihre.[66] Uns kommt vor, er beschreibe eine Scheinschwangerschaft.

Es gibt nur eine Lösung im Hinblick auf Ursprung und Verläßlichkeit der Träume: die Talismane. Lorbeer, auf das Haupt des Schläfers gelegt, garantiert die Wahrhaftigkeit. Der Diamant verjagt die Lemuren und die «unnützen Träume», die Koralle vertreibt dämonische Schatten. Aber das vernünftigste wäre doch, den «Topf» zu tragen, der einen friedlichen Schlaf und süße Träume garantiert. Oder aber dem Beichtvater nichts zu sagen.

DIE KUNST,
DIE ZUKUNFT VORHERZUSAGEN

Der heilige Arnulf, Ende des 11. Jahrhunderts Abt von Soissons und später von Aldenburg, hatte ein gerütteltes Maß an Arbeit vor sich, wenn er die abergläubischen Vorstellungen seiner Ahnen ausrotten wollte: Seine eigene Schwester, sagt die Legende, hatte solche Praktiken gepflegt, um zu wissen, ob ihr kranker Sohn sterben oder leben würde. Das war damals ein allgemeiner Brauch, und die medizinischen oder astrologischen Manuskripte wimmeln von pittoresken Erlebnissen dieser Art; das Nützliche daran war, daß die letzte Ölung im richtigen Moment gegeben werden konnte. Das Kind allerdings starb, und das sah man als sicheres Zeichen einer Strafe, die Gott über die abergläubische Mutter verhängt hatte. Diese wenig mitfühlende Deutung der Verzweiflung einer Mutter über die Schmerzen ihres Sohnes wurde durch ein Wunder ihrem heiligen Bruder enthüllt, was wenigstens beweist, daß man einen unschuldigen Tod für zwei Wunder verwerten kann.[1]

Diese mittelalterliche Anekdote erinnert an eine ähnliche Bestrafung, die im *Buch der Könige* enthalten ist: Ahasja hatte Baal-Sebub konsultiert, um zu wissen, ob er von seinen Wunden geheilt werde, und hatte damit sein Todesurteil unterschrieben. Elija, der wunderbarerweise davon erfahren hatte, erinnerte ihn daran, daß Jahwe ein eifersüchtiger Gott sei.[2] Da die Zukunft Gott gehört, ist Vorauswissen immer des Einverständnisses mit dem Teufel verdächtig. Die römische Religion besaß außerdem eine Fülle von Auguren, Haruspices und anderer Weissager, und so hatte die Zukunftsvorhersage in den ersten Jahrhunderten einen fatalen Geschmack von Heidentum. Und vergessen wir auch nicht die Sünde der Erkenntnis, die man seit Adam und Eva mit Übermut verbindet: «Ihr werdet sein wie Gott», hatte die Schlange versprochen. Aus vielerlei Gründen hat die Wahrsagekunst in den ersten Jahrhunderten des Christentums keine gute Presse.

Gleichzeitig hat die christliche von der jüdischen Religion die Tradition der erleuchteten Propheten geerbt, ein nützliches Gegengewicht gegen Pythia und andere Wahrsagerinnen der Antike. Die Gabe der Prophetie ist eins der handfestesten Zeichen der Heiligkeit, solange sie aus einer göttlichen Vision stammt und keine materiellen Mittel anwendet. Aber man muß sich vor Visionen, die die Dämonen schicken, hüten und die Propheten nicht mit Besessenen verwechseln ... Der Unterschied besteht für den Theologen darin, daß nur Gott die Zukunft kennt und dem Menschen offenbaren kann; die Dämonen haben dieses Vorauswissen nicht, aber sie haben schärfere Sinne und eine größere Erfahrung als die Menschen und können okkulte Dinge entdecken, die diesen verborgen sind. Es sieht also so aus, als könnten sie wahrsagen, aber sie haben nur in Zeichen gelesen, die der Mensch nicht versteht, wie der Hund mit dem Geruchssinn oder der Adler mit seinen scharfen Augen Dinge entdecken, die wir nicht wahrnehmen. Sie offenbaren sich nicht durch Enthüllungen, sondern durch die Phantasie, in Träumen oder in Besessenheit.[3] Die Unterscheidung ist subtil, aber wenig praktisch. Oft macht die Qualität der Vorhersage den Unterschied aus: Vergil, der in seinem vierten *Bucolicum (Hirtengedicht)* die Geburt eines wunderbaren Kindes begrüßt, wird unter die heidnischen Propheten gereiht; aber weil die *Aeneis* für die Bibliomantie der Spätantike benutzt wurde, gehört er zu den Zauberern.

Eine zweite Form der Vorhersage ist ebenfalls erlaubt: die Deutung von Zeichen, die die Erfahrung uns erkennen gelehrt hat. Der Seemann, der Sturm vorhersagt, weil er die Wolken beobachtet hat, der Arzt, der aus den Symptomen einer Krankheit den bevorstehenden Tod voraussagt, das sind Beispiele, um auch weniger klare Praktiken zu rechtfertigen. In diesem Fall wird die Zukunft an ihren gegenwärtigen Ursachen erkannt. Das öffnet andere Türen. Thomas von Aquin wiederholt die Argumente der Sophisten, die die Auspizien verteidigen: Wenn, behaupten sie, die Himmelskörper niedrigere Körper beeinflussen können – was der Doktor angelicus ohne weiteres zugibt –, dann können sie auch den Flug der Vögel parallel zu gewissen Ereignissen beeinflussen. Der Flug der Vögel würde also ein Zeichen dieser Ereignisse, ohne daß er eine andere Verbindung mit ihnen hätte als eine gemeinsame Ursache, den Einfluß der Gestirne.[4] Thomas lehnt sich natürlich gegen diese Interpretation auf.

So hat das Christentum, obwohl es grundsätzlich die Zukunftsvorhersage ablehnte, dank der jüdischen Tradition, dank dem Kampf gegen das

Heidentum und aus Respekt vor der göttlichen Allwissenheit große Fenster offengelassen, durch die antike Wahrsagekunst wieder in das Gebäude eindringen konnte.

Wahrsagetechniken, die in der Antike sehr verbreitet waren, gibt es unendlich viele. Es war noch nie möglich, sie in Kategorien einzustufen. Die Alten teilten sie gerne in vier Typen ein je nach dem einen der vier Elemente, auf die sie sich stützten. Es gab die Pyromantie (mittels Feuer), die Aeromantie (mittels der Luft), die Hydromantie (mittels des Wassers) und die Geomantie (mittels der Erde). Sie hätten einen annehmbaren Rahmen ergeben. Aber es wurde nicht präzisiert, in welche Kategorien die zahlreichen Arten von Priestern und Scharlatanen, die die Zukunft sehen sollten, gehörten. Die Klassifikation – sie wurde dem Mittelalter genauestens weitergegeben – war nie praktisch angewendet worden. Die christlichen Autoren begnügen sich damit, lange Litaneien von Wahrsagetechniken aufzusagen. Um die Namen der verschiedenen Grundmaterialien zu erhalten, verband man sie immer mehr mit dem Suffix *-mantie* oder *-mantik* (Μαντικη, Weissagekunst). Die «Mantien» ersetzten die alten lateinischen Namen *(augures, haruspices, auspices ...)* mit Ausnahme einiger auf *-skopie* (Horoskopie, Gelaskopie, Metoposkopie) oder auf *-logie* endenden Wörter (Astrologie, Numerologie). Zu Dutzenden[5] erblühten jetzt die seltsamsten Techniken mit dunkel ans Griechische erinnernden Namen, von der Alectrymantie (mittels eines Hahns, der in Buchstaben gelegte Körner aufpickt) bis zur Xylomantie (mittels Holzstäbchen), dazwischen die Daphnomantie, die Lychnomantie und die Rhabdomantie (Radiästhesie).[6]

Sie aufzuzählen wäre langweilig. Manche haben sich übrigens stark gewandelt. Sie paßten sich ihrer Zeit an. So ist die Stöchiomantie, die darin bestand, daß man einem Buch von Homer oder Vergil, das wahllos geöffnet wurde, Prophezeiungen entnahm, der Bibliomantie gewichen, über die Burchard von Worms noch im 11. Jahrhundert klagt (1. IX,26): Damals dienten die Evangelien oder der Psalter als Basis für diese Form der Rhapsodomantie (Weissagung anhand eines Textes). Jede Zivilisation benutzt dafür andere Bücher. Leser von Jules Verne werden sich erinnern, daß Michel Strogoff durch das Urteil eines wahllos geöffneten Korans geblendet wurde. Wenn gewisse Formen der Weissagung, wie etwa die Astrologie, stets geachtet wurden, so sind andere erst spät erschienen: die Entdeckung des Kartenspiels und des Tarot datiert vom 14. Jahrhundert, dennoch entstand die Kartomanie erst im 18. Jahrhundert.

Erinnern wir uns: Trotz der Zurückhaltung der Theologen wurden die Mantien offiziell in der Justiz verwendet, etwa um den Namen eines Schuldigen zu finden oder um seine Unschuld zu beweisen (Gottesurteil).

Es ist schwer zu sagen, ob die Praktiken, die vom Klerus unentwegt verurteilt werden, einer Realität entsprechen oder eine lateinische Erinnerung darstellen. Die Weissagung anhand eines Spiegels (Kataptromantie) wurde sicher wenigstens seit dem 12. Jahrhundert praktiziert. Johannes von Salisbury erzählt, wie er als Jüngling von einem Priester eingeweiht wurde; aber, beeilt er sich hinzuzufügen, er zeigte sich im Gegensatz zu seinem Mitschüler überhaupt nicht begabt. In Aix-les-Thermes üben ein Kleriker und ein Notar «die Kunst des heiligen Georg» aus: Sie finden gestohlene Sachen wieder mit Hilfe eines kleinen Mädchens, das die Spiegel liest.[7] Tatsächlich waren es Kinder oder Jungfrauen, die als Medien in dieser Kunst dienten, deren Prinzip Wilhelm von Auvergne erklärt. Das Objekt dient dazu, die Seele vom Körper zu lösen – wohl damit sie auf die Suche nach dem verlorenen Gegenstand gehen kann –, aber die Seelen sind mehr oder weniger mit dem Körper verbunden, besonders durch die Freuden der Liebe. Deshalb wählt man für diese Experimente am liebsten Jungfrauen oder Kinder.[8]

In Spiegeln, aber auch auf mit Öl bestrichenen Gegenständen, die auf diese Weise reflektieren, sucht man Erscheinungen oder Visionen, meist verlorene oder gestohlene Gegenstände betreffend. Eine solche Vision ist nicht ein Gegenstand oder das Bild eines Gegenstandes, erklärt Wilhelm von Auvergne, sondern die Widerspiegelung des Geistes des Betrachters. Die Leuchtkraft des Instruments verhindert tatsächlich den Blick auf die Welt und zwingt einen, nach innen zu schauen. «Die leuchtenden Instrumente bewirken, daß die Seele, auf sich selbst gerichtet und sich selbst anschauend, ihr Schauen ausweitet und daß der Geist die Wirkung des Intellekts einfriert. So daß, je mehr man sich vertieft und je mehr man sich auf den Grund schaut, man desto mehr sieht und desto mehr von sich selbst kennt, und mit größerer Klarheit.» Der Blick, den man sich selbst zuwendet, ist dann so tief, daß man in eine «Ekstase», eine «Verzückung», fallen kann. Wer an diese Art von Experimenten gewöhnt ist, schließt die «kindlichen» Augen und hält sie geschlossen, bis die Seele zu ihrem vorherigen Zustand zurückgekommen und in allen Gliedern präsent ist. Das ist eine unerläßliche Vorsichtsmaßnahme, damit die Seele, durch den Gegenstand gelöst, in den Körper zurückkehrt, sonst bliebe das «Kind» auf immer «erschreckt» und würde verrückt. Der Bischof von Paris unterscheidet bei der Kataptromantie eine natürliche Vision und eine teuflische; die letztere ist selbstverständlich gefährlicher für die Seele des Kindes. Diese Künste sind verboten, aber dennoch gelten sie im 13. Jahrhundert noch nicht durchwegs als teuflisch.[9]

Die Leidenschaft für die Sterne

Die Astrologie als Mittel, die Zukunft vorherzusagen, den Charakter eines Menschen zu definieren, der Medizin zu helfen, und als allgemeines Weltbild ist zweifellos am offensichtlichsten von der Antike ins Mittelalter übergegangen. Der Unterschied zwischen Astronomie und Astrologie, der seit dem Hochmittelalter gemacht wird, genügt aber nicht, um diese Wissenschaft von jedem Verdacht des Aberglaubens zu reinigen und die Scharlatane fernzuhalten. Ptolemäus, der Vater der westlichen Astrologie, unterscheidet zwar klar die sichere Wissenschaft, die den Lauf der Gestirne studiert, und die unsichere, die sich «mit den Auswirkungen» beschäftigt, aber sein *Tetrabiblos* ist ganz der letzteren gewidmet sowie den Horoskopmachern, die er als erste verurteilt. Dieser Zwiespalt bleibt bis in die Renaissance: Obwohl die theoretische Abgrenzung vollzogen ist, muß die Astrologie, die die Tatsachen der Astronomie deutet, als unvermeidliche Ergänzung betrachtet werden. Würde ein Arzt – Pierre von Ailly macht diesen Vergleich 1414 – Medikamente kennenlernen wollen, ohne sie anzuwenden?

Die Unterscheidung, die im Mittelalter immer wieder kopiert wird, stammt von Isidor von Sevilla: «Die Astronomie umfaßt die Bewegung des Himmels, den Auf- und den Untergang und den Lauf der Sterne und den Ursprung ihrer Namen; die Astrologie hingegen ist zum Teil natürlich und zum Teil Aberglaube. Natürlich, wenn man den Lauf der Sonne, des Mondes und der Sterne beobachtet und gewisse Wetterfragen beantwortet. Aberglaube, wenn sie von Horoskopmachern – *Mathematici* – erstellt wird, die die Zukunft mittels der Sterne voraussagen, die zwölf Tierkreiszeichen auf jeden Teil der Seele und des Körpers beziehen und aus dem Lauf der Sterne Geburten und Todesfälle herauslesen wollen.» Die Abgrenzung zwischen Astronomie und natürlicher Astrologie ist, wie man sieht, schwach: Die zweite besteht hauptsächlich in einer praktischen Anwendung der ersten. Die Beobachtung und Kenntnis der

Himmelskörper (Astronomie) dient zur Zeitrechnung, zur Festlegung des Datums von Ostern und anderen beweglichen Festen (natürliche Astrologie). Gewiß wird da Zukunft vorhergesagt, aber nur die von Ereignissen, die direkt mit dem Lauf der Sterne zusammenhängen! Hrabanus Maurus, übrigens, übernimmt diese Definition wörtlich, um die Kenntnisse zu umschreiben, die ein Kleriker haben darf, aber er fügt hinzu, Astrologie und Astronomie gehörten zur selben Fachrichtung. Mehr und mehr tendieren sie zur Verschmelzung.

Auf diesem Weg ist die Astrologie sogar ein wenig in den Bereich der Freien Künste eingedrungen: Die Astronomie thront auf dem Gipfel des berühmten *Quadrivium*, der vom zweiten Kreis der Freien Künste gebildet wird, und Astrologie durfte an gewissen Universitäten gelehrt werden.[10] Wenn es der Astronomie in der ersten Zeit gelang, sich auf die Beobachtung der Gestirne zu beschränken, so ließ sie sich mit der Zeit doch mehr und mehr von den Deutungen der Astrologie beeinflussen. In den letzten Jahrhunderten des Mittelalters widmeten sich ihr große Universitätslehrer wie Pierre von Ailly, Kanzler der Universität Paris, oder Gervais Chrétien von der medizinischen Fakultät und Gründer des Gymnasiums, das seinen Namen trägt.[11]

Das antike Chaldäa, Ägypten und Griechenland sind die Mütter der Astrologie. In Mesopotamien war sie das Hauptanliegen der Priesterklasse, und man glaubt, die Stufentempel wie etwa der Turm von Babel seien vor allem Observatorien gewesen. Diodor von Sizilien und viele Tafeln haben die Grundsätze der chaldäischen Wissenschaft erhalten: Die Priester sagten sowohl Sonnenfinsternisse wie Stürme voraus; die Beobachtung der sieben Himmelskörper hat uns die Woche beschert, auch Horoskope wurden erstellt. Ihre Wissenschaft hat durch Vermittlung der Sabier die islamische Welt und hierauf das christliche Mittelalter beeinflußt. Aber im hellenistischen Ägypten, wo sich das Wissen der Priester auf jahrhundertealte Beobachtungen stützen konnte, lebte im 2. Jahrhundert unserer Zeitrechnung Ptolemäus von Alexandrien, der dem Abendland die Bibeln der Astronomie *(Almageste)* und der Astrologie *(Tetrabiblos)* bescherte.

Die chaldeo-ägyptische Astrologie, die von den Griechen überliefert wurde, hat bereits alle Themen entwickelt, die wir im Mittelalter finden: den Einfluß der Sterne auf das menschliche Schicksal und auf den Charakter der einzelnen Individuen, ihre Macht über die Natur und die Ereignisse, die medizinische Astrologie und die Tierkreis-Melothesie (Verteilung der Tierkreiszeichen auf die Glieder des menschlichen Körpers), den besonderen Einfluß des Mondes auf den Körper (das Schröpfen muß sich nach dem Stand des Mondes richten), auf Krankheiten (kritische Tage), auf die Pflanzen (die Ernte richtet sich ebenfalls nach dem Mond). Rom, das eine Neigung für alle Wahrsagetechniken hatte, nahm diese östliche Wissenschaft gerne auf, und sie durchdrang die Gesellschaft von unten bis oben. Es gab wandernde Weissager, deren Prototyp für uns die drei Weisen aus dem Morgenland sind, die im Evangelium vorkommen, sowie bei den Mächtigen angestellte Astrologen, so daß im Kaiserreich die Astrologie für jede Börse erreichbar war. Ein paar ziemlich seltene Verfolgungen, die Vorsicht gewisser Intellektueller wie Plinius oder die Satiren von Dichtern wie Juvenal können nicht verbergen, wie sehr eine ganze Gesellschaft für diese Wahrsagekunst schwärmte. Aber die Kunst, Horoskope zu erstellen, die man immerhin seit den Chaldäern kannte und die von Ptolemäus beschrieben wurde, war nicht das, was man suchte. Die Astrologen sollten wie die Auguren und die Haruspices konkrete Voraussagen formulieren.[12]

Verständlich, daß die ersten Christen in ihrem Kampf gegen das Heidentum der Astrologie feindlich gesinnt waren, die stark an einen Sternenkult erinnerte. Astrologen aufzusuchen, wurde von Tertullian unmißverständlich als Ketzerei eingestuft. Die gleichen Beschuldigungen werden unermüdlich erhoben von Jakobus von Nisibis, Athanasius, dem heiligen Basilius, Kyrill von Jerusalem, dem heiligen Ambrosius, dem heiligen Johannes Chrysostomus, Paulus von Nola, dem heiligen Augustinus, dem heiligen Caesarius von Arles, Gregor dem Großen. Konzilien und Synoden überboten sich, um die Wahrsagekunst als teuflisch zu erklären, in Laodicea (366), Agde (505), Orléans (511), Braga (563), Auxerre (570), Narbonne (589). Die ersten Jahrhunderte der merowingischen Epoche sind ein einziges Schildererheben gegen die antike Wissenschaft.[13] Bemerkenswert ist immerhin, daß in diesem Verdammungskonzert meist eher die Wahrsagerei im allgemeinen anvisiert wird als die Astrologie im besonderen; diese wird nur in Laodicea und in Braga ausdrücklich abgelehnt. Die Astrologie hat sogar Verteidiger, die sich auf die drei Weisen aus dem Morgenland berufen, um daraus Gottes Duldung abzuleiten. Tertullian antwortet ihnen, daß den Weisen empfohlen wurde, für die Rückkehr einen anderen Weg zu nehmen. Diese Vorsicht wird zwar im Evangelium mit der Eifersucht des Herodes begründet, aber will sie nicht eigentlich besagen, daß die sternkundigen Weisen nicht zu ihrer «alten

Sekte» zurückkehren sollten? Die Astrologie wäre also bis zu Christi Geburt toleriert worden, aber nicht mehr im neuen Zeitalter.[14]

Die ganzen als Vorwände benützten Argumente werden vom heiligen Augustinus in seiner unvermeidlichen *De Civitate Dei* zusammengefaßt. Hier und in anderen Bereichen ist der Bischof von Hippo um so strenger, als seine frühere Leichtgläubigkeit der Verzeihung bedarf. In einem Buch, das der Größe Roms und den Ursachen des heidnischen Reichtums gewidmet ist, will Augustinus beweisen, daß hier die Vorsehung Gottes im Spiel war. Er schaltet damit alle anderen möglichen Gründe aus: den Zufall, das Schicksal, die Sterne. An letztere zu glauben, beleidigt den Himmel; man macht ihn nämlich verantwortlich für Verbrechen, die auf den Einfluß der Sterne und Planeten zurückgehen. Der Himmel ist nicht mehr, wie in den antiken Religionen, die Heimstätte bald guter, bald böser und der Menschenwelt gegenüber oft gleichgültiger Götter, sondern der obere und überlegene Teil einer Schöpfung, die vollständig von einem guten und gerechten Gott ausgeht.

Außerdem beleidigt dieser Volksglaube Gottes Allmacht – der christliche Gott ist nicht, wie die Götter der Heiden, dem Schicksal unterworfen. Und schließlich ist das Ganze absurd, was Augustinus mit einem klassisch gewordenen Argument beweist: dem der Zwillinge. Die Tatsache, daß zwei am selben Tag und zur selben Stunde geborene Kinder nicht dasselbe Schicksal und oft nicht dasselbe Geschlecht haben, zeigt, daß Horoskope Unsinn sind. Wenn ihnen dieselben Dinge passieren, so deshalb, weil sie von ihren Eltern dieselbe Veranlagung geerbt haben und in ihrer Kindheit gleich erzogen wurden. 1419 führt Gerson sogar einen Fall siamesischer Zwillinge an, deren einer Kopf ein Leben der Entsagung und der andere ein solches des Genusses führen wollte.[15] Sind die Vorhersagen der Astrologen manchmal zutreffend? Dann sind sie es, weil der Teufel sie den Wahrsagern eingegeben hat, um die Menschen zu täuschen und ihnen Vertrauen zu einer verderblichen Kunst zu geben, sagt der heilige Augustinus. Dieses Argument ist unwiderlegbar.[16]

Aber das Hauptproblem mit der Astrologie, auf das sich Augustinus übrigens spezialisiert hat, ist dasjenige des Determinismus. Daran zu glauben, daß die Sterne für unser Schicksal verantwortlich sind, bedeutet eine unerträgliche Einschränkung unseres freien Willens, der eine *conditio sine qua non* der Verantwortung und damit der Sünde ist. Die Astrologie bedroht die Moral und die ganze christliche Kosmogonie. Die Rechtfertigungen der Astrologie – denn das Mittelalter macht hier nicht halt! – werden in Zukunft diese Analysen berücksichtigen müssen.

Dennoch ist die Verurteilung der Astrologie keine totale. Unter Beschuß geraten hauptsächlich die Horoskope, die Genethlialogie. Das Konzil von Laodicea begnügt sich damit, den Priestern die Astrologie und die Mathematik (Erstellung von Horoskopen) zu verbieten, zusammen mit der Magie und der Hexerei. Im übrigen werden nur Träger von Amuletten aus der Kirche verwiesen. In Braga werden die verurteilt, die glauben, Körper und Seele würden unter dem Diktat der Schicksalssterne stehen; das sei ein Irrtum der Heiden und Priscillians, erfährt man. Es ist auch verboten, den Lauf des Mondes, der Sonne und der Sterne zu beobachten, um ein Haus zu bauen.[17] Das sind offensichtlich vereinzelte abergläubische Vorstellungen aus der Heidenzeit, die man fürchtet, und nicht ein komplexes System der Wahrsagekunst. Wenn die Konzile das Voraussagen der Zukunft verbieten, so mögen sie zwar die Astrologie meinen, aber sie nennen sie nicht ausdrücklich und haben eher die Auguren im Auge, ein Beweis, zweifellos, daß sie damals noch nicht die Bedeutung hatte, die ihr später zuteil wurde.

Die Kirchenväter bestreiten übrigens niemals den Einfluß der Sterne auf die Natur, auf die Pflanzen und auf die menschliche Gesundheit. Es ist stets erlaubt, das Wetter vorherzusagen, je nach dem Stand der Sterne zu schröpfen und zu pflegen: Eine vor allem praktische Kunst, die viel eher von den Wochentagen als den Planeten und von den Monaten statt vom Tierkreis spricht und voll Aberglauben ist. Als Beda der Ehrwürdige auf Bitte Pater Herefrids eine griechische Abhandlung über den Donner übersetzt, sind seine vorsichtigen Bemerkungen fast so lang wie der Text selbst!

Mit oft prekären Mitteln überlebt die Astrologie die merowingische Epoche. Die Kunst, Berechnungen anzustellen, ist in den großen Mengen Wissens enthalten, das zu jener Zeit niedergeschrieben wurde (Boethius, Isidor). Der heilige Eligius fürchtet in einer Predigt, die ihm Sankt Audenus zuschreibt, mehr die heidnischen Glaubensüberbleibsel als eine seriöse Astrologie: Man soll nicht glauben, daß der Neumond verrückt mache, noch Sonne oder Mond anrufen ... Er spricht auch von Horoskopen, die er *fatum* (Schicksal) nennt, *fortuna, genesis* und *vulgo, nascentia* («in der Umgangssprache: Geburt»).[18] Offensichtlich lockt die Astrologie die Fürsten und hohen Würdenträger nicht sehr, und nur deren Unterstützung könnte ihr helfen, sich zu verbreiten ...

Der Neuaufschwung der Astrologie folgt auf die karolingische Renaissance vom 8. bis 9. Jahrhundert. Die Entwicklung der Naturwissenschaft wird allgemein, und das Studium der Astronomie ist notwendig für Berechnungen und das Aufstellen von Kalendern. Das Studium der Himmelskörper kann nicht getrennt werden von dem ihrer Macht über die Welt. Lange hat man der Zeit von Ludwig dem Frommen, einem «schüchternen und neugierigen Prinzen», diese Schwächung der karolingischen Astronomie zugeschrieben, als müßte das Auseinanderfallen eines Kaiserreichs von einem wissenschaftlichen und moralischen Niedergang begleitet sein.[19] Diese Deutung bedarf feinerer Unterscheidung. Einerseits, weil der Unterschied zwischen den beiden Sternkunden nicht so klar war. Anderseits, weil zur Regierungszeit von Louis auch sehr große Geister wirkten wie Hrabanus Maurus, ein Erbe der Schule Alkuins, den man nicht eines schwachen Intellekts zeihen kann: Und sie nahmen teil am Neuaufschwung der natürlichen Astrologie.

Das Studium der Astrologie, das früher einhellig verurteilt wurde, wird nun empfohlen von den Konzilien, Königen und Bischöfen.[20] Trotzdem bleibt sie rudimentär: Es handelt sich im wesentlichen um Aberglauben und Voraussagen auf Grund von Berechnungen. Nach dem Wochentag, auf den der 1. Januar fiel, schätzte man die Jahresernte ein. Man findet in einem Manuskript aus dem 10. bis 11. Jahrhundert folgende Spekulationen: Wenn der 1. Januar auf einen Sonntag fällt, wird der Winter gut, mild und warm sein, der Frühling windig, der Sommer trocken. Die Ernten werden gut sein, die Herden sich vermehren, es wird viel Honig geben, sterben werden meist alte Leute, und man wird in Frieden leben. Für den Tag des Herrn konnte man nichts Besseres sagen. Voraussagen dieser Sorte sind über alle Tage der Woche gestreut und dann über andere, je nach dem Tag, auf den Weihnachten fiel.[21] Die Aussagen über das Wetter enthalten ebenfalls Spuren von astrologischem Aberglauben, vermischt mit traditionellen Beobachtungen.

Im Volksglauben sind bis zum heutigen Tag gewisse dieser Vorstellungen erhalten geblieben, zum Beispiel die der «Zwölfnächte» zwischen Weihnachten und der Epiphanie, die das Wetter für die zwölf Monate des Jahres diktieren sollen. Man findet sie schon in einem Manuskript des 9. Jahrhunderts: Die Wettervorhersagen hängen von der Richtung ab, in die der Wind in den zwölf Nächten nach dem 25. Dezember bläst.[22] Man prognostiziert auch mittels des Donners je nach Wochentag oder Monat, da man ihn hört, oder nach der Richtung seines Schlags.[23] Der

Einfluß des Mondes ist immer noch bedeutend: Man glaubt noch an die *Neomenien* (Vorhersage über den Tag, auf den der Neumond fällt), man schreibt die ersten Mondbücher. All das stammt direkt von der meteorologischen Astrologie ab, die von den merowingischen Konzilien nicht verboten worden war. Die karolingische Ära bewahrte diese Überlieferungen und fügte neue hinzu.

Man versucht jetzt, die Zeichen der Kometen «ernsthafter» zu studieren; bisher hatte man ihre Deutung den Chronisten überlassen. Die Idee verbreitet sich, daß sie Katastrophen oder den Tod einer großen Persönlichkeit ankündigen. Man weiß, daß der Halleysche Komet den Hinschied König Edwards von England voraussagte, und deshalb figuriert er auf dem Teppich von Bayeux; von fern oder direkt hatte die Erscheinung mit der normannischen Eroberung Englands zu tun. Auch der Tod Philipp II. August wurde 1223 durch einen Kometen angezeigt, ebenso 1315 derjenige von Ludwig X. und die große Pest 1348.[24]

Und wiederum ist es die karolingische Epoche, die alte Glaubensvorstellungen wieder belebt, zum Beispiel die Zahlenanordnungen Demokrits (oder des Petosiris) und des Apuleius (oder Pythagoras); man findet diesbezügliche Darstellungen in den Manuskripten des 9. bis 11. Jahrhunderts (vgl. Anhang S. 284–285). Es handelt sich um eine arithmetische Methode, den Tod eines Kranken je nach dem Wochentag, an dem die Krankheit ausbrach, und aus der Anzahl der Buchstaben seines Namens vorherzusagen.[25]

Vom 10. Jahrhundert an wird die Astrologie eine genauere Wissenschaft, zweifellos unter dem Einfluß ihrer arabischen Schwester. Diese neue Wissenschaft faßt Fuß auf Kosten des meteorologischen Aberglaubens und der antiken Horoskope, die nun als Volksglauben angesehen werden. Die Stundenbücher und die Rezeptbücher in Umgangssprache enthielten sie vom 13. Jahrhundert an und bestätigten so den Riß zwischen den beiden Graden der Astrologie. Die Wissenschaft von den Sternen hütete aber noch lange den Aberglauben; noch 1494 ordnet Sebastian Brant der Astrologie neben Horoskopen und Zukunftsvorhersagen die Geschenke zum Neuen Jahr und die Bestimmung günstiger Tage zu.[26]

Gerbert von Aurillac war vielleicht, ehe er der Papst des Jahres 1000 wurde, der Verfasser des ersten Buches, das nach einem arabischen Modell aufgebaut war, einer Abhandlung über das Astrolabium. Nach Thorndike wäre ihm auch das Vorwort einer Übersetzung zuzuschreiben, die in einem Manuskript des 11. Jahrhunderts enthalten ist, in der die «wissenschaftliche» Astrologie verteidigt, die populäre Astrologie und die abergläubischen chaldäischen Horoskope aber, die das ganze Leben eines Menschen und seinen Charakter durch den Einfluß der Sterne bestimmt sehen, abgelehnt werden. Nach diesem anonymen Autor wird die Astrologie, einst von den Kirchenvätern verdammt, von Gott zugelassen, denn er hat die Geburt seines Sohnes mit einem Stern hervorgehoben.[27] Ebenfalls im 10. Jahrhundert erscheint die *Mathematica Alhandrei summi astrologi*, die *Mathematik des Alchandrus*, eine Schrift über die Astrologie, die durch die verwendeten Ausdrücke und die Hinweise auf Ägypten und Chaldea aus dem Arabischen übersetzt zu sein scheint, jedoch keinem bekannten arabischen Text entspricht.[28] Handelt es sich um eine verstümmelte Version des Namens Alexander, der in dieser Schrift häufig erscheint? Thorndike glaubt es nicht. Das Buch war auf jeden Fall im Mittelalter äußerst erfolgreich. In romanischer Zeit, ehe Europa von Übersetzungen arabischer Bücher überschwemmt wurde, installiert sich also ein neues System, das der populären Astrologie der vorhergehenden Jahrhunderte kühnere Spekulationen entgegenstellt. Dieses System erschien wissenschaftlich und entwickelte sich hauptsächlich nach der spanischen Reconquista und der großen Menge der im 12. Jahrhundert aus dem Arabischen übersetzten Bücher.

Wie in vielen anderen Bereichen hat die Übersetzungswelle der westlichen Astrologie neuen Schwung verliehen. Auf die islamischen Länder wird beim Studium der Astrologie mit Stolz hingewiesen; ihr hängt nicht, wie der Schwarzen Magie, der Geruch des Heidentums an. In *Aye d'Avignon* lernt der junge Guy diese modische Wissenschaft in Mallorca.[29] Die arabische Astrologie ist zum größten Teil von den Griechen übernommen; einige technische und theoretische Verbesserungen, besonders das Astrolabium, wurden hinzugefügt. Aber für unsere Studie ist vor allem die Annahme der astrologischen Magie von Bedeutung, die in den christlichen Ländern großen Widerhall fand. Spuren davon zeigen sich vom 12. Jahrhundert an in den lateinischen Übersetzungen des *De tribus imaginibus magicis* von Thebit ben Corat (ca. 836–901), der zweifellos Sabier und Erbe der magisch-astrologischen Überlieferung war, die man seinem Volk zuschreibt.[30]

Das Referenzwerk, mittels dessen man diese astrologische Magie verstehen konnte, war *Picatrix*; Alfons X., der Weise, ließ es 1156 ins Spanische übersetzen. Hinter diesem Namen, in dem einige Hippokrates oder Harpokrates erkennen wollten[31], verbirgt sich ein Buch über Schwarze

Magie, das sich offen auf die Nigromantie beruft. Es vermischt die Astrologie mit Rezepten, die die Kräfte der Pflanzen, Metalle und Steine ausnützen, mit reiner Zauberei und mit kabbalistischen Formeln semitischen Ursprungs. Die Beschwörung von Geistern wird von blutigen Opfern und von heidnischem Räuchern begleitet. Die Astrologie spielt auf mehreren Ebenen eine Rolle: in der Herstellung der Medaillons, die den verschiedenen Planeten zugehören, und bei der Beschwörung der Geister, die diese regieren, Praktiken der zeremoniellen Magie, die nichts mehr zu tun haben mit antiker Wahrsagekunst und die wir anderswo untersuchen werden.[32]

Nach und nach hat die Astrologie also ihre Bereiche erweitert. Nach den Horoskopen, der Zukunftsvorhersage und der prophylaktischen Magie wird sie wieder, was sie in der Antike gewesen war: eine Weltanschauung, die zu allen Fachrichtungen etwas zu sagen hat. Im Zug der Rationalisierung des Aberglaubens, wobei man gerne sagt, ein Wunder könne durch «natürliche okkulte Ursachen erklärt werden», wird sie eine der am leichtesten zu handhabenden Theorien. Roger Bacon versucht, ein Wunder seiner Zeit so zu erklären: Eine Frau hatte zwanzig Jahre ohne Nahrung gelebt, eine Erscheinung, die die Mystiker gut kennen und auf die sie sich bis ins zwanzigste Jahrhundert spezialisiert haben. Für den *doctor admirabilis* hat wohl während dieser ganzen Zeit eine Konstellation der Gestirne die Anteile der vier Elemente in ihrem Körper zu einer so hohen Harmonie gebracht, daß es nicht mehr nötig war, sie durch Ernährung zu korrigieren.[33] Der allgemeine Glaube an die Aussonderung der Sterne galt damals als naturwissenschaftlich gesichert, nicht als Aberglaube.

In der Medizin gibt es eine Auferstehung der «astrologischen Menschen», die die alten Griechen kannten und die noch von dem heiligen Augustinus erwähnt werden, deren Spur sich aber dann bis ins 11. Jahrhundert verliert.[34] Es handelt sich um die Entsprechung zwischen den menschlichen Körperteilen und den zwölf Tierkreiszeichen – vom Widder, am Kopf, bis zu den Fischen, an den Füßen.[35] Verschiedene therapeutische Handlungen basierten auf dieser Beziehung zwischen Makrokosmos und Mikrokosmos – die günstigen Augenbicke für das Schröpfen, zum Beispiel, und der Körperteil, auf dem es ausgeführt wurde.

Am Anfang werden diese Tierkreismenschen noch als heidnisch empfunden; der älteste, den Thorndike in einem Manuskript vom 11. Jahrhundert entdeckte, präzisiert: «Nach den Wahnvorstellungen der Philosophen, hier die Bedeutung der zwölf Zeichen.» Weitere werden im 12. bis 13. Jahrhundert gefunden, aber erst im 14. und 15. Jahrhundert wird das Thema allgemein. Um jene Zeit findet man sogar «astrologische Pferde» in den Handbüchern der Tierärzte.[36] Am Ende des Mittelalters hat die Medizin die Astrologie völlig offiziell integriert: eine Verordnung von Ludwig, erlassen im März 1465, verpflichtet den Ersten Barbier, den er ernannt hat, um das Gewerbe zu strukturieren, allen Barbieren des Königreiches Almanache des Jahres zu liefern «für das öffentliche Wohl und um die Gesundheit des menschlichen Körpers zu pflegen».[37] Die medizinische Astrologie nicht zu kennen, wird beinahe ein beruflicher Fehler, der von hohen Behörden bestraft werden kann.

Wir werden allerdings auf das 14. und 15. Jahrhundert warten müssen, um zu sehen, daß die wahrsagende Astrologie, wie wir sie heute kennen, zur Blüte kommt. Es ist die Renaissance, die, im Rückbezug auf die Antike, ihr ihren Schwung verleiht. In einer Epoche wiederholter Kriege und Katastrophen erstrahlen die Weissagungen, wonach der Antichrist bald kommen wird. Manche sind ziemlich unvorsichtig, wie etwa Johannes Annius von Viterbo, der 1467 die Apokalypse auf 1481 ankündigte. «Der redet astrologallisch, aber er hat ein recht überhebliches Gehirn», kommentiert Symon de Pharès zehn Jahre nach dem Termin.[38] Peter von Ailly hingegen sieht sich besser vor und verlegt seine Prophezeiungen auf dreihundert Jahre später. Indem er die Konjunktionen von Saturn und Jupiter in den Tierkreiszeichen, vor allem in demjenigen des Widders, studiert, stößt er auf gewisse Zyklen, die er in der biblischen Geschichte bestätigt sieht. Der größte Zyklus umfaßt 960 Jahre und entspricht der Sintflut (bis auf zwei Jahre), dem Exodus von Moses (bis auf neun Jahre), den punischen Kriegen und dem Aufschwung des Islam. Indem er kürzere Zyklen anfügt, demonstriert er, was sicher der ursprüngliche Zweck seines Buches war, daß das Schisma des Papsttums in seiner Epoche das größte in der Geschichte der katholischen Religion ist. Was uns aber interessiert, ist seine einzige Vorhersage; er kündigt die größte Gefahr an, der die Kirche begegnen wird: «Wenn die Welt bis dahin bestehen bleibt, was nur Gott weiß, wird es dann viele große, erstaunliche Veränderungen und Verwandlungen geben, besonders im Bereich der Gesetze und der Sekten.»[39] Dieses Jahr wird so schicksalhaft sein, daß es vielleicht das Kommen des Antichrists sieht oder einer dem Christentum feindlichen Sekte. Das Datum, das 1414 für diesen weltweiten Umsturz errechnet wird, ist 1789.

Seit dem Hochmittelalter sind die königlichen Höfe von Astrologen erfüllt – von Karl dem Großen an, schätzt Symon de Pharès, der für sein Argument Alkuin und Alkindi verwechselt. Die Liste, die dieser erste Historiker der Astrologie Ende des 15. Jahrhunderts aufstellt, ist aussagekräftig, aber man muß die üblichen Vorbehalte machen. Bei Karl dem Kahlen stand Wilhelm von Launois im Dienst, bei Robert dem Frommen Guido Aretinus, bei Philipp II. August Richard von Hautefeuille. Ihre Hauptaufgabe war, den künftigen Königen bei ihrer Geburt das Horoskop zu stellen: Michael von Pompadour tat das für Philipp II. August im Jahr 1165, Wilhelm von Paris für Ludwig VIII. im Jahre 1187, Germain von Paluau 1245 für Philipp III. und André von Sully 1368 für Karl VI.

Astrologen wurden leichter weitergegeben als Berater: Gervais von Louvain war zuerst bei Philipp dem Schönen, dann bei Ludwig X.; Karl V. ließ aus Italien Thomas von Pisan kommen, den Vater der berühmteren Christine. Was Karl VI., den wahnsinnigen König, angeht, so gab es an seinem Hof nicht weniger als fünf Astrologen: Alexis Volant, Jacques von Monticlat, Michel Tourneroc, Jean von Preaux und Charles von Orgemont ... Meister Ludwig von Langle, der Astrologe von Karl VII., erhielt ein Salär von vierhundert Pfund, obwohl der König bereits einen fest angestellten Astrologen, nämlich Johannes Colleman, hatte. Die Himmelserscheinungen können wichtige politische Entscheidungen beeinflussen. Nach der Sonnenfinsternis des 21. Juni 1154 bewog Wilhelm der Spanier Ludwig VII., seine Landsmännin Konstanze von Kastilien zu heiraten.[40] Allerdings hatte sich der König in seiner ersten Ehe mit Alinor von Aquitanien die Finger verbrannt; er hatte sie kurz zuvor, im Jahre 1152, verstoßen.

Alle Könige, bis zum Ende des Mittelalters, waren von der astrologischen Manie berührt; sie war zu einer Institution geworden trotz der Warnungen von Wissenschaftlern wie Ramón Llull oder von Vertretern der Kirchenbehörden wie dem Kanzler Jean Gerson. Sicher muß man den Auskünften eines Symon de Pharès mißtrauen: Dieser Astrologe verdankte der Protektion Karls VIII. Neider und Verleumder, die ihm einen Prozeß, die Beschlagnahme seiner Bücher und zwei Gefängnisstrafen eintrugen. Der *Recueil des plus célèbres astrologues et quelques hommes doctes*, den er gegen 1492 dem König widmete, war der erste Abschnitt eines Rechtfertigungsbuches, das nie fertig wurde. Seine Verteidigung der

Astrologie durch Nennung der hohen Würdenträger, die sie ausübten oder förderten, ist von Eigeninteresse diktiert: Symon benutzt einen groben Rechen und zählt Werke auf, die kaum davon berührt sind. Sein Buch, das bis zu seiner Zeit reicht, wimmelt von Ungenauigkeiten. Seine Auskünfte sind jedoch vor allem für das 14. und 15. Jahrhundert kostbar und bedeutungsvoll.

Außerhalb der Königshöfe ist das Vertrauen zur Astrologie weniger sichtbar. Die Macht der Astrologen und deren Grenzen erscheinen in der Geschichte der «Toledanischen Tafeln» des Gervasius von Canterbury. Am 5. April 1186 gab es zur ersten Nachtstunde eine Mondfinsternis, und am 1. Mai darauf zur ersten Stunde des Tages eine Sonnenfinsternis; die westliche Welt war darüber sehr beunruhigt. Die Astrologen von Toledo sagten für den Rest des Jahres Stürme voraus, was den Erzbischof Balduin von Canterbury bewog, seiner Diözese drei Tage Fasten zu verordnen. «Aber die reichen Ernten und der allgemeine Wohlstand, dazu das heitere Wetter, widersprachen den Prophezeiungen. Tatsächlich hörte man in England andere Stürme und atmosphärische Störungen als diejenigen, die Erzbischof Balduin in seiner Kirche von Canterbury donnernd verkündet hatte.[41] Das 12. Jahrhundert ist nicht, wie die karolingische Zeit, von Angst vor Sturmbringern erfüllt und auch noch nicht von der Psychose der Hexenjagd berührt. Wie man sieht, werden Vorhersagen manchmal von hochstehenden Persönlichkeiten ernst genommen, aber wenn sie nicht eintreffen, sind ihnen Sarkasmen gewiß! Dieses Mißtrauen dauert durch das ganze Mittelalter, Seite an Seite mit einer übertriebenen Leichtgläubigkeit. In einem der Zusätze zu Nangis wird im Jahre 1325 mit Frohlocken festgehalten, daß ein Astrologe die Geburt eines Sohnes angekündigt hatte; geboren wurde jedoch eine Tochter. Neben dieser Anekdote ohne großen historischen Wert erspart er uns keine der Prophezeiungen, die die Kometen, die Meteore, das Erscheinen von Sternen begleiten (1337, 1348, 1363, 1378).

Um die Gunst der Großen zu erhalten, mußte die Astrologie sich besser bewähren. Erstens muß in einem Jahrhundert, das Aristoteles wieder entdeckt hat und das auf seine Rationalität stolz ist, die Macht der Gestirne erklärt werden – und zwar anders als mit den Göttern, den Dämonen oder den Geistern, die ihnen zugesellt werden. Aristoteles, mit seiner Theorie der «getrennten Intelligenzen», kannte das Stichwort für eine Antwort, die sich mit der religiösen Orthodoxie vereinen ließ. Die Himmelskörper hätten eine «Seele», nicht im menschlichen Sinn, sondern ein

Prinzip, das sie bewege, jeden in einem eigenen Rhythmus, was eine einzige Intelligenz, die sie alle steuere, ausschließe – die Gravitation des Universums war natürlich noch nicht bekannt. Dieser getrennten Intelligenz war es möglich, die vier Elemente zu beeinflussen.

Diese Theorie wird vor allem von Maïmonides aufgegriffen, der sie mit der biblischen Tradition in Verbindung bringt. Da die Sterne Gesetze haben (*Jiob* 38,33) und da die Himmel die Ehre Gottes erzählen (*Psal* 19,2), lasssen sich die separaten Intelligenzen des Aristoteles mit der göttlichen Offenbarung vereinen. Man kann sie mit den Engeln vergleichen, die Gottes Willen überbringen. Die vier «allegorischen» Sphären – diejenigen, in denen es Sterne, Himmelskörper gibt – üben auf die vier Elemente Einfluß aus: Die Sphäre des Mondes auf das Wasser, diejenige der Sonne auf das Feuer, diejenigen der fünf Planeten auf die Luft und diejenige der Fixsterne auf die Erde. Dieser Einfluß geschieht durch einen nichtkörperlichen Erguß der separaten Intelligenzen zu den Elementen, denen sie entsprechen.[42]

Das ist die Analyse eines jüdischen Gelehrten von durchdringender Intelligenz. In christlichen Kreisen zeigt man nicht immer solche Subtilität. Michael Scottus zögert zwischen einer rein rationalen Erklärung – es sind Winde, die die Sterne bewegen – und einer frommen – ein Engel ist manchen von ihnen zugeteilt, zum Beispiel Kathariel, der sich mit Saturn beschäftigt.[43] Da die Furcht vor dem Teufel mitspielt, werden sich die Theologen schließlich fragen, ob es nicht böse Geister sind, die die Himmelskörper bewegen, und ob die Astrologie nicht die Teufel beschwöre.

Die Stellung von Thomas zwischen Aristoteles und dem Respekt, der der göttlichen Allmacht gebührt, ist nicht weniger peinlich. In der *Summe gegen die Heiden* verweigert er den Gestirnen eine eigene Seele oder eine separate Intelligenz und schließt damit jede Wirkung auf den menschlichen Geist und Willen aus. Einfluß gibt es nur von oben nach unten, und es ist ausgeschlossen, daß die Sterne, die körperlich sind, auf unsere Vernunft und unseren Willen Einfluß hätten, die geistiger Natur sind. Aber er anerkennt den Einfluß der Himmelskörper auf irdische Körper – also der Sterne auf den menschlichen Körper. Außerdem hängen gewisse Fähigkeiten des Menschen, wie etwa die Phantasie, mehr vom Körper als vom Geist ab – dies ist auch der Fall für gewisse wichtige Faktoren wie den Instinkt zur Brutalität und den natürlichen Antrieb –, und so läßt sich der Einfluß der Sterne auf die Handlungen des Menschen und sogar indirekt auf seinen Willen erklären.[44] In der *Summa theologica*, die er später schrieb und die stärker unter aristotelischem Einfluß steht, anerkennt er klar den Einfluß der Sterne auf das Verhalten der Menschen und sogar, indirekt, auf ihren Willen.[45]

Diese Stellungnahme hat einen zweiten Streitpunkt zur Folge, der ebenfalls geregelt werden muß. Die alten Vorwürfe, vor allem diejenigen, die den freien Willen und die Achtung vor dem Willen Gottes betreffen, sind auch heute den Lesern des Augustinus bekannt. Als sich die Theologen im 12. und 13. Jahrhundert mit der Frage beschäftigen, finden sie alle Elemente einer Antwort in der heidnischen und christlichen Antike. Plinius zum Beispiel spricht sich gegen den Einfluß der Sterne auf den Willen des Individuums aus, gibt aber ihre Macht auf die materielle Welt zu; eine Haltung, die, wenn auch nuancierter, diejenige des Mittelalters sein wird. Ptolemäus stellt im 2. Jahrhundert die Theorie auf, die Natur richte es so ein, daß der Embryo in dem Augenblick in die Welt entlassen wird, da die Stellung der Sterne der Konstitution entspricht, die er von seinen Eltern bei der Empfängnis geerbt hat. Aber da das Sperma selbst von den Gestirnen «geprägt» ist, wird das Problem dadurch nur weitergeschoben.[46] Im *Centilogium* hingegen verteidigt er leidenschaftlich den freien menschlichen Willen in einem Satz, der im Mittelalter oft wiederholt wurde: Der Weise ist Herr der Sterne.[47]

Die Theorie von Iamblichos (3. Jahrhundert) bestreitet, daß die Götter dem Willen der Sterne unterworfen sind. Diesem Problem, das eher die Achtung angeht, die der Gottheit geschuldet wird, fügt er das des freien menschlichen Willens hinzu. Wenn er von Wahrsagemethoden im allgemeinen spricht, ist er der Ansicht, daß die auf Sternen beruhenden Vorhersagen – genau wie bei Eingeweiden oder Vögeln – nur Zeichen des göttlichen Willens sind, die durch die Natur oder die Dämonen kundgegeben werden. Geht es aber im besonderen um die Astrologie und will er Porphyrius widerlegen, der die Ägypter beschuldigt, unseren freien Willen den Sternen zu unterstellen, so unterscheidet er zwei Seelen. Die erste, die dem Ersten Intelligiblen entsprungen ist, welches an der Macht des Demiurgen teilhat, kann von Sternen nicht beeinflußt werden. Die zweite, die aus den Umdrehungen der Himmelskörper entsteht, untersteht dem Schicksal. Aber wir können uns dank der ersten befreien und zu den höheren Wesen aufsteigen.[48] Man erkennt hier den Unterschied, den der heilige Thomas zwischen Instinkt und Willen macht.

Die christliche Reaktion auf die nun nicht mehr ausrottbare Mode der

Astrologie übernimmt diese doppelte Problematik, aber paßt ihre Erklärungen der neuen Religion an. Achtung vor der göttlichen Allmacht und dem freien Willen des Menschen sind dabei die beiden Prioritäten. Im 13. Jahrhundert akzeptiert Albert der Große den Einfluß der Sterne auf irdische Körper, aber nicht auf den Willen des Menschen, und der heilige Thomas von Aquin stützt diese Unterscheidung mit seiner Autorität. Wie Iamblichos gibt er Gott die Ur-Entscheidung zurück; die Sterne führen sie lediglich aus; gewiß, sie sind die Ursache all dessen, was sich in niedrigeren Körpern abspielt, aber auf die Seele haben sie nur indirekten Einfluß und auf die Vernunft gar keinen. Der Mensch kann zwar mit einer «Neigung» bedacht werden, dies oder jenes zu tun, aber er behält seinen freien Willen, und die Vernunft rät ihm vielleicht ab. Die Unterordnung der Menschen unter den Instinkt statt unter die Vernunft erklärt, warum die Astrologen ohne großes Risiko, sich zu irren, gewisse Ereignisse voraussagen können, aber es ist nicht das, was sie unvermeidlich macht. Die Astrologie wird demnach legitim, wenn sie Ereignisse vorhersagt, deren direkte Ursache bei den Sternen liegt, nicht anders als ein Arzt anhand der Symptome seine Diagnose erstellt. Notfalls darf sie auch Dinge prophezeien, deren indirekter Ursprung die Sterne sind, aber nicht mit Sicherheit. In allen anderen Fällen handelt es sich um Aberglauben, bei dem die Dämonen die Hand im Spiel haben könnten.[49]

Die Astrologiebücher halten sich von da an, explizit oder nicht, an diese Theorie. 1297 schreibt Ramón Llull einen *Tractatus novus de astronomia*, in dem er versucht, der um jene Zeit höchst aktuellen Astrologie die strikten Grundsätze seiner Logik anzupassen. Er wendet sich offen an die Großen, die er von ihrer astrologischen Leidenschaft heilen will, indem er erklärt, warum die Vorhersagen der Astrologen öfter falsch als richtig sind. Der letzte Teil ist den Vorwürfen an die alte Astrologie gewidmet und entwickelt hauptsächlich die Ideen des heiligen Thomas. Erstes Geständnis – mutig, nachdem man ein dickes Buch über die Astrologie geschrieben hat: «Alle Astrologen wissen durch Erfahrung, daß sie sich bei ihren Weissagungen häufiger irren, als daß sie recht haben. Aber sie wollen aus der Astrologie um jeden Preis eine exakte Wissenschaft machen. Vorwerfen muß man ihnen aber, daß sie nicht zu ergründen versuchen, warum ihre Vorhersagen öfters falsch als richtig sind.»

Er selbst erhebt diesen Anspruch nicht und sucht bescheiden nach den Gründen der Irrtümer. Der erste ist der Wille Gottes. Er ist die erste Ursache der Zeichen, der Planeten und all dessen, was hienieden existiert. Seine Schöpfung fesselt ihn aber nicht, und er kann auf die Vorhersagen Einfluß nehmen. «Wenn zum Beispiel wegen dem Zeichen des Widders und wegen Jupiter und Mars eine Hungersnot oder eine Epidemie in einer Gegend zu erwarten ist, kann Gott als Antwort auf ein Gebet oder auf die Heiligkeit eines oder mehrerer Menschen der Gegend Gesundheit, Regen und Wohlstand schicken. Deshalb ist die Wissenschaft der Astrologie keine sichere Wissenschaft.» So ist die göttliche Allmacht gerettet und ebenso die Notwendigkeit des Gebets und der Bittprozessionen.

Was den freien Willen des Menschen, die Basis der Moral, angeht, so wird er durch die Macht der Seele gesichert. Die Sterne haben Macht über den Körper. Aber wie man einem körperlichen Bedürfnis widerstehen kann (Essen, Trinken, Schlafen, Urinieren), so kann man auch dem Einfluß der Sterne Widerstand entgegensetzen. «Wenn zum Beispiel Stier und Saturn von Natur aus die Macht haben, dem Menschen nachts mehr als am Tag und den Frauen mehr als den Männern zu schaden, ist die Seele frei, das Gegenteil zu bewirken, indem sie den Menschen zur Tugend anhält, worin wir Erfahrung haben.»[50]

Der außerordentliche Erfolg der Astrologie im ausgehenden Mittelalter wird ganz natürlich von immer schärferen Warnungen vor Hochstaplern und Scharlatanen begleitet: Ramón Llull schreibt, um die allzu leichtgläubigen Könige nachdenklich zu machen; Peter von Ailly schreibt 1410 eine Abhandlung gegen abergläubische Astronomen. In Frankreich lehnt 1398 die Universität von Paris die Idee ab, daß eine Seele den Himmel bewege und die vernunftbegabte Seele so steuere wie die Himmelskörper den menschlichen Körper.[51] Zwanzig Jahre später ergibt sich eine Polemik zwischen zwei Kanzlern der Universität von Paris: dem betagten Peter von Ailly, der Kardinal von Cambrai geworden ist, und seinem Nachfolger Jean Gerson, einem leidenschaftlichen Gegner der Astrologie. «Dieser Gerson», sagt von ihm Symon de Pharès, «war ein guter Katholik, aber er hatte mehrere Laster, denn er war anmaßend und hochmütig und wünschte die Fürsten zu beherrschen und Legationen vorzustehen, und duldete am Hof niemand anders als sich selbst. Nun liebte aber dieser Dauphin (Karl VII.) die Wissenschaft und hatte zwei Ärzte und Experten in Astrologie bei sich, die er höher schätzte als Gerson; das erregte dessen Neid und brachte ihn zum Schreiben, und er hielt sich für den Weisesten auf der ganzen Welt.»[52] Ob es nun darum ging, daß Höflinge aufeinander eifersüchtig waren, oder darum, den Gefahren vorzubeugen, die eine mit Macht verbundene Astrologie darstellt, es ist tatsächlich die Gunst, welche die Astrologen am Hof genießen, die die Polemiken nährt. 1419 bestreitet Gerson rundherum alle Erklärungen, daß die Sterne Macht hätten: die «vernunftbegabten Seelen», die sie bewegen, die Tierkreiszeichen, die sie darstellen, ihren Einfluß auf die Empfängnis. Gott allein muß die unmittelbare und direkte Ursache all dessen sein, was auf der Erde geschieht, und er delegiert diese Macht nicht an andere himmlische Intelligenzen. Allerhöchstens können die Engel die Himmelskörper steuern *(regere)*, aber nicht sie beleben.[53] Ein Briefwechsel mit Peter von Ailly rechtfertigt zwei weitere kurze Abhandlungen, in denen Gerson das Argument des heiligen Augustinus über Zwillinge wieder aufnimmt und die meteorologische Astronomie verspottet.[54]

Diese Angriffe sind um so ernster zu nehmen, als das 14. und das 15. Jahrhundert von Zauberei und Pakten mit dem Teufel besessen sind. Seit Augustinus lassen sich ja Astrologie und Umgang mit dem Teufel verbinden. Um Symon de Pharès ins Gefängnis zu bringen, genügte es nämlich, ein Gerücht auszustreuen, daß ein teuflischer Inkubus ihm seine Antworten eingab. Die Universität von Paris sprach vom «stillschweigenden Pakt» bei jeder abergläubischen Handlung, das hieß, daß «deren Wirkung vernunftgemäß nicht von Gott oder von der Natur aus kommen konnte».[55] Der *Malleus* wandte diese Definition 1486 auf die Astrologie an, indem er die Talismane verurteilte, die sie verfertigte und die bloß wirkten, indem sie den Dämonen Zeichen gäben.[56] Und das Beispiel von Symon de Pharès im Jahr 1490 zeigt uns, daß diese späte Verbindung von Astrologie, Zauberei und Teufelsbeschwörung tatsächlich angewandt wurde. Im Gegensatz zu anderen Bereichen des Irrationalen wird die «Verteufelung» der Astrologie erst am Ende des Mittelalters von den Inquisitoren vorgenommen. Aber die Sterndeutung blieb unverändert beliebt, und es war abzusehen, daß diese Angriffsversuche erfolglos sein würden. Auf den Gebieten, die von den Großen dieser Erde beschützt wurden, etwa Alchimie und Astrologie, blieb die Macht der Priester beschränkt. Erst die Entwicklung der Astronomie im 17. Jahrhundert und das Mißtrauen gegenüber dem Irrationalen werden sich der Macht der Astrologen besonders über die Großen widersetzen können. Die Thesen der medizinischen Fakultät haben auf den Niedergang der Praktiken im Aufklärungsjahrhundert mehr Wirkung als die Verdammungen, die die mittelalterlichen Theologen aussprachen ...

DRITTER TEIL

DIE SOZIALE INTEGRATION

Woher kam die Beschuldigung, Silvester II., der Papst des Jahres 1000, treibe Magie? Gabriel Naudé, der in der Bibliothek der Farnese das Buch eines Gerbert von Aurillac über Geometrie gesehen hat, legt eine recht reizvolle Erklärung vor: «Und ich bin der Meinung, daß Leute, die noch nie etwas von Kubus, Parallelogramm, Dodekaeder, Almikantharath, Valsagora, Almagrippa, Kathalzem und anderen gewöhnlichen, den Mathematikern vertrauten Ausdrücken gehört haben, glaubten, es würden irgendwelche Geister beschworen, und so viele seltene Dinge könnten von einem Menschen nicht ohne besondere Hilfe ausgehen, und darum glaubte man, er sei ein Zauberer.»[1] Von der Kategorie der nekromantischen Päpste, in die wir ihn im vorhergehenden Kapitel eingereiht haben, könnten wir ihn nun ebensogut in diejenige der verfolgten Wissenschaftler umplazieren ...

Seit dem Mittelalter sind sich die Gebildeten der Gefahren bewußt, die ihnen allzu großes Wissen einbringt. Wilhelm von Malmesbury beschließt die Legende Gerberts mit den Worten: «Diese Fantasien haben sich weit ausgebreitet, weil das Volk gerne am Ruf der Gebildeten nagt und behauptet, wer auf seinem Gebiet Hervorragendes leiste, sei mit dem Teufel im Bund.»

Die Kirche spielt im Kulturtheater eine zwiespältige Rolle. Sie hat ein Monopol inne und ist der einzige Hafen einer überallhin zerstreuten antiken Überlieferung; gleichzeitig ist sie aber Erbin des Alten Testaments, in dem Erkenntnis, eine verbotene Frucht, vom Teufel dargereicht wird. Unzählige Deutungen dieses Gleichnisses lassen das Unbehagen erraten, das es in der jüdisch/christlichen Welt bereitete. Auch Erfolg und Reichtum sind verdächtig in einer Zeit, da Armut als tugendhaft gilt und die wirtschaftlichen Mechanismen kaum bekannt sind. Die Alchimie, die mit dem Teufel im Bund steht, oder der Besitz einer Alraune liefern eine einfache Antwort auf die Fragen, die man sich wegen allzu rasch erworbenen Reichtums stellt.

Auch das «Volk», das Wilhelm von Malmesbury fürchtet, ist gegen einen solchen Verdacht nicht gefeit. Ihm werden die alte Bauernmagie und vor allem die sexuelle Magie von der Kirche vorgeworfen. Aber ist sie selbst vor gerichtlichen Untersuchungen sicher? Ohne die gebildeten Kleriker zu erwähnen, die gerne Schwarze Magie betreiben, noch die Landpfarrer, die heidnische Elemente in die Liturgie einbauen, kann auch die orthodoxeste christliche Gruppierung unter Verdacht geraten, Aberglauben und Magie zu praktizieren. Ein Wunder ist schnell mit einer Illusion verwechselt und die Liturgie mit zeremonieller Magie. Selbst für Theologen ist der Unterschied manchmal zu dünn, um zu überzeugen.

In den oberen Schichten der Gesellschaft und bei denjenigen, die sie ordnen und erhalten sollten, gibt es für das Irrationale, den Aberglauben, die Magie große Breschen. Eine der Aufgaben des Mittelalters war es, sie zuzumauern, und die Rechtfertigungen sind nicht weniger lehrreich als die Angriffe.

1. MAGIE UND MEDIZIN

Die Medizin ist ohne Zweifel einer der Bereiche, in dem sich im Mittelalter die Magie am stärksten verankert hat – ja sogar in der Moderne bis zu Pasteur. Die verschiedensten Beiträge haben schließlich ein bunt zusammengewürfeltes Arsenal ergeben, in dem es schwierig ist, sich zurechtzufinden. Die Basis bleibt trotz allem die rationalisierte griechisch/römische Medizin, die die Krankheit als Störung des Gleichgewichts zwischen den vier Körperflüssigkeiten betrachtet und sie durch eines der Medikamente heilt, die eine der fehlenden vier Eigenschaften (Wärme, Kälte, Feuchtigkeit, Trockenheit) hinzufügen. Diese Theorie war zwar rational, gründete sich aber auf illusorische Annahmen; sie wurde empirisch erarbeitet und blieb deutlich ungenügend. Im Mittelalter führte sie zur Ausarbeitung komplizierter Medikamente, in denen mehrere Dutzend Bestandteile ihre Wirkung vereinten. Manche davon sind offensichtlich nicht herstellbar und dienten als «literarisches Material»[2], das mehr oder weniger getreu kopiert wurde. Sie sind etwa soviel wert wie die Talismane, die Beschwörungen oder die Gebete, die außerdem verwendet wurden.

Dieser rationalisierten Auffassung der Krankheit stellt sich die orientalische Vorstellung entgegen, wie sie sich in der Bibel ausdrückt. Das Bild der Krankheit als Strafe für eine nicht gebeichtete Sünde soll aus Babylon stammen; es verleiht der Medizin eine Färbung von Moralismus und Frömmigkeit: «Wer vor seinem Schöpfer sündigt, der soll dem Arzt in die Hände fallen» (*Sirach* 38,15), droht das Alte Testament. In diesem Fall wäre ein Gebet, selbst wenn es nichts mit der Krankheit zu tun hätte, die beste Arznei: Vaterunser, Glaubensbekenntnis und Litaneien der Namen Gottes sind die häufigsten Heilmittel; man findet aber in der angelsächsischen Medizin auch ein Fragment der byzantinischen Liturgie des heiligen Johannes Chrysostomos, das bezeichnenderweise zu beispielhafter Führung und zu Gottesfurcht aufruft![3] Eine religiöse Medizin – die Abteien sind mindestens bis ins 11. Jahrhundert die Zuflucht der antiken medizinischen Wissenschaften – baut die Praktiken, die der Volksglaube geerbt hat, weiter aus.

Von persischem Ursprung erscheint später, eingeführt durch das Neue Testament, die Idee, daß die Krankheit durch das Eindringen eines Dämons in den Körper verursacht sei. So ist denn auch eine Anzahl von Exorzismen in den Medizinbüchern zu finden. Oft wird diesen eine kurze Erzählung vorausgeschickt, weshalb man sie «Zaubergeschichten» nannte. Der heilige Petrus hatte Zahnschmerzen; Christus trieb ihm die Krankheit aus. Maria saß am Strand und wollte die Sandkörner zählen, aber das gelang ihr ebensowenig, wie wenn man die Würmer eines Kranken zählen wollte; Zacharias wurde vor dem Altar enthauptet, und sein Blut gerann ... Dann folgt eine Beschwörung der «Würmer», die für viele Krankheiten verantwortlich waren, oder eines Organs oder eines Leidens.

Die Sympathie, die ein Organ an einen toten Gegenstand, an das entsprechende Organ eines Tieres oder einfach an einen Tiernamen bindet, ist eine weltweite Vorstellung, die vielen medizinischen Magien zugrunde liegt. In der mittelalterlichen Medizin wurde dieser «Sympathiezauber» von den römischen Praktiken der Spätantike übernommen, doch hat er auch Wurzeln im Altkeltischen und im Orient. Aëtios und Alexander von Tralles (6. Jahrhundert) haben zur Einführung einer orientalischen Magie mit Talismanen, Inkantationen, Ligaturen, gravierten Ringen und aufwendigen Rezepten in die griechisch/römische Medizin stark beigetragen. Plinius, Galen und Dioskorides sind auch nicht frei von solchem Aberglauben. Die späten Manuskripte enthalten übrigens zusätzliche abergläubische Rezepte, was darauf hinweist, daß allmählich, während der ganzen merowingischen Periode, weitere Beiträge hinzukamen.

Im 12. Jahrhundert wird die lateinische Übersetzung der *Kyraniden* diese Tradition neu beleben.[4] Dies gilt vor allem für die sexuelle Medizin, die Mengen von Penissen, Hoden und Vulven der verschiedensten Tierarten einsetzt, um Impotenz oder Unfruchtbarkeit zu heilen. Aber auch die anderen Bereiche der Medizin sind betroffen: Das Gerstenkorn läßt eine Hautunreinheit verschwinden wie die nach hinten geworfenen Kieselsteine die Warzen; die Würmer, die man unter dem Beifuß oder der Distel findet, heilen Pferderotz, und auch geschwollene Hautstellen nennt man «Würmer».[5]

Man erkennt die Rezepte germanischen Ursprungs an den Würmern – meist sind es neun –, denen man die Krankheiten zuschreibt. Als Wotan die böse Schlange bekämpft und besiegt hatte, hieb er sie in neun Stücke, aus denen die neun Würmer entstanden, die für alle Leiden verantwortlich sind. Man begnügte sich oft damit, diese Vorstellung zu christianisieren: In einem medizinischen Gedicht über die neun Stöcke Wotans, die neun Gifte und die neun Kräuter, welche die neun Feinde des Bösen bekämpfen, fügte ein Kopist ein paar Worte Christi hinzu und erklärte ihn zum einzigen Kenner und einzigen Herrn der Flüsse, der neun Schlangen, der Kräuter und der Meere.[6]

Der magische Gebrauch von Pflanzen, Steinen und Tieren – im Unterschied zum medizinischen Gebrauch – ist keltischen Ursprungs; es handelt sich um eine ganze, «natürliche» Arzneikunde; sie setzt allerdings weniger auf den Genuß von Medikamenten oder den Schutz eines Talismans als auf die geheimnisvolle Beziehung des Menschen zu seiner Umgebung. Um die geschwollenen Hoden eines Kindes zu heilen, verschreibt Marcellus Empiricus eine pulverisierte Spinne, die in dem Moment gefangen wurde, als sie auf ihrem Spinnfaden emporkletterte. Die Umstände bei der Zubereitung eines Medikaments (Mondphase, Beschwörungen der Kräuter, der Erde, die Nähe einer Stadt) sind bei dieser Medizin ebenso wichtig wie ihre therapeutische Kraft. Marcellus Empiricus, ein Arzt des 5. Jahrhunderts aus Bordeaux, ist einer der Hauptverantwortlichen der Einführung, dann auch die *filid* und die irischen Barden, die Mönche wurden und Gelegenheit hatten, die Inkantationen und die Praktiken ihrer Vorfahren niederzuschreiben.

Keltisch und germanisch sind «die magischen Wörter», gewisse Formeln der Beschwörungen: Für Zivilisationen, die eine heilige Schrift bewahrt hatten (das Ogham der Irländer, die Runen der Germanen), hatte das geschriebene Wort ein anderes Gewicht als für Zivilisationen mit schriftlicher Kultur.

Die nordische Literatur – zum Beispiel das finnische *Kalevala* – zeugt vom Glauben an die *runnot* der Barden, an die magische Macht des Wortes. Die Formeln, die uns heute als Kauderwelsch vorkommen, sind oft nur Gebete oder Inkantationen in einer vergessenen, verzerrten Sprache, in welcher manchmal ein paar Wörter einen Hinweis auf die Herkunft geben. So gibt es einen langen, unverständlichen Zauberspruch, den man aufsagen soll, wenn man einen Wurm verschluckt hat; er beginnt mit den Worten «Gonomil orgomil marbumil», in denen ein Keltenforscher

Altirländisch erkannte: «Ich verletze das Tier, ich zerschneide das Tier, ich töte das Tier.»[7]

Wenn man auch die verschiedenen Beiträge zur mittelalterlichen Medizin theoretisch unterscheiden kann, so findet man sie oft in komplexen Mischungen wieder. Ein Medikament kann von einem Gebet begleitet sein, eine magisch-sympathische Operation von einer Beschwörung. Bei Marcellus Empiricus erscheint erstmals das «Gerstenkorn» (*hordeolus; varus* im klassischen Latein), eine Entzündung in der Größe eines Gerstenkorns auf dem Augenlid. Der Arzt aus Bordeaux behandelt es mit einem magisch-sympathischen Verfahren. Neun Gerstenkörner werden eins nach dem anderen auf den Pickel gesetzt und dazu jedesmal ein Zauberspruch gesagt: κυρια κυρια κασσαρια σουρωρβι. Das wird mit sieben Körnern wiederholt, dann mit fünf, drei und einem.[8] Die Verwendung des griechischen Alphabets soll uns nicht beirren. Eine ähnliche Formel begegnet uns etwas weiter hinten in latinisierter Form, *vigaria gasaria*, worin man κυρια κασσαρια erkennen kann. Die Formel ergibt weder im Griechischen noch im Lateinischen einen Sinn und könnte keltischen Ursprungs sein. Dieses Rezept, das einfach aussieht, vereint also ein Verfahren magischer Homöopathie (Formähnlichkeit zwischen Korn und «Gerstenkorn»), ein Verfahren der Berührungsmagie (das Leiden wird auf das Korn übertragen, dann fortgeworfen), eine Verzauberung durch Nadeln (das Korn aufs Augenlid bringen) und durch Subtraktion (immer weniger Körner), sowie eine unverständliche magische Formel, vielleicht in einem Geheimalphabet geschrieben.

Die Magie des Wortes

Der Unterschied zwischen Beschwörung und Gebet liegt vor allem in der Absicht: Die Beschwörung ist ein Befehl, das Gebet eine Bitte. Schon die Struktur verrät es: Die Befehlsform muß mit einem Namen verbunden sein, und zwar hauptsächlich mit dem «geheimen Namen», dem eigentlichen Schlüssel der magischen Formel. Das Gesetz der universellen Sympathie macht aus dem Namen, wie aus irgendeinem Körperteil, einen Ersatz für das ganze Wesen. Wer den Namen eines Gottes oder Teufels kennt, zwingt ihn zu handeln. Daher die Verwendung zweier Namen, wovon einer alltäglich ist, der andere aber – der echte – geheim, so daß er nicht unbedacht verwendet werden kann. Der Gott Israels, dessen wahrer Name nach der Zerstörung des Tempels nur noch durch seine Konsonanten, YHVH, bekannt ist, ist das typische Beispiel dieser Verdoppelung. Das Verbot, den wahren Namen zu brauchen, und die Vielzahl der Ersatznamen schützen den verborgenen Gott. Auch die Stadt Rom hatte ihren Geheimnamen, der nicht ausgesprochen werden durfte, damit Feinde sie nicht verzaubern konnten – auch dieser Name ging verloren.[9] Als Instrument einer Handlung ist der Name Gegenstand einer geheimen Übermittlung. Man denke nur an das ägyptische Totenbuch: eine Sammlung von Namen, die der Verstorbene aussprechen muß, damit man ihm im Jenseits gehorcht: Ohne diese wird sich das Tor nicht öffnen und das Ruder des Bootes sich nicht bewegen. Das «Sesam» von Ali Baba ist nichts anderes als der Name des Bergs, der dem, welcher ihn kennt, die Macht gibt, dem Berg zu befehlen («öffne dich»).

Die medizinische Magie bestand zu Anfang aus der Kenntnis der Namen der Dämonen, welche sich des Körpers bemächtigt und ihn krank gemacht haben; sie glich sehr dem Exorzismus. Als Christus Besessene heilt, beginnt auch er mit der Frage nach dem Namen des unreinen Geistes (*Markus* 5,9).

Die mittelalterliche Magie hat die Heilung durch Teufelsaustreibung beibehalten, die Namen der Dämonen aber, die als heidnisch betrachtet werden, meist weggelassen. Auch sie gibt Befehle an die Krankheit oder an die «Würmer», die sie verursachen sollen. Nimmt man eine Kultursprache zu Hilfe, so ergeben sich eindrucksvolle Beschwörungen. So findet man griechische Formeln in einem lateinischen Text: φευγε, φευγε, κρειων σε διωκει («Fliehe, fliehe, der Herr verjagt dich»)[10] oder lateinische in einem französischen Text. *Adjuro vos, mali vermes, et patrem et filium et spiritum sanctum et per angelum majestatis et per suffragia omnium sanctorum et non habeatis potestatem nocendi huic famulo/ae tuo/ae. N. – Conjuro te nervum per sanctam Mariam et per ejus partum ut hic non facias moram unquam.*[11]

Diese Art von direkter Beschwörung enthält, wie man zugeben muß, schweflige Reste von Animismus.[12] Man versucht, die Namen der Dämonen auszulassen, man wendet sich an den Namen Gottes oder den seiner Heiligen, die, wenn sie beim Namen gerufen werden, verpflichtet sind, den Teufel zu verjagen. Am häufigsten begegnet man der Beschwörung im Namen der Trinität, Christi oder Gottes – ein Dämon versuchte sogar, Christus im Namen Gottes zu exorzieren, was ziemlich pikant ist (*Markus* 5,7)! Um die direkte Anrufung Gottes zu vermeiden, weil man das Erste Gebot nicht übertreten wollte, konnte man statt dessen Zeugnis ablegen oder von einem Wunder erzählen, was den Patienten durch Analogie heilte. So entstanden die «Erzählzauber», die der Geschichte der Heiligen entnommen waren.

Um den Frauen bei der Geburt zu helfen, gab es nichts Besseres, als die Heiligen anzurufen, die glücklich geboren hatten. Anna, Maria und Elisabeth sind die am häufigsten Angerufenen: *Anna peperit Mariam + Maria peperit Jhesum + Et Helizabeth Johannem Baptistam + Infans exi foras qua Jhesu et vocat ad sanctum baptismum*[13]. Wenn man die Formel nur ein wenig ändert, kann man damit Maria, Elisabeth und Anna beschwören, gegen Unfruchtbarkeit zu helfen.[14] Sehr beliebt sind auch die Heiligen Drei Könige, die bei Epilepsie und gegen den Tod in Sünde helfen, weil sie den Heiland erkannten: + *In nomine patris et filii et spiritus sancti amen + gastun fert mirram + nesthor fert thus + Balthasar fert aurum*[15]. Die wundertätige Kraft der drei Könige, aber auch der Engel, der Erzengel, der in einen brennenden Ofen geworfenen Hebräer, der Siebenschläfer von Ephesus, sind bestimmt Erinnerungen an die Gnostik der ersten Jahrhunderte: Um die vielen Kreise zu überwinden, die uns von Gott trennen, muß man die Namen der Äonen kennen, die dort wohnen, und aus den dafür erstellten Listen gingen die vielfältigen magischen Beschwörungsformeln hervor.

Die Macht des Wortes ist hier noch die der Handlungen, aber indirekt: Das Wiederauflebenlassen einer von einem Heiligen glücklich vollbrachten Tat garantiert dem, der ihn anruft, einen ebenso glücklichen Ausgang. Aber auch einen Heiligen anzurufen, dessen Leben keinen Zusammenhang mit der zu heilenden Krankheit hat, ist stets förderlich. Wie zum Beispiel in dieser merkwürdigen Formel, die «einen weißen Hornhautfleck» im Auge wegzaubern soll: *Sanctus Nazarius, sancta Thecla et sancta Aquilina sedebant super mare. Dixit sancta Thecla: ambulemus. Dixit sanctus Nazarius: ambulemus. Dixit sancta Aquilina: eat macula de oculo istius. N. sicut alba, si est rubiconda, vel nigra.*[16] Alle Heiligen können mit solchen Zaubergeschichten, die sich rasch zu Gebeten verwandeln, zu Hilfe gerufen werden.

Der Beschützer par excellence ist natürlich Christus, und das Band zwischen einer vollbrachten Tat und der Bitte hat dann keine Daseinsberechtigung mehr. Man wendet sich einfach an die Schutzmacht, die Gottes Sohn ist. Die geläufigsten Formeln lauten + *Christus vincit + Christus regnat + Christus imperat +*, oder *Natus est Christus + Passus est Christus*

+ *Resurexit Christus* +, je nach Fall begleitet von Heiligennamen oder besonderen Gebeten.[17] Man wird bemerkt haben, daß in allen zitierten Fällen die Zahl Drei eine wichtige Rolle spielt: Drei Heilige, drei biblische Personen, drei Handlungen Christi erinnern daran, daß schlußendlich alles im Namen der Dreifaltigkeit geschieht.

Manchmal sind die Beschwörungen weniger offensichtlich. Einerseits werden Wörter aus Fremdsprachen wie Griechisch oder Hebräisch oft nicht verstanden und können sich unter den vielen Federn der Kopisten zu Monstern verwandeln, deren Ursprung kaum ersichtlich ist. Weiß der Mönch des 13. Jahrhunderts, der in einer wallonischen Zaubergeschichte die Wörter + agyos + agyos + agyos + einfügt, daß sie im Griechischen «heilig» bedeuten? Sicher nicht, denn etwas weiter hinten findet sich eine ähnliche Formel mit dem Wort ayus, in dem das «y» das griechische Gamma (γ) wiedergibt, und das spricht für eine unverstandene Abschrift. So verbreitete Worte wie *Ego sum alpha et omega* aus der *Apokalypse* werden zu einem merkwürdigen Galimathias: *Ego sum alba* + *arbi* + *arfa* + *ely*.[18] Manchmal wird dem Leser sogar ein schlecht verstandenes Wort in zwei Versionen, zur Auswahl, präsentiert *(anevba aut nevba)*.[19] Die griechische Schrift wird da, wo sie der lateinischen nahe ist, manchmal richtig wiedergegeben: So erhalten sich die «Amen» (AMHN) und die «Jes(us)» (IHS), die wahrscheinlich byzantinischen Ursprungs sind. Griechische, hebräische, lateinische, keltische Wörter erscheinen so in Zaubergeschichten oder Talismanen: isoliert und mehr oder weniger entstellt; ihre Wirkung liegt im seltsamen Klang.[20]

Das «magische Wort», von dem man wunderbare Hilfe erhofft, reduziert sich oft auf den Klang. Es gibt auch viele Formeln, die aus der Wiederholung bedeutungsloser Wörter bestehen. Es kann sich um die Wiederholung desselben Wortes handeln: «Socnon socnon», siebenmal wiederholt, stillt die Blutung, wenn man gleichzeitig mit dem medizinischen Finger (Ringfinger) auf die Wunde drückt; «sirmio sirmio» hat dieselbe Macht, muß aber 99mal wiederholt werden, was dem Blut Zeit gibt zu gerinnen.[21] Auch eine vokalische Deklination wird gerne ausgeführt. Das Einfachste ist eine Kette von Vokalen, die mit ein oder demselben Konsonanten abwechseln, wie das ψαψεψηψεψηψαψε, das man nach Marcellus Empiricus um den Hals binden soll, um Nasenbluten zu stillen.[22] Umgekehrt gibt es auch einen konsonantischen Wechsel mit ein und demselben Vokal, wie im berühmten *Abracadabra*, das im 3. Jahrhundert bei Serenus Sammonicus, einem gnostischen Arzt, erscheint und verwendet wird, um die guten Geister zur Fieberbekämpfung zu rufen.

Mit zwei Vokalen und zwei Konsonanten kann man schon ein luxuriöses «sicy cuma cucuma ucuma cuma uma maa» sticken, das, auf jungfräuliches Pergament geschrieben, einen Bluterguß anhalten soll.[23] Oft handelt es sich um einen Wechsel des Anfangskonsonanten («ogor fogor nogor», «max nax pax & meumax»).[24] Auch dreifache Wiederholung ist häufig, zum Beispiel in der Formel «Saisa, laisa, relaisa», die man bei einer schweren Geburt wiederholen soll; sogar die Heilige Jungfrau habe diese Worte gesprochen, als sie Christus gebar.[25] Diesen konsonantischen Wechselspielen werden manchmal astrologische Vorstellungen hinzugefügt; so kann man die Zahlenwerte der Buchstaben im häufig verwendeten «magischen Wort» Abraxas zusammenzählen und erhält die Zahl 365, deren Wirksamkeit offensichtlich ist.[26]

Eine weitere Art, aus einfachen Gebeten esoterische Formeln zu schaffen, besteht darin, nur die Anfangsbuchstaben zu verwenden. Sie sollten wohl ursprünglich nur eine Gedächtnisstütze sein, aber es blieben ganze Zeilen von Buchstaben, die kopiert wurden, ohne daß man sie verstand. Hinter o.p.t.x.z., das den Träger gegen alle möglichen Feinde und wilden Tiere schützen soll, kann man noch «oret pro te Christus» erraten.[27] Aber ich gestehe, daß ich aus den Buchstabenketten o.m.x.d.r.a.x.h.h.hi. qt.lo. – d.g.b.g.b.c.s.tt.a.t.o.n.s.a.n.p. oder ppp.o.e.y.p.p.b.p.d.c. nichts herauslesen kann.[28] Aus solchen Strängen von Abkürzungen konnten neue magische Wörter geboren werden. Man glaubt deshalb, das Wort Agla, einer der meistverwendeten Namen Gottes im Mittelalter, komme vom hebräischen Sigel *Atah Gibor Le-olahm Adonai* («Du bist in Ewigkeit allmächtig, Herr»). «Ananisapta», Gegengift, das man auf neues Pergament schreiben soll, wäre die Abkürzung von *Antidotum Nazareni Auferat Necem Intoxicationis Sanctificet Alimenta Poculaque Trinitas Amen.* («Möge das Gegengift des Nazareners den Giftmord vereiteln und die Dreifaltigkeit Nahrung und Getränke heiligen, Amen.»)[29]

Gerade in diesem Fall ist schwer zu sagen, in welcher Form die Beschwörung ursprünglich gedacht war. Die vielen Lesarten des INRI zeigen, daß das Mittelalter nie um phantastische Etymologien verlegen war. Wenn wir zudem in Betracht ziehen, daß geheime Alphabete wie die «Lochalphabete» oder fremde Schriften wie Hebräisch die ursprüngliche Formel verkleiden können, verstehen wir, wie einfache Gebete zu beeindruckenden kabbalistischen Formeln wurden. Zeichnungen, die der

Bitte symbolisch verbunden sind (ein Schwert, um Schutz vor Verletzungen zu erbitten) oder die die verschiedenen Typen des Kreuzes wiedergeben, vervollständigen die Formel.[30]

Medizinischer Aberglaube

Was für die medizinische Magie bezeichnend ist, ist die unablässige Begründung der empirischen Praktiken, die nach und nach zu einer theoretischen Struktur wurden. Neben den Praktiken muß man also auch von den Glaubensvorstellungen sprechen, die darunter liegen und die sehr oft abergläubischen Ursprungs sind.

Die großen theoretischen Strukturen der mittelalterlichen Medizin (die Theorie der vier Temperamente, die Entsprechung zwischen Mikrokosmos und Makrokosmos, der astrologische Mensch ...) gründen sich anfänglich auf Vorstellungen, auf die auch andere Praktiken gebaut sind (Weissagung, Alchimie usw.). Aber sie haben sich schon zu einem System vereint, und ihre komplexe Beschaffenheit würde den Rahmen unserer Untersuchung sprengen. Die Verwandlung irrationaler Vorstellungen in Theorien wird uns besser dienen, um in die Mentalität der mittelalterlichen Ärzte einzudringen.

Die Seitenvorstellung (die hierarchische Eingliederung beider Seiten, links und rechts) ist die Basis eines höchst verbreiteten Aberglaubens. Die Geschicklichkeit der rechten Hand bei den meisten Individuen wurde für die ganze Natur verallgemeinert; die Überlegenheit des Mannes in patriarchalischen Gesellschaften läßt den Unterschied der Geschlechter mit demjenigen der Seiten zusammenfallen. Rechts: alles, was männlich ist, vielversprechend, kräftig; links: alles, was weiblich ist, Böses verspricht und Unglück verheißt. In der sexuellen Magie ist es die rechte Hode der Tiere, die Fruchtbarkeit bewirkt, die linke bringt Unfruchtbarkeit. Für die Auguren kündigen die von rechts herbeifliegenden Vögel Gutes an, Schlechtes aber die von links kommenden. Für den Arzt wird der Mann rechts im Uterus gezeugt, die Frau links – und der Androgyne in der Mitte.

Aus diesem Aberglauben entstand seit der Antike eine rationale Theorie, die auf korrekten Beobachtungen beruht. Die Leber, eine Wärmequelle, ermöglicht ein besseres «Kochen» des Spermas im rechten Teil der Gebärmutter, und somit werden aus der rechten Kammer männliche

Kinder geboren. Die rechtsliegenden Venen mit Sperma- und Eierstockflüssigkeit enden in der unteren Hohlvene und die linksliegenden in der Nierenvene: Für Galen ist das so eingerichtet, damit die linken Geschlechtsorgane ein Blut bekommen, «das noch unrein und voll Überflüssigkeiten ist; feucht und serös»; die rechte Seite, wo Knaben entstehen, wird mit reinem Blut versorgt.[31]

Wichtig ist in der medizinischen Magie auch die Macht der Zahlen. Auch wenn sich die Numerologie in anderen Bereichen (vor allem der Kabbala) stärker entwickelt hat, so hat die Rolle der Drei (verstärkt durch den Hinweis auf die Trinität), der Sieben (astrologische Zahl, bei den Ägyptern heilig), der Neun (die neun Stücke, in welche Wotan die Schlange zerhieb) und der Zwölf (astrologische und biblische Zahl) das medizinische Wissen doch stark beeinflußt. Dreimal oder siebenmal wiederholt, sind die Formeln oft in Dreiergruppen gehalten, indem man drei Wörter wiederholt oder eine Dreiheit anruft (die Dreifaltigkeit, die drei Weisen, die drei Marien, die drei wunderbar geheilten Mütter).

Eine andere Form mathematischer Beschwörung besteht aus dem Wegzaubern einer Wucherung, eines Gerstenkorns, einer Skrofulose oder geschwollenen Drüse mit einem immer kürzer werdenden Spruch, der an den Zählreim der zehn kleinen Negerlein erinnert. Wir sahen bereits, wie ein solcher Spruch im Zusammenhang mit der sympathischen Magie gegen ein Gerstenkorn angewendet wurde. Marcellus Empiricus kennt eine andere, einfachere Version, um die «Drüsen» (Lymphknoten oder Skrofulose) zu kurieren. Der Zauberspruch muß bei abnehmenden Tagen (bis zur Wintersonnenwende) am Morgen rezitiert werden und bei zunehmenden Tagen (bis zur Sommersonnenwende) am Abend, wobei man die geschwollene Drüse zwischen Daumen und Ringfinger hält: «Neun Drüsenschwestern, acht Drüsenschwestern, sieben Drüsenschwestern, sechs Drüsenschwestern, fünf Drüsenschwestern, vier Drüsenschwestern, drei Drüsenschwestern, zwei Drüsenschwestern, eine Drüsenschwester, sie werden neun Drüsen, sie werden acht Drüsen, sie werden sieben Drüsen, sie werden sechs Drüsen, sie werden fünf Drüsen, sie werden vier Drüsen, sie werden drei Drüsen, sie werden zwei Drüsen, sie werden eine Drüse, sie werden keine Drüse.»[32] Im *Lacnuga*, einem angelsächsischen Medizinbuch aus dem Hochmittelalter, das in einem Manuskript des 11. Jahrhunderts auf uns gekommen ist, werden auf die gleiche Weise «Knoten» (Drüsen?) kuriert: «Neun waren die Drüsenschwestern, aus neun wurden acht, sieben ...» und so weiter bis «keine».

Das gleiche Prinzip erklärt wohl die Pyramidenform gewisser Zaubersprüche, dessen berühmtester das gnostische Abracadabra ist. Wie der Name Buchstabe um Buchstabe verschwindet, werden sich der Teufel oder die Krankheit Schritt für Schritt zurückziehen. Man findet diese Form im griechischen Beschwörungsspruch Ablanathanalba oder in dem hebräischen, an den Dämon Shabriri gerichteten Zauber:

ΑΒΛΑΝΑΘΑΝΑΛΒΑ	שברירי	**ABRACADABRA**
ΑΒΛΑΝΑΘΑΝΑΛΒ	ברירי	**ABRACADABR**
ΑΒΛΑΝΑΘΑΝΑΛ	רירי	**ABRACADAB**
ΑΒΛΑΝΑΘΑΝΑ	ירי	**ABRACADA**
ΑΒΛΑΝΑΘΑΝ	רי	**ABRACAD**
ΑΒΛΑΝΑΘΑ	י	**ABRACA**
ΑΒΛΑΝΑΘ		**ABRAC**
ΑΒΛΑΝΑ		**ABRA**
ΑΒΛΑΝ		**ABR**
ΑΒΛΑ		**AB**
ΑΒΛ		**A**
ΑΒ		
Α		

Gegenüber solchen etwas naiven Glaubensvorstellungen und Zaubersprüchen sieht die Numerologie fast wissenschaftlich aus. Sie wird in der mittelalterlichen Medizin mittels der pythagoreischen Zahlenwerte als Todesvorhersage angewendet (vgl. Anhang III, S. 284–285). Man schrieb diesen Kreis bald Apollo, bald Apuleius, Beda dem Ehrwürdigen, dem heiligen Kolumban, Demokrit, Hippokrates, Nektanebo, Plato zu, am häufigsten aber Pythagoras. Das Verfahren hat nicht immer die Form eines Rads und wurde ab dem 3. Jahrhundert in Ägypten, im 9. Jahrhundert im Abendland bezeugt. Die Zahlenwerte, die den Buchstaben gegeben werden (A = 3, B = 3, C = 22 ...) erlauben es, eine Zahl festzustellen, die einem Tag und einer Mondphase entspricht. Die Zahl wird um je 30 verringert, bis sie zwischen eins und dreißig liegt, und man kann so feststellen, ob der bezeichnete Tag günstig oder ungünstig ist. Wenn die Krankheit an einem günstigen Tag ausgebrochen ist, ist das Ende glücklich, wenn nicht, wird der Kranke sterben. Das Verfahren wird angewendet, um den Ausgang einer Krankheit zu kennen – das heißt zu wissen, ob die letzte Ölung gegeben werden muß oder nicht; es dient aber auch dazu, die Tage des Aderlasses und der Verabreichung von Heilmitteln zu bestimmen.[33]

Die Numerologie stößt hier zu einem anderen Glauben der mittelalterlichen Medizin: dem von den günstigen und den ungünstigen Tagen für das Schröpfen und das Einnehmen von Medizin. Der Glaube ist ursprünglich abergläubisch und offen heidnisch; man bezeichnet als «ägyptische Tage» *(dies egipciales)* 36 Tage im Jahr, also drei pro Monat, an denen man weder schröpfen noch Medikamente verabreichen soll, noch – um den medizinischen Bereich zu verlassen – pflanzen, reisen, einen Prozeß anstrengen soll ... Besonders gefährlich sind der 3. April, der 3. August und der 3. Dezember. Sie kommen in Manuskripten des 9. Jahrhunderts vor und werden wie viele mittelalterliche Rezepte Hippokrates zugeschrieben. Aber schon ihr Name deutet auf ägyptische Berechnungen hin; auch dort kennt man ungünstige Tage: zum Beispiel den Jahrestag der Ermordung des Osiris oder den Jahrestag des Verrats, den er durch einen Diener erlitt ... Sie gingen ganz natürlich in die Kalender der Spätantike (4. Jahrhundert) über, dann in die kirchlichen Berechnungen und die Medizinbücher. Man gab ihnen sogar eine christliche Erklärung: Es handle sich um die Jahrestage der ägyptischen Plagen. Daß es 36 sind, kümmert die Theologen nicht; das beweise nur, daß die Plagen, die Gott über das Königreich des Pharaos verhängt hatte, viel zahlreicher gewesen seien als die zehn von der Bibel erwähnten.[34]

In Nachahmung dieser ägyptischen Tage wurden dann griechische Tage, arabische Tage, Hundstage eingeführt. Man hat die dreißig Voll- und Neumonde im Hinblick auf das Schröpfen in gute und schlechte eingeteilt, und aus den 52 Freitagen hat man zwölf ausgewählt, an denen zu Ehren der Apostel das Fasten mit Brot, Salz und Wasser von den Höllenqualen befreit.[35]

Viele andere magische Praktiken werden in der mittelalterlichen Medizin angewendet und verschmelzen mit der Technik der weißen Magie, mit der wir uns anderswo befassen: die Macht der Finger – und vor allem des «medizinischen Fingers», des Ringfingers –, die Amulette und die Talismane, die Schutztexte, die sympathische Magie. Gewisse Praktiken sind nur in Spuren erhalten, zum Beispiel die Übertragung von Schmerzen, die in vielen ursprünglichen Arten der Medizin vorkommt. Wie Christus

Dämonen, die er aus einem Besessenen verjagt hatte, in eine Herde Schweine versetzte (*Markus*, 5,13), so übertragen hinter sich oder in einen Fluß geworfene Steine den Schmerz, den man loswerden will (Kopfweh bei Marcellus, Warzen bei Plinius). Diese Form von Magie ist im Mittelalter selten.

Vielleicht sind elementare Beschwörungen auch im medizinischen Gebrauch von widerlichen oder sexuellen Dingen zu sehen. Denn die Dämonen sind gefallene Engel und haben trotz ihrer übernatürlichen Kräfte sehr menschliche Gefühle. Wie bei Alexis Piron kann man sie entwaffnen, indem man sie lachen macht: Der Anblick des Hippalektryon, eines Fabeltiers halb Hahn, halb Pferd, hat diese Wirkung. Spuckt man auf die Dämonen, sind sie beleidigt, und da sie hochmütig sind, gehen sie Heiligen, die sie beschimpfen können, aus dem Weg.[36] Die Darstellung der Geschlechtsteile, besonders der weiblichen, ekelt sie, lange vor der Erklärung, die Rabelais mit seinem kleinen Teufel Papefiguière gab. Und die Exkremente, die im Schwank vom Furz die Hölle verpesten, vertreiben sie ebenfalls. Die magische Medizin nimmt diesen Umstand manchmal zu Hilfe: Der Kot der geliebten Frau, den man in die Beinkleider des betörten Mannes legt, genügt, den ihn bindenden Liebeszauber zu brechen. Aber vielleicht ist in diesem Fall die Abscheu des Teufels nicht das Wirksamere.

Vorsicht der Ärzte

Die Reaktion der Ärzte auf Verfahren, die vom simplen Aberglauben bis zur schwefligen Praktik reichten, war sehr verschieden. Selbst wenn wir gewisse Vorstellungen wie die Seitentheorie oder die Ausgewogenheit der Körperflüssigkeiten, die mehr oder weniger in der medizinischen Theorie enthalten waren, beiseite lassen, so müssen wir doch feststellen, daß nur sehr wenige Bücher ohne magische Praktiken auskommen, und das bis zum 15. Jahrhundert und später. Nur die ganz konkreten Bücher, etwa die Empfehlungen für eine gesunde Ernährung, die sich am Ende des Mittelalters vervielfachen, oder die ganz technischen wie die Bücher über Medikamente oder über die Chirurgie, erwähnen keine irrationalen Praktiken. Zudem gibt es in den zwei letzten Jahrhunderten immer mehr Ärzte und Chirurgen, die sich gegen die Verwendung heiliger Gegenstände zu therapeutischen Zwecken wenden.

Allerdings handelt es sich in diesem Fall oft um eine generelle Verurteilung, die mehr die Praktiker als die Praktiken ablehnt. Seitdem im 12. Jahrhundert Universitäten errichtet wurden und zur selben Zeit die Ausübung der Heilkunst durch Mönche offiziell abgeschafft wurde, müssen die neuen Meister, was oft schwierig ist, sich gegen Gliedereinrenker und Heiler behaupten, die bestimmt billiger sind und außerhalb der Universitätsstädte auch zahlreicher. Diese Scharlatane nennt man «Läufer» *(cursores)*, weil es sich oft um Gaukler handelt, die, wie in der *Erzählung vom Kräuterhandel* von Rutebeuf, die Märkte abklappern, um ihre Wunderkräuter anzupreisen. Oder sie heißen auch «Empiriker», weil sie keine theoretische Bildung haben und sich höchstens auf eine der spätantiken medizinischen Schulen berufen können. Wenn sie keine akademischen Titel oder, in den Städten ohne Universität, kein Examen vor einer Gruppe von Kollegen bestanden haben, können sie verfolgt, vertrieben, gefangengenommen, gebüßt, ja hingerichtet werden.

Die Vielfalt der Reaktionen ist jedoch bezeichnend. Wenn tatsächlich mehrere Gliedereinrenker, die vergeblich versuchten, den Wahnsinn von Karl VI. zu heilen, als Zauberer hingerichtet wurden, so können andere ihre Heilkünste offen anbieten, die von Zaubersprüchen bis zum Handauflegen reichen. Hier ist der Prüfstein der Erfolg, und oft wird eher die Hochstapelei bestraft als die verbotenen Praktiken. Ein guter Knocheneinrenker wird manchmal von hohen Persönlichkeiten konsultiert und sogar engagiert oder, wie Lancelot Cornieau 1498 in Lyon, von Steuern befreit, weil er so geschickt sei in der Bekämpfung von Fieber.[37] Es sind vor allem Paris und Montpellier, die Universitätsstädte, die ihre offiziellen Ärzte unterstützen und Randfiguren vertreiben.

In den medizinischen Abhandlungen ist es in erster Linie das Prestige der Techniken, das sich im Lauf der Jahrhunderte verändert hat. In den karolingischen Medizinbüchern und den ersten Abhandlungen der Schule in Salerno werden deutlich magische oder abergläubische Praktiken gleich hoch gewertet wie medizinische Verschreibungen; der Talisman kann so wirksam sein wie das Medikament; Kräuter haben als Tee oder am Hals getragen dieselbe Kraft. Auch wenn die arabische Medizin, die ja direkt von den Griechen übernommen worden war, ein theoretisches Fundament besitzt, das der westlichen Medizin bis anhin noch fehlte, so enthält doch auch sie abergläubische Vorstellungen, deren sich die Medizin nur langsam entledigt. Bücher wie der *Trésor des pauvres* von Peter dem Spanier, erschienen Ende des 13. Jahrhunderts, stehen der

Volksmedizin noch nahe, und auch die in der Umgangssprache geschriebenen Doktorbücher gewähren ihr noch großen Raum.

Aber ihr Wert, verglichen mit anderen Methoden, ändert sich. Zaubersprüche werden manchmal angewandt, um alles versucht zu haben, und das mit Zurückhaltung: «Gut ist es, alles zu wissen, aber nicht alles anzuwenden; Gutes soll man versuchen, Schlechtes beiseitelassen», erklärt Wilhelm von Villiers in Anlehnung an den heiligen Paulus, um sich für die Zaubersprüche zu rechtfertigen, die er 1456 in sein Pferdepflege-Buch aufnimmt.[38] Die Veterinärmedizin, die mehr mit materiellen Problemen zu tun hat, zeigt wohl die typischsten Reaktionen in dieser Hinsicht. Um den Hautrotz des Pferdes (eine häufige und schwere Krankheit) zu kurieren, schlägt Wilhelm von Villiers eine stufenweise Steigerung der Techniken vor – aber natürlich erst, wenn der heilige Eligius, der Schutzheilige der Hufschmiede, die Krankheit nicht schon spontan geheilt hat. Die einfachen und konkreten Techniken werden vorzugsweise angewandt: Aderlaß, Verbände, Kälte, Behandlung der kranken Stelle ... Dann kommen die schwererwiegenden Behandlungen: Chirurgie, Ausbrennen, Blutegel. Jedesmal wird betont, man solle sie nur gebrauchen, wenn die vorher beschriebene Technik nichts genützt hat.

Aber «wo man, um Nerven und Adern zu schonen, kein Feuer zu benützen wagt», wird man Zaubersprüche anwenden müssen, zum Beispiel bei höchster Dringlichkeit, denn Aderlaß und Diät wirken langsam. «Falls es manchmal nötig ist und dem kranken Pferd ein Unfall oder eine Krankheit zugestoßen ist, die den unmittelbaren Tod zur Folge haben könnten, weil es dafür kein Heilmittel gibt», erklärt Wilhelm, wird Notwendigkeit zum Gesetz. Er führt daher einige Zaubersprüche, magische Formeln, Beschwörungspraktiken oder Talismane auf «und meines Erachtens ohne Schädigung der Seele und nicht gegen den katholischen Glauben verstoßend, denn auf Beschwörungen (von Teufeln) wird verzichtet et caetera».[39] Eine lateinische Redewendung in einem französischen Buch: Sie ist nicht für dasselbe Publikum gedacht. Zu einer Zeit, zu der man beginnt, mit Zauberern nicht mehr zu scherzen, muß eine klare Abgrenzung zwischen der Schwarzen Magie erfolgen, die mit Hilfe des Teufels arbeitet, und der medizinischen «Weißen Magie», die die versteckten Tugenden der Natur (sympathische Magie) oder christliche Vermittler (Gebet an die Heilige Jungfrau oder den heiligen Eligius) benützt.

Jenseits dieser Zwiespältigkeit über die Stellung des Irrationalen und der

«Empiriker» ist es auffällig, wie sich Medizin und Religion parallel entwickeln. Am Anfang steht bei einer Kunst, die dogmatisch sein will und lieber Regeln aufstellt als aus Beobachtungen Theorien ableitet, eine «göttliche Offenbarung» der Medizin: «Mit göttlicher Genehmigung», erklärt Antoine Ricart, «wurde sie Galen und Hippokrates offenbart, wahrhaftig und vollkommen *(veraciter et perfecte)*.»[40] Aber dieser Arzt des 15. Jahrhunderts ist weit davon entfernt, ein mystisches Bild der Medizin zu hegen: Er erhebt sich gegen diejenigen, die glauben, das Aderlassen unterstehe keiner Regel, und er entwickelt in der Tradition von Avicenna und Arnauld von Villanova eine komplexe mathematische Theorie über Grade, die laut seiner Herausgeberin an die Subtilitäten der Scholastik in jener Zeit erinnert. Die vier Eigenschaften (warm, kalt, trocken, feucht) sind von verschiedener Intensität (kalt im dritten Grad, trocken im vierten), und die Heilmaßnahmen (Menge des zu entnehmenden Blutes und Mischen von Medikamenten) werden einer beinahe diabolischen wissenschaftlichen Exaktheit unterworfen.

Tatsächlich ist das Entwicklungsschema für die medizinische Kunst und für die christliche Religion dasselbe: eine Offenbarung aus mythischer Antike (die Gesetzestafeln, die Sentenzen des Hippokrates); eine Verdunkelung durch magische Praktiken, die aus der Beobachtung einzelner Erscheinungen resultieren unter Verzicht auf jegliche Theorie (Heidentum, Schule der Empiriker); eine zweite Offenbarung zu Anfang unserer Zeitrechnung (Christus, Galen); eine mächtige Dogmatisierung (Verkündigung, Schule des Galen); die allmähliche Ausscheidung der letzten Reste von Aberglauben und ihre Verdrängung in den Volksglauben (Bußbücher, christliche Literatur, Medizinbücher in der Volkssprache und Doktorbücher für die Armen); die unter dem griechisch/arabischen Einfluß zunehmende Rationalisierung (Aristotelismus, Averroes, Avicenna); die wachsende Komplexheit, die die Praxis unter einer mehr und mehr lebensfernen theoretischen Struktur ertränkt (Scholastik, Theorie der Grade); die Notwendigkeit, die dogmatische Autorität zu spalten, um auf Probleme konkrete Antworten geben zu können (Theologen und Prediger, Ärzte und Chirurgen) – und beinahe könnte man hinzufügen: totale Reform einer Institution, die im 16. Jahrhundert durch ihren übertriebenen Dogmatismus gelähmt war.

Die mittelalterliche Medizin, die sich mehr um Theorie als um Praxis kümmerte, war der Entwicklung der Mentalität in ihrer Zeit gegenüber besonders empfindlich. Sie kannte dieselben Fragen und dieselben Antworten wie die Religion oder die Naturwissenschaften, als zuerst das Irrationale auf sie einstürzte und dann, im 12. bis 13. Jahrhundert, dessen Rationalisierung. Die Tatsache, daß wenigstens in Frankreich ein Großteil des Wissens noch immer in den Händen des Klerus war, hat bei dieser parallelen Entwicklung bestimmt eine Rolle gespielt.

2. ABERGLAUBE UND RELIGION

Die Beziehungen zwischen Religion, Glauben, Mystik einerseits und Aberglaube, Magie, Wunder andererseits sind im Mittelalter ebenso sichtbar wie schwierig zu beschreiben. Gewisse Quellen wie die *Acta sanctorum*, die *Goldene Legende*, die fromme oder weltliche Literatur und die scheinbar objektiven Chroniken quellen über von christlichen Wundern, deren Naivität uns immer wieder überrascht. Aber die Reaktionen auf diesen «Köhlerglauben», die Zweifel und die Versuche zu rationalisieren erlauben es nicht, diese vertrauensvolle Frömmigkeit, die schließlich das Mittelalter symbolisierte, zu verallgemeinern. Jedes ungewohnte oder unverständliche Phänomen hat im christlichen Wunder Platz. Die Religion ist ein eigentlicher Rahmen, der gleich welche Tat und gleich welche Erscheinung begründet und rechtfertigt.

In allen Bereichen, die wir besprochen haben, sahen wir, wie sich dieses Gitter der Erklärung über das Imaginäre legt. Die Literatur, die Zehntausende von Seiten umfaßt, auf einen einfachen Nenner bringen zu wollen, wäre illusorisch. Ich werde nur die wesentlichen Aspekte anhand einiger charakteristischer Beispiele hervorheben und eher die Reaktionen als die Fakten studieren. Damit wir nicht auf andere Formen «christlicher Magie» zurückkommen, die wir schon behandelt haben (medizinische Gebete, Visionen, Prophezeiungen, Aberglaube, Deutungen ungewohnter Ereignisse ...), werde ich mich nur in einen Aspekt vertiefen: die von Heiligen vollbrachten Wunder; ich werde auch die von der Kirche getroffenen Vorsichtsmaßnahmen, damit das Übernatürliche nicht mit der Magie verschmilzt, beschreiben.

Die erste Feststellung, wenn man diese wimmelnde Masse in Angriff nimmt, ist, daß man sie nicht mit den üblichen Koordinaten erfassen kann: Vergangenheit, Gegenwart, Wirklichkeit, Phantasie ... Die Wunder, die von vor tausend Jahren verstorbenen Heiligen vollbracht wurden, sind kaum anders als die, die in Zeiten Ludwigs des Heiligen geschahen; die Chroniken, die reale Ereignisse wiedergeben sollten, enthalten Wunder, die den von Schriftstellern erfundenen gleichen.[1] Übrigens haben all diese Texte in den Augen (und Ohren) ihres Publikums denselben Wert: Die *legenda* («das zu Lesende») sind zu Legenden geworden, die weniger als Bericht denn als moralischer Text aufgefaßt werden, als ein «Beispiel», dessen Wahrheit nicht zur Diskussion steht. So sehr das Abschreiben heiliger Texte mit genauem Ernst vorzunehmen ist, so frei ist der Kopist eines Heiligenlebens, den Text zu verzieren und auszupolstern.

Das Wunder als Beweis

Das Wunder dient vor allem als Beweis: Einst war es nötig, um den neuen Glauben durchzusetzen, jetzt zeugt es vor allem von der Heiligkeit einer Person. Als Odo von Cluny das Leben des Gerald von Aurillac beschrieb, bedauerte er es, sich nicht auf die guten Sitten und die Wohltätigkeit seines Helden beschränken zu können. Aber ihm war der Geschmack des Volkes an Wundern bekannt, und er opferte dieser Vorliebe ... Er gibt übrigens zu, daß es gerade die Wunder waren, die ihn auf den Grafen von Aurillac aufmerksam machten. Ein Detail ist charakteristisch: Auf der Reise nach Rom sprach ein Blinder, der von seiner Heiligkeit gehört hatte, Gerald an; er nannte ihn «Pilger Gerald». Aber als er sein Augenlicht wiedergefunden hatte, dankte er dem «heiligen Gerald». Im Bewußtsein des Volkes machen die Wunder einen Heiligen, und die Verfasser von Hagiographien haben dem Rechnung zu tragen.[2]

Die hagiographische Literatur benutzt Wunder also in unterschiedlichen Absichten, wobei diese sich ergänzen: Sie soll die Wahrheit darstellen, durch ein moralisches Beispiel erbauen, den Leser fesseln und von anderen, frivoleren, aber spannenderen Vergnügen ablenken. Das sind die Ziele, und sie wechselten im Lauf der Jahrhunderte mehr als die Wunder selbst oder traten zu bestimmten Zeiten klarer in den Vordergrund. Als die christliche Religion in Rom ankommt und das Kaiserreich erobert, stößt sie auf eine Zivilisation, die rationaler und konkreter ist als die orientalische Tradition, in der das Christentum aufgewachsen ist. «Das Wunder» ist bei den Römern das Werk eines Gottes oder eines Zauberers, aber die Vorstellung eines heiligen Menschen, der Wunder tun kann, weil er von Gott geliebt wird (oder weil er Gottes Sohn ist), hat hier keinen

Platz. Und alte Traditionen, die dazu helfen könnten, die Evangelien zu akzeptieren, werden zu dieser Zeit aufgegeben: Die Vergöttlichung des Romulus, die an die Auferstehung des Elias oder Christi erinnert, wird zum Beispiel von Plutarch verspottet.[3]

Gewiß ist der Totenkult, an den der Kult der Heiligen und ihrer Reliquien anknüpfen könnte, in den Familien allgemein verbreitet. Aber die Mentalitäten sind nicht vereinbar. Für die Römer sind es nicht die Verdienste eines Toten, die ihm einen Kult eintragen, sondern die Verwandtschaftsbande, die die Hinterbliebenen zu Opfern bewegen, was ein Christ wiederum nicht akzeptieren kann. Der heidnische Kult richtet sich nicht an den Körper – daß dieser vergänglich ist, weiß man –, sondern an die Seele, die sich in einer Statue verkörpert hat. Der Reliquienkult weckt also bei der nichtchristlichen Elite Verdacht oder sogar Ekel. Julian der Apostat verwechselt ihn mit der Nekromantik, die von Jesaia verurteilt worden war; Eunapis aus Sardes ist entsetzt über die Verehrung, die man den Gebeinen von Verbrechern entgegenbringt; Gregor von Tours berichtet noch im 6. Jahrhundert über den Spott eines Juden darüber, daß man von Martins Asche Wunder erbat.[4]

Aus Spott und Entrüstung wird bald Anklage. Für die Heiden, die sich gegen das Überhandnehmen des Christentums zu wehren suchen, sind Christi Wunder nur Spiegelfechtereien eines Scharlatans. Für Kelsos war Christus ein Zauberer, der magische Kunststücke vorführte wie die ägyptischen Jongleure auf den Märkten. Er habe das auf der «Flucht nach Ägypten» bei den dortigen Priestern gelernt. Diese Beschuldigung war offenbar in der Spätantike weit verbreitet, denn Origenes, Tertullian und Augustinus berichten darüber.[5] So müssen sich die Kirchenväter vorrangig einer der Fragen stellen, die während des ganzen Mittelalters offenbleibt: dem Unterschied zwischen Magie und Wunder.

Ein erstes, theoretisches Element: Das Wunder dient dem Wohl der Menschheit, die Magie (z.B. die von Simon dem Zauberer) hingegen ist nur dem direkten und materiellen Interesse des Ausübenden dienlich. Nur der Antichrist hat die Erlaubnis, seinen Werken hin und wieder wohltätige Wunder beizumischen.[6] Ein weiterer, ebenso theoretischer Unterschied: Christus ist kein Zauberer, denn seine Wunder werden von den Propheten angekündigt.[7] Noch spitzfindiger ist das Argument des Augustinus.[8] Die Wunder der Heiligen sind «durch einen einfachen Glauben und vertrauensvolle Frömmigkeit» vollbracht worden und nicht mit Hilfe von Dämonen; sie sollen die Vielgötterei abschaffen und die

Verehrung des wahren Gottes fördern. Gott kann Wunder mit Hilfe von Engeln, Zauberern und Dämonen tun. Wie kann man nun aber von nun an gute und böse Engel unterscheiden? Man muß denen glauben, die durch Wunder zu erreichen versuchen, daß man den wahren Gott verehrt, und nicht denen, die durch dieselben Wunder selbst verehrt werden wollen. Das mußte einem halt einfallen ... Und man muß vor allem einer dominanten Religion angehören, die keinen Widerspruch duldet. Aber es genügt nicht, das Wunder zu verteidigen: Man muß bei einer Religion, die sich eher auf das geistige Leben als auf materielle Güter konzentriert, deren Notwendigkeit rechtfertigen.

Wenn in den Anfangszeiten Wunder und Mysterien es erlauben, kleine leichtgläubige Leute oder eine Aristokratie, die der Mode orientalischer Mysterien huldigt, zu bekehren, so werden sie zu Hindernissen, wenn es darum geht, intellektuelle oder politische Eliten zu überzeugen, die wenig Zugang zum Irrationalen haben. Eine Religion, die sich nur dank ihrer Wunder verbreiten würde, sähe sich übrigens früher oder später genötigt, so viele vorzulegen, wie sie erzählt, und stürzte dadurch in einen Scharlatanismus, der sich nicht mit dem geistigen Aufschwung verträgt, den das Christentum mitgebracht hat. Auch haben die Kirchenväter wenig Wert auf die Sammlung weiterer Wunder gelegt und sich eher darauf konzentriert, die Wunder Christi zu deuten und ihr Verschwinden zu erklären. Das läßt sich seit den Evangelien spüren, wo Jesus es ablehnt, «Gratis»wunder – wie an der Hochzeit von Kana – zu vollbringen, und konsequent Geheimhaltung verlangt, wenn er jemanden geheilt hat. Das Wunder wird als «Zeichen» präsentiert (*Johannes* 2, 11), und der Ausdruck «Zeichen und Wunder» wird zum festen evangelischen Ausdruck (*Johannes* 4, 48; *Apokalypse* 2, 19; 4, 30).

So argumentieren die ersten Kirchenväter: Victorinus von Pettau, Origenes (3. Jahrhundert), Augustinus (4. Jahrhundert) kündigen das Ende der Wunder an, die «dem Glauben derer halfen, die zur Zeit unseres Herrn lebten, die aber nach längerer Zeit nicht mehr die Kraft von Demonstrationen haben und als Mythen betrachtet werden».[9] Für den heiligen Augustinus hätte die häufige Wiederholung der Wunder sie banalisiert und verflacht. Und dennoch kann man diesen Intellektuellen die heiligen Thaumaturgen und die von Evangeliumsverkündern vollbrachten Wunder entgegensetzen, von denen es zur selben Zeit im ganzen römischen Reich wimmelt. Angesichts des Dilemmas zwischen dem Wunsch, die entstehende Religion reinzuhalten, und der Notwendigkeit, mit unglaublichen Taten Aufmerksamkeit zu erregen, gibt es zwei Möglichkeiten. Die kategorische Weigerung ist nicht das Beste: Als sich Vigilantius, ein gallischer Priester des späten 4. Jahrhunderts, entschieden gegen den heidnischen Charakter der Heiligenverehrung wendet, tadelt ihn der heilige Hieronymus.[10] Und Augustinus, der anfänglich das Ende der Wunder angekündigt hat, übernimmt fünfunddreißig Jahre später in seinen Predigten und in *De Civitate Dei* Wunder. Katechistische Nützlichkeit? Freude des Volks an schönen Geschichten? Auf alle Fälle scheint das Wunder einer Realpolitik besser zu entsprechen als dem Wunsch der Intellektuellen, die sie erfinden oder niederschreiben.

In den ältesten Heiligenbiographien erfüllt also das Wunder wohlberechnete Propagandafunktionen. Viele handeln von einer Konfrontation zwischen heidnischen Göttern und Missionaren (Bildersturm in ihren Tempeln) oder von einem besonderen Schutz für den Gesandten Gottes (stürzender Baum, der über ihm in der Luft anhält). Andere sind als Zeichen der Macht gedacht, die Gott wiedergegeben wird. Je nach Grad der Vertrautheit des Heiligen mit den himmlischen Mächten ergibt sich im Volksgeist eine Graduierung der Wunder. Die Heilung von Krankheiten und Besessenheiten sind das Mindeste, was man von einem Heiligen verlangen kann. Schwieriger ist die Weissagung. Aber das *Muß* bleibt die Wiederbelebung eines Toten, die eine echte «absolute Waffe» darstellt, wie Ademar von Chabannes hervorhebt: «Ohne Wiederbelebung der Toten und ohne Wunder und Zeichen hätten die ersten Christen nicht glauben können.»[11]

Unglücklicherweise mißbrauchte man schließlich das Wunder, und als absolute Waffe konnte es in den Händen der Ketzer gefährlich sein. 1331 wurde die Wiederbelebung Toter sogar als Ketzerei bezeichnet, was von der Christenheit als großer Skandal empfunden wurde; sie zwang den Papst, diesen Entscheid zu widerrufen![12] Denn in einer Zivilisation, die auf dem göttlichen Recht beruht, ist das «Zeichen» eine Garantie der Macht. Die Geburt neuer Städte um die Heiligengräber herum, Sankt Peter in Rom auf dem Vatikanhügel, Sankt Martin in Tours, an die alte Stadt angefügt, ist ein frappierendes Beispiel.[13] Und dann nimmt die religiöse Autorität der epischen Literatur das Wunder weg. Wenn in der *Chanson de Roland* Karl der Große die triumphierende Christenheit darstellt und Josuas Wunder wiederholt, indem er die Sonne anhält, um die Sarazenen zu verfolgen, so ist seine Rolle ein Jahrhundert später in der *Chanson d'Aiquin* viel unbedeutender. Seine Wunder sind eine Katastrophe und erinnern mehr an den Zauberlehrling als an den Beschützer der Christenheit: Das Meer, das auf seinen Befehl die Heiden verschlingt, tötet auch Christen, und der Erzbischof Ysoré muß den Regen anhalten. Die Rolle der religiösen Autoritäten (der Erzbischof Ysoré zieht in den Krieg, und die Verstärkung des Papstes rettet die Lage ...) erinnert uns daran, daß das Wunder, Zeichen der Wahrheit, zum Monopol der Kirche geworden ist. Wehe den Laien, die das vergessen. Die Kirchenväter des 3. und 4. Jahrhunderts hatten verstanden: Als «Zeichen» war das Wunder überlebt. Aber sie hatten übersehen, daß das Wunder noch viele andere Arten der Daseinsberechtigung hatte.

Wunder und Folklore

Wenn die Wunder nur «Zeichen» wären, könnten sie ganz gut «umsonst» sein. Blumen im Mund eines Toten sprießen zu lassen, ist ebenso überzeugend wie eine Wiederbelebung. Aber seit den ältesten Hagiographien und seit dem Evangelium sind willkürliche Wunder äußerst selten. Auch wenn wir die Verwandlung von Wasser in Wein an der Hochzeit von Kana beiseite lassen, deren Nutzen kaum vor allem im Zeichencharakter besteht, so könnte man den köstlichen Duft aufführen, der vom Körper eines toten Heiligen ausgeht und der sogar in die Sprache eingegangen ist (im Geruch der Heiligkeit sterben). Üblicherweise aber wird beim Wunder ein sofortiger materieller Gewinn angestrebt.

Die Nahrungswunder sind häufig: Vermehrung des Brotes, des Biers, Wild, welches tot vor die Füße des Heiligen fällt ... Auch Wiedergutmachung eines Unrechts kommt in vielen Gewändern daher: Heilung, Wiederbelebung, gelöschte Brände, Einfangen eines Verbrechers, der wunderbarerweise am Ort seiner Tat zur Statue wird. Auffallend sind auch die Strafen des Ungläubigen oder des Verfolgers sowie der Schutz, der den Verkündern des Evangeliums gewährt wird. Der Fall des heiligen Georg, der sieben Jahre lang der raffiniertesten Folter, u. a. drei tödlichen Maßnahmen, widerstand, ist ein Klassiker des Genres. Man kann das Wunder noch so sehr vergeistigen und es zum «Zeichen der Wahrheit» machen: Was man von ihm erwartet, ist durchaus materiell und hat mit dem Leben hienieden viel mehr zu tun als das Seelenheil.

Zweite Feststellung: Der Heilige begnügt sich nicht mit einem gewöhnlichen Wunder; es muß ausführlich sein. Wir sehen da echte Kunststücke der Magie mit verzauberten Gegenständen und kabbalistischen Umtrieben, nicht den göttlichen Schutz. So löscht der heilige Sulpicius einen Brand, indem er um die Flammen herum einen Kreis zeichnet; als der heilige Junianus von Mairé vor wütenden Bauern flieht, wirft er einen Stein in ihre Richtung, der allen, die ihn in Zukunft überschreiten, schaden wird.[14] Im Vergleich zu den biblischen Wundern, deren Liste endgültig vollendet ist und die sich unermüdlich wiederholen, sehen wir hier eine Infektion der religiösen Materie durch heidnische Praktiken und Motive der Folklore.

Der heilige Albee, Bischof von Emly in Irland, gestorben etwa 527, ist zum Beispiel der Held einer keltisch beeinflußten Abendgeschichte. Zwei Pferde des Königs waren von Löwen getötet worden, und der heilige Bischof sollte sie wieder zum Leben erwecken. Albee tat es, ohne sich lange bitten zu lassen, und die Löwen gaben ihm die Pferde zurück und leckten ihm die Füße. Als der König ihm sagte, er solle ihn von den Raubtieren befreien, antwortete der Heilige, er habe sie um ihre Nahrung gebracht und könne sie nicht mit hohlem Bauch fortschicken. Verblüffung des Königs, als Albee von ihm hundert Rennpferde verlangte: als Ersatz für die zwei wiederbelebten! Der Heilige stieg hierauf auf einen Berg, betete, und eine Wolke senkte sich herab, aus der die hundert Pferde kamen. Die Löwen suchten ihren Lagerplatz mit genügend Vorrat auf, sie brauchten sich nicht mehr aus den Ställen des Königs zu verpflegen.[15] Gewisse Szenen scheuen vor plumper Erotik – die heilige Perpetua wird während ihres Martyriums vom Stier entkleidet – oder vom Humor alter Verserzählungen nicht zurück: Die heilige Anastasia beschützte die Tugend ihrer Dienerinnen, indem sie den Präfekten, der sie bis in die Küche verfolgte, verhexte. Er verwechselte sie hierauf mit den Töpfen und Kesseln und kam, nachdem er seine Wollust befriedigt hatte, wieder heraus, über und über mit Schmutz und Ruß bedeckt. Seine Diener erkannten ihn nicht und schlugen ihn.[16]

Mit Geschichten dieser Art sind wir in die zweite Epoche der Evangelisierung vorgestoßen: Es genügt nicht, die Wahrheit des biblischen Wortes mit Wundertaten zu beweisen, man versucht auch, einen imaginären reichen Heiden zu eliminieren und ihn durch fromme Legenden ähnlicher Art zu ersetzen: Wie man die Menhire neu bearbeitete und die Quellen als heilig erklärte, sind gewisse Heilige nur christianisierte keltische Helden. In der Reihe der *imrama*, dieser irischen Erzählungen über Seereisen, figurieren auch die Reisen des heiligen Brandan: Statt glücklicher

Inseln und Zyklopenhöhlen entdeckt er das irdische Paradies und die Schmiede des Teufels. Die Wilde Jagd, deren Spuren wir bereits aufgezeigt haben, hat in das Leben der heiligen Jäger Hubertus und Eustachius übergegriffen. Die Höllenfahrten, die in allen Literaturen vorkommen, führen zum Fegefeuer des heiligen Patrick oder zur *Göttlichen Komödie* Dantes. Die am weitesten ausgearbeitete dieser Christianisierungen ist zweifellos die Gralssage; ihr Ursprung ist umstritten, aber sie scheint den magischen Hexenkesseln der keltischen und germanischen Kultur entsprungen zu sein. Der Gral wird zum heiligen Kelch, in welchem Joseph von Arimathäa das Blut Christi auffing. Man kennt den Erfolg des Mythos.

Das Wunder als Zeichen und Bekehrungsargument wurde, als die christliche Religion Staatsreligion wurde, zu einem Mittel, das Phantastische einer fremden Kultur aufzugreifen und zu christianisieren. Diese Arbeit, die in der merowingischen Zeit begonnen haben muß, wurde im wesentlichen in der Epoche ausgeführt, als die Volkskultur die intellektuelle Elite interessierte, in der karolingischen Zeit (9./10. Jahrhundert) also sowie im 12. und 13. Jahrhundert. Als diese Aufgabe vollendet und die heidnische Kultur nur noch in folkloristischen Spuren zu finden war, fand das Wunder seine dritte Funktion: als Moralvermittler.

In den ältesten Texten in weltlicher Sprache wird allein das moralische Ziel genannt. Von den Heiligen zu sprechen, heißt Gott loben, der ihnen erlaubt hat, Wunder zu tun[17], ein Beispiel zu geben, dem nachgeeifert werden soll[18], oder Leute, die bloß Liebesgesänge hören wollen, zur Ordnung zu rufen.[19] Kein Ton davon, daß man Freude daran haben könnte, von frommen Taten zu hören; die Rede ist nur vom Gewinn, der sich daraus ziehen läßt. Unterhaltungsliteratur als solche gibt es nicht, oder sie muß, wenn man zur Feder greift, mit starken Begründungen gerechtfertigt werden. Die explosionsartige Entwicklung der weltlichen Literatur im 12. Jahrhundert verändert nun aber das Problem: Ab jetzt muß man sein Publikum verführen und sich mit anderen angenehmen Autoren messen.[20] Denis Piranus, der im 12. Jahrhundert ein *Leben des heiligen Königs Edmund* verfaßt, beginnt damit, die höfische Literatur und besonders die Lais von Marie de France zu kritisieren. Aber was er seinen Lesern vorsetzen will, ist keine moralische Lektion, sondern «ein angenehmes Vergnügen»: «Ich nenne euch, ohne zu lügen, ein Vergnügen, das viel mehr wert ist als alle anderen, die ihr kennt, und angenehmer zu hören.»[21]

Um dem Publikumsgeschmack gerecht zu werden, muß man also nicht die frommen Taten eines Helden erzählen, sondern so unglaubliche oder so folkloristische Wunder wie nur möglich. Gautier de Coincy, ein Spezialist dieses Genres im 13. Jahrhundert, ist sich dessen wohlbewußt. Sein Publikum, das vom «armen Mann» bis zu den Königen reicht, liebt die Scherze, die Lieder und die Fabeln mehr als die Heiligenleben und Evangelienworte.[22] So spricht er denn mehr von der Freude, die er seinen Lesern bereitet, als von der Lektion, die sein Text enthält.[23] Diese Freude beruht auf romantischen Erzählungen über Abenteuer, so eindrucksvoll – und unglaubwürdig – wie die von weltlichen Autoren erfundenen: Kinder, die in einen Ofen geworfen und wunderbar gerettet wurden; Statuen, die die Kommunion austeilen oder Kinder stillen; Blumen, die aus dem Mund eines Toten wachsen; stierkämpferisches Mantelschwenken zwischen der Muttergottes und dem Teufel. Gautier de Coincy hat diese Wunder nicht erfunden, sondern aus der westlichen oder östlichen Überlieferung geschöpft, aber er hat sie auf französisch erzählt und dabei alle Kunstgriffe angewendet, welche die Romanschriftsteller des 12. Jahrhunderts entwickelt hatten. Wir haben hier die vierte Funktion des Wunders: das Vergnügen, das die Zuhörer von der weltlichen Literatur weglocken soll, das aber dennoch der Moral dient.

Das Wunder in Frage gestellt

Das Problem besteht darin, daß die Wunder, um moralisch wirken zu können, glaubhaft sein müssen, aber, um ein Publikum zu begeistern, das an das weit phantasievollere und abwechslungsreichere keltische Schrifttum gewöhnt ist, stets malerischer und verblüffender sein müssen. Gautier de Coincy ist verletzt durch das mangelnde Verständnis seiner Zuhörer, die die Wunder als «Fabeln» auffassen oder, um nicht direkt die Muttergottes zu tadeln, die Texte «apokryph» nennen.[24] Das mittelalterliche Publikum ist nicht so selig naiv, wie man gerne glaubt.[25] Im Vergleich mit der außerordentlichen Vielfalt der Wunder, die Heilige in den ersten Jahrhunderten bis zur merowingischen Epoche vollbracht haben, kann man eben nicht umhin, die jüngeren Heiligenleben enttäuschend und stereotyp zu finden.

Gewiß sind sich bis ins 15. Jahrhundert und weiter die wunderbaren Heilungen, die Exorzismen, die Schutzhandlungen, die wirkkräftigen

Fastenaktionen konstant ähnlich: Literarische Topoi ohne großes Interesse, ohne große Neuerungen. Aber die Heiligen vermeiden von nun an die «folkloristischen» Wunder, die Gregor von Tours so liebte. Der Marienkult kam auf, vor allem dank Gautier de Coincy, als könnte sich nur eine himmlische und allgemein verehrte Person allzu erstaunliche Taten leisten. Heilige Gegenstände (Hostien, Kreuz, Gräber ...) blieben ebenfalls große Lieferanten des christlichen Wunderwesens. Es scheint aber, daß die Leute, sobald die Gestalt des Hexers das Abendland zu faszinieren beginnt, menschlichen Wundern, die die Grenze zwischen Religion und Magie verwischen, zunehmend mißtrauten.

Das Wunder der materiellen Belohnung (Vermehrung der Nahrung, Fangen von Dieben) tendiert dazu, vor dem Wunder der Bestrafung von Entheiligungen (blutende Hostien, weinende Statuen), geistigen Visionen und Deutungen außerordentlicher Erscheinungen zurückzuweichen. Man versucht, für Wunder natürliche Erklärungen zu finden, man faßt die Rolle der seelischen Leidenschaften und der Astrologie bei Heilungen ins Auge, die früher für wunderbar gehalten worden waren. Um die Macht der Hexer und Magier durch Rationalisierung zu bekämpfen, schwächt man auch indirekt diejenige der Heiligen. Als in einer traditionellen Diskussion über die Macht der ägyptischen Magier Albert der Große die spontane Erzeugung von Schlangen in einem Nest weiblichen Haares und von Fröschen in einem verfaulenden Baumstamm erwähnt, spricht er nicht von der realen Macht des Moses, die man im allgemeinen den «Kunststücken» der Magier entgegenstellt.[26]

Diese Bewegung, deren Wurzeln sich im spätrömischen Reich finden und die noch nicht abgeschlossen ist, hat desto verschwommenere Grenzen, als sie nach Reaktionen und Radikalisierungen ruft. Das Mißtrauen gegenüber dem Wunder und der Wunsch nach wissenschaftlicher Erklärung erscheinen gleichzeitig mit der Rationalisierung des Glaubens und der Folklorisierung des Heidentums im 11. bis 13. Jahrhundert. Die Reaktionen waren extremistisch: Folklorisierung des Heidentums und der Dämonenverehrung; wissenschaftliche Erklärung der Magie und der Hexerei; Verblassen des menschlichen Wunders und die Verehrung Marias oder des Heiligen Sakraments.

Wenn man also im Licht dieser Debatten den Unterschied zwischen Religion und Magie sucht, wird einem klar, daß die traditionellen Antworten die mittelalterliche Epoche kaum befriedigen können. Der wichtigste Unterschied liegt im Zweck: Die Religion sucht das Seelenheil, die Magie verschafft den Erfolg auf Erden. Aber was man von den Heiligen verlangt hat, war nun einfach einmal materiell; sehr wenige konnten Seelen retten im Vergleich zu denen, die heilen, ernähren, beschützen.

Ein weiterer Unterschied sind die Praktiken. Die Religion verwendet tröstende Methoden, die Magie gewaltsame. Erstere bittet Gott um Erbarmen, letztere zwingt einen bösen Geist, sich dem menschlichen Willen zu unterwerfen. Aber in der Praxis ist der Unterschied winzig. Benutzt man die Macht Gottes, um Krankheiten oder Dämonen zu verjagen, so wendet man eine gewaltsame Methode an, und andererseits ist die Magie, die sich vor dem Bösen mit christlichen Talismanen, den geheimen Namen Gottes oder rituellen Gebeten schützt, genau so hilfreich. Weiter: Die Religion will das Gute, die Magie das Böse. Zweifellos, wenn man die reinste Form der Religion mit der Hexerei vom niedrigsten Niveau konfrontiert. Man möchte nur ungern die Bosheit eines Gliedereinrenkers, der mit Magie heilt, mit dem Wohlwollen eines Inquisitors vergleichen, der ihn verbrennen läßt. Was den bösartigen Gebrauch der Totenmesse oder die Taufe verhexter Puppen angeht, so zeugen sie von recht flüssigen Grenzen zwischen Magie und Religion in den Augen gewisser Priester.

Die Religion konzentriert sich auf den geistigen Fortschritt der Menschheit, die Magie will die Welt beherrschen. Aber ist das christliche Dogma nicht vor allem eine fürchterliche Maschine, die die Seele versklavt? Ist ein allgemeiner geistiger Fortschritt im übrigen möglich ohne weltliche Herrschaft? Die ganze Geschichte der christlichen Religion ist die eines Machtkampfes, in welchem es heuchlerisch wäre, zwischen selbstloser Verkündigung und materieller Bereicherung einer Institution und mancher Menschen zu unterscheiden. Von den Katharern bis zu den Indern waren es vor allem die reichen Nationen, deren Seelen mit Gewalt gerettet wurden, denn sie ließen sich billig ausbeuten.

Die Magie benützt die Macht von Gegenständen und von vielfältigen Geistern; die christliche Religion die Macht des einzigen Gottes: ein sehr theoretischer Unterschied, um die Zuhilfenahme allerlei Krams und eines Pantheons zu rechtfertigen, das beim Priester so üppig war wie beim Hexer. Sicher liegt die Macht des Weihwassers darin, daß es geweiht ist, nicht in seiner Eigenschaft als Wasser. Man könnte mit mittelalterlicher Frömmigkeit dasselbe sagen für geweihte Kerzen, getaufte Glocken, nicht zu vergessen das Glockenseil, das Altartuch und den Staub, der sich auf das Gitter einer Kapelle, in der eine Heiligenstatue eingeschlossen ist, niedersetzt ... Es scheint, daß Gott manchmal sehr fern ist.

Manche mittelalterlichen Priester und Theologen ließen sich übrigens nicht hinters Licht führen. Bruder Rudolfus entrüstet sich im 14. Jahrhundert über den abergläubischen Gebrauch liturgischer Gegenstände; Wilhelm von Auvergne erklärt im 13. Jahrhundert den Unterschied zwischen einer einem Heiligen geweihten Kirche und einem heidnischen Tempel.[27] Aber allein die Erklärung ist schon Zeichen einer Beunruhigung. Als die Protestanten sich weigerten, Rom zu gehorchen, erklärten sie kühn, daß zwischen einem antiken Gott und einem katholischen Heiligen kein Unterschied bestehe. Was die allzu theoretischen Unterscheidungen zwischen Hexerei und Heiligkeit angeht, so waren sie im Prozeß von Jeanne d'Arc ganz einfach tödlich. Wenn sich im Mittelalter die Religion inmitten von Magie und Aberglauben befindet, ist es ihr eben nicht gelungen, anderswo Platz zu finden.

Manche Priester tun den entscheidenden Schritt; sie schreiben, manchmal um der guten Wirkung willen, Gegenständen oder Handlungen eine Macht zu, die nur Gott gehören sollte. Daß die Hostie, der göttliche Leib, Wunderkräfte hat, läßt sich verstehen. Aber daß diese Macht in Handlungen eingesetzt wird, die vom Urteil und Verhalten eines Menschen abhängen, gehört viel eher zum magischen als zum religiösen Denken. 1233, zum Beispiel, geht ein Mensch auf dem Scheiterhaufen nicht in Flammen auf. Man kommt zum Schluß, da sei ein Zauber, den zu entfernen man vergessen habe; eine Hostie wird ins Feuer geworfen, und das genügt, um den Zauber zu brechen; die Strafe kann jetzt ausgeführt werden.[28] Gottes Leib wird hier zum Gegenzauber erniedrigt, was aber die kirchlichen Behörden nicht stört. Wunder dieser Art sind sehr zahlreich. Anfang des 13. Jahrhunderts versucht man, die Verehrung des Heiligen Sakraments einzuführen. Der Prüfstein für die Unterscheidung von Wunder und Magie ist derselbe im religiösen Bereich wie im weltlichen: Die Absicht wird häufig höher bewertet als die Tat. Der Gebrauch der Messe zum Beispiel geht häufig weiter als das Gedenken an ein Opfer, das sie sein sollte. Die Gebete, die zur Rettung der Seele eines Sünders gesprochen werden, gehören tatsächlich, wenn auch vielleicht nicht absichtlich, zum Bereich der Beschwörungen, ebenso wie das «Evangelium der drei Könige», das man über dem Neugeborenen rezitiert, damit er mutig und kühn werde.[29] Das beunruhigt niemand, und die Priester lassen sich offenbar gern für gewisse harmlose Abweichungen gewinnen.

Der Mißbrauch der Feierlichkeiten wird nur dann zur Sünde, wenn sie offen zum Schaden anderer eingesetzt werden. Wibald, Abt von Corbies, hörte ein Gerücht, wonach ein Mönch namens Gautier jeden Tag die Messe der Heiligen Dreifaltigkeit zelebrierte, «angetrieben durch den Zorn der Verzweiflung». Er glaubte, damit seinem Vorgesetzten und dem Abt Wibald materiellen Schaden zuzufügen, «sowohl ihrem Reichtum wie ihrer Gesundheit». Mit gotteslästerlicher Naivität verwechselte er die Dreifaltigkeit mit heidnischen Gottheiten, deren Macht sich kaufen ließ, um persönliche Rachegelüste zu befriedigen. Ähnlich wurde ein Mönch mit den «lebenspendenden Sakramenten» aus dem Kloster geschickt, um einen Händler, seine Frau und seine Kinder zu exkommunizieren und mit dem Kirchenbann zu schlagen.

Dieser christlichen Magie fügte der Mönch den Besitz von «Lettern» hinzu, die für Zauber und Beschwörungen dienten. Meßbücher und Zauberbücher waren in seinen Augen Handbücher der Magie, die zwei verschiedene Mächte beschworen, die aber beide gleich wirksam waren. Zum Glück für ihn war das Zeitalter, in dem man der Hexerei neurotisch entgegentrat, noch nicht angebrochen. Nach mehreren Warnungen wurde er, da die Gerüchte über ihn nicht abließen, vom Altar entfernt, in eine Zelle gesperrt und dazu verurteilt, bis auf Widerruf niemanden zu sehen.[30]

Die christliche Religion, deren Riten auf antike Liturgien zurückgehen, hatte ein magisches Potential, das der Überwachung bedurfte. Bei Verzauberungen mußten die kleinen Figuren getauft sein; man konnte die Totenmesse vor dem Bild der Person sprechen, die man los sein wollte, oder in den Gottesdienst Verfluchungen aus den Prophetenbüchern einbauen. Die Trennung zwischen Magie, Aberglaube und Religion ist im Mittelalter noch unklar und beunruhigt die gewissenhaftesten Theologen. Die Unterscheidung auf Grund von Böswilligkeit oder Gewinnstreben ist nur ein Notbehelf, der die Ähnlichkeit der Auffassungen und Techniken schlecht maskiert.

3. DAS IRRATIONALE UND DIE WISSENSCHAFT

Dem Mittelalter war unsere Faszination durch die «Wissenschaft» fremd. Vielleicht ist das aber nur eine Frage der Ausdrücke. Das Wort bedeutet eigentlich Kenntnis; die Enzyklopädien, die diese Kenntnis auf ein populäres Niveau brachten, verbreiteten ein Wissen, das von Aberglauben, antiken Vorstellungen, volkstümlichen Legenden und religiösen Allegorien strotzte. Die Naturwissenschaften, die Physik, die Geographie richteten sich nicht an einen kritischen Geist, noch zielten sie auf vernünftige Auseinandersetzungen. Das wichtige war, Material zu horten, im besten Fall, indem man bei allzu überspannten Berichten einen Vorbehalt anbrachte. Und das Ganze hatte nichts zu tun mit den *«Artes»*, diesen wahrhaften Pfeilern der mittelalterlichen Kultur, die seit dem 6. Jahrhundert energisch rationalisiert wurden. Dort regierten Vernunft und mathematische Demonstration, von der Musik – die eine komplexe Erforschung der Beziehungen zwischen den Tönen erforderte – bis zur Grammatik oder zur Astronomie. Das sind die theoretischen Systeme, in denen man die Vernunft im Mittelalter suchen muß; die Naturwissenschaften blieben für magisch/religiöse Vorstellungen offen, die für unser Buch viel interessanter sind.

Die lebenden Steine

Aye d'Avignon, Hauptfigur eines Heldenliedes aus dem 12. Jahrhundert, wurde entführt und zur Heirat mit dem sarazenischen König Ganor gezwungen; ihr gelang es jedoch, ihre Tugend für ihren wahren Gatten, Garnier, zu behalten dank einem «Feenstein», der aus dem irdischen Paradies stammt und soviel Kraft hat, daß seine Besitzerin nicht entjungfert werden kann. Es war ein besonders kostbarer Stein – ein Saphir oder ein

Sardonyx[1], dessen Gebrauch aber ein wenig seltsam wird, wenn man erfährt, daß er mit zwei anderen Edelsteinen in einem Fingerring gefaßt war, den Garnier seiner Frau übergestreift hatte. Hätte er ihr den Ring in der Hochzeitsnacht wegnehmen müssen?

Magische Ringe – sie haben ihre eigene Kraft; öfters aber die des Steines, den sie tragen – sind in der mittelalterlichen Literatur häufig: Im selben Lied kommt noch ein Ring vor, der dem Träger Hunger und Durst erspart; er trug vielleicht einen Achat oder einen Hahnenstein.[2] Sie erscheinen auch in der offiziellen Geschichte: Jeanne d'Arc wurde beschuldigt, die Kraft eines Steins verstärkt zu haben, indem sie ihn mit einem Stein in Kontakt brachte, den eine der ihr erschienenen Heiligen trug. Man konnte solche Steine aber auch in aller Unschuld tragen: Die Statuten des Krankenhauses von Troyes legen 1263 fest, daß «keine (Nonne) Ringe oder Schmucksteine tragen dürfe, außer bei Krankheit»[3]. Die medizinische und die magische Kraft der Steine wurden von der Kirche mindestens seit Isidor von Sevilla anerkannt. Eines der ersten mittelalterlichen Bücher über Edelsteine wurde von Marbod, dem Bischof von Rennes, von 1096 bis 1123 verfaßt.[4] Etwa sechzig Steine werden darin beschrieben; die meisten stammen aus einem griechischen Text des 1. Jahrhunderts, dem *Damigeron*. Die Edelsteinkunde wurde in vielen griechischen Schriften niedergelegt; sie beruhte bestimmt auf der orientalischen Tradition, was sich schon darin zeigt, daß sie Hermes Trismegistos zugeschrieben war. Das Mittelalter, das lediglich das *Damigeron* in Marbods Übersetzung benutzte, behielt den Hinweis auf den orientalischen Ursprung bei und nannte als Verfasser des Textes Evax, einen arabischen König, der im übrigen unbekannt ist. Der lateinische Text war äußerst erfolgreich. Eine französische Version erschien schon im 12. Jahrhundert; die Übersetzung stammte von Philipp von Thaon.

Die medizinische Kraft der Edelsteine war vor allem magisch – dies gibt der Bischof von Rennes unumwunden zu: Wenn nicht, wie wäre es dann möglich, daß der Diamant die Lemuren und die Alpträume verjagt, gegen Gift und Streit wirkt, den Wahnsinn heilt? Hildegard von Bingen entwickelt in diesem Zusammenhang eine Theorie, die christlich gedacht ist und einleuchten könnte: Die Edelsteine, aus Feuer und Wasser bestehend, erinnern den Teufel an das Feuer, das seinen Aufstand bestrafte; er haßt sie, und sie können ihm entgegenwirken.[5] Manchmal erklärt eine symbolische Verbindung ihre Kraft; es überrascht nicht, wenn ein Karneol oder eine Koralle, die beide rot sind, dazu benutzt werden, Blut zu stillen oder die Menstruation anzuhalten, oder daß der Magnet, der Eisen anzieht, eheliche Streitigkeiten besänftigt.[6] Aber man findet auch rationalere Anwendungen, obwohl man an ihrer Wirksamkeit zweifelt: Ein Medizinbuch des 13. Jahrhunderts empfiehlt, einen Magneten zu benutzen, um Lanzenspitzen und anderes Eisen aus den Wunden zu entfernen.[7] Beunruhigend ist manchmal die Selbstsicherheit, mit der große Gelehrte behaupten, sie hätten selbst die Kraft der Steine ausprobiert: Albert der Große erklärt, der Saphir heile Geschwüre *(anthraces);* er versichert ferner, daß entgegen einer verbreiteten Meinung, der Stein verliere dabei seine Farbe und seine Wirksamkeit, derselbe Stein in seiner Gegenwart das Wunder zweimal, im Abstand von vier Jahren, vollbracht habe.[8] Angesichts der unzähligen Heilmittel aus Pflanzen und Tieren ist die medizinische Verwendung von Edelsteinen aber doch sehr beschränkt.

Da Edelsteine den Ruf hatten, gegen Krankheit und Unfälle zu wirken, kann man sich fragen, ob sie aus Koketterie oder aus Aberglauben getragen wurden, oder ob man das eine vorschützen konnte, um das andere nicht zuzugeben. ... Zahlreiche Autoren empfahlen jedenfalls, sie auf Ringe, Arm- oder Halsbänder zu montieren. Für Marbod muß der Diamant in Silber oder Gold gefaßt und an einem Armband am linken Arm getragen werden; den Onyx oder den Hyazinth (eine Art Amethyst) hingegen hängt man an den Hals oder trägt sie am Finger. Große Menschen huldigten diesem Brauch: Pyrrhus trug am Finger einen Achat, Milo von Kroton einen Hahnenstein; Polykrates einen Sardonyx.[9] Die Kraft der Steine spielt auch eine Rolle bei den Edelsteinen der Krone oder bei den Kirchenschätzen, wenn man den alten Beschreibungen glauben darf. In der Abtei von Saint Albans in England lag ein Stein aus Sardonyx, Chalzedon und Onyx, der Kaadman genannt wurde. König Ethelred (978–1016), der Vater von Eduard dem Bekenner, hatte ihn dort hingebracht. Er sollte im Kirchenschatz verwahrt werden, «damit seine Kraft zu gegebener Zeit nutzbringend wirke», nämlich um gebärenden Frauen zu helfen, so die Tradition des Steins. Eingraviert war die Figur einer bekleideten Frau, die in ihrer rechten Hand eine schlangenumwundene Lanze und auf dem linken Arm ein Kind trug, das in der einen Hand ein Schild und in der anderen ein Bild hielt.[10] Die Gravur spielte eine ebenso wichtige Rolle wie der Stein selbst.

Gemäß der Überlieferung hat Prometheus den ersten Ring geschmiedet; er faßte einen Stein aus dem Kaukasus in Eisen – eine ironische Umkehrung seiner Legende, denn er selbst wurde ja an den Fels geschmiedet.[11] Im nächsten Zeitalter schmückten Edelsteine seltene Metalle. Der Glaube an die Kraft der Steine geht auf alle Fälle auf die babylonische und ägyptische Astrologie zurück. Edelsteine hatten zwar selbst Kraft, waren aber auch mit den Sternen durch ihre Farbe, durch eingravierte Siegel und durch die Beziehungen mit bestimmten Wochentagen oder Monaten verbunden. Das erste Buch über Steine, Περι Λιθων *(Über die Steine)*, das Theophrast zugeschrieben wird, wurde etwa 315 v. Chr. verfaßt. Spätere Steinbücher werden von einer neuen Art von Magie beeinflußt, die aus dem Orient, nicht mehr aus Griechenland kommt und im 2. Jahrhundert unserer Zeitrechnung in Alexandria erscheint. Die wachsende Bedeutung der Schrift fördert zudem die Kunst, Steine mit Gebeten oder magischen Worten zu gravieren. Auch andere Entsprechungen sind denkbar: Die *Kyraniden*, deren griechische Version ebenfalls aus den ersten christlichen Jahrhunderten stammen muß, stellen systematisch einen Stein, eine Pflanze, einen Fisch und einen Vogel nebeneinander, deren Name mit demselben Buchstaben beginnt und deren Kräfte sich ergänzen.

Diesen beiden Typen von Lapidarien, die sich entweder nach dem Wesen des Steins oder nach dessen Verbindungen mit Formeln, Sternen und anderen Materialien richten, fügen die Christen die mystischen Steinbücher hinzu. Die vollständigsten Lapidarien erscheinen im 13. Jahrhundert als Reaktion, so die Auffassung von Léopold Pannier, auf die Faszination durch die orientalische Magie in Marbods Steinbuch. Sie ahmen im übrigen Form und Struktur der alten Texte nach. Die magischen Kräfte der Steine werden nicht in Frage gestellt, doch sie sind christlichen Ursprungs: Anstelle der zwölf Steine, die den Tierkreiszeichen zugeordnet werden, setzt man nun die zwölf Steine des himmlischen Jerusalem in der Apokalypse[12], die zwölf Steine in Aarons Brustschmuck während des Exodus[13], die zwölf Steine in der Krone der Heiligen Jungfrau[14] oder die neun Steine, die Adam im irdischen Paradies umgaben.[15]

Diesen Steinen biblischen oder patristischen Ursprungs fügt man christliche Tugenden hinzu: Der Topas gibt dem Sünder, der ihn trägt, Schamgefühl und Reue; der Amethyst bewahrt vor Trunkenheit. Aber es werden außerdem durchaus materielle Kräfte hineingemischt: Der Saphir befreit Gefangene, der Smaragd macht reich, der Granat beschützt den Reisenden und sichert ihm einen guten Empfang. Stets werden moralische Empfehlungen dazu gegeben: Der Smaragd hilft demjenigen gegen

Gicht, der ein rechtschaffenes Leben führt (aber ist Gicht eine Krankheit der Frommen?), der Jaspis verschafft dem Mann Liebe und Potenz, aber: «Wer ihn trägt, muß ein sauberes Leben führen und kein fremdes Eigentum begehren», was oft mit der gesteigerten Potenz unvereinbar ist. «Der Ligurer bewahrt vor Gelbsucht und lenkt den Menschen vom Bösen ab.» Der Kommentar spielt auch mit den Farben der Steine: Der Granat ist rot, um an das Blut der Passion zu erinnern; der Smaragd symbolisiert den Glauben an die Dreifaltigkeit. Zur Reihenfolge der Steine: Der Topas war der zweite im Brustschmuck Aarons und steht für ein zweites Leben im Himmelreich, aber in der Apokalypse ist er der neunte und erinnert an die neun Ränge der Engel.[16] – Trotz des Einfallsreichtums der mystischen Steinbücher scheint es, daß die Leser sich von der orientalischen Magie weit stärker anziehen ließen.

Der Glaube an die Macht der Steine ist also im Mittelalter komplex. Man hat ihn nie angezweifelt, sagt Marbod; höchstens Ignoranten, die solche Steine nie gesehen haben, würden das tun. Sehr früh hat man gelernt, mit gefärbtem Glas falsche Steine zu machen, was das Vertrauen, das man zu den echten hatte, zerstörte.[17] Die überraschende Kraft des Magnets, auf die man sich immer wieder beruft, spielt eine gewisse Rolle im beinahe einmütigen Glauben des Mittelalters an Steine.

Da diese magischen Kräfte als real akzeptiert werden, muß man ihnen in der christlichen Weltanschauung einen Platz geben. Für manche, wie Thomas von Cantimpré, genügt es, ihren Ursprung als christlich zu erklären: «Man muß zuerst allgemein von den Edelsteinen sprechen; es scheint, daß ihnen große Macht und Heilkraft innewohnt. Aber dem Menschen ist klar, daß diese nur von Gott kommen, denn alle Kraft kommt von Gott.» Die Wunder, die er aufzählt, gehen von der Macht des Magnets, Eisen anzuziehen, bis zur Macht des *Ostolano*, den Menschen unsichtbar zu machen, und für alle gibt es nur eine Erklärung: die Allmacht Gottes. Was die antiken Legenden betrifft, die er mit Vorsicht wiedergibt *(dicitur)*, beruft er sich auf «die allgemeine Ansicht»: «Man soll sie nicht ganz für bare Münze nehmen, aber sie auch nicht total ablehnen.»[18] Andere sind jedoch anspruchsvoller: Sie bleiben zwar im Rahmen des Christentums, aber sehr früh zeigt sich auch der Wunsch, den Steinglauben zu rationalisieren, indem man die Bildung der Edelsteine kennen möchte, was den Ursprung ihrer Kraft erklären würde. Hildegard von Bingen verteidigt ihre Theorie über Feuer und Wasser. Im Orient, wo es heißer ist, werden die Berge von der Sonne erhitzt; wenn die Flüsse steigen und sie überschwemmen, setzt sich ihr «Schaum» auf den Hängen ab und verfestigt sich, nach dem Hochwasser, in den Sonnenstrahlen. Je nach Tagesstunde und Wetterbedingungen bekommen die Steine dabei verschiedene Farben.

Dabei entsteht in der ersten Stunde des Tages ein Hyazinth (Amethyst), in der dritten, wenn die Wolken dicht sind, der Onyx, etwas später, gegen 13 Uhr, wenn die Sonne rein ist und die Luft kühler wird, gibt es einen Chalzedon, und ein Saphir entsteht am Mittag in voller Sonne. Die so gebildeten Steine können nur Gutes bewirken, zum Beispiel keinerlei «Verführung, Unzucht, Ehebruch, Feindschaft, Mord und ähnliches». Nur keine Bange: Für solche Zwecke gibt es weitere, anders entstandene Steine, und die können Gutes oder Böses bewirken: etwa das *lyncurium* (Rubellit oder Turmalin), das aus dem Urin des Luchses entsteht, oder der Magnet, geboren aus dem Gift der Schlammwürmer.[19] Die Theorie ist insofern interessant, als sie gewisse Vorurteile und Fakten ihrer Epoche kombiniert (je näher man der Sonne kommt, desto heißer wird es, und die höchsten Berge glühen), und die Überschwemmungen, die an Monsunregen erinnern, sind den Reiseberichten entnommen.

Der Ursprung des Magnets, der die mittelalterlichen Verfasser am stärksten beunruhigte, da seine «wunderbare Kraft» ganz real ist und dauernd angeführt wird, um andere Steinglauben zu rechtfertigen, ist besonders bemerkenswert. In einer bestimmten Erde, bei einem bestimmten Fluß, sondert ein bestimmter Wurm einen «Schaum» (Speichel) ab, der als Hefe den Sand «aufgehen» läßt, und so wird Eisen erzeugt. Aber ein anderer Wurm ernährt sich genau vom selben Sand. Sobald er sein Futter durch den Speichel seines Nachbarn bedroht sieht, begibt er sich schnell zum Tatort und sondert darüber seinen eigenen, stärkeren Speichel ab. Die Erde gebiert hierauf einen Magneten, der dieselbe Farbe hat wie das Eisen, denn die Schlange, die ihn erzeugt hat, nährt sich von der Erde, aus der das Eisen kommt.[20] Hierbei muß man sicher an das Schlangenei denken, diesen Stein, der aus den vermischten Sekreten eines Knäuels von Reptilien entstand.

Wenn wir vereinfachend, aber praktisch der Einteilung von Auguste Comte folgen, gehen wir vom theologischen Stadium (Gott verleiht den Steinen ihre Macht) zum metaphysischen Stadium über: Arnold Saxon schreibt im 13. Jahrhundert die Kraft der Steine ihrer «Tugend» zu: «gleich der Tugend des Magnets, der das Eisen an einem Ende anzieht und am anderen abweist»[21]. Vom 13. Jahrhundert an versucht man an den Universitäten, eine rationalere Erklärung der Macht der Steine zu finden und im Rahmen des Möglichen durch Experimente zu bestätigen – wenigstens behaupten das gewisse Autoren. Wissenschaftliche Absicht steht auch hinter dem Versuch, die Zeichen für die verschiedenen Gestirnskonstellationen auf der Höhe ihrer Wirksamkeit in die Steine zu gravieren, «sonst bleiben die Steine unnütz, kalt und tot». Die Steine dienen hier also nur zur Verlängerung der Macht der Sterne; selbst haben sie keine Kraft. Das ist der Standpunkt im Lapidarium von Alphons X. dem Weisen, diesem König von Kastilien, dessen Interesse für die Astrologie und die allgemeine Wissenschaft wohlbekannt ist.

Ob die Kraft von Gott, den Steinen oder den ihnen verbundenen Sternen kommt: Wir müssen hier eine Serie von zufällig entdeckten, mit Gravuren versehenen Steinen erwähnen. Sie mochten antike Gemmen, Fossilien oder prähistorische Pfeilspitzen sein; man gab ihnen den geheimnisvollen Namen «Schlangenzungen», und der Aberglaube verlieh ihnen vielfältige Kräfte. Hinter den sehr genauen Beschreibungen in den entsprechenden Abhandlungen («Wenn ihr einen Stein mit folgender Darstellung findet ...») erkennt man diesen und jenen antiken Gott, Zeus oder Perseus, deren Attribute im Lauf der Jahrhunderte verloren gegangen waren. Manche davon werden später, wenn die antike Mythologie vom 14. Jahrhundert an wieder zu Ehren kommt, identifiziert. Die Autoren warnen wiederholt vor diesen Steinen, die allzusehr den Wundern gleichen: «Es folgen ein paar Berichte der Alten über die gravierten Steine, die man nicht vorbehaltlos glauben, aber auch nicht total ablehnen sollte. Man soll wissen, daß die Figuren, die die Alten in die Steine kerbten, nicht die Kraft derselben darstellten. Man soll also die Schönheit des Steines ehren, aber keine Hoffnung auf das dort Geschriebene setzen, sondern allein auf Gott, dem die Kraft der Steine in Würde gehört.»[22]

Die Macht der Steine beruht auf ihrer Seltenheit, aber auch auf der einzigartigen Weise ihrer Entdeckung. Das Mittelalter glaubt weniger an den Zufall, sondern an Zeichen: Eine antike Gemme oder einen bizarr geformten Stein unerwartet zu finden, kann nur ein göttliches Zeichen sein, selbst wenn es klar ist, daß der Schnitt des Steines Menschenwerk ist – man darf die Naivität jener Epoche nicht übertreiben. In die Kategorie der Steine gehört auch eine Serie von tierischen Überresten, die die Kraft des Tieres, von dem sie stammen, mit dem eines «Steines» vereint, der unerwartet gefunden wurde. Der Stein, der sich im dritten Wirbel des

Skinks, einer ägyptischen Echse, bildet, regt zum Koitus an; derjenige, den man im Magen, in der Vulva oder im Körper eines Hirsches findet, verhütet die Empfängnis; der Stein hingegen, der im Hirn oder im Magen des Adlers gefunden wird, macht fruchtbar.[23] Sogenannte «ektopische Knochen», die auch in der mittelalterlichen magischen Medizin verwendet werden, kommen im Herzen oder im Aortaring bei gewissen großen Säugetieren (Ochse, Hirsch, Reh, Schaf) durchaus vor, aber die in Vulva, Magen oder Herz gefundenen «Steine» können nur Zysten, versteinerte Föten, Verdauungssteine sein (zum Beispiel aus Pflanzenfibern, Nahrungsresten und Harz bestehend, die eine harte Kugel bilden). Der Zufall ihrer Entdeckung läßt an ihre Kraft glauben.

Ein fabelhaftes Bestiarium

«Es ist doch unglaublich, daß die Tiere die Menschen lehren, wie sie ihre Nahrung geschützt vor Licht und Luft konservieren sollten.» Ohne es zu wissen, benützt die Propaganda von Tetrapak ein in den antiken und mittelalterlichen Bestiarien kurantes Thema: die Lehren der Natur. So sollen die Hirsche uns die Eschenwurz gebracht haben, dieses Kraut, mit dem man Wunden pflegt und das sie kauen, «um aus ihrem Körper die eisernen Pfeilspitzen zu entfernen». Das Wiesel frißt Raute, um die Schlangen abzuschrecken, daraus wurde eines der Gegengifte des Mittelalters. Der Ibis, der mit seinem langen Schnabel seinen Darm reinigt, lehrt die Kunst des Klistiers, und das Flußpferd, das sich auf dornigen Büschen wälzt, diejenige des Aderlasses. Das Thema kommt auch in der Literatur vor. In einem Lai von Marie de France lehrt ein Wiesel Guildelüec, wie sie die Freundin ihres Gatten zum Leben erwecken kann: Ein Knecht hatte die Gefährtin des Wiesels getötet; das kleine Raubtier verzweifelt, weil es sie nicht beleben kann, und geht eine wunderbare Blume pflücken. «Es ging in den Wald, Kräuter zu suchen, mit seinen Zähnen pflückte es eine ganz rote Blume. Es kam schnell zurück; es legte sie in den Mund der vom Knecht getöteten Gefährtin, und diese wurde wieder lebendig.» Die Dame, die diese Szene beobachtet hatte, nimmt die rote Blume aus dem Mund des Wiesels und legt sie in den der toten Freundin, und das Wunder geschieht.[24]

Die Beobachtung der Natur ist eine der wichtigsten Quellen für die neuen Erkenntnisse des Mittelalters. Auch die Theologen weisen auf das

Verhalten der Tiere hin, sei es, um am Beispiel der Elefanten die Schamhaftigkeit zu preisen, sei es, um die «widernatürlichen» Praktiken des Menschen zu verurteilen. Der mittelalterliche Naturmythos, der auf den Pantheismus der antiken Philosophen zurückgeht, wurde verschwommen christianisiert, denn die Natur gehorcht ja Gottes Gesetzen, die der Herr selbst jederzeit zur Erbauung der Menschen durchbrechen kann. Als «Zimmermädchen, Konnetabel und Vikar» Gottes (Jean de Meung) bewacht die Natur die Welt, um die «Formen» zu erhalten und die Gesetze durchzusetzen. Auch die Kunst (das Wort meint vor allem die Techniken) kann letztlich nur die Natur nachahmen. «Sie [die Kunst] bettelt und fordert, wie ein Bettler und ein Dieb, ist arm an Wissen und Kraft, sie, die ihr [der Natur] nachzufolgen strebt, damit sie sie lehre, wie sie alle Geschöpfe mit ihrer Intelligenz und mit Zahlen verstehen könne. Sie schaut also zu, wie die Natur arbeitet, und ahmt sie nach wie ein Affe, um dasselbe Werk zu vollbringen.» (Guillaume de Lorris, *Roman de la Rose)*[25]

Die Tiere, die keine Vernunftsseele haben und die deshalb die Gesetze der Natur strikt befolgen müssen, sind also deren Hüter, bei denen der Mensch «sich eindecken» kann. Die intuitiven Kenntnisse, die auch Adam im irdischen Paradies hatte, ehe er sie gegen das viel ärmere rationale Bewußtsein eintauschte, das ihm die Urschlange eingab – diese intuitiven Kenntnisse haben sich die Tiere bewahrt; dort kann der Mensch sie finden.

Und da die Tiere den Menschen etwas lehren können, sucht man bei ihnen nicht nur körperliche Erkenntnisse, sondern auch moralische. Die antiken Legenden wurden in einem Bestiarium christianisiert, dessen frühest erhaltene Manuskripte aus dem 8. Jahrhundert stammen, dessen ursprünglich griechische Version jedoch im 2. Jahrhundert unserer Zeitrechnung entstanden sein muß: dem *Physiologus*, dem Archetyp aller mittelalterlichen Tierbücher. Jeder Beschreibung folgt eine allegorische Deutung, die eine fromme Lehre enthält. Ursprünglich wurden nur wirkliche Tiere, einige Steine und einige Pflanzen behandelt, aber dann wird die enzyklopädische Tradition mit der biblischen verknüpft. Das Ziel war, den Tieren, die in der Bibel vorkommen, eine allegorische und ethische Bedeutung zu verleihen, wobei für die Glossen heidnische oder biblische Legenden und die griechisch/römischen wissenschaftlichen Erkenntnisse benützt wurden. Der *Physiologus* war vor allem in lateinischer Sprache verbreitet, die Versionen wurden von den Kopisten reichlich erweitert, denn sie zählen zwischen vierundzwanzig und neunundvierzig Kapitel. Isidor von Sevilla, Solinus und Plinius der Ältere lieferten die zusätzlichen Texte.

Vom 12. Jahrhundert an zirkulieren vier große «Familien» von Tierbüchern, die sich vom ursprünglichen *Physiologus* durch die Zahl der Kapitel, die mehr oder weniger ausgeprägte Treue zum Original, die Einteilung der Tiere und das Hinzufügen von Texten, die mit dem Tierreich nichts zu tun haben, unterscheiden. Es folgen die ersten Übersetzungen ins Französische, zum Beispiel um 1120–1130 die von Philipp von Thaon. Das Tierbuch wurde im Lauf der Jahrhunderte eine Sammlung wunderbarer Legenden über bekannte oder fabelhafte Tiere.

In diesen erweiterten Bestiarien wurde zum Beispiel Christus mit dem Pelikan verglichen, der sich die Brust zerriß, um seine Jungen zu ernähren oder um sie mit seinem Blut wieder lebendig zu machen, nachdem er sie getötet hatte. Ein keuscher Mensch durfte sich der Antilope vergleichen, die so schnell lief, daß kein Jäger sie einholen konnte, und die von zwei Hörnern beschützt war, die das Alte und das Neue Testament symbolisierten. Der Hund, der zu seinem Erbrochenen zurückkehrte (aus der Bibel), symbolisierte den Menschen, der in bereits gebeichtete Fehler zurückfiel. Die Hyäne, Sinnbild der Wollust, faßte alle Laster zusammen, die man im Mittelalter den Juden zuschrieb. Der Teufel war bald der listige Fuchs, bald der häßliche Affe und der furchterregende Wolf. Viele Tiersymbole wie etwa die Treue der Turteltauben oder die des Hundes seinem Herrn gegenüber sind aus jener Epoche auf uns gekommen.

Unter den christlichen Bestiarien gibt es eines von Richard de Fournival, das *Bestiaire d'amour*, in dem die Tierlegenden als Allegorien gedeutet werden, die sich an die geliebte Frau richten. So ist das Löwenjunge, das nach der Geburt drei Tage lang tot ist, ein traditionelles Bild des auferstandenen Christus, hier aber wird es zum Bild des weggewiesenen Liebhabers, der darauf wartet, «zur Liebe gerufen zu werden», «denn das wäre eine Heilung für mich, um vom Tod zu genesen, der die ereilt, die vor Liebe sterben». Der Hund, der zu seinem Erbrochenen zurückkehrt, symbolisiert die Versprechen, die er widerrufen möchte.[26]

Diese Legenden machen aber nur einen kleinen Fetzen der Kenntnisse, der Macht und der List aus, die man damals der Tierwelt zuschrieb. Es gibt da zunächst einzelne Vorstellungen, von denen wir heute noch Spuren kennen: Der Elefant fürchtet die Maus, das Krokodil weint, wenn es

Menschen frißt, der Bär wird als formlose Fleischmasse geboren, dem die Mutter mit Lecken die Form gibt: eine große Menge fantasievollster und poetischer Geschichten, die damals auch in Wissenschaftler-Kreisen diskutiert wurden, über heimische und ferne Tiere. Der Vogel «Strophilos» kratzt das Krokodil, bis es den Schlund öffnet; und die Hydra (cocatrix) benützt die Gelegenheit, um hinein- und am anderen Ende hinauszufliegen und dabei das ganze Innere zu zerstören. Das Affenweibchen, das vor dem Jäger flieht, trägt in seinen Armen den Lieblingssohn und auf dem Rücken den ungeliebten; wenn sie jedoch so müde ist, daß sie auf vier Beinen laufen muß, dann überläßt sie das geliebte Kind dem Jäger und rettet das ungeliebte. Die Tigerin stürzt dem Jäger nach, der ihr ihr Junges gestohlen hat, aber wenn man ihr eine Glaskugel entgegenwirft, glaubt sie ihr Kind darin zu sehen und bleibt stehen. Der Biber weiß genau, daß man ihn nur wegen seiner Hoden jagt, die das kostbare *Castoreum* liefern, das in der Medizin benutzt wird; deshalb kastriert er sich selber, wenn er bedroht ist, damit der Jäger seine Jagd abbricht. Die Hyäne schleicht um die Lager der Menschen, um ihre Namen kennenzulernen; nachher ruft sie sie beim Namen und frißt sie auf, wie auch die Hunde, die sie anlockt, indem sie herzzerreißend schluchzt. Die Schlange weiß, daß Musik sie verzaubert, aber da sie keine Arme hat, um sich die Ohren zu verstopfen, legt sie eins auf die Erde und steckt den Schwanz ins andere.

Die Ferne hat mit den Legenden, die von den Bestiarien und Geographiebüchern kolportiert werden, nichts zu tun. Auch über die vertrautesten Tiere wird ähnliches berichtet. Antike Fabeln oder amüsante Erzählungen sind manchmal der Ausgangspunkt: So zum Beispiel die Geschichte vom Hund, der seine Nahrung liegenläßt, um nach seinem Spiegelbild im Fluß zu schnappen, oder diejenige vom Fuchs, der sich totstellt, um Raubvögel anzulocken; es handelt sich um Verallgemeinerungen, die einem Fehler der Natur angelastet werden (Gier des Hundes, List des Fuchses). Auch die Stellen der Heiligen Schrift, die von bekannten Tieren handeln, werden als Evangeliumsworte betrachtet, zum Beispiel die Schlachtenfreudigkeit der Pferde, die der Gott Hiobs feiert. Die nötige Angleichung zwischen dem Bedeutenden und dem Bedeuteten erzeugt ebenfalls Legenden, um fantasiereiche Etymologien zu rechtfertigen: das Lamm *(agnus)* erkennt *(agnoscere)* in allem Geblöke die Laute seiner Mutter; der Bock *(hircus)* blickt schräg (*hirci*, Augenwinkel), wenn er Begierden fühlt.

Solche Legenden und verdrehten Etymologien werden nicht angefochten, aber von Buch zu Buch verschieden ausgelegt. Wenn man vom Löwen spricht, vergißt man nicht zu erwähnen, daß seine Jungen totgeboren werden und erst nach drei Tagen zum Leben erwachen. In stark christianisierten Bestiarien ist dies eine Allegorie des Leidens und der Auferstehung Christi: Ist es nicht normal, daß der König der Tiere sein Reich in gleicher Weise antritt wie der Herr der Welt? Brunetto Latini wiederum sieht hier eine Ohnmacht von drei Tagen, aus der die Löwin ihr Kleines mit ihrem Gebrüll erweckt. Die unterschiedliche Auslegung wird noch deutlicher in der Geschichte des Hundes, der zu seinem Erbrochenen zurückkehrt. Das ist eine klassische Tierbuch-Geschichte; man will vor allem die Sitten der Tiere kennen. Ausgeschlossen, diese Geschichte wegzulassen, zum Teil wegen ihres Vorkommens in der Bibel (*Prediger*, 26.11), dann auch weil es sich um ein Vorkommnis handelt, das jeder beobachten kann. Die einen begnügen sich damit, an das Alte Testament zu erinnern, wo der Hund «den Toren repräsentiert, der seine Torheit immer wieder treibt» (*Sprüche* 26.11). Andere, wie Brunetto Latini, ziehen den Instinkt heran, der zahlreiche Tiere wie auch den Hund dazu treibt, ihre Nahrung zu vergraben: Wenn er mehr Futter findet, als er fressen kann, glaubt man, der Hund nehme auch nach der Sättigung davon auf und erbreche den Überschuß «an einem geheimen Ort»; wenn Hungersnot herrscht, frißt er die erbrochenen Vorräte.[27] Die Erklärung kann ebenso falsch sein wie der Glaube; wichtig ist aber der Wunsch, überraschende Fakten durch rationales Verhalten zu erklären und nicht durch Allegorien. Die beiden Typen der Erklärung schließen einander übrigens keineswegs aus: Die Welt und die Naturgesetze sind ein Buch, das man von mehreren Ebenen aus lesen kann und, wie Baudelaire sagt, man durchwandert dabei einen «Wald von Symbolen», ohne der Botanik Unrecht zu tun.

Die Legende wird letztlich ein System der Deutung der Wirklichkeit, und man muß anerkennen, daß die Entdeckungen lehrreich waren. Marco Polo berichtet aus dem Orient von einem Salamander, diesem mythischen Tier, das nur im Feuer lebt. Das ist kein Tier, versichert er uns, sondern ein Stück Fels, und er beschreibt, wie man ihn aus dem Feuer nimmt und behandelt, und «wer etwas anderes behauptet, erzählt Blödsinn und Fabeln».[28] Was er gesehen hat, ist natürlich der Asbest, der hierauf zum Fell des sagenhaften Tiers wird. «Wenn er sich häutet», erklären die Tierbücher, «vereinigt er sein Haar zu Büscheln und läßt seinen brennendheißen Atem darüber streichen, und so entsteht ein Stoff, den er in den Flammen gereinigt hat und nun zurückläßt.» Dieser Stoff war damals im Abendland bekannt und «ein begehrtes Geschenk», das zum Beispiel in *Huon de Bordeaux* erwähnt wird: In der Terre de la Foi bäckt man das Brot in feuerfesten Geweben.[29] Eine so gut verankerte Legende korrigieren zu wollen, würde nichts bringen. Alles, würde man sagen, ist eher eine Frage der Wortwahl als der Tatsachen. Übrigens, ist ein Fels, der sich in Stoff verwandelt, nicht unglaublicher als ein Tier, das im Feuer lebt?

Alle diese Legenden erklären den magischen oder medizinischen Gebrauch, der seit der Antike und bis zum heutigen Tage von Tieren und Tierteilen gemacht wird. Nicht einmal aufzählen könnte man alle Praktiken. Von den Ausscheidungen (Milch, Urin, Ohrenschmalz, Galle, Fett, Kot, Speichel) zu den Organen (Herz, Hoden, Leber, Penis, Kaumagen, Hörner, Augen), von den Insekten zu den Säugetieren und von den Fischen zu den Vögeln wird die ganze Schöpfung zu Hilfe gerufen. Die «sympathische Magie», die ein menschliches Organ mit einem entsprechenden tierischen heilt, ist sehr verbreitet: Unfruchtbarkeit oder im Gegensatz dazu allzu hohe Fruchtbarkeit werden mit Mengen von Vulven, Hoden, Penissen der verschiedensten und, wenn möglich, der fruchtbarsten Opfer geheilt.

Gewisse Tiere werden jedoch vom Arzt und vom Zauberer bevorzugt. Der Arzt verwendet große Mengen von Hasen, Eseln, Geiern, Hirschen; der Zauberer wendet sich an die teuflischen Tiere, deren Tradition wir immer noch kennen. Die schwarze Katze und der Bock gehören seit dem 12. Jahrhundert dazu. Die Kröte ist an Verhexungsriten beteiligt. 1349 verhexen Amaury von Arleux und Marie von Saint-Martin einen Mann, indem sie eine Kröte mit safrangelbem Stoff bekleiden; sie wohnt in einem neuen Tontopf und wird mit Rapskörnern und Oblaten ernährt. Man kann die Kröte auch in das Haus bringen, das verhext werden soll.[30] Auch die Schlange wird zum Hexen verwendet: Nider erzählt, wie man sie vor dem Haus vergräbt, das man verhexen will. Maulwurfspfoten bringen Glück und werden deshalb neben ein Neugeborenes gelegt. Wenigstens seit Plinius weiß man, daß dies eines der nützlichsten Tiere für den Magier ist – wenn man nur schon eine Pfote auf sich trug, galt man als verdächtig und konnte vor Gericht gestellt werden.[31] Der Aberglaube ist uns geblieben, ist aber nicht so häufig wie bei der Hasenpfote. Der Hahn, unentbehrlich bei Woduzeremonien, wurde auch im Mittelalter verwendet, zum Beispiel in der Medizin: Wenn man ihn lebendig über einer vergifteten Wunde spaltete, milderte er die Wirkung des Gifts. Aber er nahm auch schon damals an satanischen Ritualen teil.[32] Eine deutsche Hexe schilderte Nider, wie sie den Teufel gerufen hatte, indem sie auf einem Kreuzweg ein Hähnchen in die Luft warf.[33]

Monstren und Naturwunder

Kennen Sie die Antipoden, die «verdrehte» Füße haben? Ihre Fußsohle ist oben, und sie haben acht Zehen an jedem Fuß. Die Zynopiden? Ihre Füße sind so groß, daß sie, wenn sie auf dem Rücken liegen, sie als Sonnenschirm benutzen können. Die Panotäer? Ihre Ohren leisten denselben Dienst. Die Amykterer, die sich das Gesicht mit der Oberlippe verdecken können? Die Kynozephalen mit den Hundsköpfen? Die Blemier, die keinen Kopf haben und deren Augen auf ihren Schultern sitzen? Die Menschen, die mit weißem Haar geboren werden, das mit dem Alter schwarz wird? Die Monopoden? Sie haben nur ein Auge und ein Bein; auf ihm hüpfen sie aber schneller, als wir laufen können. Die Himantipoden? Ihre Füße gleichen Lederriemen und können sie nicht tragen, so daß sie kriechen müssen.[34] Die ausgefallensten Menschengestalten bevölkern die fernen Länder, die im Mittelalter praktisch unterschiedslos «Indien» heißen. Das war das Land aller Wunder, in dem im äußersten Osten das irdische Paradies lag und das Monstren und Wunder beherbergte wie Persien die Magie. Alle Extravaganzen, die die Antike großzügiger über Afrika bis zu den nördlichsten Gegenden verstreut hatte, lebten nun in Indien.

Zu den menschlichen «Ungeheuern» gehörten natürlich auch die tierischen, die man von der griechisch/römischen Mythologie übernommen hatte und die ebenfalls Gegenstand wissenschaftlicher Dispute waren. Die Tierbücher sprechen mit großer Selbstverständlichkeit von der Sirene (halb Frau, halb Fisch), vom Phönix (der aus seiner Asche aufersteht), vom Vogel Greif (dem Löwen mit Adlerflügeln). Sind sie für die westlichen Intellektuellen unwahrscheinlicher als der Elefant, das Krokodil oder der Luchs, deren Darstellungen verraten, daß sie über die antiken Legenden hinaus nichts von ihnen wußten? Das berühmteste Beispiel ist das Einhorn. Sein griechischer *(rhinozeros)* und sein lateinischer Name *(unicornis)* und seine Beschreibung (ein kleines Tier, das in der Mitte der Stirn ein Horn besitzt) lassen vermuten, daß es sich um unser Nashorn handelt. Aber die romantische Legende, die es umgab (es konnte nur im Schoß einer Jungfrau gefangen werden), und die Miniaturen, die es wie ein elegantes Pferd oder ein Reh darstellten, verhinderten es, den aggressiven Dickhäuter zu erkennen. Marco Polo, der Nashörner in Borneo zu sehen bekam, versuchte vergeblich, die Vorstellung zu korrigieren. Ein weiteres Ungeheuer war das Monozeros, eine Mischung aus Pferd, Elefant und Hirsch; es konnte schrecklich brüllen und durchbohrte mit seinem Stirnhorn alles, was es angriff. Das Französische benützte für beide das Wort «Unicorne». Hinter dem «Pard», einem Raubtier mit geflecktem Fell, erkennt man unseren Gepard (vom italienischen *gatto-pardo*, Katzen-Pard) oder den Panther, der ihm physiologisch sehr nahesteht: Wird er mit dem Löwen *(leo)* gekreuzt, soll ein Leopard entstehen. Und es bedarf unseres besten Willens, um in gewissen Illustrationen den Elefanten mit Ochsenfüßen und Fledermausohren zu erkennen. Aus einem simplen Sprachproblem wird schnell ein Ungeheuer.[35]

Diese Fabelwesen sind identifizierbar. Aber um welche Realität soll es gehen bei einem Parandus (äthiopisches Tier, ochsengroß, mit Hirschgeweih und Affenpelz, das die Farbe der Umgebung annimmt, wenn es sich verstecken will), bei einem Lukrot (das schnellste wilde Tier, dessen Stimme der menschlichen zum Verwechseln ähnlich ist), bei einem Mantikor (ein Tier mit Löwenkörper, Skorpionsschwanz und menschlichem Gesicht, das mit seinen drei Reihen Zähnen Menschen verzehren kann), bei einem Eal (ein schwarzes Pferd mit Elefantenschwanz und Wildschweinkiefern, dessen bewegliche Hörner ihm im Kampf eine Reservewaffe sichern) oder bei einem Bonakon (ein asiatisches Rind mit ineinander gerollten Hörnern, das sich im Kampf nicht verteidigen, aber auf der Flucht drei Morgen mit brennendem Kot bedecken kann)? Wie die meisten der menschlichen Ungeheuer und der außergewöhnlichen Steine plaziert man auch die tierischen Monstren nach Indien, von dem die westliche Welt wenigstens sechzehn Jahrhunderte lang träumte.[36]

Die Reisenden, die dort gewesen sein sollen, alte (wie der mythische Alexander in mittelalterlichen Romanen) oder moderne (wie Jean de Mandeville), und diejenigen, die wirklich dort waren (wie Marco Polo), verstärken auf je ihre Art noch die fantastischen Vorstellungen. Man reiste, um Heimisches wiederzuerkennen, weniger, um Neues zu entdecken. Auf wissenschaftlicher Ebene sind die «Ungeheuer» Indiens für die Geographie, was die magischen Steine in der Mineralogie und die Macht der

Tiere in der Biologie. Ähnlich wie der Magnet mit seinen verblüffenden Fähigkeiten die Kräfte anderer Steine bestätigte, so wurden durch gewisse Erscheinungen wie die Pygmäen die absurdesten Fabeln über die Menschen in fernen Ländern glaubwürdig.

Wer die Berichte der Reisenden bezweifelt (*si tamen verum est quod dicitur*, getraut sich Hugo von Sankt-Victor zu sagen), habe nur selten eine Alternative zu bieten. Brunetto Latini versucht zwar, im alten Mythos der Sirenen die Geschichte dreier Prostituierten zu sehen, die Durchreisende betrogen: Ihre Flügel und Fingernägel symbolisieren die Liebe, die fliegen und zuschlagen kann; das Wasser, in dem sie leben, ist «feuchte Wollust».[37] Auch gibt es in Arabien, glaubt er zu wissen, ein Tier dieses Namens, so schnell, daß es zu fliegen scheint, und mit einem so mächtigen Gift, daß man stirbt, ohne Zeit zu haben zu leiden.

Seine Skepsis, der wir schon bei den Löwen begegnet sind, ist aber eine Ausnahme. Die echte Neugier und die intellektuelle Ehrlichkeit gehen in die gleiche Richtung; sie interpretieren sogar einen alten Mythos im Licht der Entdeckungen: Wie der Magnet den Mythos des Salamanders wieder aufleben läßt, erkennt man in Chinas Großer Mauer die Mauer, die Gog und Magog umschließt.[38] Auch bei uns gibt es linguistische Spuren dieser Art des «Lesens» statt Entdeckens: die Tataren wurden zu Tartaren, weil es in der griechisch/römischen Unterwelt eine Gegend dieses Namens gab. Waren sie übrigens nicht verwandt mit den grausamen Magogs (Mongolen) und befehligt von einem Nachkommen Hams (Khan)?

Die imaginären Reisenden wie Jean de Mandeville waren sehr daran interessiert, das von ihnen angeblich Gesehene zu bestätigen. In fernen, schlecht bekannten, wenig besuchten Ländern kann man sich erlauben, Phantasie und Wirklichkeit zu vermischen. Spotten wir nicht allzu schnell über die Leichtgläubigkeit des Mittelalters. Chinas Abgeschlossenheit hat auch heute mit der liebenswürdigen Hilfe der Medien aus dem Land eine Zuflucht von außerordentlichen Erscheinungen und Mutanten gemacht. Allein 1985 hörte man von einem Kind-Fisch, von einer Frau mit vier Brüsten, einem pelztragenden Baby, das aus der Vergewaltigung durch einen Yeti hervorgegangen sei, und einem Jüngling, der einen Tumor im Bauch «gebar», an dem man einen Magen, zwei Füße, Haare, Zähne und Knochen fand. Zu verurteilen ist weniger der menschliche Geist, der so prompt das Unglaubliche akzeptiert, als der künstlerische Nebel, mit dem die Ferne oder die Politik gewisse Erscheinungen umgeben.

Wir sollten aber nicht glauben, solche Erscheinungen seien nur in fernen Ländern vorgekommen. Auch die europäischen Annalen sind reich an Jahrmarktsmonstren, die oft als beunruhigende Vorzeichen oder furchterregende Zeugnisse aufgefaßt wurden. Da man von Genetik keine Ahnung hatte, wurde die Mutter eines behaarten oder sonst ein wenig tierisch aussehenden Babys des sexuellen Umgangs mit Tieren angeklagt. Was ist davon zu halten, daß in Spanien 1126 ein Kind mit zwei Körpern geboren wurde, vorne männlich, hinten hündisch, von einer *ignobilis muliercula*, einer kleinen Frau aus dem niederen Volk?[39] Das Interesse für solche Phänomene hängt für uns vor allem mit dem Versuch zusammen, sie schnell auf rationale Art zu erfassen, was ihre Nähe und die sich ergebenden Probleme nötig machten. Solche Erklärungen konnten dann auf fabelhafte, ferne Ungeheuer ausgedehnt werden.

Tatsächlich hat die Kirche schon sehr früh Erklärungen für Mißbildungen und Ähnlichkeiten mit Ungeheuern gesucht. Ein mißgestaltetes Kind, das nicht eigentlich ein Ungeheuer ist, enthüllt eine heimliche Sünde: Die Mutter eines kleinen Lahmen wird von der Menge so lange bedrängt, bis sie gesteht, daß das Kind an einem Sonntagabend gezeugt wurde, wo Enthaltsamkeit obligatorisch ist.[40] Ein rothaariges Kind (wo sind die Grenzen der Ungeheuerlichkeit?) kann nur während der Menstruation gezeugt worden sein, was strikt verboten ist. Die Hybriden, von denen es in den Chroniken eine Vielzahl gibt, werden bis zum 16. Jahrhundert mit der widernatürlichen Vereinigung einer Frau mit einem Tier erklärt. Als berühmtes Beispiel wird Merowech angeführt, der seinen Namen der ersten königlichen Dynastie verlieh und der von einem Meeresungeheuer gezeugt worden sein soll.[41]

Jenseits dieser von den kirchlichen Behörden gebilligten Vorurteile wurden auch – im Rahmen der damaligen Kenntnisse und Vorstellungen – rationalere Erklärungen gesucht. Die mittelalterliche Medizin, die die Gebärmutter in «Kammern» teilt, in deren linker Mädchen, in deren rechter Jungen entstehen, glaubt, in der Mitte befinde sich eine neutrale Kammer, wo, wie wir früher erklärten, der legendäre Hermaphrodit heranwachse. Obwohl die Erklärung nicht wissenschaftlich ist, wird doch das Bestreben deutlich, einen rationalen Grund für ein außerordentliches Phänomen zu finden. Ähnlich die astrologische Erklärung, die in der Geburt eines mißgebildeten Kindes einen Mangel an Affinität zwischen dem dominanten und dem aszendenten Zeichen sieht.[42] Oder die Erklärung durch die Schwangerschaftseindrücke: Ein kleines Ungeheuer wurde im 13. Jahrhundert geboren, das vor einem Bild, welches Ungeheuer zeigte, gezeugt worden war.[43]

Was die Monstren angeht, die die Wälder, die Meere, die fernen Länder oder einfach die Phantasie der Menschen bevölkern, so findet man sie auch in der Bibel. Die einen halten sie für Nachkommen Hams, andere glauben, sie seien wegen des Ungehorsams der Frauen entstanden, die nach der Sintflut verbotene Kräuter gegessen hätten.[44] Ihre Rolle in einer Schöpfung, von der Gott selbst sagte, sie sei gut, war, die Macht Gottes oder der Natur zu demonstrieren, dem Menschen Zerstreuung zu schaffen oder ihm die Möglichkeit zu geben, sich mit ihnen zu vergleichen und sich selbst schön und glücklich zu finden. Die Ungeheuer können auch Vorzeichen für unglückliche Ereignisse sein. Oft zitiert wird die Geburt jenes Monstrums, das den Tod Alexanders des Großen ankündigte.[45]

Diesen «wissenschaftlichen» Monstren, über die man mit Mitleid oder Schrecken spricht, entsprechen populäre Ungeheuer, die nicht eigentlich ungewöhnliche Tiere oder Menschen sind, sondern «Mutanten», Wesen, die zu gewissen Zeiten ihre Menschlichkeit ablegen. Der Glaube an die Macht des Mondes, ob voll oder neu, ist alt; schon der heilige Eligius warnte Leute, die glaubten, man könne verrückt werden. Als Zeugen einer Epoche, in der die Grenze zwischen Mensch und Tier noch vage war, riefen diese Ungeheuer auch deshalb eine große Unruhe hervor, weil man mit ihnen leben und sie sogar heiraten konnte, ohne es zu wissen ...

Der typischste dieser Hybriden ist der Werwolf, die germanische Version des «Lykanthropos» der Antike. Die griechischen und lateinischen Autoren[46] kennen diesen Wolfsmenschen gut (griechisch λυκος, Wolf, und ανθροπος, Mensch). Die fränkische Übersetzung des Wortes *Werwulf*, die man im 10. Jahrhundert bei Burchard findet (Weruvolff[47]), liegt dem deutschen Werwolf zugrunde und dem französischen *garou*, über das normannische *garwaf*, das sich bei Marie de France findet.[48] Was die keltische Form *Bisclavret* angeht, das die Dichterin bevorzugt, gibt es einen *bleiz garv* (bösen Wolf), einen *bleiz lavaret* (sprechenden Wolf) oder einen *bisc lavret* (der mit den kurzen Hosen, was die germanischen Legenden vom behosten Wolf in Erinnerung ruft).

Im Deutschland des 11. Jahrhunderts glaubte man, daß die Feen bei der Geburt das Schicksal festlegten, auch das Schicksal, sich in bestimmten

Nächten in einen Werwolf zu verwandeln. Aber der Schrecken der Bauern, die in direktem Kontakt mit wilden Tieren standen, war nicht derjenige der Adligen und Kleriker. Burchard verurteilt nicht den Werwolf, sondern den Glauben, daß es ihn gäbe. Ebenso charakteristisch ist der Lai von Marie de France: nicht der Ritter wurde verurteilt, der an drei Tagen in der Woche seine Frau verläßt, Wolf wird und von Raub und Diebstahl lebt, sondern der König straft die Frau, die, erschreckt von solchen Abwesenheiten, die Kleider ihres Mannes stiehlt, damit er nicht wieder ein Mensch werden kann ... Keinem Zweifel unterlag, daß der *Bisclavret* den Schutz der Religion gesucht hatte, indem er die Kleider in einem Grab bei der Kirche versteckte; das befreite ihn von jedem Verdacht, mit dem Teufel im Bund zu stehen. Keinem Zweifel unterlag auch, daß der Mensch-Wolf gegenüber Menschen und vor allem ihrem König bemerkenswerte Milde zeigte. Und der Verrat der Frau machte wohl mehr Eindruck als die Wildheit des Mannes. Aber merkwürdig ist es doch, daß Sympathie und Schutz mehr dem «Ungeheuer» galten als derjenigen, die es geheiratet hatte. ...

Ganz anders geht es drei Jahrhunderte später zu in den *Evangiles des quenouilles*, die zu einer Zeit geschrieben wurden, als die Hexerei zu einer Besessenheit der Menschen wurde. Hinter der beabsichtigten Parodie spürt man, daß die Angst dieser Frauen vor einem Werwolf-Ehemann echt ist. Sie tauschen Tricks aus, wie man ihn in die Flucht jagen könne, wenn er sich im Ehebett in einen Werwolf verwandle. Die Frau muß ihm folgen und ihren Gürtel und ihre Schürze hinter sich herziehen, und in der Tasche soll sie eine ausgelöschte gesegnete Kerze tragen. Eine Frau, die diese Anweisungen befolgt, findet bei ihrer Rückkehr die Schürze zerrissen, und am Tag darauf sieht sie Stoffäden zwischen den Zähnen ihres Mannes.[49]

Bei diesen Beispielen und anderen Versen der *Evangiles des quenouilles* sticht hervor, daß der Werwolf vor allem seine eigene Frau terrorisiert, die er nachts quält.[50] Anne Paupert fragt sich, ob es sich nicht um eine Projektion der sexuellen Aggression des Männlichen handle. Wer das innere «Tier» – Préault, allerdings im 19. Jahrhundert, würde es «Schwein» nennen – erwachen läßt, kann an einen beutesuchenden Wolf erinnern. Die Psychoanalytiker haben den sexuellen Charakter des großen bösen Wolfs im Märchen hervorgehoben ... Der Werwolf hat übrigens ein weibliches Gegenstück: die Teufelsstute, die die Konkubine eines Priesters gewesen und ohne Reue gestorben ist. Die Thematik wäre also dieselbe:

Mann und Frau mit übersteigerter Sexualität sind den Tieren nah und in Gefahr, verwandelt zu werden. Die *Evangiles des quenouilles* stellen die beiden Schicksale nebeneinander.[51]

Zwischen den populären und den «gelehrten» Monstern verläuft offensichtlich ein Graben. Das Übernatürliche besteht hier darin, daß man die Gestalt wechselt, aber weder der Mann noch der Wolf sind an und für sich Ungeheuer. Die Intellektuellen, die versuchen, ihre eigenen Monstruositäten rational zu erfassen, indem sie für ihre ausgefallenen Gestalten die seltsamsten Erklärungen finden, haben sich für die Probleme der Verwandlung nicht interessiert. Sie waren stets bereit, in ihren «Summen» alles aufzuzählen, was sie nicht kannten; es genügte ihnen zu zeigen, was möglich wäre, ohne herausfinden zu wollen, ob es das wirklich gebe. Sie waren eher naiv als leichtgläubig. Sie zweifelten nicht an dem, was sie gelesen hatten, machten sich aber über Bäuerinnen lustig. Im Raum zwischen diesen beiden Haltungen verläuft die Grenze der mittelalterlichen Naturwissenschaft. Die medizinischen und religiösen Experten sind so beweglich, daß sie eine befriedigende Erklärung für alle Phänomene vorbringen können. Der Wunsch, sie zu finden, ist oft wichtiger als die Erklärung selbst.

VIERTER TEIL

DIE AUSSCHLÜSSE

Als die Pilger von Canterbury, gefolgt von Geoffrey Chaucer, in Broughton ankommen, schließen sich ihnen zwei beunruhigende Typen an. Der Meister, ganz in Schwarz und schäbig gekleidet, sitzt auf einer erschöpften, schweißtriefenden Mähre. Er selbst, von der Hitze überwältigt, läßt seinen Hut auf den Rücken gleiten. Sein Kapuzenmantel läßt auf einen Kanonikus schließen, was die Pilgergruppe beruhigen sollte. Aber der Wirt ist mißtrauisch und geschickt; er nimmt den Diener beiseite und versucht, ihm die Würmer aus der Nase zu ziehen.

Der Diener leiert zuerst einen offensichtlich geübten Jahrmarktsspruch herunter. Sein Herr ist ein großer Gelehrter, der, wenn er wollte, den Weg nach Canterbury mit Gold bepflastern könnte. Aber, antwortet der Wirt, der sich nicht so schnell Märchen erzählen läßt, wieso dann sein ärmliches Auftreten? Der Diener bemerkt die Falle: Sein Herr weiß kaum, wohin mit dem Reichtum. Allmählich löst ihm aber die Rachsucht die Zunge. Sein Herr ist ein glückloser Alchimist, der sich schlecht und recht durchschlägt und Geld borgt, das er nie zurückgibt. Er verbirgt sich in übel beleumdeten Quartieren unter Bettlern und Dieben und hat die kleinen Ersparnisse seines Dieners ausgegeben, als seine Mittel erschöpft waren. Der Kanonikus tritt zu ihnen und versucht, den Unvorsichtigen zum Schweigen zu bringen, aber der ist zu sehr in Schwung. Der Alchimist, verlegen, flieht und hinterläßt seinem Diener, um dessen Galle zu beruhigen, über siebenhundert Verse.

Kanonikus, Gelehrter, Hochstapler, verfolgter Alchimist? Die gesellschaftliche Struktur des Mittelalters hat weite, unbestimmte Maschen. Die Wechselhaftigkeit des Schicksals, Gewohnheiten, die noch zum Teil von Nomaden stammen, stoßen zweifelhafte Menschen auf die Straße, wo sie sich mit gelehrten Reisenden und heiligen Personen mischen. Weniger als je macht das Gewand den Mönch. An den Rändern des Gedankenreichs muß man jetzt das Irrationale, die Magie und den Aberglauben aufstöbern. Wie in den Gräben und Böschungen, die die Straße säumen, wachsen Unkraut und wilde Blumen durcheinander und erheben sich zäh aufs neue jedesmal, wenn ein eiliger Straßenwärter sie niedergesichelt hat. Aber auch in dem wimmelnden Haufen von abergläubischen Vorstellungen und Träumen finden wir oft die bekannten Versuche, alten Aberglauben neu zu ordnen und die Welt vernünftig zu machen.

1. WEISSE ODER SCHWARZE MAGIE?

«Glaubt nicht, was immer geschieht, daß man mit Zaubermitteln die Liebe erhalten könne; feige und leichtgläubig ist, wer sich dieser Hoffnung hingibt. Niemals kann man dank der Künste von Toledo die Liebe fordern noch erhalten. Glaubt nicht an Zaubereien, sie sind ein Hohn. Wenn die Zauber und die Kräuter Macht hätten, würden sich Liebende niemals trennen. Aber in Wahrheit ist es nicht so: Circe wußte das. Niemals kann durch Zauber Jasons Abschied von Medea verhindert werden, noch der Abschied des Odysseus von seiner Freundin.»[1]

Liebesmagie? Die *clé d'amours*, die Kunst der Liebe des 13. Jahrhunderts in der Tradition Ovids, glaubt wenig daran; hätte sonst nicht Medea, die große Magierin, Jason zurückhalten können? Aber andere Mythen halten sich zäher: der Liebestrank, den Brangien, Amme, Heilerin und Hexe, Isolde eingibt, damit König Mark sie liebe, und den unglücklicherweise Tristan trinkt, beunruhigt noch immer die glücklosen Liebhaber (und, vor allem im Mittelalter, die unglücklich verliebten Frauen).

Übermäßige und durch Betrug erlangte Liebe kann nicht nur das Gleichgewicht der Familie zerstören, sondern auch die sehr strengen Regeln der höfischen Liebe. Im allgemeinen wird sie verurteilt. Sie ist nicht «vernünftig», findet Chrétien de Troyes, der sie der paulinischen Liebe gegenüberstellt, auf welcher die christliche Lehre über die Ehe beruht: «besser heiraten denn brennen». Damit man sie nicht Isolde nenne, die sich zwei Männern hingab, läßt Fénice, die Gefährtin von Cligès, sich für tot erklären und vereint sich mit ihrem Liebhaber in ihrem Grab – die Moral macht seltsame Umwege. Um so mehr, als sie hierfür einen Zaubertrank benötigt, den ihre Gouvernante mit dem bedeutungsschweren Namen Thessala[2] für sie zubereitet! Wirklich, der Liebesmagie kann man nicht entkommen – außer in manchen Fällen durch eine andere Magie. Der schöne Lucian im Roman von *Dolopathos* hütet sich, einen

Liebestrank zu sich zu nehmen: Er hat dessen Macht dank seiner astrologischen Kenntnisse entdeckt.[3]

Wenn in literarischen oder höfischen Kreisen ein ironisches Mißtrauen herrscht, so haben in der bäurischen Welt die alten Praktiken eine zähere Haut und entrüsten die Beichtväter, die sie entdecken.

Die Zauberliebe

Mehrere Verfahren werden von den Frauen benützt, um die Liebe ihres Mannes zu gewinnen oder zu erhalten. Das einfachste – und am wenigsten abstoßende! – ist eine besondere Segnung, ein Kreuz, das man mit dem Finger auf den Rücken des Partners zeichnet, wenn man mit ihm vereint ist. Das christliche Symbol, das die Ehe geheiligt hat, bedeutet so ihren Vollzug; auf dem Rücken, und in einem Augenblick, da der Mann an ganz andere Dinge denkt, wird es nicht bemerkt. Ein Grundprinzip der Magie im allgemeinen und besonders der Liebesmagie ist, daß sie dem Opfer gegenüber geheim bleibt. Hier haben wir, dank dem Kreuz, eine christianisierte Magie, doch hängt sie mit einem weitergehenden Aberglauben zusammen: der Einschließung eines Geistes oder Mannes mit Hilfe eines heiligen Zeichens, das als regelrechter geistiger Riegel funktioniert.

Die Anrufung einer äußeren Macht kann sich nicht immer auf das Christentum berufen. Der Geist von Toten wird vermutlich häufiger beschworen als der des lebendigen Gottes. Indem eine Frau der Mahlzeit ihres Mannes die Asche eines menschlichen Kopfes beigibt, kann sie seiner Liebe sicher sein. 1354 erhielt eine Frau einen Gnadenbrief; sie hatte einen im Friedhof entwendeten Knochen angezündet und ihn dabei beschworen, das Herz ihres Mannes vor Liebe so stark brennen zu lassen, wie er vom Feuer verzehrt wurde.[4] Die Symbolik des Feuers ist offensichtlich, aber auch das wohlbekannte Band zwischen Tod und Fruchtbarkeit. Auch sinnbildliche Tiere sind nützlich: Das Blut oder das Fleisch von Turteltauben, die ohnehin der Liebe verschrieben sind, soll vom begehrten Mann verzehrt werden.

Rein magische Akte lassen sich ausführen mit angezündeten oder erloschenen Kohlenstücken, mit Beschwörungen oder verhexten Kleidern.[5] Man benutzt auch, wie bei jeder Verhexung, eine Figur aus Wachs oder Teig, die man verbrennt oder auf einen Ameisenhaufen legt. Der brennende Biß der Ameisen hat dieselbe symbolische Wirkung wie das Feuer:

Man vergleicht die Liebe einer Flamme, die den Mann brennt, wie sie die Wachsfigur verbrannte; Ameisen spielen auch eine Rolle bei der Herstellung eines Tranks, der die männliche Kraft erhöhen soll. Man benutzt auch die Brennessel, deren Stich ebenfalls an Feuer erinnert. Die Zeremonie ist hier komplizierter: Die Pflanze wird im Urin der Frau getauft und in ein Feuer geworfen, das vom Holz der Grabstätten und von Knochen der Toten genährt wird, «damit der Mann in der gleichen Liebe brenne». Wir haben also gleichzeitig homöopathische Magie (das Feuer stellt die Liebe dar), beschwörende Magie (hier an die Toten, nicht an Gott gerichtet) und Berührungsmagie (Urin der Frau).

Die letzte Form des Liebeszaubers ist bei weitem am verbreitetsten. Üblich ist die Form, bei der der Mann etwas zu essen erhält, das mit den Sexualorganen seiner verlassenen Frau in Kontakt war. Burchard und Rudolfus zählen so den Fisch auf, der in der Vagina erstickt wurde (oder drei Fische, die im Mund, unter den Brüsten und in der Vagina getötet wurden), das auf den nackten Hinterbacken geknetete Brot, der Nahrung oder dem Getränk beigegebenes Menstrualblut, die Torte mit Schamhaaren oder Brot aus Mehl, in dem sich eine mit Honig eingeriebene Frau gewälzt hat ... Für das Umgekehrte habe ich nur ein Beispiel gefunden: Wenn sie das Sperma ihres Mannes kostet, ist eine Frau der Liebe ihres Mannes sicher.[6] Aber die erotische Technik, die die Aufnahme des Spermas voraussetzt, ist vielleicht wirksamer als die Magie ...

Schießlich kann man sich der vertrauten Haustiere bedienen, beim Mann des Hundes und bei der Frau der Katze; sie werden in magischen Ritualen häufig gebraucht. Um Liebe zu gewinnen, steckt die Frau ins Ohr ihres Mannes Federn eines Kapauns, der Küken angeführt hat, oder Haare von der rechten Pfote seines Hundes und vom Schwanzende der Katze. Sie kann auch eine Katze aushungern, indem sie sie zwei Tage lang unter einem Waschzuber gefangenhält, ihr hierauf die Pfoten zusammenbindet und mit Butter bestreicht, und sie dann zwingt, mit Urin getränktes Brot zu fressen. Es wird nicht gesagt, um wessen Urin es sich handelt; die oben angeführten Verfahren lassen vermuten, daß es sich um den der Frau handelt, die ihn dem Kater verabreicht, weil sie es dem Mann nicht kann. Die Verwendung ausgehungerter Katzen wird in verschiedenen magischen Akten erwähnt. Der parodistische Aspekt der *Evangiles des quenouilles*, denen diese zwei Rezepte entnommen sind, hinterläßt einen leisen Zweifel darüber, ob sie je ausgeführt wurden.[7]

Was die Männer angeht, befassen sie sich deutlich weniger mit Liebeszauber. Wer ihn benützt, wünscht einen Zauber, der ihm erlaubt, alle Frauen zu verführen, und nicht so sehr, die eigene Frau zu behalten.[8] Aber man hat auch an ihre Eifersucht gedacht. Damit niemand anders mit der Partnerin schlafen kann, muß man mit der linken Hand den Schwanz einer grünen Eidechse abschneiden, diese leben lassen und die weiblichen Geschlechtsteile während der Liebesspiele mit diesem Talisman berühren.[9]

Herr des Regens

Der zweitgrößte Bereich, in dem neben Religion und Aberglauben Magie eingesetzt wird, ist die Landwirtschaft. Die Launen des Wetters, von welchen das Überleben ganzer Gemeinschaften konkret abhängt, sind Gegenstand von diversen Spekulationen und Beschwörungen; die Krankheiten des Viehs, deren Ursachen ebenfalls unbekannt und deren Folgen ebenso schwer sind, bringen auch viel Sorge. Die Religion, die Stück um Stück einen Landwirtschaftskalender aufgebaut hat, der ebenso kompliziert ist wie derjenige heidnischer Religionen, beruhigt diese Ängste weitgehend. Daß die heidnischen Feste in christliche übergingen, was manche Ethnologen bestreiten, ist nicht so wichtig: Das Wesentliche liegt in der zunehmenden Ausbreitung religiöser Praktiken zum Nachteil der heidnischen Kulte und der landwirtschaftlichen Magie. Statt der früheren Fruchtbarkeitsriten zieht man jetzt Pilgerfahrten vor, auch wenn sie manchmal mit rein magischen Praktiken befleckt sind – eine Reliquie in den Fluß werfen, damit es regne, wie man früher ein nacktes Mädchen hineinwarf.

Bestimmte Opferriten, die schon bei Plinius erwähnt sind, hielten sich das ganze Mittelalter hindurch. Damit Wasser hervorquelle, tanzen zehn reich geschmückte Jungfrauen in rotem Kleid (bei Plinius: während ihrer Menstruation); um dem Hagel Einhalt zu gebieten, legen sich vier Frauen auf den Rücken, erheben die Beine und singen Zauberlieder.[10] Um Regen zu rufen, wird ein nacktes Mädchen aus der Stadt geführt, wo es mit dem linken kleinen Finger Bilsenkraut pflücken muß; die Pflanze wird an den kleinen Zeh des linken Fußes gebunden und das Mädchen ins Wasser getaucht und mit Hilfe von Zweigen benetzt, alles von Zauberformeln begleitet, die wir nicht kennen.[11] Die Frau, die enger mit der Natur verbunden ist, spielt in diesen Riten eine große Rolle, in denen die Drohung (Beine zum Himmel erhoben, das weibliche Geschlecht verjagt die bösen Geister) mit der Verführung (Tanz) abwechselt. Symbolische Opferriten (die in den Fluß geworfene Frau) und Gebete (Zauberlieder) erinnern vielleicht an die heidnischen Opfer, deren tiefe Bedeutung man nicht mehr verstand oder verstehen wollte.

Diese Riten werden von christlichen oder jüdischen Theologen mit Entrüstung geschildert; sie verurteilen sie ganz und gar. Gewisse Magiebücher berichten uns ähnliches. Das *liber vaccae (Buch der Kuh)*, das bald Galen, bald Plato zugeschrieben wird und in einem Manuskript aus dem Anfang des 13. Jahrhunderts überliefert ist, enthält eine Reihe von Experimenten dieser Art. Regen wird mit einem barbarischen Ritual chthonischen Charakters gerufen. Ein fleckenlos schwarzer Rabe wird ertränkt und einem schwarzen Hund, der in einem dunklen Haus eingesperrt ist, verfüttert. Am dritten Tag darf der Hund von dem Wasser trinken, in dem der Vogel starb. Am elften Tag zeigt er nur noch das Weiße seiner Augen und kann nicht mehr bellen. Man pflückt nun einen Busch namens «Mephus», dessen kleine Blätter denen der Raute und die Blüte denen der Bohnen gleichen. Eine Unze seines Safts gibt dem Hund seine Stimme zurück, und er bellt laut. Man bindet ihm dann «Hände und Füße» zusammen und siedet ihn in einem großen Topf. Mit dem Sud kann man Regen herbeirufen.[12]

Raben, die ein romantischer Mythos als böse, mit Hexerei in Verbindung stehende Vögel betrachtet, sind in der keltischen und der germanischen Mythologie meist heilige Tiere. Sie sind die Gefährten Wotans/Odins und verkörpern das Prinzip der Schöpfung, im Gegensatz zum Wolf, einem weiteren Gefährten des germanischen Gottes, der die Zerstörung symbolisiert. Der Hund gehört in den meisten Mythologien zur Unterwelt – man denke an den ägyptischen Anubis, den griechischen Zerberus, den germanischen Garm ... – dies wird bestätigt durch das schwarze Haus, in das er gesperrt wird und das an die Düsternis der Hölle erinnert. Wir finden also einen Ritus von Tod und Auferstehung vor, ähnlich dem Opfer des Gottes der Fruchtbarkeit und der Pflanzenwelt, der wieder lebendig wird, wenn das vergrabene Korn zur Ernte heranreift. Die Zahlen 3 und 12 entsprechen zweifellos den drei Tagen, nach denen Christus auferstand, und den zwölf Monaten des Jahres. Der Zyklus der Jahreszeiten wird so aufrechterhalten durch ein Opfer, und der Mord des Hundes ist ein Sieg über den Tod. Die Rolle des flüssigen Elements (Ertränken, dem Hund verabreichtes Wasser, Pflanzensaft, Sud) symbolisiert die gewünschte Wirkung. Was den nicht identifizierbaren Busch angeht, so spricht seine Verbindung mit der Bohne (die zum Totenkult gehört) und der Raute (abtreibendes Zaubermittel) Bände.

Man versteht, daß die Kirche solche Agrarriten bekämpft, die – abgesehen von der Grausamkeit, die nur uns Moderne schockiert – ein vorchristliches Weltbild aufrechterhielten. Aber sie konnte sie nur durch eine parallele Symbolik ersetzen: die des österlichen Opfers Christi oder das symbolische Eintauchen einer Reliquie, das ebenfalls das Ertränken und den Totenkult mit der Fruchtbarkeit verbindet.

Die Gesundheit seiner Tiere ist die zweite Sorge des Bauern. Die Agrarmagie kennt zahlreiche Techniken, um auch sie zu sichern. Das Vieh durch einen hohlen Baum oder durch einen Graben zu treiben, übermittelt ihm Erdkräfte.[13] Dieses Verfahren, das der heilige Eligius im 7. Jahrhundert verurteilt, hat sich da und dort bis in unsere Zeit erhalten, und manche Leute haben diese tausendjährigen Gebräuche ernst genommen, weil darin okkultes Wissen stecken konnte. So enthält die Stiftskirche Saint-Guidon, in Anderlecht, einen vergrabenen Dolmen, unter dem man die Reliquie des Heiligen hindurchführt, um Schutz für das Vieh und Heilung von Seuchen zu erlangen. «Wenn dann der Pilger diese Handlung ausführt, kann er sich nicht bewußt sein – es sei denn, er befinde sich genau zur Zeit des mittäglichen Höchststandes der Sonne an diesem Ort –, daß er dem Meridian, der Achse der Erde, entlangkriecht. Mittags dringt ein Sonnenstreifen durch eine Mauerspalte und reicht ebenfalls bis zwischen die beiden Stützen des Grabsteins. Außerdem hat die Krypta drei weitere Fenster, die je nach Jahreszeit die Äquinoktien und Sonnenwenden markieren.»[14] Es wurden viele Versuche der Erklärung unternommen, aber sie überzeugten nicht immer; man wollte diese obligatorischen Durchgänge in Kirchen (Kirchentore, Beichtstühle, Megalithen ...) mit der Konzentration der Erdkräfte, dem Lauf eines unterirdischen Flusses, der Bahn eines Sternes in Verbindung bringen.

Vor allem waren es Ligaturen – Zaubersprüche, die auf Bänder geschrieben und an einen Zweig, bei einem Kreuzweg, in der Höhlung eines Baumes oder am Hals der Tiere befestigt waren –, die für die Gesundheit der Herde sorgten.[15] *Les merveilles du monde*, die Albert dem Großen zugeschrieben und zum *Grand Albert* wurden, enthalten viele Geheimmittel, Maulwürfe zu fangen, Schlangen zu vertreiben, Fliegen zu vernichten, das Haus von Schlangen und Skorpionen zu befreien; es waren oft einfache Verfahren mit gewöhnlichen Materialien, aber seltsam angewendet: Ausräuchern mit brennenden Eselslungen oder Stutenhaar ... In welchem Maß wurde all dies im Mittelalter ausgeführt? Das läßt sich schwer sagen. Emmanuel Le Roy Ladurie hat für Montaillou zu Beginn des 14. Jahrhunderts auf die relative Seltenheit der Regenbeschwörung durch Agrarmagie hingewiesen – und sogar auf die Seltenheit der katholischen Bittprozessionen, die sie ersetzten.[16] Aber die Magie und auch die Prozessionen, die vom liturgischen Kalender nicht direkt abhängig sind, bleiben eine Maßnahme der letzten Verzweiflung. Die Magie wird jedoch nicht mehr zu einer eigentlichen Bauernreligion, sie wird nur zu Hilfe gerufen, wenn eine außergewöhnliche Trockenheit oder ein Übermaß von Regen nach den alten Rezepten verlangen.

Der persönliche Schutz

Der Schutz des Viehs und der Schutz der Menschen wird durch sehr ähnliche Maßnahmen gesichert. Durchs Johannisfeuer – oder über seine Asche – springen junge Leute ebenso wie Pferde; die Zauberschnüre, die an Baumzweigen hängen oder als Halskette getragen werden, können sowohl die Menschen wie ihre Tiere heilen. Der Volkskalender wie die großen Etappen des Lebens sind voll von Sühnehandlungen und Aberglauben, der gegen Krankheit oder Unfälle wirken soll. Manchmal handelt es sich um regelrechte Kulte der Familiengeister, wie die Mahlzeit, die an Weihnachten der Königin des Himmels, Holda, offeriert wird, die Kochtöpfe voller Geschenke, die bei den Germanen den Penaten *(stetewalden – die Waltenden an einer Stätte)* eines Hauses dargebracht werden, in das man einzieht, die Statuetten der in einer Ecke des Hauses wohnenden Laren, denen man gewissenhaft zu essen gibt, die Opfer an die Parzen, die Schicksal und Tod verwalten ... Alle diese Götzenkulte werden im Germanien des 14. Jahrhunderts von Bruder Rudolfus angeprangert.[17]

Bräuche, die seither in die Folklore eingegangen sind, haben denselben Ursprung. Die Zweige, die man am 1. Mai an die Häuser heftete, sollten den Frauen Milch geben, und wenn der deutsche Mönch, der darauf hinweist, vom Fest der heiligen Philipp und Jakobus spricht, hebt er hervor, daß es mit der Walpurgisnacht zusammenfällt. Die großen Augenblicke des Lebens laden meist zu Aberglauben ein. Die junge Braut wird in ihr neues Haus nicht durch eine Tür eintreten, durch die eine Leiche getragen wurde, vor allem, wenn diese Leiche die erste Frau ihres Gatten war. Eher klettert sie durch ein Fenster oder läßt sich tragen, wie es in der Antike üblich war. Die Jungvermählten beißen in ein Brot und einen Käse, die sie dann hinter sich werfen; so wird die Nahrung niemals fehlen. Trägt man einen Toten aus dem Haus, so gießt man einen Kübel Wasser unter die Bahre; wenn er gewaltsam ums Leben kam, wird er mit Balsam begraben, damit er seine Wunden pflegen kann. Der am Sonntag geborene Sohn wird auf eine Kuh gesetzt und ahmt den Ruf des Kuckucks nach. Ein Neugeborenes wird aufs Dach oder in den Backofen gebracht, damit es gesund bleibt.[18] Man könnte Seiten um Seiten füllen mit Bräuchen, deren Symbolik manchmal klar, manchmal dunkel ist und die oft an Riten gemahnen, die die Volkskundler des 19. Jahrhunderts auf dem Land noch vorfanden.

Der Schutz, der so erbeten wird, betrifft alle Gefahren und alle Unfälle des Lebens: Krankheit und Tod ohnehin, aber auch Feuer, tollwütige Hunde, Verletzungen, Amputation von Gliedmaßen, Gefahren der Reise, wilde Tiere. Wenn die zeremoniellen Riten und Handlungen dazu tendieren, seltener zu werden oder nur noch als Folklore zu gelten, so gewinnen die stets eleganteren Talismane das Terrain, das die anderen Sühnetechniken verloren haben.

Die Techniken

Die Liebes- und die Agrarmagie wenden verschiedene Techniken an. Die erstere arbeitet vor allem mit Hexerei und sympathischer Magie, die letztere mit Talismanen. Das Verhexen von kleinen Figuren ist eher eine Technik der Schwarzen Magie, die streng verboten ist; die Liebesmagie ist das zwar auch, wird aber oft verziehen. Wir kommen im Zusammenhang mit der Hexerei noch darauf zu sprechen. Die homöopathische Magie *(similes similibus curantur)* behandelten wir zusammen mit der medizinischen Magie, der sie nahe bleibt. Die Berührungsmagie (Machtübertragung durch einen Gegenstand, der jemanden berührt hat) gehört zu den Praktiken, die zu vielfältig sind, als daß man sie zusammenfassen könnte: Verhexen, medizinische Magie, Reliquien, Liebesmagie. Manche davon, die Frazer unter dem generischen Begriff «sympathische Magie» gruppiert hat, sind eher Praktiken, die Teil von komplexen Abläufen sind, als spezifische Techniken. Nimmt man also die nigromantischen und die Beschwörungsvorschriften aus, so besteht die mittelalterliche Weiße Magie hauptsächlich aus Talismanen.

Unter Talisman versteht man eine Reihe schutzgebender Gegenstände, die sich nicht immer leicht klassifizieren lassen. *Amulette* sind Glücksbringer aus natürlichen Bestandteilen (Zähne, Kräuter, Hasenpfoten). *Fetische*, umgekehrt, sind vom Menschen gemacht. Die Talismane, im Gegensatz zu den beiden ersten, haben eine genau definierte Macht (Blitz abhalten, gegen Raubtiere schützen), sonst bringen sie aber kein Glück. Unter ihnen gibt es die *Drudenfüße*, die ihre Macht von höheren Geistern bekommen und nicht von sich aus handeln; die *Phylakterien* bestehen aus Gebeten, Beschwörungen, Anrufungen oder heiligen Texten, die auf unbenutztes Pergament geschrieben sein müssen. Die *Siegel* sind Drudenfüße, die von einem magischen Kreis umgeben sind; die *Ligaturen* sind Phylakterien, die zum Beispiel an Baumzweige gehängt werden. Wenn der erflehte Schutz eher zum religiösen als zum magischen Bereich gehört, spricht man eher von Reliquien als von Amuletten und eher von Medaillons als von Siegeln. Aber im Geist des Anwenders ist der Unterschied nicht immer sehr klar. Der Gebrauch im Alltag schert sich nicht groß um diese theoretischen Einteilungen. Die ägyptischen «Amulette» sind eher Fetische, und die Drudenfüße nennt man oft Talismane. Schließlich bezeichnet das Wort *Talisman* ungefähr alle Gegenstände, die bei der Magie verwendet werden.

Was die Ligatur angeht, die auf zwei lateinischen Wörtern beruht *(ligatura, ligatio)*, so bezeichnet sie im weiteren Sinn auch den Akt, jemandes Kraft zu binden, und wird fast zum Synonym der Verhexung: Fangschnüre zu knüpfen, den Mann durch ein auf seinen Rücken gezeichnetes Kreuz an sich zu binden, gehört zur *ligatio*. Sie ist ein Überbleibsel aus dem magischen Heidentum und wird als göttliche Macht von den meisten antiken Religionen, ob semitisch oder indogermanisch, anerkannt. Sie ist die Macht von Zeus-Jupiter und ebenso von Jahwe; vielleicht haben auch die Ketten, mit denen die Gefangenen in Platos Höhle gebunden sind, damit sie nicht hinaussehen können, etwas damit zu tun. Die christliche Religion enthält auch eine Spur davon, wenigstens, wie sie sich ausdrückt – was Petrus auf Erden bindet und löst, soll auch im Himmel gebunden und gelöst sein (*Matthäus* 16,19) – und in der liturgischen Kleidung: Die Albe der Priester hat wie das Gewand antiker Magier keinen Gürtel, damit seine Macht nicht eingeschränkt wird. Der Bereich, in dem im Mittelalter die eigentliche Ligatio die größte Bedeutung hat, ist die sexuelle Magie. Ein antiker Brauch besteht darin, Bänder zu flechten, um die Liebe von Nebenbuhlern abzuwehren.[19] Als in der Renaissance Strumpfbänder aufkamen, brauchte man diese nur zu verknüpfen, um den Ehemann impotent zu machen.

Der elementarste Talisman ist also das Amulett, das pflanzlich, tierisch oder mineralisch sein kann und seine Kraft dem Träger vermittelt. Edelsteine haben, wie wir gesehen haben, diese Kraft seit der Antike, aber nicht jedermann kann sie sich leisten. So sind Kräuter, Zähne, Pfoten sehr begehrt, weil auch sie Glück bringen können. Wir haben den Glauben an die Macht einer Hasenpfote behalten. Im Mittelalter zog man die Maulwurfspfote vor; sie brachte ganz allgemein Glück, vor allem aber in der Liebe. Die christliche Religion machte besonderen Gebrauch von den Amuletten, indem sie sie mit der Heiligenverehrung verknüpfte. Aber die Verwendung von Reliquien beruht, wenn sie nicht auf den Kirchenraum beschränkt ist, auf demselben Prinzip. Man kann auf sich ein Stück Gebein oder einen Zahn tragen, der von einem Heiligen stammen soll. Rolands Schwert, Durendal, enthält in seinem Griff einen Zahn des heiligen Petrus, Blut des heiligen Basilius, Haare des heiligen Dionysius und ein Stück des Gewandes der heiligen Maria.[20]

Eine andere Art, einen Talisman zu verfertigen, besteht darin, daß man eine Anrufung, ein Stück Heiliger Schrift, ein Gebet, einen der Namen des Schöpfers oder eine kabbalistische Formel auf ein Pergament schreibt. Diese Phylakterien, die von den Juden übernommen wurden, werden schon vom heiligen Eligius im 7. Jahrhundert abgelehnt. Aber durch das ganze Mittelalter hindurch findet man Sammlungen von Formeln, die man auf neues Pergament schreiben und bei sich tragen soll, um Gefahr abzuwehren. Fremde Schriftzeichen (vor allem hebräische) oder spezielle im Kreis geschriebene oder quadratische Alphabete erhöhen die Kraft. Um sich vor Fieber oder Frösteln zu schützen, trägt man ein Pergament auf sich, auf dem «Eugenius. Stephanus. Prothasius. Sanbatius. Clenitus. & Quiriacus»[21] geschrieben steht. Eine ungewöhnliche Zusammenstellung der Buchstaben oder Wörter, wie ein Palindrom, fügt ihr Geheimnis der Kraft des Wortes hinzu. Denken wir nur an das magische Quadrat, das ab dem 1. Jahrhundert erscheint und das man im ganzen Mittelalter antrifft. Es ist ein ausgeklügeltes Palindrom, das man in vier Richtungen lesen kann:

S A T O R
A R E P O
T E N E T
O P E R A
R O T A S

Die Übersetzung ist problematisch (ein Wort, Arepo, hat keinen Sinn), und sein christlicher Charakter wird bestritten, seitdem man es auch in Pompei gefunden hat, aber sein Erfolg setzt sich ununterbrochen fort. Es kommt ungefähr gleich häufig vor wie die Theorien über seinen Sinn. Ob auf Kathedralen graviert oder auf Pergament geschrieben, ist es ein vielseitig zu verwendender Talisman. Auf ungebrauchtes Pergament geschrieben und an den Hals des Pferdes gehängt, zähmt es den wildesten Hengst.[22]

Die Siegel bilden eine besondere Klasse dieser auf Pergament geschriebenen Talismane. In einem magischen Kreis zeichnet man Figuren mit spezieller Kraft, die einem Geist oder einem Himmelskörper entsprechen. Ein Manuskript in der Bibliothèque Nationale enthält ein halbes Dutzend: ein magisches Quadrat Sator-Arepo, ein Kreuz, dessen Arme mit Zeichnungen beladen sind, einen Schlüsselbund, Parallelen von verschiedener Breite und Länge.[23]

Unter all diesen Figuren kommt dem Pentalpha oder Pentagramm eine besondere Macht zu. Es ist ein fünfzackiger Stern (der seit der Renaissance Davidstern genannt wird), manchmal ist er sechszackig (und heißt seit der Renaissance Salomonssiegel): Diese beiden Figuren findet man paarweise im Mittelalter, und sie werden oft verwechselt. Seit mindestens viertausend Jahren bekannt, taucht das Pentagramm in Babylon, Ägypten, Etrurien und Griechenland auf; es ist eines der verbreitetsten magischen Zeichen der Antike. In den ersten Jahrhunderten unserer Zeitrechnung, als es für die Kabbala verwendet wurde, schrieb man es systematischer der jüdischen Magie zu. Aber hin und wieder findet man es auch mit christlichen Symbolen zusammen, und die westliche Magie braucht es intensiv, um böse Geister zu beschwören. Im *Picatrix* steht es als Unterschrift wie das Kreuz unter christlichen Formeln.[24] In den lateinischen Übersetzungen des Werks ist es teils belassen, teils weggelassen worden. Nach der Legende war es auf einem Ring eingeritzt, den Salomon von einem Engel bekam. Es handelt sich um ein vorbeugendes Amulett, um das letzte Mittel der zeremoniellen Magie, wenn es ihr nicht gelingt, einen Geist zum Gehorsam zu zwingen, aber möglicherweise wurde es auch als Talisman für verschiedene Handlungen benutzt. Julius Africanus braucht es bei der Dressur der Pferde, beim Mischen von Gift für Feinde, bei der Heilung verschiedener Krankheiten und Verletzungen.[25]

Diese Figuren und Formeln kann man auf Pergament schreiben, aber auch in ein Medaillon aus Metall gravieren. In letzterem Fall zieht man allerdings die astronomischen Medaillons vor, die sich vom 13. bis zum 17. Jahrhundert über den Okzident verbreiteten. Jeder der sieben Planeten entsprach einem Metall, und in dieses ritzte man das Symbol des Planeten, um seine Macht zu konzentrieren. Das *Picatrix*, eine arabische astrologische Schrift vom 12. Jahrhundert, das auf Befehl des Königs Alphons X. des Weisen 1256 ins Spanische übersetzt wurde, beschreibt diese astronomischen Intaglios des langen und breiten. Ihr Prinzip leitet sich von der uralten Verbindung zwischen einem Planeten und einem Metall her, die schon die griechische Alchimie kannte.[26] Schmilzt man das Metall in einem bestimmten Moment, der zum entsprechenden Planeten gehört, so fließt die Energie des letzteren ein; der Effekt wird verstärkt, wenn man auf das Medaillon das Symbol des Planeten graviert. Diese Bilder haben nach dem Verfasser selbst keine Kraft, sie vermitteln nur diejenige der Himmelskörper. Man kann sie als Talisman tragen, man kann sie auch zur Herstellung von Siegeln im Backwerk benutzen, das man einem Kranken eingibt. Man findet da Zeichnungen, die einem Liebe verschaffen sollen, die einen reich machen, aus dem Gefängnis fliehen helfen, beim Fischen reiche Beute sichern, Städte zerstören, Skorpione verjagen sollen ... Um die Mäuse zu vertreiben, legt man ins Haus eine Kupferplatte, auf die man im Beginn des Löwen-Sternzeichens Figuren eingraviert hat, die zu den damit verbundenen Planeten gehören: 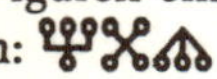 [27].

Diese magischen Talismane stehen der zeremoniellen Magie und der Beschwörung der Geister nahe. Für Wilhelm von Auvergne sind die Schriftzeichen, die man eingräbt, Dankesbezeugungen, die die Dämonen ihre Anbeter lehren, und haben an sich keine Macht, sondern agieren durch die Vermittlung der Dämonen, die mit dem Träger einen Pakt eingegangen sind. Und um die Mode zu bekämpfen, stellte die Kirche schließlich selbst Amulette her. Zur Zeit des heiligen Eligius lehnten die integersten Bischöfe diesen Kompromiß, den gewisse Priester schlossen, strikt ab. Wir haben gesehen, mit welchen christlichen Gebeten man die heidnischen Formeln zu ersetzen suchte. Die heiligen Medaillons, deren erste sichere Spuren im 12. Jahrhundert auftauchten, sind die konkreteste Antwort auf das Bedürfnis nach Glücksbringern. Sie wurden bei der Rückreise den Pilgern gegeben, damit sie zu Hause die Erfüllung ihres Gelübdes oder ihrer Strafe belegen konnten, und sie wurden zu regelrechten Talismanen, von denen die Frömmsten – wie der König Ludwig XI. – mehrere als Schmuck trugen.

Man könnte also die Liste der magischen Gegenstände mit einer richtigen Ausstellung christlicher Gegenstände ergänzen: liturgische Dinge, Kirchenmöbel (Altäre, Altardecken, Glocken und Glockenseil, Statuen und ihre Vergitterungen), gesegnete Kerzen, Zweige, Asche, Erbauungsbücher. Und vergessen wir nicht die zahlreichen Magie-Gegenstände (Kessel, Helme, Ringe, Waffen), die ursprünglichen Mythen entstammten. Aber sehr schnell waren sie nur noch literarische Motive, deren Christianisierung (der Gral, die Lanze des Longinus) kaum über den Status eines Mythos hinausreichte.

Magie oder Illusionen?

Für die Theologen existiert vom 13. Jahrhundert an die Weiße Magie nicht wirklich. Die Macht des Menschen über die Natur, wenn er nicht bestimmte bekannte oder noch zu entdeckende Gesetze beobachtete, bediente sich des Teufels. Der Rest waren «Illusionen» und «Kunststücke», mit welchen Wörtern man auch die Halluzinationen bedachte, die die Magier hervorriefen, damit man glaube, sie hätten Macht über die Elemente. Das Thema kommt ebenso häufig in der Literatur vor wie in den Magiebüchern. So groß ist die Macht des Zwerges Oberon: Um Huon de Bordeaux zu fangen, entfesselt er Gewitter, fällt Bäume, gräbt ein Flußbett, aber alles ist nur Illusion.

Le Secret des philosophes, in einem Manuskript des 14. Jahrhunderts enthalten, unterscheidet zwei Sorten von Kunststücken dieser Art, die uns heute mehr auf Fingerfertigkeit zu beruhen scheinen als auf Magie. Die «dialektische» Art täuscht die Sinne, indem sie Wasser das Aussehen von Wein verleiht (die Anspielung auf das Evangelium ist nicht zu übersehen) oder die Dinge mit Hilfe von Spiegeln vermehrt oder mit Hilfe von Spiegeln, die die Sonnenstrahlen reflektieren, die Sterne bei Tag erscheinen läßt. Die Zauberwerke umfaßen Illusionen, die einen glauben machen, ein Tisch bewege sich oder eine goldene Kugel hänge in der Luft.[28]

Man findet dieselbe Unterscheidung bei Wilhelm von Auvergne, der unter drei Arten magischer Akte die Fingerfertigkeit (Magie durch geschickte Hände) und die Illusion (scheinbare Magie) zitiert: Die erste ruft Bewunderung hervor bei Menchen, die nicht wissen, wie das gemacht wird; die zweite benützt natürliche optische Erscheinungen. Wenn man in der Nacht ein Eichenblatt für eine Kröte hält und einen Wurm für ein Flämmchen (Glühwürmchen), wie kann es dann erstaunen, daß man uns eine Binse oder einen Stock als Schlange sehen läßt? Man muß nur, sagt der Bischof von Paris, eine Kerze aus Wachs und Schlangenhaut verfertigen: Die bunten Farben der Schuppen werden auf Stroh und Zweige geworfen, und die Beweglichkeit der Flamme läßt sie zittern.[29] Die Erklärung dieser Illusion ist um so wichtiger, als sie das Wunder entzaubert, das Pharaos Magier vollbracht hatten; sie muß aber für die Theologen sorgfältig getrennt werden vom Wunder des Moses.

Die mittelalterlichen Magiebücher sind angefüllt mit Rezepten, die für uns heute zum «amüsanten Zauber» gehören, aber sie sind vermischt mit chemischen Rezepten (griechisches Feuer, Tinte), mit medizinischen Heilmitteln und mit Ratschlägen für reine Magie (Stürme entfesseln, Zukunft vorhersagen ...). *Le petit Albert, le Livre de la Vache, le Livre des Feux, le Livre de la Lune, le Secret des secrets* lehren in buntem Durcheinander, wie man jemand glauben macht, ein Haus sei voller Schlangen, ein Mensch habe einen Tierkopf oder drei Köpfe oder keinen Kopf, Feuer steige aus dem Wasser, man könne jemand veranlassen zu furzen, was vor allem ein paar physikalische oder chemische Kenntnisse verlangt, ganz zu schweigen von unmöglichen Versprechen, wie sich unsichtbar zu machen, Ketten zu zerbrechen oder die Sprache der Vögel zu verstehen.

Bevor die Brechung des Lichts entdeckt wurde, hat der Pseudo-Albert einen Regenbogen auf die Wand geworfen, indem er in den Sonnenstrahl einen viereckigen Stein hielt, der einem Kristall glich: die Iris.[30] Die unwahrscheinlichsten Kunststücke werden mit dem tiefsten Ernst beschrieben. «Wenn du willst», und er zählt auf: jemanden traurig machen, oder jemandem die Hand verbrennen, Wasser ohne Feuer sieden, die Hände ohne Messer zerkratzen, Freude schaffen, schmerzunempfindlich machen, Feinde besiegen, einem Schläfer seine Geheimnisse entlocken ... Und die merkwürdigsten Anweisungen scheinen im Vergleich zu den versprochenen Wundern kindlich einfach.

Manchmal handelt es sich um die behauptete magische Kraft eines Steins oder eines Krautes: Legt man Eisenkraut in den Taubenschlag, so zieht es die Tauben an; Lilienpulver hindert den, der es auf den Kleidern hat, am Schlafen; wenn man Melisse auf den Rücken des Ochsen legt, muß er einem folgen. Aber man findet auch eine Vielzahl von Pudern, die man auf eine Lampe streuen kann, um Illusionen zu schaffen. Das so verwendete Rosenpulver macht alle schwarz wie Satan. Auch das Räuchern verschiedener, vielleicht halluzinogener Kräuter ist sehr beliebt. Um jemanden glauben zu machen, er habe sich in einen Esel verwandelt, verfertigt man eine Kerze aus Wachs und Eselsperma.[31] Diese «Experimente», die ein paar physikalische oder chemische empirische Kenntnisse voraussetzen, sind mit einem Wust von abergläubischen Vorstellungen oder Scharlatanerien vermischt; sie tauchen im 12. Jahrhundert auf, sind letztlich aber nur eine Neumischung antiker orientalischer Magie, die die Araber gebracht haben.

All dies bestätigt seit dem Mittelalter, daß die Magier die Menschen täuschten; ihre Macht beruht auf einer empirischen Kenntnis der okkulten Ursachen von natürlichen Erscheinungen. Eine Unterscheidung setzt sich mehr und mehr durch: diejenige zwischen Illusionisten und Dämonenbeschwörern; sie werden nicht gleich streng bestraft. Wilhelm von Auvergne sagt klar, daß von den drei Typen der Magie, die er unterscheidet, der Teufel nicht bei Fingerfertigkeit oder bei Illusionen interveniere, sondern nur bei der dritten Art, die magische Gegenstände verwendet.

Die Erklärung okkulter Ursachen

Diese Gegenüberstellung physikalischer Experimente, die sich eventuell nachvollziehen lassen, und der Fingerfertigkeit reiht die Magie für ihre Verteidiger in die Wissenschaften ein, deren Studium an sich nicht tadelnswert ist. Die damals verbreitete Legende, in Toledo gebe es eine Schule der Magie, erhebt diese auf eine scheinbar höhere Ebene als primitive Zauberei und bäurischen Aberglauben.[32] Für das 13. Jahrhundert, das sich gierig in die Wiederentdeckung der Naturwissenschaft stürzt, ist das ein günstiges Vorurteil. «Jede Wissenschaft gehört zu den guten Dingen», sagt der Pseudo-Albert. «Aber man bedient sich ihrer bald im guten, bald im schlechten Sinn, so daß die Wissenschaft bald auf gute, bald auf schlechte Ziele gelenkt wird, je nachdem, wie man sie anwendet.» Man beginnt einzusehen, daß die Fragen der wissenschaftlichen Ethik sich nicht auf die Magie beschränken. ... «Die Wissenschaft der Magier ist nicht schlecht», fährt er fort. «Ihre Kenntnis kann das Böse vermeiden und das Gute anstreben. Man lobt die Wirkung um des Zieles willen.»[33] Also stehen im Geist des Verfassers eine gute und eine schlechte Magie einander gegenüber, je nach dem Ziel, das angestrebt wird.

Das Buch *Les merveilles du monde* entwickelt in einer langen Einleitung dieselbe These. Das Werk des Weisen, so wird behauptet, ist es, die «Wunder» zu stoppen, diese erstaunlichen, aber natürlichen Vorgänge, die dem Menschen als magisch erscheinen. Deshalb ist es richtig, bei den alten Autoren nach Erklärungen dieser Erscheinungen zu suchen. Unter den «wunderbaren und seltsamen» Dingen figuriert die Ligatio, die Kunst, die Menschen und ihre Kraft durch Beschwörungen, Schriftzeichen, Gift und Worte zu binden; sie interessiert den Verfasser besonders. Nicht, weil er zu diesen «besonders verwerflichen» Praktiken raten will, sondern um die Aufmerksamkeit auf eine Kunst zu lenken, «die fast allen Menschen und Völkern gleichgültig ist», denn sie scheint «total unmöglich und hat offenbar keine genügende Ursache».[34] Die Hinweise auf Avicenna in den Büchern über Nigromantik oder Magie, in denen der Pseudo-Albert seine Wissenschaft geschöpft haben will, beruhigen den Verfasser. So ist die Magie, wie bei den Medizinern die empfängnisverhütenden oder abtreibenden Maßnahmen, offenbar dazu bestimmt, abzuwenden und nicht zu schaden. In beiden Fällen handelt es sich um reine Rhetorik, die das Buch harmlos erscheinen lassen soll.[35]

Überzeugen diese Argumente die intellektuellen und geistlichen Autoritäten? Nur zum Teil. Wir haben gesehen, wie Wilhelm von Auvergne zwei Kategorien von Fingerfertigkeit von allem Verdacht teuflischen Einflusses ausgenommen hat. Sobald die Magie aber mit Mitteln arbeitet, die nicht von sich aus etwas täuschend vor Augen führen können – zum Beispiel einem aus besonderem Holz geschnitzten Pfeil und Bogen, der einen Fluß erscheinen lassen kann –, ist es die teuflische Macht, die sich einschaltet, und die verwendeten Gegenstände dienen nur dazu, die Aufmerksamkeit des Publikums abzulenken. Aber auch hier gilt es allerdings zu differenzieren. «Viel Wunderbares ist in den Dingen, das wir nicht wahrnehmen können.» Wenn der Heliotrop genannte Stein den, der ihn trägt, unsichtbar macht, geht das vielleicht auf die Macht zurück, die er auf das Licht hat und die ihm erlaubt, die Sonnenstrahlen rot zu färben: Nimmt er damit die Farbe dessen an, der ihn trägt, in der Luft und in den Augen der Menschen? Und der Bischof von Paris zitiert in buntem Durcheinander die «Ligaturen» dieser Art, alles, was die Energie der Menschen und der Dinge «bindet»: der Krake, der ein Schiff anhält; die Zithersaite aus Schlangenleder, die die anderen Saiten am Erklingen hindert; der Frosch in der Kehle des Hundes, der sein Bellen vereitelt; der Wolf, dessen Blick den Menschen stumm macht; die Schlange, die den Magiern alle Macht wegnimmt; der Flußkrebs, der die Maulwürfe im Garten fliehen läßt; die Pfingstrose, der menschliche Urin oder die Spucke der Heiligen, die die Dämonen vertreiben. Nachher geht er zu den Tugenden der Steine und Pflanzen über, die er ebenfalls von jedem Verdacht, teuflisch zu sein, befreit.[36]

So gäbe es also eine natürliche Magie, die die okkulten Kräfte der Natur benützt, ohne den Teufel zu Hilfe zu rufen. Wilhelm von Auvergne schließt davon nur gewisse, genau umschriebene Gegenstände aus (Pfeil und Bogen) – oder, könnte man verallgemeinernd sagen, alles, bei dem er keine direkte Verbindung mit der gewünschten Wirkung sehen kann. Dieser Wunsch, die Wunder und Illusionen verständlich zu machen, ist alt; schon die ersten Kirchenväter versuchten, auf diesem Weg die von Christus oder von den Heiligen vollbrachten Wunder von den falschen der Heiden und der Dorfzauberer zu unterscheiden. ... Ein Unentschlossener fragte so den Pseudo-Justin, warum die Talismane des Apollonios von Tyana die Flutwellen, die Orkane und das Überhandnehmen der Ratten verhinderten. Wenn Christi Wunder Zeichen sind, die die Völker bekehren sollen, sind dann diejenigen eines Ungläubigen nicht dazu da, zum Heidentum zu bekehren? Apollonios, wird ihm beschieden, verwendet die natürlichen Kräfte von Sympathie und Antipathie. Seine Wunder sind nicht gleich wie die Wunder Christi, der nicht die Kräfte der Natur verwendet, sondern diejenigen Gottes. Wenn übrigens Gott die Pseudo-Wunder des Apollonios zuläßt, dann, weil sie den Naturkräften gehorchen.[37]

Was sind denn die Kräfte von Sympathie und Antipathie, die zu den Naturgesetzen gehören? Alte medizinische Grundsätze und solche der homöopathischen Magie werden angerufen *(similes similibus curantur, contraria contrariis curantur*; Gleiches wird mit Gleichem geheilt, Entgegengesetztes mit Entgegengesetztem), werden zuerst als Gesetze angeführt, die nicht begründet werden müssen. Man braucht auch keine Begründung für die spontane Vermehrung der Schlangen und der Frösche, die die Wunder der Magier des Pharaos erklären.

Aber man kann weiter gehen. Ausgehend vom Prinzip, daß ein starker Wunsch seinen Willen auf die Wesen und die Dinge überträgt, daß zum Beispiel sich ein Schüchterner stärker fühlt, wenn er von Tapferen umgeben ist, erweitert der Pseudo-Albert diesen Grundsatz auf die Welt der Dinge. Was man zum Beispiel ins Salz legt, wird Salz; wenn man mit etwas Verwesendem in Kontakt kommt, haftet einem der Geruch an, und ein Tier, das in der Gesellschft der Menschen lebt, wird «menschlich» (zahm). «Alle Natur sucht ihre eigene Art» *(Omnis natura movet ad suam speciem):* Alles Gleiche ist dem Gleichen nützlich, wie die Mediziner herausgefunden haben, die die Leber mit Hilfe von Leber heilen. Die natürliche Magie wendet dieselben Prinzipien an: Man wird kühn, wenn man etwas vom Hahn auf sich trägt, der ein mutiges Tier ist, und unfruchtbar, wenn man etwas vom Maultier bei sich hat. Umgekehrt hat jede natürliche Art ihre Feinde, deren Kräfte sich auf ihre Körperteile übertragen: Ein Lammfell wird so von einem Wolfsfell zerstört.[38]

Thomas von Aquin verwendet diese normalerweise den Magierwundern vorbehaltene Erklärung sogar für die Wunder. Man bewundert, erklärt er, Dinge, deren Ursachen man nicht kennt. Man ist verblüfft über eine Sonnenfinsternis, die ein Astronom natürlich findet. So hat auch das Wunder seine verborgenen Ursachen und kann durchaus natürlich sein. Aber, fügt er sofort hinzu, die einfachste verborgene Ursache ist Gott. So kann Thomas mehrere Grade von Wundern unterscheiden. Das höchste ist dasjenige, das die Natur nicht schaffen kann: die Sonne anhalten oder das Meer spalten. Hierauf kommt, was die Natur bewirken kann, aber in einer anderen Reihenfolge: die Auferstehung (Leben nach dem Tod), die Heilung der Blinden (sehen, nachdem man nicht sehen konnte). Schließlich, was die Natur bewirken kann, aber durch andere Ursachen: Fieber heilen oder Regen rufen.[39] Das eigentliche Wunder ist deutlich von demjenigen getrennt, das die Natur bewirkt, aber auf die Natur muß hingewiesen werden. Auch beweist Thomas von Aquin anschließend, daß nur Gott Wunder tun kann, weil ihm alle Geschöpfe gehorchen und man nicht gegen seine Befehle handeln kann. Alles, was ein Mensch leistet, braucht deshalb die Kraft Gottes oder der Natur.

Die Unterscheidung wäre praktisch, wenn die Bücher über Schwarze Magie sie nicht benutzten, um ihre Kunst zu rechtfertigen ... *Picatrix*, ein Werk, das in vielen Aspekten zur Zauberei mit bösen Absichten sowie zu zeremoniellen Praktiken neigt und sich als Buch der Nigromantik bezeichnet, verteidigt sich mit denselben Prinzipien: «Wir nennen alle

Dinge, die den Sinnen verborgen sind und von denen die meisten Menschen nicht wissen, wie sie zustande kommen, noch welche Ursachen sie hervorrufen, Nigromantik.» Übrigens leitet es diesen Ausdruck nicht von einer «schwarzen» Wissenschaft, sondern vom Land der Schwarzen *(Terra Nigrorum)* ab, das die Nigromantik hervorgebracht haben soll.[40] Der Unterschied zwischen Schwarzer und Weißer Magie ist in diesem Fall wenig brauchbar. Man versteht, daß die religiösen Behörden ihn schließlich ablehnen. Am 19. September 1398 präzisiert die Universität von Paris, daß man keine magischen Praktiken benützen dürfe, selbst nicht für einen guten Zweck, denn aus Gutem kann Böses entstehen, und das Verbot gelte auch für Handlungen, die Böses vertreiben sollten. Sie ist der Ansicht, daß die religiösen Praktiken, die zu dieser Magie gehören (Weihrauch), sich nicht an Gott, sondern an den Teufel richten und daß die sie begleitenden guten Werke (Fasten, Abstinenz, Messe) sie nicht reinwaschen.[41] Zu einer Zeit, da die Scholastik einem absolut wissenschaftlichen Rationalismus huldigt, treten die Praktiken der Weißen Magie mehr und mehr in den Hintergrund. Der Teufel und die Hexen spuken in den Köpfen, und man akzeptiert diese Unterschiede, die allzu leicht umgangen werden, nicht mehr.

Die psychosomatische Erklärung

Eine Novelle von Pierre Boulle[42] handelt von der Unfähigkeit eines Priesters, an ein Wunder zu glauben, das er selbst getan hat, obschon es ihm die höchsten wissenschaftlichen und kirchlichen Autoritäten bestätigen. Dieses spontane Mißtrauen, das mir für unsere eigene Epoche charakteristisch scheint, kommt in den gläubigen Jahrhunderten des Mittelalters genau so häufig vor. Die Möglichkeit des Wunders wird zwar generell leichter akzeptiert, aber man glaubt erst, wenn die rationalen Erklärungen versagt haben. Und die bequemsten dieser Erklärungen sind damals die «Bewegungen der Seele», die «Leiden der Seele», das Verhalten der «getrennten Substanzen», eines Einflusses des Geistes auf den Körper, den wir, einen linguistischen Anachronismus gebrauchend, mit Psychosomatik bezeichnen könnten.

Alle Medizinbücher kennen zu jener Zeit die «Leiden der Seele»; sie werden wie andere Krankheiten studiert und können körperliche Übel zur Folge haben.[43] Eine Art von Placebo-Effekt wird in einer arabischen

Abhandlung, die im 12. Jahrhundert ins Lateinische übersetzt wurde[44], wie folgt beschrieben: «Wenn der menschliche Geist aus reiner Absicht die Überzeugung gewinnt, eine bestimmte Sache, obschon sie ihm nicht helfen kann, sei ihm von Nutzen, so hilft – nach Plato – diese Sache seinem Körper durch die Wirkung des Wortes.» So erklärt sich zum Beispiel die Macht einer Beschwörung, die aus dem Vertrauen entspringt, das der Kranke zu ihr hat. «Was immer sie ist, sie heilt.» Die Konstitution des Körpers hängt von den Seelenkräften ab: Angst, Trauer, Freude, Erstaunen beeinflussen den Körper und können sich auf die Körperflüssigkeit und die Verdauung auswirken.

Der Einfluß der vier «Körpersäfte» (Blut, Galle, Phlegma, schwarze Galle) auf unsere seelische Verfassung und umgekehrt führt zu einer Verallgemeinerung: «Es scheint also, daß, wenn die Medizin die seelische Verfassung auf gleich welche Weise verbessert, sei das durch Beschwörung, Anrufung oder einen um den Hals gehängten Talisman, auch dem Körper hilft. Aber wenn sie ein für das Übel passendes Medikament hinzufügt, ist die Gesundheit schneller wieder hergestellt, denn die Medizin hilft dem Körper und die Beschwörung der Seele. Die Verbindung beider Dinge bewirkt zwangsläufig eine schnellere Heilung.» Die Rolle des Arztes wird nun delikat, er muß auch ein sehr guter Psychologe sein: Patienten mit einem fröhlichen Wesen brauchen oft nur eine Diät, denn allein die Hoffnung auf Heilung wird Besserung bringen. Was Patienten mit einem traurigen Wesen angeht, so muß man sie aufmuntern, «aber man soll damit nicht übertreiben, denn sie könnten durch allzu schöne Versprechungen dazu verleitet werden, sich nicht mehr zu pflegen». Das traditionelle Beispiel für die Macht des Geistes über den Körper ist die Heilung der Impotenz, und Costa ben Luca, wie viele andere, behauptet, auf diese Weise einen Mann geheilt zu haben, der sich «gebunden» glaubte. Er zählt in diesem Zusammenhang eine Reihe von Talismanen auf, die um den Hals zu hängen sind und nicht durch ihre Kraft wirken, sondern «als Seelentrost».[45]

Das wäre die psychologische Erklärung der Talismane. Deren Faszination wurde nicht vergessen. Thomas von Aquin hatte lange vor dem Philosophen Montaigne festgestellt, daß man leichter von einem Balken fällt, wenn man hoch oben ist, als wenn man nahe der Erde ist. In gleicher Weise können Begehren und Wut den Körper wärmen, die Angst ihn abkühlen. Das kann körperliche Verwandlungen, Fieber, sogar Lepra verursachen. Die Ähnlichkeit der Symptome (Schauer von Angst oder Fieber,

Hühnerhaut und schuppige Dermatose bei Lepra) erklärt diesen Gedankengang. Thomas schloß daraus, daß Seelenregungen auf den ganzen Körper einwirken können. So funktioniert die Faszination: Wenn man jemandem sehr stark schaden will, kann man ihm diesen Schaden einprägen.

Dies setzt die Existenz von «getrennten Substanzen» geistiger Art voraus, die bei starker Erregung (Angst, Liebe, Haß) den mit uns verbundenen Körper beeinflussen, zu unseren Augen vordringen und auf die Außenwelt einwirken können. Die Macht der Augen wird von Thomas von Aquin bestätigt mit dem damals allgemeinen Glauben, menstruierende Frauen würden die Spiegel, in die sie schauten, trüben.[46] Das erinnert an das antike *fascinum*, den bösen Blick, den man seit Demokrit durch ein «Bild» erklärt, das aus dem Auge bestimmter Personen oder Tiere tritt. Man glaubte an Hexen mit zwei Pupillen, an den Wolf, der den Menschen mit seinem Blick lähmt, an die antike Meduse, die den Menschen in eine Statue verwandelt: Sie alle hängen mit diesem uralten Mythos zusammen.[47] Der Pseudo-Albert, aus derselben Epoche, zeigt sich gesprächiger. Nach ihm gibt es in der menschlichen Seele eine gewisse Kraft, Dinge zu verwandeln *(virtus immutandi res)* und sie sich dienstbar zu machen. Man gewinnt diese Kraft durch übermäßige Liebe oder Haß oder ein ähnliches Gefühl. «Wenn die Seele eines Menschen in maßlose Leidenschaft verfällt, kann man sehen, wie sie die Dinge bindet und im gewünschten Sinn verändert.» Er selbst, der dies lange geleugnet hatte, lernte durch die Bücher der Nigromantik, daß Seelenregungen die stärksten Wurzeln all dieser Dinge sind. Dieser Macht gewaltiger Gefühle fügt er noch die der besonders «würdigen» Seelen hinzu, die die «scheußlichen» Dinge zum Gehorsam zwingen, und den Einfluß der Stunde, der Himmelskarte und anderer Mächte, was eher in den Bereich der zeremoniellen Magie gehört. So lassen sich nach ihm Segnungen und Verwünschungen erklären. Aber diese «Trunkenheit» der Seele teilt sich auch den Talismanen, den Schriftzeichen und Figuren, die man zeichnet, mit, was erklärt, weshalb sie, je nach der Überzeugung des Zeichners, nicht alle gleich mächtig sind. – Das Wort «Medium» gehört nicht in diese Zeit; dennoch handelt es sich klar um eine Begründung der Kräfte gewisser Menschen durch die Psychologie.[48]

Die psychologische Erklärung gibt offenbar gewisse Typen der Magie frei, die man nur noch wegen ihrer bösen Absichten oder wegen des unbedingten Glaubens an ihre Wirkung verurteilen kann. Aber sie kann nicht für alle Arten der Magie zutreffen. Neben der natürlichen Magie, die sich der noch unbekannten Kräfte unbelebter Gegenstände bedient, gibt es die Wunder, die man mit Hilfe von Dämonen tut und die den Wundern der Heiligen entsprechen, die sie mit Hilfe von Engeln tun. Zwischen den beiden gibt es einen Zwischenbereich: Die Engel und die Dämonen können ebenfalls «natürliche Dinge» verwenden, wie der Arzt zur Heilung des Kranken Kräuter verwendet und der Schmied zur Erweichung des Metalls das Feuer. In diesemFall sind das keine echten Wunder noch Magie, denn man bedient sich des Wesens der Dinge.

Diese Unterscheidung ist wichtig, denn sie könnte die astrologische Magie rechtfertigen. Manche sind der Ansicht, die zeremonielle Magie sei natürlich, denn sie rufe keine Geister, sondern arbeite mit der Macht der Himmelskörper. Der heilige Thomas lehnt dieses Argument ab: Was mit dem Intellekt gemacht werden müsse (zum Beispiel einen Dieb aufstöbern, einen Schatz entdecken, die Zukunft vorhersehen), könne seinen Ursprung nicht in einem körperlichen Prinzip (den Sternen) finden, sondern in einem «Intellekt», dem Geist, der den Sternen beigesellt sei. Die Magier verwendeten also höhere Geister, die – so sagt er schließlich – nicht willentlich, sondern durch Zufall böse sind. Auch ist das Böse, das diese Geister tun, eine Sünde – die Sünde des Hochmuts, Gott gleich sein zu wollen.[49] Bei vielen Themen lehnt Thomas es ab, sich durch komplizierte Gedankengänge allzuweit vorzuwagen, und bestätigt so indirekt die Neigung seiner Epoche, die natürliche Magie zu erweitern.

Indem es das Wunder und die Weiße Magie rational durchdachte, brachte das 13. Jahrhundert es wahrhaftig fertig, das zu dulden, was acht Jahrhunderte der Evangelisierung nicht hatten ausrotten können. Diese Öffnung war erst möglich, als die alltägliche Magie von jedem Verdacht, eine Spur Heidentum zu enthalten, befreit war. Die tausendjährigen Gesten und Riten, die man wieder ausübt, um seine Herde zu schützen, den Regen fernzuhalten oder die Liebe des Ehemannes zu gewinnen, sind nicht mehr Relikte abgeschaffter Kulte, sondern empirische Glaubensinhalte ohne dogmatische Untermauerung, deren Wirksamkeit nur von okkulten, aber natürlichen Ursachen oder von der Kraft der menschlichen Seele abhängt. Es mußten aber kräftige Balustraden eingebaut werden, damit diese relative Toleranz sich nicht auf gefährlichere Arten der Magie ausweitete. Diese Balustraden wurden von der Inquisition definiert, mit genau so falscher Argumentation. In diesem intellektuellen Turnier, das mit derselben Logik das Wunder bald erklärt, bald dem

Teufel zuschreibt, ist man einem geschickten Theologen ausgeliefert, der zum Verdammen und zum Freisprechen dieselben eingeübten Gedankengänge vorträgt. In einer Zeit, die sich im Gleichgewicht befindet, ist dieses furchterregende Arsenal ebenso geschmeidig wie harmlos. Aber als die Hexerei zur fixen Idee des von Krieg, Epidemien und Hungersnöten gebeutelten Abendlandes wurde, verwandelten sich die Tüfteleien des Klerus in entsetzliche Waffen.

2. DIE HEXEREI ODER DAS AUFTAUCHEN DES TEUFELS

1276 waren seltsame Gerüchte über Philipp den Kühnen im Umlauf. Dieser junge König von Frankreich, Sohn von Ludwig dem Heiligen, der soeben mit Marie von Brabant eine zweite Ehe eingegangen war, wird angeklagt, «wider die Natur zu sündigen». Ein heiliger Mensch soll dies in einer Vision gesehen haben, die mit einer deutlichen Drohung verbunden war: Wenn der König nicht bereut, stirbt sein Sohn binnen sechs Monaten. Im selben Jahr ist der Kronprinz Ludwig tot.

Der betroffene König glaubt nicht an Zufälle und nicht an eine göttliche Bestrafung. Er ist überzeugt, sein Sohn sei vergiftet worden, um die Prophezeiung zu bestätigen und um an die berühmte, übrigens nicht nachweisbare Sünde glauben zu machen. Eine Untersuchung wird angestrengt, um die Quelle der Verleumdungen zu entdecken: Sie macht zwei Frauen aus Liège ausfindig, die gestehen, das Gerücht ausgestreut zu haben.

Aber im Lauf der Ermittlung richtet sich der Verdacht auf Pierre de La Brosse, den früheren Chirurgen von Ludwig dem Heiligen und seither Kämmerer und Favorit von Philipp. Er habe mit Hilfe seines Vetters, des Bischofs von Bayeux, die zwei Frauen gekauft und ihnen die Beschuldigungen eingegeben. So wäre es also er, der den Sohn des Königs vergiftet hätte. Nach dem Legat Simon, der die Geschichte untersuchte, wäre es Pierres Ziel gewesen, daß die Königin dieses Mordes angeklagt würde: Marie von Brabant, die Philipp 1274 ehelichte, hätte sich eines Erben aus der ersten Ehe entledigen wollen.

Zwischen dem alten Favoriten und der ganz jungen Königin besteht sicherlich Feindseligkeit, und zwar so stark, daß man heute ein umgekehrtes Komplott vermutet: Die Affäre sei aufgezogen worden, um den alten Kämmerer loszuwerden. Und so geschah es: Pierre de La Brosse wird 1277 in Montfaucon gehängt, der Bischof von Bayeux flieht nach Rom, wo ihn der Papst unterstützt, und kommt nach dem Tod des Königs nach Frankreich zurück, wo er sein Bistum zurückerhält.[1]

Dieser Prozeß, der einen großen Widerhall fand, gilt als ein für die Geschichte der Hexerei wichtiges Datum – einfach, weil sie darin kaum eine Rolle spielt. Zwar sind alle Bestandteile vorhanden, um eine Affäre aufzuziehen wie diejenigen, die das 16. und 17. Jahrhundert erschütterten: Zwei Frauen aus den unteren Schichten, ein Kirchenmann, der vermittelt, ein Mitglied des Hofes von hohem Rang, ein Todesfall in der königlichen Familie. Ziemlich dieselben Elemente wie dreißig Jahre später beim ersten großen Hexereiprozeß gegen Guichard, den Bischof von Troyes. Guichard ist ein Freund der Blanche von Navarra und ihrer Tochter Johanna, die mit Philipp dem Schönen verheiratet ist; er ist ein Mann von Einfluß mit Sitz im Rat und im Parlament. Er fällt in Ungnade, als er Jean von Calais fliehen läßt, diesen betrügerischen Schatzmeister, der die Königin Blanche um ihr Erbe prellte und im Jahr 1300 ins bischöfliche Gefängnis von Troyes verbracht wurde.

1302 stirbt Königin Blanche, gefolgt, 1305, von ihrer Tochter Johanna, die 32 Jahre alt war. Da mußte man ja an eine Rache des Bischofs denken, der gewiß beide vergiftet hatte: Von jetzt an gerät die Sache außer Kontrolle. 1308 gibt ein Eremit, Renaud von Langres, zu, er habe mit dem Bischof Guichard in Gesellschaft eines Dominikaners, Bruder Johannes von Fay, und einer Hexe, Margueronne von Bellevilette, an Teufelsbeschwörungen teilgenommen. Die Sache zieht sich in die Länge, und die Enthüllungen nehmen schwindelerregende Ausmaße an. Der Dominikaner habe ein Zauberbuch konsultiert und den Teufel gerufen, der in der Gestalt eines schwarzen Mönchs mit Hörnern zum Fenster hereingestiegen sei. Er habe geraten, ein Bild aus Wachs zu verfertigen und vom Priester auf den Namen der Königin taufen zu lassen, und am Kopf und anderen Körperteilen des Bildes Nadeln einzustechen. Da die Königin lange krank war, jedoch nicht starb, sei dem Bischof der Geduldsfaden gerissen: «Was zum Teufel? Wird sie ewig leben, diese Frau!» Er zertrampelte die Wachspuppe und warf sie ins Feuer; die Königin starb.

Nun gab es kein Halten mehr. Gleich anschließend wurde Guichard beschuldigt, der Sohn eines *neton* (Inkubus) zu sein; er sei so vollgestopft mit Teufeln, daß sie zum Schrecken eines armen Mönchleins aus seiner Kapuze und seinem Haar gefahren seien, er habe nach Art der Alchimisten Gold fabriziert, er habe eine Hostie wieder ausgespuckt, und eine Reihe anderer Missetaten, die vielleicht realer waren. Der Prozeß dauerte sechs Jahre. In der Zwischenzeit beginnen die Ankläger, Guillaume de Nogaret und der König Philipp der Schöne, einen weit größeren Hexereiprozeß gegen die Tempelritter. Der Papst unterstützt den Bischof mit mehr Nachdruck als den Großmeister, und 1313, ein Jahr, ehe Jacques de Molay den Scheiterhaufen besteigt, wird Guichard von Troyes frei, seine Unschuld wird bestätigt und sein Ankläger gehängt.[2]

Eine Generation trennt die beiden Affären, und in der Geschichte der Hexerei wurde eine Seite umgedreht. Alle Elemente sind vorhanden, um aus Pierre de La Brosse einen Zauberer und Vergifter zu machen; was Guichard vorgeworfen wurde, war den Theologen des 13. Jahrhunderts vertraut und scheint förmlich den Büchern Wilhelms von Auvergne zu entspringen. ... Aber 1274 ist die Teufelspsychose noch auf die Kleriker und Mönche beschränkt. Anfang des 14. Jahrhunderts überstürzen sich die Prozesse, und immer höherstehende Persönlichkeiten sind darin verwickelt. Guillaume de Nogaret agierte in den Prozessen gegen Guichard, gegen die Tempelritter und gegen das Gedächtnis des Papstes Bonifaz VIII. 1315 wird gegen die Frau des Finanziers Enguerrand de Marigny die Anklage der Hexerei erhoben; 1316 wird der Kardinal Gaëtani der Zauberei beschuldigt; 1317 wird Mahaut von Artois der Schuld am Tod des Königs von Frankreich bezichtigt; 1334 wird die Schwester des Königs der Hexerei angeklagt. Und dazu kommen viele Prozesse gegen Privatpersonen, die im allgemeinen Hexenwahn hängenblieben! Es ist die Epoche, in der die Inquisitoren, die bis dahin nur Ketzer richten durften, Vollmachten erhalten, um die Hexerei zu bekämpfen, die Juden und Leprakranken in Frankreich der Brunnenvergiftung angeklagt werden, der Papst Johannes XXII., selbst überzeugt, bei seiner Wahl 1316 von seinen Gegnern verhext worden zu sein, die Bulle *Super illius specula* erläßt, auf die sich von nun an die Hexenjagd stützt. ... Wenn man die banale Geschichte mit Guichard betrachtet, gewinnt man den Eindruck, es habe sich um eine Hauptprobe für die große Oper der Hexerei im 14. Jahrhundert gehandelt.

Die Archetypen: Der Maleficus

Warum kommt es zu Beginn des 14. Jahrhunderts zu dieser Vervielfachung der Hexenprozesse für Dinge, die hundert Jahre früher bestimmt nicht solches Aufsehen erregt hätten? Neue Fakten gibt es im

14. Jahrhundert nicht. Die Persönlichkeiten, die als zum Typ der Hexen gehörig betrachtet werden, und die Praktiken, die man ihnen vorwirft, stammen aus einer weit zurückliegenden Antike: Der Blick hat sich verändert, nicht die Tatsachen. Was früher als Wahn oder absurder Glaube galt, wird nun wortwörtlich genommen; was sich früher in verschiedenen Techniken differenzierte, wird in einem einzigen Typ zusammengefaßt. Das ist der Archetyp der Hexe, den man für sich allein studieren muß, um das Wesen des neuen Mythos zu verstehen.

Auf der einen Seite gibt es den ursprünglichen Zauberer, den *Maleficus*, den Menschen mit dem bösen Blick, der die Formeln, die Gesten, die nötigen Bestandteile kennt, um ein Land oder einen Menschen zu ruinieren, die Frauen und die Kühe unfruchtbar zu machen, die Herden und die Säuglinge zu verderben, die Ernten zu vernichten und die Brüste der Ammen versiegen zu lassen. Er ist ein Erbe des antiken Zauberers, und sein Typ bildete sich in der Gesellschaft des Abendlandes sehr früh (4. Jahrhundert). Vor seinen Handlungen suchen die germanischen Gesetze zu schützen. Der Maleficus, der «Böses tut», ist von Neid, Haß oder finanziellen Interessen getrieben: Es gab karolingische Sturmbringer, die von den Bauern Geld forderten, um ihre Felder von Gewittern zu verschonen. Solange man ihnen aber kein konkretes Verbrechen nachweisen kann, läßt man sie in Ruhe: Man verdächtigt sie nicht, mit dem Teufel im Bund zu stehen, und ihre Missetaten können, wie alle anderen, mit *Weregeld* (Bußen) abgegolten werden.

Die von der Antike übernommenen Praktiken der Zauberei werden ohne große Änderungen bis ans Ende des Mittelalters, wenn nicht bis heute, weitergeführt. Sie benutzen dieselben Ingredienzen: Blut von verschiedenen Tieren, Schlangen, Kröten, unglückbringende Tiere, giftige Kräutertränke. Gewisse Rezepte benutzen wirksame Substanzen: als Schlafhilfe empfiehlt das *Picatrix* Frauenmilch mit Opium. Meist aber handelt es sich um Dinge, die man wegen ihrer Symbolik gewählt hat: Um Freundschaften aufzulösen, verwendet man ein Haar von der weiblichen Scham und eine Schlangenzunge.[3] Der Zauber wirkt oft indirekt, je nach den verschiedenen Giften, die das Opfer einnimmt. Stücke von Nattern, in Jauche eingelegt, töten einen Gatten, der im Weg steht; eine Schlange, die unter der Türschwelle vergraben ist, schlägt das ganze Haus mit Unfruchtbarkeit.[4] Die Rezepte können auch komplizierter sein: Im Monat März füllt man ein leeres Ei mit menschlichem Blut und läßt es von einem Huhn ausbrüten; hierauf findet man darin das Bild des Blutspenders. Das Ei wird dann getrocknet und zermahlen und wird verhindern, daß der, der es einnimmt, denjenigen haßt, der das Blut gab.[5]

Die am meisten gefürchtete Praktik ist zweifellos das Verhexen mit Hilfe von Wachsfiguren, deren Spuren von der ägyptischen Antike bis in unsere Tage verlaufen.[6] Ihr Prinzip ist, dem Opfer mit Hilfe eines symbolischen Gegenstandes (Puppe, Wachsstatuette) oder eines solchen, der ihm gehört (Hemd, Körperhaar, Finger- und Zehennägel) beizukommen. Diese Übertragung, die zu der von Frazer so benannten Berührungsmagie gehört, kann Alltagsdinge verwenden: Das schweißgetränkte Hemd eines Mannes zu sieden, kann diesen töten.[7] Die Folklore hat bis zum 19. Jahrhundert den Brauch beibehalten, das Hemd eines Kranken in einen wundertätigen Brunnen zu tauchen. Vielleicht erklärt diese Macht die Verbote, die weitherum auf der Wäsche lasteten, oder die folkloristischen Darstellungen der antiken Parzen als höllische Wäscherinnen.[8] Aber am häufigsten wird eine Darstellung des Menschen verwendet. Die Puppen, meist aus Wachs, können gebraucht werden, wie sie sind, oder ein Priester tauft sie auf den Namen des Opfers; die Macht der Puppe wird verstärkt, wenn sie ein wenig von seinem Blut, seinen Nägeln, seinem Körperhaar enthält. Sie werden dann mit Nadeln an den Stellen, denen man schaden will, gestochen. Anscheinend wird das Stechen nicht als Ursache des Bösen angesehen, sondern als Ortsangabe für das Beschwören.

Die Puppen finden sich auch innerhalb komplizierterer Zeremonien: Damit ein Mann keine Frau mehr begehrt, mischt man das Hirn einer schwarzen Katze und Alraunkörner. Man macht eine Puppe, die oben am Kopf durchbohrt ist. Die Mischung wird durch das Loch hineingegeben und die Puppe an der Stelle, wo ihre Genitalien sind, mit einer Eisennadel durchstochen. Man läßt dann das Opfer einen Trank einnehmen, der mit vier Drachmen Schweineblut, zwei Drachmen Schwalbenhirn, einem Pfund Schafsmilch und einem Pfund Myrtensaft hergestellt ist. Gleichzeitig umgibt man ihn mit Weihrauch und mit Galbanum-Rauch.[9]

Die Verhexung mittels Puppen bleibt die typischste Praktik der Zauberei. Die Chroniken und die Prozesse des 14. und 15. Jahrhunderts wimmeln davon. Wenn kein Verdacht besteht, daß der Teufel im Spiel ist, kann die Praktik von den richtigen Leuten offenbar für gute Zwecke angewendet werden. Thomas de Pisan, Arzt und Astrologe von Karl V., inszenierte eine spektakuläre Hexerei, um die Engländer aus Frankreich zu vertreiben. Bei einer bestimmten Sternkonstellation wurden fünf Figuren aus Blei oder Zinn modelliert, die nackte Männer darstellten. Auf ihrer Stirn waren die Namen des Königs von England oder der Hauptleute seiner Kompanien geschrieben und auf ihren Wangen und Armen astrologische Symbole und andere Formeln. Die Figuren wurden dann ausgehöhlt und mit Erde aus den Grenzregionen und dem Zentrum Frankreichs gefüllt. In einem astrologisch festgelegten Moment wurden sie unter Beschwörungen an den Orten vergraben, von denen man die Erde genommen hatte. Sie sollten dort begraben bleiben bis zur totalen Zerstörung und Vernichtung des Königs, seiner Hauptleute und seiner Anhänger, «so lange dieses Werk im Willen Gottes dauert, Amen». Die Figuren wurden mit dem Gesicht nach unten und den Händen auf dem Rücken beerdigt, und «binnen weniger Monate waren alle diese Kompanien aus dem Königreich geflüchtet».[10] Das war verfrühter Jubel, die Geschichte weiß es. Aber wenn man sich vergegenwärtigt, daß diejenige, welche ohne Beschwörungen und Hexerei die Engländer wirklich aus Frankreich warf, als Hexe verbrannt wurde, so ermangelt dieses «natürliche, einzigartige und unaussprechliche» Experiment nicht der unfreiwilligen Ironie.

Wenn der Wortschatz als Spiegel der Gesellschaft dienen kann, ist die Chronologie Wagners, was die Entwicklung des ursprünglichen *Maleficus* angeht, aufschlußreich. Die Konzilien vom 6. bis 9. Jahrhundert benutzten eine große Zahl von Ausdrücken, denn sie wollten die Arten der bösen Taten deutlich differenzieren. Zwischen dem 10. und 12. Jahrhundert wurden Zauberer wenig bis gar nicht erwähnt. Als sie in den Konzilien des 13. bis 14. Jahrhunderts wieder auftauchten, zeigte sich eine große Kargheit an Wörtern; nur vier bis fünf werden noch gebraucht *(magus, incantator, maleficus, divinus, sortilegus)*.[11] Daß die Zauberei in den Konzilien des 10. bis 12. Jahrhunderts nicht mehr figurierte, soll uns nicht glauben machen, sie sei verschwunden: In den Texten der Theologen und in den Annalen der Chronisten ist davon immer noch die Rede. Man könnte höchstens vermuten, daß das Problem verdrängt wurde in einer Zeit, da der Glaube an Zauberei häufiger verurteilt wird als deren Ausübung.

Merken wir uns, daß die Kleriker unter *Maleficus* eine ganze Gruppe von Persönlichkeiten zusammenfassen, die nicht unbedingt Böses tun. Die Hexe ist oft die Heilerin des Dorfes, an die man sich wegen glückbringender Handlungen wendet (Heilungen, Liebestränke, Schutz des Viehs, Zukunftsvorhersage). Ein kleines Dorf wie Montaillou hat seine Heilerin, Na Ferriera, eine Vergifterin und einen «Empfängnisverhüter»; alle drei arbeiten mehr mit Kräutern und «chemischen Produkten» als mit Beschwörungen, und dabei gab es noch eine Schloßherrin, die kleine, mehr oder weniger magische «Kniffe» sammelte, eine Wahrsagerin, durchreisende Juden und Moslems. Eine getaufte Jüdin brachte Béatrice de Planissoles bei, wie wertvoll die Nabelschnüre ihrer Enkel seien, um Prozesse zu gewinnen, oder das Menstruationsblut ihrer Töchter, um die zukünftigen Schwiegersöhne ihre Töchter lieben zu machen, eine Technik, die wir schon früher mehrfach angetroffen haben.[12] Ein Dokument aus dem Cambrésis, datiert von 1446, schildert diese paradoxe Dorfzauberin: Sie holt die Liebe zurück, tötet einen lästigen Ehemann, macht Zauber unwirksam, heilt Krankheiten. Aber sie wird vor allem von Leuten aus den umliegenden Dörfern konsultiert und von denen des eigenen Dorfes eher gemieden.[13] So wird am Ende des Mittelalters der *Maleficus* zum Zauberer und verschmilzt mit dem Heiler, der übrigens durch die Entwicklung der Medizin mehr und mehr Terrain verliert.

Die Archetypen: Der Nekromant

Die Zauberpraktiken waren bis zum 13. und 14. Jahrhundert zweifellos verwerflich, aber man hielt sie nicht für teuflisch. Man darf also in den ersten Jahrhunderten des Mittelalters *Maleficus* und Nekromant nicht verwechseln. Letzterer ist ein Geisterbeschwörer ebenfalls respektablen Alters. Ob man die Geister der Toten beschwören will (auch die *Odyssee* nimmt diese Praktik zu Hilfe) oder die zwischen Mensch und Gottheit stehenden Geister, die heidnische Antike hat solche Beschwörungen häufig ausgeführt. Der Übergang ins westliche Mittelalter war zweifellos durch die Theurgie der Spätantike geschehen; wir kennen sie gut dank Iamblichos, einem Neuplatoniker vom Ende des 3. Jahrhunderts. Zwischen der obersten Gottheit und dem Menschen unterschieden die Neuplatoniker eine lange Hierarchie von Mächten, Göttern, Engeln, Archonten, Dämonen; und die Dämonen hatten in der Antike nicht die böse Bedeutung, die ihnen das Mittelalter gab.

Die Theurgie von Iamblichos, die auf die Kritik des Porphyrios antwortet, ist von einer Geistigkeit, die gewissen christlichen Mystikern gefallen könnte. Für ihn handelt es sich nicht darum, den Göttern und ihren Emanationen zu befehlen, sondern darum, sich zu ihnen zu erheben und sich von der Schicksalsgebundenheit zu befreien, indem man sich nach und nach mit den höheren Geistern, schließlich mit dem Schöpfer selbst vereinigt. Indem er zugibt, daß die theurgischen Handlungen auch mißbraucht werden können, anerkennt Iamblichos die Vorwürfe des Porphyrios indirekt. In der Praxis diente die Beschwörung der Götter, der Dämonen und der Engel weit konkreteren Zwecken: ihren Zorn zu beschwichtigen, die Zukunft vorherzusagen, Unrechtes zu veranlassen. Der Unterschied zur Religion beruhte vor allem auf der Haltung: Die Priester flehen, bringen Opfer, versuchen, die Gottheit milde zu stimmen; der Theurg zwingt und droht. Die Wörter und die Zeichen, die er kennt, erlauben es ihm, den Himmel zu erschüttern; die Mysterien, die er gelernt hat, würden, wenn er sie enthüllte, die göttliche Macht schwächen: Er erpreßt die Gottheit regelrecht, wenn sie ihm nicht gehorchen will.[14] Als man begann, gute und böse Dämonen zu unterscheiden, stellte man die Theurgie (Beschwörung der wohlwollenden Geister) der Goëtia (Beschwörung der böswilligen Geister) gegenüber. Aber die Vermischung der beiden Arten von Geistern durch die christliche Religion und die Dämonisierung der heidnischen Götter verwiesen die Theurgie trotz allem auf den Platz der teuflischen Beschwörungen.

Diese Technik und diese Anschauung wurden vom Christentum übernommen. Stark unter dem Einfluß der Neuplatoniker verwendeten die christlichen Gnostiker der ersten Jahrhunderte sehr häufig die Namen von Dämonen verschiedenen, doch meist orientalischen Ursprungs. Die mittelalterliche Nigromantik verdankt ihnen zahlreiche Formeln und geheime Namen Gottes, welche die Dämonen binden und zwingen sollten, den Willen des Beschwörers zu beachten. In den Mittelmeerländern der ersten Jahrhunderte vollzog sich auch die Fusion zwischen Dämonenbeschwörungen und Astrologie: Die wichtigsten Geister waren mit den Planeten verbunden und damit mit den Wochentagen, den Mondphasen, den Tierkreiszeichen, den vier Himmelsrichtungen, und, um sie zu beschwören, ist ein striktes Zeremoniell nötig, das in den Zauberbüchern niedergelegt ist. Die Ophiten gesellen den sieben Planeten ihre heilige Siebenschaft bei: Iadobaoth, Iao, Sabaoth, Adonai, Eloeus, Oreus, Astanphaeus.

Es ist schwierig, die Verbreitung der Dämonenbeschwörung im Mittelalter abzuschätzen. Die meisten Bücher über beschwörende Magie, die auf uns gekommen sind, stammen aus dem 16. bis 19. Jahrhundert, beziehen sich aber auf eine ältere Überlieferung. Die Manuskripte sind nicht älter als das 14. Jahrhundert, und die Erwähnungen der Beschwörungen durch Theologen findet man erst ab dem 13. Jahrhundert. Isoliert und nur in Bruchstücken gibt es ein Manuskript vom 12. Jahrhundert: Darin kann man bloß eine Beschwörung der «Teufel, die vom Himmel gefallen sind» und Beelzebub unterstehen, entziffern.[15] Gewisse Techniken wie die des magischen Kreises sind sehr früh bezeugt, aber nur indirekt. All dies läßt auf eine verhältnismäßig späte Erscheinung oder Ausweitung der Technik im Abendland schließen. Sie hat sich wahrscheinlich stark entwickelt, als man hier die Bücher über orientalische Magie kennenlernte und übersetzte; diese hatten sich vorher auf die arabische Welt beschränkt.

Die Verbindung Salomons mit den Büchern der beschwörenden Magie führt uns wiederum in den Orient. Nach einer jüdischen Überlieferung sollen die gefallenen Engel Samhazaï und Azazel Salomon die Geheimnisse des Himmels mitgeteilt haben. Die Dämonen waren ihm dienstbar, und er schloß sie in seinen Fingerring, in ein Flakon, einen Spiegel, in Steine ein. Der Koran wiederholt diese Legende.[16] Die salomonische Literatur war in Europa im 12. und 13. Jahrhundert in Umlauf, die ersten Angriffe auf sie findet man bei Wilhelm von Auvergne, der die Legende von Salomon berichtet, gewisse Bücher zitiert und kurz das Zeremoniell der Beschwörung beschreibt. In *De legibus* spricht er davon, als gehe es um Götzenanbetung; in *De Universo* scheint er mehr an diese fantastischen und illusorischen Visionen zu glauben.[17] Die Salomon-Bücher, die auf uns gekommen sind – vor allem die *Clavicula* –, sind vermutlich weit entfernt von denen, die der Bischof von Paris erwähnt: Man braucht nur die aufeinander folgenden Versionen zu vergleichen, um zu begreifen, daß sie sich sehr rasch der jeweiligen Epoche anpassen.

Ebenfalls im 13. Jahrhundert legt das *Picatrix* dem Westen die arabischen Zeremonien vor, mit denen die Geister der Sterne beschworen werden. Das Ritual ist bereits sehr komplex: komplizierte Räuchertechniken (einunddreißig Sorten sind im Material enthalten, das dem Geist der Sonne gilt), Gebete, Tieropfer, Namen der Planeten in allen Sprachen von Hindustanisch bis Arabisch, sind nötig, um die Planeten oder die Engel, die sie lenken, gehorchen zu machen. Man muß wissen, wofür jeder Planet gut ist: Venus für die Frauen, die Kinder, die Liebe; die Sonne für die Könige, die Philosophen, die Kleriker; Mars für die Soldaten. Man wendet sich direkt an den Planeten oder seinen Engel: «O Engel Raucayehil, den Gott Jupiter zugeteilt hat», fängt eine Beschwörung an.[18] Die Astrologie ist hier also nur ein beruhigendes Gesicht der Nigromantik.

Das Prinzip ist dasselbe im *Heiligen Buch* des Honorius aus dem 14. Jahrhundert, was die Erwähnung der päpstlichen Verurteilungen von 1320 im Vorwort bestätigt; möglicherweise steht es in direkter Beziehung zum *Sacratus*, das Wilhelm von Auvergne nennt. Die Beschwörungen, die er an die Dämonen richtet, hängen von den Wochentagen ab, was ihre Beziehung zu den sieben Planeten deutlich macht. Das Vorwort erklärt, daß der Papst und die Kardinäle, unter dem Einfluß von bösen Geistern, beschlossen hätten, die Magie auszurotten und die Magier zu verurteilen. Man klagt sie an, sie überträten die Kirchengesetze, riefen Dämonen und führten das leichtgläubige Volk in die Verdammnis. Die Magier halten dem entgegen, daß es unmöglich sei, ihre Kunst auszuüben, es sei denn, man sei ein reiner Mensch. Eine Versammlung von neunundachtzig Meistern aus Neapel, Athen und Toledo hat Honorius, Sohn des Euklid, Meister von Theben, beauftragt, all ihre Bücher in einem Buch mit 93 Kapiteln zusammenzufassen, damit die Materie leichter zu bewachen sei. Honorius hat also die Werke Salomons geordnet und zusammengefaßt; sie enthalten die Namen der Geister, die Gebete, welche sie rufen, die Siegel, die sie zwingen, die geheimen Namen Gottes, dessen feierlicher Name 72 Buchstaben enthält, die Klassifizierung der Himmel und ihrer Engel, ihre Namen und ihre Kräfte samt Anweisungen, wie man sie nutzen kann.

Die Beschwörung der Geister des Bösen, wie sie Honorius im Vorwort erwähnt, darf nicht mit dem Satanskult verwechselt werden, dessen man die Hexen anklagt. Einerseits kann man die Geister nur beschwören und zwingen im Namen Gottes und wenn man ein christliches, wenn nicht gar ein asketisches Leben führt. Andererseits geht es nicht darum, sich ihnen zu beugen, sondern sie sich mit Hilfe der heiligen Namen Gottes und der magischen Siegel Salomons dienstbar zu machen. Die Magier haben nicht den Eindruck, sie stünden, wie man ihnen vorwirft, auf der Seite des Bösen im gewaltigen Kampf, den es gegen die göttlichen Armeen führt. Denn man glaubt, daß es neben diesen bösen Dämonen auch gute gibt, zum Beispiel die den Planeten zugewiesenen Engel, die man verehren darf.

Die im *Picatrix* niedergelegten Praktiken enthalten Opfer, Gebete, Räucherzeremonien, die eher an einen heidnischen Kult erinnern als an eine Geisterbeschwörung unter Gottes Schutz ...

Hier liegt die Zwiespältigkeit der Beschwörungen im 13. und 14. Jahrhundert: In der Gewißheit, daß nur Gott das Recht auf Gottesdienst hat und daß jeder Geist, der dasselbe verlangt, notwendigerweise böse ist, weisen Wilhelm von Auvergne, Thomas von Aquin und alle Theologen, die die Frage diskutieren, auf diese Gefahr hin. Tatsächlich dauert es nicht lange, bis die beiden Typen von Praktiken vermischt werden. Die Beschuldigung, Dämonen zu opfern, erscheint in den Prozessen des 14. Jahrhunderts, obwohl in den Büchern der Ritualmagie Opfer nicht vor dem 17. Jahrhundert vorkommen.[19] Der postume Prozeß gegen Papst Bonifaz VIII. erwähnt in den ersten Jahren des 14. Jahrhunderts diese Opfer: ein Zeuge schwor, er habe den Papst gesehen, wie er in einem von einem Schwert gezeichneten Kreis saß, einen Hahn tötete und das Blut über ein Feuer goß, bis der Teufel erschien und seinen Teil am Geflügel haben wollte. Wenn die Bücher der zeremoniellen Magie noch keine Opfer an die bösen Geister erwähnen, so sitzt die Idee doch schon in den Köpfen der Ankläger und in den Zeremonien, die den guten Geistern gewidmet werden.

Es ist schwer zu sagen, ob diese Mischung von guten und bösen Geistern spontan bei den Beschwörern entstand oder ob sie das Ergebnis der Anschuldigungen waren, die sie erlitten. Auf alle Fälle handelt es sich um eine Rückkehr der Mentalität, die, in einem Zeitalter tiefen Glaubens, nicht leicht sein konnte: Ob ein Magier böse Geister oder gute Engel anruft, er muß wissen, daß er seine Seele gefährdet. Von jetzt an weiß er, daß er sich für etwas entschieden hat, das nichts mit Gott zu tun hat.

Die Arbeit der Theologen war bei der Satanisierung der zeremoniellen Magie von großem Gewicht. Sie ist es, mit der sich die kirchlichen Autoritäten hauptsächlich beschäftigen. Sie ist es, auf die die Bulle *Super illius specula* von Johannes XXII. zielt, der vor allem für seine Hexenjagd bekannt ist. «Mehrere Personen, die nur dem Namen nach Christen sind und die das Licht der Wahrheit verlassen haben, sind von einer solchen Nacht des Irrtums umfangen, daß sie sich durch einen Vertrag mit dem Tod verbinden und einen Pakt mit der Hölle schließen: Sie opfern den Dämonen, verehren sie, lassen durch Magie einen Ring machen, einen Spiegel, Fläschchen oder sonst irgendeinen Gegenstand, um die Dämonen einzuschließen. Sie verlangen von ihnen Antworten, fragen sie aus und fordern ihre Hilfe zur Erfüllung ihrer schuldhaften Wünsche. In unseliger Absicht nehmen sie ein unseliges Sklaventum auf sich.»[20] Das ist sicherlich eine Gegenreligion, die eine Versklavung durch die Kräfte des Bösen voraussetzt. Der Meister der bösen Geister ist nur noch ihr Spielzeug, ähnlich wie Faust, dem Mephistopheles nur um den Preis des ewigen Heils gehorcht.

Die Archetypen: Der Sünder und der Teufel

Der Geisterbeschwörer verbindet sich an dieser Stelle mit einem dritten Archetyp des Zauberers: dem des Sünders, der, um sein Ziel zu erreichen, einen Pakt mit dem Teufel schließt. Als dieses Thema im Westen auftaucht, hat es nichts zu tun mit der Beschwörungsmagie: Wer einen solchen Pakt abschließen will, weiß im Gegenteil nichts über die ihn begleitenden Riten, sucht die Vermittlung eines Magiers und läßt sich vom herbeibeschworenen Dämon übertölpeln. Das Thema des mit dem Teufel eingegangenen Vertrags baute sich im 12. Jahrhundert langsam um die Theophil-Legende auf und wird von Nider 1437 als «neue Form» der Zauberei betrachtet. Eine wichtige Angabe, da bis dahin alle Beschwörungen und Anrufungen von Dämonen im Namen Gottes vorgenommen wurden. Die Abhängigkeitsbeziehung zwischen Teufel und Zauberer wurde einfach umgedreht. Der Hexenhammer bemerkt dies ausdrücklich im Jahr 1486: Bis 1400, sagt er, bemächtigten sich die Inkuben der Hexen gegen ihren Willen, aber die «modernen Hexen» willigen ein und gestehen diesen Verkehr.[21] Selbst die Inquisitoren geben zu, daß die aktive Hexerei erst kürzlich aufgekommen sei.

Die Beschuldigung, mit dem Teufel im Bund zu sein, die seit dem Hochmittelalter gegen Ketzer erhoben wurde, überträgt sich nun natürlich auf die Zauberer: Sie erlaubt es, Ketzerei und Zauberei in den gleichen Topf zu werfen, womit auch letztere der Inquisition untersteht. So entsteht vom 12. Jahrhundert an bis zum Ende des Mittelalters die Vorstellung des Teufelskults. Pascal Texier hat die allmähliche Verdichtung dieses Themas während des Mittelalters erforscht. Ein Bibelwort dient als Basis: «Wir haben mit dem Tod einen Bund geschlossen und mit dem Totenreich einen Vertrag gemacht. Wenn die brausende Flut daherfährt, wird sie uns nicht treffen, denn wir haben Lüge zu unserer Zuflucht und Trug zu unserem Schutz gemacht.»[22]

Dieser Text aus *Jesaia*, auf den sich die oben erwähnte Bulle des Papstes bezieht, steht allerdings in einem ganz anderen Zusammenhang. Einerseits handelt es sich um einen kollektiven Vertrag, eingegangen zwischen

Jerusalem und dem Tod, um der Stadt eine Geißel zu ersparen. Andererseits hat die Unterwelt, das hebräische *Sheol*, in der griechischen Version übersetzt mit *Hades* und in der Vulgata mit *Infernus*, bestimmt nicht die böse Bedeutung, die sie bekommt, als die Welt der Toten zum Reich des Teufels wird. Der hebräische Satan (und später der Teufel) ist ein Ankläger am himmlischen Hof und hat nichts zu tun mit der Unterwelt, in der alle Toten ohne Ansehen der Person versammelt werden. Das Jesaia-Wort muß also im Hinblick auf die linguistische und theologische Entwicklung interpretiert werden.

Der erste Pakt zwischen einem einzelnen Menschen und dem Teufel kommt im Wunder des Theophil vor, einer byzantinischen Legende, die im 9. Jahrhundert in den Westen gelangt: Der neidische Kleriker, der sich mit dem Teufel verbindet und seine Seele erst durch das Eingreifen der Heiligen Jungfrau wiederbekommt, wird im 12. bis 13. Jahrhundert berühmt, als sich der Marienkult entwickelt. Um diese Zeit wird eine weitere Legende geboren: die des mit dem Teufel im Bund stehenden Papstes, dessen Prototyp Gerbert von Aurillac ist.

Und nun vereinen sich die Bestandteile der Legende. Es kann sich zum Beispiel um einen Vasallenvertrag handeln (Kirche von Souillac, um 1135), oder ein Vermittler, Nekromant, Jude oder Moslem, macht Kandidat und Teufel miteinander bekannt (Notre-Dame de Paris, um 1250), es kommt zu einem Beschwörungsritual, oder der Pakt wird mit Blut geschrieben (Rutebeuf, um 1260). Bis dahin ist das Thema des Bundes mit dem Teufel nicht mit Zauberpraktiken verbunden, sondern mit einem Wunsch, den weder menschliche noch göttliche Mittel erfüllen können. Eine Sünde also, aber nicht eine Verleugnung Gottes. Die ikonographische Umgebung (Salomons Sünde, Adams Sünde) bestätigt das, wie auch in gewissen Fällen die Darstellung einer zweitklassigen Ehrenbezeugung einem minderen Herrn gegenüber, der die Treue gegenüber dem obersten Lehnsherrn, Gott, nicht verletzt.

Die Gegenwart eines Juden oder Moslems zeigt jedoch schon einen Wechsel der Religion, und da fremde Götter zu den Dämonen gehören, kommt das Thema der Verleugnung in den Vordergrund. Alle Elemente sind im 13. Jahrhundert bereit für die Bildung des Mythos der dem Teufel hörigen Hexe.[23] Der Prozeß gegen die Tempelherren, Anfang des 14. Jahrhunderts, von trauriger Berühmtheit, ließ die Idee eines parallelen Kultes, der zur Abkehr vom Christentum verpflichtete, vertraut werden. Der klassische Zauberer, Herr der Geister der Unterwelt im Namen des oben thronenden Gottes, weicht dem Bild der versklavten Hexe, die ihrem Dämon gehorchen muß wie ihrem Mann. Die sexuelle Thematik verdrängt nach und nach die feudale.

Die Archetypen: Die fliegende Hexe

Auf seinem Weg zum Teufel kreuzt der *Maleficus* andere Archetypen des Zauberers, vor allem den des Ketzers, eines Nachkommen des Heiden, der sich vom Glauben der Gemeinschaft abkehrt und den Gott der Christen leugnet, um einen anderen Gott zu verehren. Da Dämonen und antike oder fremde Götter gleichgestellt wurden, ergab sich von selber diese Polarisierung, die bestimmt nicht im Geist der großen Ketzer war. Ob es sich um einen fremden Gott (den der Juden oder den des Moslems) handelte, um einen wiederbelebten heidnischen Gott, um eine Figur wie den Behemoth der Templer, um einen bösen Demiurgen wie den, den nur die Katharer verehrt haben sollen, er muß zwingend eine Inkarnation des Teufels sein. Diese bösartige Entwicklung des Kampfes gegen die Ketzerei zeigte sich Anfang des 11. Jahrhunderts mit der Affäre der «Manichäer» von Orléans und endete im 12. und 13. Jahrhundert mit dem Kampf gegen die Katharer und die Waldenser.

Diese Vorstellung eines mit dem Teufel im Bund stehenden Ketzers, die das ganze 12. Jahrhundert beherrscht, kommt in pittoresken Legenden vor, die Walter Map in seinem zutreffend betitelten Buch *Les sornettes des courtisans (Das Geschwätz der Höflinge)* gesammelt hat. Walter Map war kirchlicher Richter unter Heinrich II. und erzählt mit leisem Lächeln die Geschichten, die er am Hof von England gehört hat, wo die Ketzerei damals nicht so vordringlich ist wie auf dem Kontinent, aber wo sich als Folge der neuen politischen Rivalität zwischen zwei mächtigen Königen ein heftiges Gefühl gegen die Franzosen entwickelt hat. Und es sind genau die französischen Ketzer, von denen diese Fabeln sprechen: Nach den englischen Höflingen beten sie eine schwarze Katze an, die an ihrem Busen ruht, und küssen sie, wo sie wollen; darauf feiern sie hemmungslose Orgien.[24] Es handelt sich um die erste Beschreibung des Hexensabbats im Westen, um einen Klassiker der dämonologischen Literatur.

Die Haltung Walter Maps wie auch diejenige seines Zeitgenossen und Landsmannes Johannes von Salisbury[25] verrät noch die alte Mentalität: Man lächelt über diese Fabeln, man beschuldigt die «armen Frauen» und das «einfache Volk» der Leichtgläubigkeit, aber man hütet sich, selbst daran zu glauben. «Man müßte blind sein, um nicht zu sehen, daß hier ein Trick des Teufels vorliegt», sagt Johannes von Salisbury abschließend. Aber in der reichen Dämonologie des Orients ist das Thema viel ernster. Michael Psellos hatte schon im 11. Jahrhundert darüber geschrieben, um die Ketzerei der «Begeisterten» zu bekämpfen, und ein griechischer Theologe empfand das nicht als Höflingsgeschwätz.[26]

Die byzantinische Angst erfaßte im Westen zuerst nur die Laien, drang dann aber rasch zu den Theologen vor. Alain de Lille, Rektor der Pariser Universität Ende des 12. Jahrhunderts, meint, in den Katharern könne man die Verehrer der Katze *(cattus)* sehen; Wilhelm von Auvergne, der Bischof von Paris am Ende des 13. Jahrhunderts, beschreibt den abscheulichen Kuß (unter den Schwanz der schwarzen Katze) oder einfach den ekelhaften Kuß (auf das Maul einer Kröte).[27] Für ihn wie für Michael Psellos[28] handelt es sich um eine neue Form der Anbetung Luzifers *(idolatria nostri temporis)*, die er zu Volksbräuchen wie dem Johannisfeuer und zur Legende über Salomon, der die Teufel in Flaschen schloß, stellt. Häresie, Heidentum und Dämonenverehrung sind in seinem Geist schon verschmolzen.

Diese Verbindung ist um so wichtiger für die Geschichte der Hexerei, als die Ketzerei damals Gegenstand einer grundlegenden Reform der Gerichtsverfahren war, sowohl was die Ermittlungen anbetraf (inquisitorisches Verfahren), als auch im Hinblick auf die Strafen (der Scheiterhaufen). Nun genoß aber der *Maleficus* nach der karolingischen Zeit eine gewisse Nachsicht, denn die Kirchenbehörden glaubten nicht so recht an seine Macht. Er wurde oft Opfer einer Anklage – von privater Seite, nicht von gerichtlicher: Es gab Fälle, in denen der Kläger, wenn er den Richter nicht überzeugen konnte, die Strafe bekam, die er dem Angeklagten zugedacht hatte, was Denunziationen etwas einschränkte. Das inquisitorische Verfahren schaffte dieses Risiko ab und erleichterte die Denunziationen.

Was die Todesstrafe betraf, so wurde sie immer seltener verhängt und ergab sich eher aus der Lynchjustiz des Volkes als aus der Strenge der Magistraten. Im 11. und 12. Jahrhundert findet man bei Bischöfen und Theologen viel häufiger die Ermahnung zur Milde. Das Konzil von Tours, im Jahre 1236, gestattet sogar den Loskauf von Strafen für Zauber mit einer beliebig hohen Zahlung an die Armen der Kirchengemeinde.[29] Diese relative Sicherheit des *Maleficus* während beinahe vier

Jahrhunderten nahm im 15. Jahrhundert ein Ende, als Zauberei und Ketzerei einander gleichgestellt wurden und die Inquisitoren auch Zauberei verfolgen konnten.[30] Der Zauberer, der gefährliche Geheimnisse kennt, wird zum Gegner des Glaubens. Nider schlägt deshalb eine doppelte Etymologie für den *Maleficus* vor: der «böse handelnde» *(male faciens)* wird für ihn auch der, der dem Glauben schlecht dient *(male fidem servans)*.[31]

Norman Cohn hat die Archäologie des Zauberers vervollständigt, indem er die zwei neuen Archetypen des Hexensabbats unterschied und untersuchte. Einerseits die Furcht einer «antimenschlichen» Gesellschaft vor der Beschwörung, die das Thema des Sabbats weit überschreitet. Die Beschuldigung des Kannibalismus, die gegen die Hexen erhoben wurde, hatte sich schon früher gegen die Verschwörer von Caracalla, gegen die ersten christlichen Sekten und dann gegen bestimmte Ketzer gerichtet. Diese Anklagen sind meist ohne jede Begründung, aber sie schließen potentiell gefährliche Minoritäten von der Gesellschaft aus, Minoritäten, gegen die man hart vorgehen kann.

Schließlich muß man den Sabbat-Mythos durch den der «fliegenden Frauen» ergänzen, Nachfolgerinnen der lateinischen Vampire, der karolingischen Furcht vor Sturmbringern und der halluzinierenden Frauen, die glaubten, sie folgten nachts dem Zug der Diana. Es sind Elemente, deren Entstehung wir gesehen haben und die Anfang des 11. Jahrhunderts bei Burchard reif geworden sind. Aber der Bischof von Worms betrachtete sie noch als Illusion, als verdammenswerten Volksglauben, nicht als Praktik. Als die Verteufelung der Hexe ihren Höhepunkt erreichte, schien es ganz natürlich, daß sie dank einer magischen Salbe zum Sabbat transportiert wurde. Der Ritt auf dem Besen – statt der von Burchard erwähnten fliegenden Tiere – erschien erst spät in einer Randzeichnung eines Manuskriptes von Martin le Franc, 1451. Auf einem Besen zu reiten ist ein Spiel von Kindern, das noch bei Breughel dargestellt ist. Schon für Horaz ist man verrückt, wenn man es als Erwachsener spielt (*Sat.* II, 3). Vielleicht leitet sich dieses Attribut der Hexe von dem alten Scherz ab: Ist der Glaube, man fliege, nicht ebenso verrückt wie die Verwechslung von Pferd und Besen?

Die klassische Hexe erscheint also als Amalgam verstreuter Elemente von verschiedener Herkunft, die zu einem einzigen Typ verschmolzen. Der Nekromant hat das Ritual der Anrufung beigesteuert, der neidische Sünder den Pakt mit dem Teufel, der Ketzer die Verleugnung Gottes und eine angemessene gerichtliche Verfolgung, der *Maleficus* gewisse Praktiken und den systematischen Willen, den Menschen zu schaden, der Verschwörer die fixe Idee einer Verschwörung gegen das Menschengeschlecht, die halluzinierende Frau den nächtlichen Flug zum Teufel. Und man könnte noch das «Höflingsgeschwätz» anführen, das den schamlosen Kuß erfunden hat, und den weitverbreiteten Antisemitismus, der der Hexenversammlung den Namen Sabbat gab.

Wie vereinigten sich diese disparaten Themen, um die Psychose, die die westliche Gesellschaft kurz vor den modernen Zeiten beherrschte, zu nähren? Man hat das mit mehreren Theorien zu erklären versucht. Die Romantik, die in der Folklore die populäre Kultur entdeckte, glaubte an das Überleben des Heidentums beim einfachen Volk, an eine parallele, vielleicht sogar dominante Religion, die sich gegen Ende des Mittelalters dem kulturellen «Lack» der katholischen Kirche heftig widersetzte.

Michelet gibt dieser Version eine soziale Bedeutung; er sieht im Sabbat den Protest der Leibeigenen und der Frauen gegen eine soziale und moralische Ordnung, die sie unterdrückt. Andere, wie Margaret Murray oder Claude Gaignebet, verfolgten die Idee einer parallelen Religion und versuchten, deren Grundlagen wiederherzustellen.

Die zweite Erklärung geht den entgegengesetzten Weg und sieht in der Hexerei, so wie sie in den klassischen Texten erscheint, eine durch und durch erfundene Montage, die sich die Inquisitoren ausgedacht hätten, um den Rest der Katharer zu diskreditieren und auszumerzen. Die gleichzeitige Existenz zweier miteinander wetteifernder Götter, die das Gute und das Böse darstellten, hätte zu einer satanischen Religion geführt, der man die überlieferten *Maleficia* der Zauberer aufgepfropft hätte. Norman Cohn, der ausführlicher argumentiert und die beiden aufgeführten Erklärungen ablehnt[32], schlägt einen Zwischenweg vor: Die traditionellen Schadenzauber der Zauberer und die Halluzinationen, vor welchen die kanonischen Texte warnten, hätten die Furcht einer Geheimgesellschaft, deren Permanenz er übrigens nachwies, genährt. «Ich bin der Ansicht, daß der klassische Stereotyp des Zauberers in Erscheinung trat, als die realen Praktiken und die imaginären Experimente als stereotyp für die geheime und systematisch antimenschliche Gesellschaft interpretiert wurden.»[33]

Die Furcht vor Geheimbünden floß mit der Furcht vor dem Teufelskult zusammen. Wenn es eine Geschichte der Zauberei gibt, so deshalb, weil es eine Geschichte des Teufels gibt oder eher der Vorstellung, die man sich von ihm macht. Diese unterirdische Geschichte gilt es kurz aufzurollen, damit man den jähen Fieberausbruch des sterbenden Feudalismus versteht.

Die Väter, die in den ersten Jahrhunderten in die Wüste gingen, kannten diese Angst wohl: Ihr Prototyp sind die Versuchungen des heiligen Antonius. Es handelte sich damals um Heimsuchungen von Einsiedlern, die dem Teufel in seinem Land entgegentreten wollten. In der jüdischen und ägyptischen Antike ist die Wüste tatsächlich das Reich der bösen Götter. Und die übertriebene Askese erklärte manche Halluzination. ...

In den Städten und später im Christentum des Abendlandes war man über böse Geister nicht besonders beunruhigt. Die ältesten Darstellungen des Teufels zeigen ihn nicht als groteskes oder erschreckendes Wesen. Luzifer ist ein dunkler Engel, schön und geflügelt wie ein guter Engel, aber dunkelblau statt rot gekleidet. So sieht er aus in einem Mosaik in Sant Appolinare in Ravenna (6. Jahrhundert) und in einem Manuskript des heiligen Gregor von Nazianz aus dem 9. Jahrhundert, das vielleicht eine Miniatur des 6. Jahrhunderts kopiert. Die ursprünglichen Darstellungen des Satans sind niemals häßlich. In den Heiligenleben ist er eine junge Frau, ein junger eleganter Mann, ein schöner Engel mit Flammenhaar – er gleicht Christus, und auch die Miniaturen sehen ihn weder als schrecklich noch als grotesk.

Erst im 11. Jahrhundert nimmt er in der Apokalypse von Saint-Sever und vor allem im 12. Jahrhundert in den großen romanischen Kirchen (Moissac, Beaulieu, Souillac) die ungeheuerliche Gestalt an, die wir gewohnt sind. Und auch dann sind nur Kopf und Körper verzerrt; die mehr oder weniger menschliche Silhouette ist noch vorhanden. Das 14. Jahrhundert macht aus ihm ein groteskes Wesen, und das 15. Jahrhundert gibt ihm vielerlei Tiergestalten.[34]

Bei Mâle wie bei Russel ist es die Angst des Mönchs im 12. Jahrhundert, die diese Wandlung ausgelöst hat. Die Alpträume von Einsiedlern, die sich zuviel Askese zumuten, werden von den Äbten der Epoche berichtet: Rodulf Glaber, Mönch im Burgund (11. Jahrhundert), Peter der

Ehrwürdige, Abt von Cluny (12. Jahrhundert), Richalm, Abt von Schönthal (13. Jahrhundert). Vom ersten bis zum dritten Autor zeigt sich die Zunahme des Angstwahns. Dem Mönch und seinen Brüdern erscheint der böse Geist in Augenblicken des Zweifels, meistens in der Morgendämmerung, wenn sie eine allzu kurze Nacht hinter sich haben. Er wirft metaphysische Probleme auf, rühmt die Süße des Laienlebens, rüttelt am Bett, wenn man versucht, ihn nicht zu beachten. Rodulf widmet ihm in seinem Geschichtenbuch nur nebenbei ein Kapitel.[35]

Bereits deutlicher wird die Besessenheit bei Peter dem Ehrwürdigen und seinen Mönchen in Cluny. Allen erscheint er, vor allem aber den Novizen, die sich noch Fragen stellen über ihre Berufung, oder Mönchen, die in Einzelzellen schlafen, wie jener Schreiner, der glaubte, ein Teufel wolle ihm die Füße abhauen. In schlaflosen Stunden kommen die Dämonen in Mengen, in Form gemessener, ernster Prozessionen von Mönchen, die, statt in die Kirche zu gehen, in den Latrinen verschwinden, wo sie sich im infernalischen Gestank in die Tiefe stürzen. Manche Halluzinationen entstehen offensichtlich infolge der Entbehrungen: Ein vornehmer und reicher Ritter, der sich bekehrt hatte, war beim Wachen und Fasten übereifrig, was sogar der Abt bemerkte, eine ideale Beute für den Teufel, der ihn eine ganze Nacht lang in einem Zustand wütender Verrücktheit heulen ließ. «Die meisten quälen so die Mönche im Schlaf», berichtet der Abt, «damit sie, weil sie nicht genügend Ruhe hatten, einschlafen, wenn sie wachen sollten, und so der Wohltat der heiligen Wachen verlustig gehen.»[36]

All das ist nichts im Vergleich zum Wahnsinn, der das Kloster Schönthal um 1270 herum ergriff. Man muß vorausschicken, daß sein Abt, Richalm, ein Visionär ist, der die winzigsten kleinen Dämonen, die sich in seinem Kloster versteckt haben, sieht und hört. Und an Teufeln mangelt es nicht! An gewissen Tagen regnen sie vom Himmel herunter. Sie sind so zahlreich, schätzt er, wie Asche, die über einen ganzen Menschen verstreut ist. Jeder hat sein Teufelchen, dessen Aufgabe es ist, bei der Ausübung seiner religiösen Pflichten Fehler zu verursachen. Ist das nicht genug? Er sucht den Rat seiner Amtsbrüder ... Eines Morgens sieht Richalm seinen eigenen Teufel «demütig» um die Hilfe einiger Kameraden bitten, sie sollen ihm helfen, den Abt an der Feier der Messe zu hindern; tatsächlich hat der Abt an diesem Tag seine Mühe damit.

In der geheizten Halle, wo er von frierenden Teufelchen umgeben ist, sieht er plötzlich einen Dämon auftauchen, der den Mönchen, die sich hier wärmen, statt in der Kirche zu beten, brav eine Seife gibt. Die Mönche, das ist ja schändlich!, können in diesem Raum singen, soviel sie wollen, ohne daß ein einziges Teufelchen sie stört. Wenn ein Mönch sonst in der Kirche zu gut singt – vielleicht mit Hilfe seines Schutzengels? –, machen die Teufel ihn husten, spucken und knurren. Der persönliche Teufel kann diejenigen, die eben kommuniziert haben, erbrechen lassen, ihnen die Hände lähmen, die eben das Kreuzzeichen machen wollten, die Mönche im Schlafsaal schnarchen machen, ihnen den Bauch mit Wind füllen, so daß sie Blähungen haben, gähnen, niesen müssen. Possenreißer *(jocosi)* unter den Geistern veranlassen, daß ernste Ordensbrüder Witze erzählen, die die Versammlung zum Lachen bringen.

Sogar der Abt kann ihnen nicht widerstehen. Als er seinen Mönchen vorwirft, sie schliefen während des Chorgesangs ein, beschließen die Teufelchen, ihm einen Streich zu spielen: Sie schließen ihm die Lider und den Mund und machen seine Glieder schwer, und alle denken, er sei eingeschlafen – aber, protestiert er, das war kein Schlummerstündchen, sondern eine *Imaginatio somni*. Es ist allen klar: Der Teufel wird zur Entschuldigung für den kleinsten Verstoß gegen die Disziplin. Bei gewissen Beschreibungen hat man den Eindruck, daß einfach Phosphene die Halluzinationen der Mönche erklären: Ein Mönch sieht sich, sobald er die Augen schließt, von so vielen Teufeln umtanzt, wie man Staubkörner in einem Sonnenstrahl sieht.[37]

Diese Ängste der Klosterbrüder werden von der Gesellschaft zu jener Zeit überhaupt nicht empfunden. So weit ist sie davon entfernt, daß Jean-Charles Payen, ein wenig provokant, für das 12. und 13. Jahrhundert die Beseitigung des Teufels verkündet; man lasse ihn ja nur noch als Original oder Spaßmacher auftreten, damit man eher über ihn lächeln könne, als ihn zu fürchten.[38] In der romanischen Literatur des 12. Jahrhunderts erscheint der Teufel nur selten, und wenn, dann im Bund mit den Sarazenen: somit eher ein Feind als ein Versucher. Eine Ausnahme machen natürlich die über Mönche schreibenden Mönche.[39] Intelligente Ärzte vertreten die Ansicht – zum großen Unwillen von Michael Psellos –, daß das Besessensein vom Teufel nur auf gestörte Körperflüssigkeiten, Gelenke und Lebensgeister zurückgehe und weder mit Exorzismen noch mit Bußleistungen behandelt werden müßte.[40]

Im 15. Jahrhundert unterscheidet Nider noch drei Arten von teuflischem Besessensein, wovon zwei eher den Arzt angingen als den Inquisitor. Die Besessenheit kann den Körper, die Seele oder «die Auffassung» betreffen. Die Seelen der «Verrückten», die von vornherein zur Geisteskrankheit neigen, lassen sich eben deswegen leichter in Besitz nehmen; Ärzte können sie davon heilen, wie auch David Sauls Melancholie heilte und den Teufel verjagte, der seine Seele beherrschte.[41] Es handelt sich hier um eine reale, aber nicht wahrhaftige Besessenheit.

Nider läßt sich ausführlicher aus über die dritte Art der Besessenheit, die weder wahrhaftig noch real, sondern nur angenommen ist. Wegen ihrer Laster oder ihrer Veranlagung sind gewisse Leute überzeugt, besessen zu sein. Eine junge Frau aus Nürnberg glaubte das während vier Jahren, bis sie krank wurde. Das Essen ekelte sie an, und sie weigerte sich, ihren Mann, ihre Kinder und Freunde zu sehen. Nider machte sie gestehen, daß «geheime Versuchungen» der Grund ihres Zustands seien, und sie fand Gesundheit und Lebensfreude wieder. Es ist eine Depression und fast eine psychoanalytische Behandlung, die der Inquisitor beschreibt.[42] Er führt dann einen Menschen an, der glaubt, er sei tot, und die Nahrungsaufnahme verweigert, und einen, der glaubt, er habe zwei Körper – ein typischer Fall von Schizophrenie. Die Ärzte, schreibt er, heilen Melancholie mit Schlafmitteln. Vor allem bedauert Nider, daß unvorsichtige Inquisitoren den weltlichen Gerichten und dem Feuer Menschen ausliefern, die höchstens eine medizinische Behandlung brauchten.[43] Selbst bei gewissen Inquisitoren ist die Teufelsbesessenheit nicht so allgegenwärtig, wie man glaubt ...

Was die Laien angeht, können sie sich sehr gut an einen vertrauten Dämon wie denjenigen des Sokrates gewöhnen, wenn man die Geschichte von Raymond von Corasse glaubt, die im 14. Jahrhundert von Froissart erzählt wurde. Nach dem Streit mit einem Kleriker über eine Erbschaftsfrage plagte Raymond ein Poltergeist, ein «Sturmbringer», wie ihn seine Diener nannten, die von dem nächtlichen Getöse erschreckt waren. Unerschrocken rief der Ritter seinen unsichtbaren Besucher an und erfuhr seinen Namen, Harton, und wer ihn geschickt hatte. Er erklärte ihm, der Dienst an einem Kleriker sei nicht sehr rentabel, und warb ihn ab. Lange Zeit behielt er diesen «unsichtbaren Boten», wie er ihn nannte, in seinen Diensten; er bekam von ihm Nachrichten aus aller Welt, ehe sie noch Béarn erreicht hatten. Seine Frau war anfänglich entsetzt über die sich stets grob äußernden Erscheinungen – Harton kündigte sich an, indem er am Kopfkissen seines Meisters zerrte –, aber schließlich gewöhnte sie sich daran. Der Comte von Foix, dem Raymond seinen neuen Diener vorstellte, ermutigte ihn kühn. «Sire de Corasse, halten Sie ihn mit Liebe.

Einen solchen Botschafter hätte ich auch gern; er kostet Sie nichts, und Sie wissen wahrhaftig alles über die Welt.»

Es war der Neid des Comte von Foix, der diesem Abenteuer ein Ende bereitete. Er wollte unbedingt wissen, wie dieser unsichtbare Bote aussah. Pikiert bat Raymond Harton, sich zu zeigen. Nach einem schüchternen Versuch, bei dem er sich als Fötus zeigte und den der Ritter nicht beachtete, nahm der kleine Teufel die Form eines riesigen, mageren Mutterschweins mit hängenden Zitzen an. Raymond von Corasse erkannte seinen Diener nicht und hetzte die Hunde auf ihn. Daraufhin zeigte sich Harton niemals mehr, und der Ritter starb ein Jahr später. Aber seither kennt, wie Froissart selbst festgestellt hat, der Comte von Foix Nachrichten aus großer Ferne lange vor ihrem sonstigen Eintreffen.[44]

Diese Geschichte, die bekannte folkloristische Motive enthält, verrät uns einiges über die Furcht vor dem Teufel im 14. Jahrhundert. Einerseits wird der Geist stets nur «unsichtbarer Bote» oder, am Anfang, «Gewitterbringer» genannt. Andererseits scheint niemand vor seiner dämonischen oder magischen Seite Angst zu haben: Von einem Pakt ist keine Rede (Harton dient dem Ritter unentgeltlich, aus Liebe) noch von Verdammnis (Raymond lebt allerdings nur noch ein Jahr lang nach Hartons Verschwinden, wie wenn ihre beiden Leben miteinander verbunden wären). Einzig Froissart, dem ein Diener des Comte von Foix die Geschichte erzählt hat, spricht von «Nigromantie» und «Erscheinungen». Nur die Heftigkeit Hartons erschreckt diejenigen, die sie wahrnehmen. Übrigens sagt er bei jeder Gelegenheit (ironisch?): «Mein Gott!», was an die Beharrlichkeit erinnert, mit der sich die Menschen bei Marie de France Christen nennen.

Charakteristisch ist auch die anfängliche Rolle des Geistlichen, des traditionellen Geisterbeschwörers, beim Erscheinen Hartons. Obschon der kleine Dämon als männlichen Geschlechts bezeichnet wird, bilden sich deutliche Liebesbeziehungen mit dem Ritter: Es heißt zu Anfang, er verliebe sich in Raymond, und als der wissen möchte, wie er aussieht, möchte Harton sich nicht zeigen mit der Begründung, wenn sein Herr ihn sähe, würde er ihn noch mehr lieben. Der Ekel, den er in seiner wahren Gestalt hervorruft, ist der Grund des Bruchs. Das Schema erinnert merkwürdig an die Geschichte der Melusine, der Schlangenfrau, die der Familie Lusignan großes Glück brachte, jedoch verbot, daß man sie jemals in ihrer dämonischen Gestalt sehe, und entfloh, als ihr neugieriger Mann sie im Bad überraschte.

In der Geschichte Raymonds von Corasse findet sich also eine seltsame Mischung aus verliebter Fee und aus von einem Geistlichen beschworenem Geist. Aber all dies wird von den Leuten, die es erleben oder davon hören, kaum als teuflisch empfunden. Noch kennt man in der entlegenen Grafschaft in den Pyrenäen die Teufelsbesessenheit nicht, die Europa zu schütteln beginnt. In albigensischen Gegenden, zum Beispiel im Dorf Montaillou, das Emmanuel Le Roy Ladurie studiert hat, ist die Gegenwart des Teufels konstant: Sieht der katharische Manichäismus in dieser schlechten Welt nicht das Werk eines bösen Schöpfers? Aber man arrangiert sich offenbar sehr gut in dieser Situation; sie ist Teil eines generellen Weltbildes und läßt sich deshalb nicht ändern.[45] Dieser Widerstand gegen die Verteufelung der Hexerei hält bis zum Ende des Mittelalters an; Institoris und Sprenger prangern ihn am Anfang ihres *Malleus maleficarum* heftig an. Sie verdammen drei Irrtümer ihrer Zeit als Ketzerei: zu glauben, es gebe in der Welt keine Hexerei, es sei denn in der Meinung von Menschen, die die verborgenen natürlichen Ursachen nicht sehen; zu glauben, Verhexungen entsprängen nur der Phantasie; und zu glauben, die Wirkungen einer Verhexung bestünden nur in Träumen, obwohl der Teufel tatsächlich Verbindungen mit den Hexen unterhält.[46] Diese Abstufung verrät, daß die Arbeit der Inquisitoren vorangeht: Diejenigen, die in der Tradition des 13. Jahrhunderts nur an verborgene natürliche Ursachen glaubten, haben zuerst die Wirklichkeit der Zauberer und hierauf des Teufels akzeptiert. Aber 1486 glauben sie immer noch, dieser könne sich nur auf die Phantasie auswirken. Und unsere zwei Inquisitoren werden noch am Ende des Mittelalters der ausgesprochenen Feindseligkeit der lokalen Kirchenbehörden begegnen.

Vom Teufel besessen

Daß die Besessenheit der Mönche allmählich die ganze Gesellschaft ergriffen hat, erklärt sich daraus, daß den Mönchsorden die große Arbeit der gesellschaftlichen Erneuerung und die Zusammenfassung der theologischen Richtlinien oblag. Auch die Prediger, die den Glauben an unsichtbare Teufel, welche die Sünder an jeder Wegkreuzung erwarten, weit verbreitet haben, waren aus dem Klerus hervorgegangen. Da sich all dies in den Klöstern abspielt, halten sich die Teufel am liebsten in der Kirche auf, wo sie versuchen, die Gläubigen vom Gottesdienst abzulenken. Einer schreibt auf eine Rolle allerlei Klatsch – sein Pergament erweist sich bald als zu klein, und er dehnt es mit den Zähnen. Ein anderer setzt sich auf die Schleppen geschmückter Damen und läßt sich mitziehen, um nicht müde zu werden. Oft sind sie selbst Opfer ihrer Streiche: Das Schreiberteufelchen zerreißt das Pergament, das es verlängern wollte, und schlägt mit dem Kopf gegen einen Pfeiler; dasjenige, das auf eine Schleppe kletterte, rollt in den Schmutz, als die Besitzerin sie rafft.[47] Die *exempla*, diese Geschichtchen, die im 12. und 13. Jahrhundert als Sammlungen zirkulieren und die von den Predigern oft herangezogen werden, wimmeln von gehetzten, dümmlichen Teufelchen, die es jetzt auf Bauern, Frauen, Bürger abgesehen haben und von denen man sich nur durch die Beichte befreien kann.

In diesen *exempla*, in denen sich die gelehrte und die populäre Kultur überschneiden, entsteht nun eine allgemeine Erklärung der Welt, in der auch der Teufel Platz findet. Gott hat eine vollkommene Anzahl von Engeln geschaffen, aber der Fall der aufständischen Engel hat die ursprünglich harmonische Ordnung beschnitten. Dann schuf der Schöpfer den Menschen, der im Himmel den Platz der gefallenen Engel einnehmen sollte. Er schuf ihn aus Lehm, damit er nicht hochmütig werde wie Luzifer. Dabei hatte er aber nicht mit diesem gerechnet: Er war beleidigt, daß ein Geschöpf aus Schmutz seinen Platz einnehmen sollte, und führte dessen Fall herbei. Der Mensch teilt also sein Exil, auf halbem Weg zwischen Himmel und Hölle. Nur die höchsten Engel bewohnen übrigens die Hölle; die anderen, die nicht aus so großer Höhe stürzten, sind auf der Erde oder in der Luft. Sie fürchten das Ende der Zeit, wenn die leeren Sitze im Himmel von Auserwählten besetzt, aber alle Teufel in der Hölle eingeschlossen sein werden. Sie geben sich deshalb Mühe, die Zahl der Auserwählten zu begrenzen, indem sie den Menschen zur Sünde verführen.[48] Der kosmische Kampf zwischen Gut und Böse wird so eschatologisch begründet, und die direkten Folgen im täglichen Leben sind erklärt. Mehr und mehr wird der Mensch hier zum Mitkämpfer, denn die Gleichgültigkeit käme einer Komplizenschaft gleich.

Die Inquisition, die ebenfalls in den Orden geboren wurde, verbreitet die Teufelsbesessenheit auf hohem Niveau. Ihr Auftrag ist es, die Ketzerei einzudämmen; sie kann theoretisch nur über Verbrechen des Glaubens, also nicht über Sünden, richten: Magie und Dämonenbeschwörung gehören nicht dazu. Mehr als einmal wurden Inquisitoren, die ihr Amt auf solche Delikte ausdehnen wollten, zur Ordnung gerufen. Ein berühmtes

Dilemma hat ihnen schließlich erlaubt, die Dämonenbeschwörung zur Ketzerei zu stellen: Dämonen beschwören ist eine Sünde; wenn man sie beschwört und dabei glaubt, man sündige nicht, hegt man eine ketzerische Ansicht; ist man sich der Sünde bewußt, so hofft man, der Teufel könne die Wahrheit sagen, was ebenfalls ketzerisch ist. Aus einer einfachen Sünde wird die Teufelsbeschwörung zu einem Verbrechen gegen den Glauben und fällt unter die Fuchtel der Inquisition.

Subtile Differenzen zeugen von dornigen Auseinandersetzungen über solche Probleme. Widmet man den Teufeln einen Kult der Latrie (mit Kerzen, Räucherungen, Gebeten, wie er Gott zusteht) oder einen vermittelnden Kult (Dulie), wie ihn die Heiligen als Verbindung zwischen Gott und den Menschen genießen, so handelt es sich um ein Glaubensverbrechen. Beschwört man sie ohne Kult, so ist die Sache weniger deutlich. Wenn man zum Beispiel von ihnen etwas verlangt, das nicht in ihre Zuständigkeit fällt, wie Zukunftsvorhersage, so ist das Ketzerei. Aber wenn man sich an sie wendet, um die Liebe einer Frau zu erringen, was durchaus in den Bereich des Versuchers fällt, so ist das «nur» eine Todsünde, und der Inquisitor kann nicht eingreifen. Aber man muß dem Teufel Gehorsam befohlen haben; wenn man ihn nur bittet, gehört das zum Kult, und das ist wieder Sache des Inquisitors.[49] Man sieht, wie eine geschickte Befragung jeden in die Ketzerei stolpern lassen kann, der nicht mit theologischer Spitzfindigkeit zu jonglieren weiß.

Und plötzlich sieht man, wie der Teufel immer häufiger in die Bereiche der Magie und des Aberglaubens eindringt. Die Theologen haben nach und nach die vielen Arten der Magie, die aus allen vorchristlichen Religionen stammen, auf eine gemeinsame Quelle zurückgeführt. Für Nicolaus Eymericus werden die Zauberer den Ketzern gleichgestellt, weil sie christliche Praktiken für ihre okkulten Unternehmungen anwenden (Statuetten taufen, Totenköpfe beweihräuchern). Aber nach ihm können diejenigen, die sich auf die Zukunftsvorhersage beschränken, nicht vom Inquisitor belangt werden.[50] Bald ist man aber von dieser Stellungnahme unbefriedigt. Denn seit Augustinus ist die Weissagung mit Geisterbeschwörung verbunden, also Ketzerei.

Wir haben gesehen, wie die Dämonisierung der Praktiken allmählich in so verschiedene Bereiche wie die Astrologie, die Oniromantie oder die Alchimie vordrang. In einer Zeit, die mehr und mehr von einer allzu rationalistischen Scholastik beherrscht wurde, scheint alles, was man nicht versteht und was im Glauben nicht vorkommt, den religiösen Praktiken

Konkurrenz zu machen. Die Macht des Wortes, zum Beispiel, an die alle antiken Religionen und Magien glaubten, hat weder in der rationalen Erklärung noch im Glauben Platz. Man betrachtet deshalb magische Formeln wie auch Geheimschriften als Erkennungszeichen, das eine Beschwörung teuflischer Mächte verbirgt.

Thomas von Aquin drehte jeder alten Magie (auch derjenigen der Bibel) den Rücken, weil sie dem Wort Macht verlieh. Er spricht dem Wort jede Macht auf die Materie ab. Das Wort hat «Bedeutung», es wirkt nur auf den «Intellekt», der es verstehen und danach handeln kann. Die Worte der Magier können also nur Bitten, Beschwörungen, Befehle sein. «Die magischen Künste beziehen ihre Wirksamkeit von einem anderen intelligenten Wesen, an die sich die Predigt des Magiers richtet», endet der Doktor *angelicus*. Er macht also die Weiße Magie, die direkt auf die Materie wirken soll, und auch die ganze astrologische Magie, die glaubt, Wörter könnten auf die Himmelskörper und dadurch auf die Erdenwelt wirken, zur zeremoniellen Magie (durch die Vermittlung der bösen Geister).[51] So wird ab dem 13. Jahrhundert der Teufel seinen Schemel in den meisten abergläubischen, magischen oder irrationalen Praktiken haben. Die Inquisition fand bald einen Vorwand, sich darauf zu setzen ...

3. DIE ALCHIMIE ODER DIE GRENZEN DES WISSENS

Mehr als die anderen Bereiche, die wir bisher besprochen haben, ist die Alchimie Gegenstand einer überquellenden Literatur, die ihre reichen Möglichkeiten jedoch noch längst nicht ausgeschöpft hat. Jedesmal, wenn man tiefer eindringt, werden die am besten verankerten Überlieferungen wieder in Frage gestellt, so daß man nicht mehr wagt, etwas über die Etymologie des Wortes, über die Erscheinung dieser Wissenschaft oder über die Personen, die der Alchimie verdächtig waren, zu sagen – das Wesen des Steins der Weisen und die Wirklichkeit der Verwandlung, die zwei letzten Etappen des *opus magnum*, bleiben Mysterien.

Die Alchimie begann als Traum, als Besessenheit, als künstliches Zusammensetzspiel wie die Hexerei, an der jedoch alle Gesellschaftsschichten teilnahmen. War der Reichtum eines Menschen – zu einer Zeit, da man die Hölle witterte und nicht über unsere Kenntnisse der Wirtschaft verfügte – unerklärlich? Von der Anklage, sie trieben Alchimie, waren bereits Nicolas Flamel, Jacques Cœur und andere betroffen, obwohl keine konkrete Einzelheit vorliegt, daß einer davon Gold gemacht hätte.

Als die Bedeutung der reichen ikonographischen Symbolik verlorengegangen war, sah man Alchimie an den Ecken der Kathedralen und der Privathäuser; man suchte sie sogar in den Gedichten Vergils. Die Romantik mit *Notre Dame de Paris* von Victor Hugo, einem Werk, dessen Entsprechung für die Alchimie *La Sorcière* von Michelet war, hat nicht wenig dazu beigetragen, die Vorstellung eines okkulten und verfolgten Wissens zu verbreiten, ein Symbol wenn nicht der Wahrheit, so doch der Gedankenfreiheit in einer Zeit, die vom religiösen Dogma belastet war. Falls diese okkulte Wissenschaft existiert hat, müßte man sie eher im Zeitraum des 16. bis 18. Jahrhunderts suchen.

Ein geheimnisvoller Anfang

Das erste Geheimnis der Alchimie betrifft ihren Ursprung: War da zuerst die materielle Technik oder die geistige Suche, oder hatten sie sich gleichzeitig entwickelt? Die Zerstörung der ägyptischen Papyri, die Diokletian im Jahre 290 angeordnet hatte, damit die Ägypter kein Gold machen könnten, das ihnen die Befreiung vom römischen Joch ermöglicht hätte, hat die ersten fünf Jahrhunderte der Alchimie ausgelöscht. Die ältesten Dokumente, die wir haben, datieren vom Ende des 3. Jahrhunderts unserer Zeitrechnung, wobei es sich offensichtlich um das Ergebnis älterer Traditionen handelt.

Die metallurgischen Techniken und besonders die Schriften, die die Nachahmung von Gold behandeln, sind in Ägypten und Mesopotamien seit dem 14. Jahrhundert v. Chr. bekannt. Sie interessierten schon immer die Herrscher, und Caligula, berichtet Plinius[1], versuchte, Gold herzustellen mit derselben Naivität, mit der Eduard III. von England die Alchimisten aufrief, um den Hundertjährigen Krieg zu finanzieren. Diese Überlieferung bestand unverändert weiter, unabhängig von den eigentlichen alchimistischen Schriften. Die *Compositiones ad tingenda* der karolingischen Epoche lehren uns, außer technischen Ratschlägen zum Färben von Mosaikgläsern oder zum Vorbereiten der Pergamente, wie man der Bronze durch Beimischen von Alaun Goldfarbe verleihen könne.[2] Das ist Gießkunst, wenn nicht Fälscherkunst, aber nicht eine alchimistische Forschung, wie sie zur gleichen Zeit in den arabischen Ländern betrieben wird.

Es ist um so schwieriger, in dieser metallurgischen Technik den einzigen Ursprung zu sehen, als diese einen mystischen Ton angenommen und seither beibehalten hat. Es handelt sich nicht um die Abstammung der einen von der andern, sondern um die Begegnung zwischen parallelen Traditionen. Mircea Eliade hat gezeigt, daß die alchimistische Suche ihren Symbolismus der Mythologie des Schmieds, der in allen Kulturen vorkommt, aufgeprägt hat. Die Arbeit mit dem Eisen ist von vornherein göttlich, denn die Meteoriten wurden vor den irdischen Erzen ausgebeutet.[3] Die Ausdeutung ist vor allem sexuell. Der Schmied schlägt den Amboß wie der Blitz die Erde und der Mann die Frau; die Mine, die Stollen, die Höhlen sind eine riesenhafte Gebärmutter, in der die Erze die Embryonen darstellen. Der Glaube an das Wachsen und Reifen der Metalle ist allgemein verbreitet. Die Arbeit des Bergmanns ist eine Abtreibung: Man reißt die Metalle vor ihrer Reife aus der Erde. Die Rolle des Schmieds ist es also, die Arbeit der Erde zu vollenden und das Erz zu reinigen, um Metall daraus zu machen.

Nun kommt aber die Idee auf, die Natur strebe notwendigerweise die Perfektion an. Ließe man ihr also die Zeit, ihre Schwangerschaft zu vollenden, würde sie nur ein einziges Metall gebären: Gold. Die Alchimie möchte also auf natürlichem Wege die Arbeit des Schmieds duplizieren. «Was die Natur in sehr langer Zeit nicht fertigbringt, können wir in kurzer Zeit durch unsere Kunst hervorbringen», proklamiert einer von ihnen im 14. Jahrhundert.[4] Die Thematik der Geburt, des Ofens (der Gebärmutter), wo das Metall eine zweite Reifezeit durchlaufen muß, hat diese Anschauung geerbt. Was die Mortifikation angeht, den Tod, der notwendig ist, um auf eine höhere Ebene zu gelangen, so erinnert sie an die Riten der Erzförderung und die Opfer, auch die menschlichen, die manchmal notwendig waren.

Die Begegnung einer Thematik mit einer Technik genügt nicht. Die mystische Dichte der alchimistischen Suche erklärt sich durch die Zeit, in der sie geboren wurde, zwischen dem 2. Jahrhundert v. Chr. (Bolos von Mendes) und dem 3. Jahrhundert n. Chr. (Zosimos). Es ist die Zeit, in der die Mittelmeerländer die orientalischen Geheimnisse entdeckt, in der das Heil durch den Tod und die Auferstehung eines Gottes gesichert ist, eine Erfahrung, die der Eingeweihte gemacht haben muß. Von hier stammt die Initiationsmagie, für welche die Verwandlung in Gold nur das Sinnbild einer wichtigeren Verwandlung, der des Menschen, ist. Die vier Phasen des *Opus magnum* sind seit dem 2. Jahrhundert vor unserer Zeitrechnung bezeugt.[5] Von den ersten Texten an ist der Ton grundlegend verschieden von den technischen Schriften, die gleichzeitig in Umlauf sind.

Die Alchimie hat also mehrere Ursprünge, je nachdem, welcher Auffassung sie entspricht, und man findet im umfangreichen hinterlassenen Material genug, um alle Hypothesen zu stützen. In der ethnographischen Perspektive des Mircea Eliade erklärt das Zusammenkommen der Thematiken im Mittelmeerraum zu Beginn des christlichen Zeitalters die Geburt der alchimistischen Suche. Berthelot, der vor einem Jahrhundert die ersten ernsthaften Studien des Themas vorgenommen hat, legte das Gewicht mehr auf die Beiträge der ägyptischen, griechischen, hebräischen, persischen, chaldäischen Gelehrten. Einen großen Platz glaubte er der Wissenschaft der ägyptischen Priester einräumen zu müssen, sowohl für die technische wie auch für die symbolische Seite (die Schlange Ouroboros, die sich in den Schwanz beißt, und die Bedeutung der Zahl 4); seither tendiert man eher dazu, den ägyptischen Beitrag für klein zu halten.[6]

Auf die griechische Philosophie gehen die Spekulationen über einen formlosen Grundstoff zurück, aus dem alle anderen gemacht sind; gewisse Vorstellungen, wie die des Allheilmittels, sollen chaldäischen Ursprungs sein. Mit Jung hat man einen psychoanalytischen Ursprung hauptsächlich der sexuellen Besessenheit des Menschen gesucht. Heute legt man, ohne die von Mircea Eliade rekonstruierten Mythen noch den gelehrten Ursprung der Ideen und Techniken beiseite zu schieben, mehr Gewicht auf den spezifischen Charakter der Alchimie, wie sie sich in Griechenland von Zosimos an entwickelte (3. Jahrhundert), und in den arabischen Ländern seit Geber/Jabir (8. Jahrhundert).

Die sexuelle Thematik, die in alchimistischen Texten häufig erscheint, steht mindestens in der Bildwahl in enger Beziehung zu den Schmiedemythen. Diese Mythen verharren allerdings in einer «vitalistischen» Überlieferung, nach der Steine und Metalle eine bestimmte Art von Leben, eine Sexualität und eine Seele hätten. Die alchimistischen Texte hingegen folgen häufiger der aristotelischen Linie, welche die Grenze zwischen Belebt und Unbelebt klar zieht und die Metalle den unbelebten Körpern zuweist.[7] Die Vereinigung der beiden Gesichtspunkte in einer oberflächlichen Begegnung der Bilder hätte also eine Vereinfachung der Theorien zur Folge.

Die Alchimie ist wie ihr Name eine Begegnungsstätte von Etymologien und Traditionen, deren eine so gültig ist wie die andere. Ägyptisch: die schwarze Wissenschaft *(kemi)*; griechisch: die Gußtechnik *(chymia)*; kontrolliert und korrigiert durch das Arabische, das den Artikel hinzufügt *(al-kimiya)*. Die Begegnung der Mentalitäten wie die der Wörter ist wichtiger als der wahre Ursprung.

Eine erste alchimistische Welle hat Europa unter byzantinischem Einfluß im 10. bis 12. Jahrhundert erreicht. Ein Text aus dem 10./11. Jahrhundert, die *Mappae Clavicula*, scheint heidnische Rezepte zu kopieren, er lehrt, Götzenbilder zu machen. Das Buch unterscheidet sich von früheren metallurgischen Texten durch seine Behauptung, man könne Gold machen (nicht mehr bloß nachahmen) mit magischen Zutaten, die kryptische Bezeichnungen tragen: Erde vom Mond, Galle vom Rind, Blut vom Schwein. Ebenso seltsame Rezepte finden sich beim Mönch Theophil, der zwar die Götzenbilder durch Abendmahlkelche und Räucherfässer ersetzt hat, sonst aber griechische Rezepte wiedergibt und ein «spanisches» von einem «arabischen» Gold unterscheidet. Er verwandelt rotes Kupfer mit pulverisiertem Basilicum, menschlichem Blut und Essig. Ihm verdankt man das berühmte «Heidenrezept» zur Herstellung eines Basilisks, einer aus einem Hahnenei geschlüpften Schlange, ein Rezept, das je nach Auslegung seltsame Magie darstellt oder in Geheimsprache abgefaßt ist.[8]

Diese byzantinische Welle blieb zurückhaltend und hat höchstens den Westen auf die arabische Welle vorbereitet, die als große Bewegung von Übersetzungen eintrat, als die spanischen Schulen nach der Reconquista Mengen von Manuskripten hinterließen. Die Übersetzung des Buches von Morien 1144 durch Robert von Chester ist die Wegmarke einer neuen Epoche der Alchimie und wurde oft erzählt. Wie bei den bisher besprochenen Gebieten beschränke ich mich auf die Christianisierung und auf die Reaktionen, die diese verwirrende Disziplin auslöst.

Die alchimistische Suche

Man kann einen der großen geistlichen Wege des mittelalterlichen Abendlands nicht auf wenigen Seiten zusammenfassen, aber man sollte wenigstens sein Ziel begreifen, um den Empfang, der ihm bereitet wurde, zu verstehen.

Das erste Ziel, lange vor Zosimos bereits in eine mystische Sprache verpackt, bleibt die Verwandlung der minderen Metalle in Gold. Als Voraussetzung dient der platonische Glaube an eine universelle Materie, eine *materia prima, materia confusa,* einen Stoff ohne besondere Eigenschaften und ohne Form. Diese «chaotische» Materie strebt zur Vollkommenheit und würde Gold erzeugen, wenn nicht eine Reihe weniger wertvoller Metalle (Silber, Quecksilber) oder gewöhnlicher Metalle (Zinn, Blei, Kupfer, Eisen, in absteigender Ordnung) «Krankheiten» einbrächte. Die sechs anderen Metalle, welche die Alchimisten kennen, werden also als krankhafte Zustände des siebten, des Goldes, betrachtet. Man sucht deshalb ein «Heilmittel», den Stein der Weisen, der in Pulverform in die flüssigen Metalle gegeben werden soll; er verwandelt sie dann in Gold und heilt sie auf diese Weise.

Diese therapeutische Thematik steuert ganz natürlich auf die Medizin zu: Der Stein der Weisen wird auch zum berühmten Allheilmittel für alle Krankheiten und zum «Elixier», das das Leben unbeschränkt verlängert.

Dieses anfänglich nicht im Vordergrund stehende Ziel, das mit Paracelsus (1493–1541) zur Hauptsache wird, hat die moderne Pharmazeutik hervorgebracht, die mit chemischen Produkten und Mineralien arbeitet und nicht mehr mit pflanzlichen und tierischen Stoffen.

Der Stein wird schließlich als «Quintessenz» bekannt, wörtlich «die fünfte Essenz», ein mythisches Element, das zu den traditionellen vier Elementen (Erde, Wasser, Luft und Feuer) hinzukommt, daher der Name. Dieses fünfte Element wird oft «Äther» genannt, aus ihm bestehen die höchsten Himmel. Wie alle Materie die vier Elemente enthält, enthält sie auch die Quintessenz. Am Ende des Mittelalters gilt das Bemühen der Alchimisten mehr und mehr der Gewinnung von Quintessenz aus der Materie. Diese letzte Richtungsänderung der alchimistischen Suche ist zweifellos das fehlende Kettenglied zur modernen Chemie. Das waren also die großen Ziele, die von der griechischen Alchimie bis zu derjenigen der Renaissance aufeinander folgten oder sich überlagerten.

Die Eigenschaften der Materie fügen sich also der formlosen Grundmaterie zufällig bei, es sind mehr oder weniger geglückte Vervollkommnungen. Für die Araber und seit Geber geht es in der ersten Zeit darum, diese «Grundmaterie» zu finden, den Gegenstand, den man zu diesem Urchaos zurückverwandeln will, seiner besonderen Eigenschaften zu berauben. Dafür könnte irgendein Grundstoff benützt werden, da ja die Materie im Grund eins ist. Aber je nach ihrem Grad der Vervollkommnung sind manche näher am angestrebten Ziel, was die Arbeit erleichtert. Kleine Mengen von Gold oder Silber lassen sich als «Gärstoffe» benützen. Das Quecksilber, das näher bei der Vollkommenheit liegt, wird breit genützt, sobald man es als Metall identifiziert hat.

Die griechische Alchimie ging von Legierungen aus, in denen die Metalle ihre besonderen Eigenschaften verlieren. Es waren die Araber, die das Quecksilber bevorzugten: Umfaßt es nicht entgegengesetzte Eigenschaften, Wärme und Kälte, Trockenheit und Feuchtigkeit? Es ist weder fest noch flüssig, ätzend und lebendig scheinend, es ist das «Queck»-Silber, das Wasser-Silber (Hydrargyrum, von dem uns das chemische Symbol Hg geblieben ist). Vom gewöhnlichen Quecksilber aus versucht man, das Quecksilber-Elixier, das die *materia confusa* wäre, zu gewinnen. Zu dieser Zeit wird Quecksilber noch nicht als Metall betrachtet, sondern als Geist, als Prinzip: Diesem flüchtigen, also weiblichen Geist ist demnach ein fester, männlicher Geist beizufügen, der Schwefel.

Diese «alchimistische Heirat» zwischen Schwefel und Quecksilber vollzieht sich mit Hilfe eines Vermittlers, eines «Priesters» namens «Salz» oder «Arsen»: Gleich wie die Verbindung zwischen Geist und Körper dank der Seele, dem Lebensprinzip, zustande kommt, so erzeugt das «Salz» die «Beseelung», deren die mystische Vereinigung von Schwefel und Quecksilber bedarf. Diese Vereinigung des männlichen und des weiblichen Prinzips unter der Schutzherrschaft der Beseelung wird, obwohl nur eine Etappe, die auf das große Werk vorbereitet, in den Experimenten und der Bildsprache der Alchimisten immer wichtiger. Die Retorte, in der sie stattfindet und die «alchimistisches Ei» genannt wird, ist eins der populärsten Symbole ihrer Kunst geworden. Muß ich noch sagen, daß Schwefel, Quecksilber, Salz und Arsen nicht die gewöhnlichen Elemente bezeichnen, die wir unter diesen Namen kennen, sondern gereinigte Stoffe, «Elixiere», nämlich Eigenschaften der Materie?

Die Theorie von Schwefel und Quecksilber hält sich lange. Sie führt zu einem weiteren Grundstoff, dem Zinnober, einem Quecksilbersulfid, das die alchimistische Heirat bereits hinter sich hat. Natürlich dem reinen Zinnober, nicht dem Erz, das man in der Natur findet. Man konnte auch von anderen Metallen ausgehen, von Kupfer, Zinn oder Blei. Das sind die wichtigsten Stoffe, die für das große Werk verwendet werden.

Die Oxydation, die Auflösung in Quecksilber, die Zersetzung durch Wärme oder Verbrennung können die Besonderheiten der Materie ausscheiden und sie zur ursprünglichen Substanz machen. Das ist die schwarze Arbeit, die Todesphase, die erste Stufe des alchimistischen Verfahrens *(melansis* auf griechisch, *nigredo* auf lateinisch). Die so reduzierte Materie wird dann chemisch gebleicht, damit sie dauerhaft gefärbt werden kann. Diese Bleichung *(leukosis, albedo)* erlaubt die Herstellung des «weißen Steins», Ziel des «kleinen Werks»: Dieser Stein soll die Verwandlung gewöhnlicher Metalle in Silber bewerkstelligen. Aber das «große Werk» verlangt noch ein bis zwei Stufen, die Gelbfärbung *(xanthosis, citrinitas)*, die manchmal ausgelassen wird, und die Rotfärbung *(iosis, rubedo)*, die letzte Stufe, auf der der Stein der Weisen entsteht in Form eines roten Pulvers, das nur noch fixiert zu werden braucht. Die vier Farben bilden eine symbolische Reihe von der Erde zum Silber, dann zum Gold und zu den Edelsteinen (Rubine). Manche, wie Jean de Meung, scheinen zu glauben, daß der Übergang von einer Stufe zur andern möglich ist.

Die vier Stufen des alchimistischen Verfahrens sind im wesentlichen theoretisch und haben als Modell für unzählige Experimente gedient. Es kamen, je nach Autor, noch andere Zwischenstufen dazu, aber die Reihenfolge der vier Hauptpunkte blieb fest. Ein Durchgang durch alle Farben des Regenbogens, Pfauenschwanz *(cauda pavonis)* genannt, wird oft als Zwischenstufe aufgeführt, jedoch an verschiedenen Stellen des Verfahrens eingefügt. Die vier Stufen lassen sich mit den vier Aggregatzuständen (fest, flüssig, gasförmig, ätherisch oder subtil) vereinen und entsprechen ebenfalls so vielen Wandlungen und Durchgängen, die man in beiden Richtungen durchführen kann: Möglich sind also acht Durchgänge von einem Aggregatzustand zum anderen. Das Vokabular der Chemiker hat die meisten darauf bezüglichen Namen behalten: Kondensierung (Übergang vom Subtilen zum Gasförmigen), Vaporisierung (vom Flüssigen zum Gasförmigen), Dissolution (vom Festen zum Flüssigen) ... Das sind Verfahren, die als Theorien beschrieben wurden und die man mit Experimenten zu bestätigen suchte.

Die höchste Form der Alchimie ruht außerdem auf der Parallelität zwischen der Arbeit der Materie und derjenigen des Menschen. Die Reinigung der Metalle bis zu ihrer Verwandlung zu Gold oder zum Stein der Weisen ist nur das Symbol einer Askese, die den Alchimisten reinigt, und zwar in denselben vier Stufen. Der Glaube an einen universellen Geist, der durch die mystische Erfahrung erreicht werden kann, liegt am Grund jeder Mystik. Die Formel, die man in der *Goldmacherkunst* von Kleopatra findet, «Eines ist alles» (Εν το παν), findet sich in den verschiedensten Formen vom Orient bis in den Okzident, von der *Bhagavad-Gita* zum *Thomasevangelium*.

Es ist die erste Phase, die Erniedrigung der Materie für die spätere Vereinigung mit der Universalmaterie, die sich am besten für die mystische und christliche Auslegung eignet. Schon bei Zosimos, dessen Alchimie von der Gnostik geprägt ist, findet man das Thema des Martyriums, das notwendig ist, um Seele und Körper voneinander zu trennen: Im Traum hat Zosimos einen großen Priester, Eon, gesehen, der von einem Dolch durchbohrt, in Stücke gehauen, geköpft, geschunden, verbrannt wurde, und andere Personen, die in siedendes Wasser geworfen wurden. Zweifellos versteht er beim Erwachen, daß es sich um die verschiedenen Phasen eines chemischen Verfahrens handelt, aber die metaphysische Deutung (den Körper in Geist verwandeln) ist schon da.[9] Die «Bleichung» ist also eine gereinigte Form der Auferstehung, die die Verwandlung zu Gold (Gelbfärbung) und zum Stein der Weisen (Rotfärbung) gestattet. Die Parallele zur Passion und zur Auferstehung Christi wird selbstverständlich, als die Alchimie durch Vermittlung der Araber in den Westen gelangt.

Selbstverständlich, wenn auch nicht sofort. Man ist sich heute einig darüber, daß im Westen, als die Übersetzungen der arabischen Texte von 1144 an einbrachen, schon solide praktische Kenntnisse der alchimistischen Verfahren vorhanden waren. In den arabischen Schriften, die viel theoretischer und mystischer sind, als die westlichen es vor ihrer Ankunft waren, sucht man vor allem praktische Informationen zum Beispiel über die Alaune oder über die vielfältigen Apparaturen, die im Osten entwickelt worden waren. Die Experimente, die Entdeckung der Instrumente, die Einordnung der Kenntnisse beschäftigen die Geister mehr als die Möglichkeit, die Texte zu christianisieren. Dies vollzieht sich erst mit den ersten westlichen Originalschriften, die Ende des 13. Jahrhunderts geschrieben wurden. Arnald von Villanova ist zweifellos der erste Alchimist, der sich nicht damit begnügte, die arabischen Abhandlungen zu übersetzen.

Ein zwiespältiger Empfang

Zuerst scheint die Begeisterung für diese neue Technik, von der man bestimmt glaubte, sie ermögliche das Goldmachen, groß gewesen zu sein. Waren damals die moslemischen Länder nicht die ersten, die Goldmünzen prägten, als man im Okzident bestenfalls erst Münzen aus Silber und Legierungen kannte? Dennoch war in der Hierarchie der Wissenschaft des Mittelalters die Alchimie nur eine Technik, eine «Kunst», die sich nicht einmal auf dem Rang der sieben freien Künste, welche in den Schulen gelehrt wurden, plazieren konnte. Manche reihten sie einfach in die *artes mecanices* ein, als eine weitere der schon bekannten metallurgischen Techniken.

Andere aber geben ihr bereits einen Platz bei den freien Künsten, denn sie betrachten sie als zur Astronomie gehörig, der «Mutter aller Wissenschaften». Und im Maße, in dem man den hohen Grad der Spekulation entdeckt, zu dem die Araber vorgedrungen sind, macht man sich ein besseres Bild von der Alchimie, die man ihnen verdankt. In der neu nach Aristoteles erstellten Hierarchie der Wissenschaften ist sie nicht mehr ein bloß praktisches Wissen, eine Technik (eine «Kunst»), sondern ein theoretisches Wissen, eine spekulative Philosophie (eine «Wissenschaft»). Man stellt sie zu den Naturwissenschaften, die die Naturgesetze beschreiben, neben die Physik, und manchmal zu den «übernatürlichen» Wissenschaften, die okkulte Ursachen erforschen, neben die Metaphysik. Die Alchimie hält im Okzident einen triumphalen Einzug: Die Begeisterung des 13. Jahrhunderts für die Naturwissenschaften spielt hier wohl eine große Rolle. Schließlich wird die Alchimie in gewissen Universitäten im Zyklus der freien Künste gelehrt. Aber ihr arabischer Ursprung ist verdächtig für Leute, die eine Verbindung mit dem Teufel scheuen, und außerdem ist sie von Geheimnissen umgeben, so daß die Schwärmerei dafür von Anfang an gedämpft bleibt. Es kommt bereits vor, daß sie zu den teuflischen Künsten gezählt wird. In anderthalb Jahrhunderten hat die Alchimie in der Meinung der westlichen Gelehrten die ganze Hierarchie des Wissens durchlaufen.[10]

Die schmeichelhafte Achtung vor der Alchimie im 13. Jahrhundert trifft merkwürdigerweise mit dem Aufkommen der ersten Zweifel und der ersten Angriffe zusammen. So glaubt Thomas von Aquin nicht, daß es möglich sei, Gold zu machen, «denn die körperliche Form des Goldes entsteht nicht durch die Hitze des Feuers, das die Alchimisten verwenden, sondern durch die Sonnenwärme an bestimmten Orten, wo die Kraft der Mineralien wirksam ist».[11] Die Alchimisten können lediglich etwas fabrizieren, «das dem Gold äußerlich gleicht». Thomas von Aquin leugnet also nicht den Grundsatz der Verwandlung, aber die Möglichkeit, sie mit menschlichen Mitteln zu erreichen.

Auch in der *Summa theologica* erklärt er künstlich hergestelltes Gold nicht für illegal. Die Alchimie erscheint hier nur indirekt, als er sich über den Betrug bei Kauf und Verkauf Gedanken macht.[12] Ist es illegal, alchimistisches Gold zu verkaufen? Nur, wenn dieses Gold falsch ist. Er leugnet also die Möglichkeit, Gold herzustellen, nicht, hegt aber Zweifel über das Ergebnis. Diese Unterscheidung ist wichtig: In einem autoritativen Werk wird die Alchimie nicht als teuflische Kunst bezeichnet, sondern als ein Nest von Fälschern. Und es ist wahr, daß der unglaubliche Erfolg der Verwandlung im 13. Jahrhundert zu einer wachsenden Herstellung von Falschgeld geführt hat, das man noch nicht zu erkennen imstande ist. Ende des Jahrhunderts findet man die ersten Verurteilungen dieses Betrugs von seiten der religiösen Orden: Viele Benediktinerkapitel verbieten zwischen 1272 und 1313 ihren Mitgliedern, sich mit Falschgeld abzugeben. 1273 und 1287 folgen die Dominikaner, 1317 die Zisterzienser. Die Häufigkeit der Verbote verrät, wie groß die Verbreitung war.[13]

Hier liegt die wichtigste Begründung der Angriffe auf die Alchimie. Im *Roman de la Rose* von Jean de Meung (beendet gegen 1280) wird die Alchimie hinter der Kunst bei denjenigen, die die Natur nachahmen, plaziert. Sie begnügt sich damit, die Metalle zu färben, ohne sie zur Grundmaterie zu machen, klagt der Autor. So wird sie ihr Ziel nie erreichen. Trotzdem fährt er fort: «Die Alchimie ist eine wirkliche Kunst. Wer sie mit genügend Kenntnissen betriebe, stieße auf große Wunder.» Und er verweist nochmals auf die Umwandlung durch Rückführung auf die Grundmaterie. Wie man aus Farn Glas machen kann, indem man ihn zu Asche reduziert, und wie der Blitz aus «Dämpfen» Steine erzeugen kann, «so könnte, wer sie zu ihrem Ziel führen kann, mit Metallen gleich verfahren und den Körpern ihre Unreinheiten wegnehmen. Er könnte ihnen ihre reine Form geben, indem er benachbarte Strukturen zu Hilfe nähme. Die eine strebt natürlich zur andern, denn sie sind alle aus einem gleichen Stoff, wie immer die Natur sie gestaltet.»

Diese Grundmaterie ist nach der arabischen Überlieferung mit Schwefel und Quecksilber in Verbindung, diesen «Geistern», die in den «Körper» der Grundmaterie eindringen, um Metalle zu bilden. So könnten sie aus minderen Metallen Silber machen, aus Silber Gold, aus Gold Edelsteine. Aber Sophisten wird das nie gelingen: In den alchimistischen Texten sind die Sophisten Schwindler im Gegensatz zu den Philosophen.[14]

Hier sind wir im Übergang zwischen dem Respekt, den man noch immer für eine göttliche Wissenschaft hat, und der Verachtung für die, die sie entwürdigen. Jean de Meung – den man, weil seine Beschreibung des Verfahrens so korrekt und genau ist, der Alchimie verdächtigt hat – glaubt noch an die Möglichkeit, ein gewöhnliches Metall in Gold zu verwandeln, und diejenigen, die sich mit Einfärben begnügen, sind desto verachtenswerter. In Dantes *Inferno* (1307–1321) werden die Alchimisten im achten Kreis, dem der Schwindler, bestraft. Griffolino d'Arezzo und Capocchio, beide lebendig verbrannt, sind dort mit Räude und Lepra bedeckt. Capocchio nennt dem Reisenden klar sein Verbrechen: Er hat «die Metalle durch Alchimie gefälscht».[15] Im folgenden Gesang wird von den Falschmünzern gesprochen. Die Nebeneinanderstellung spricht für sich.

Ähnliche Äußerungen, aber mit humorvollem Unterton, finden wir in Spanien, bei Don Juan Manuel (1282–1348), dessen *Conde Lucanor* eine Sammlung moralischer Erzählungen über volkstümliche Themen oder

Berichte aus dem täglichen Leben darstellt. Da gibt es auch einen Pseudo-Alchimisten, dem es gelingt, einen König zu betrügen, den die in Mode stehende Wissenschaft lockt. Er hat von der Leidenschaft des Königs gehört und stellt drei Garnknäuel her, in die er vorher Goldschnitzel praktiziert hat; er verkauft sie unter dem geheimnisvollen Namen «Tabardie» einem Kaufmann in der Stadt. Er nennt sich nun Alchimist, bis der König, der von ihm gehört hat, ihn zu sich ruft. Geschickt spielt unser Mann seine Kunst herunter und rät dem König, bei seinen Aufträgen an ihn nur winzige Summen zu riskieren. Um Gold zu machen, bittet er nur um wertlose Materialien – worunter die berühmte *Tabardie*. Er schmilzt sie und erhält eine dünne Goldfolie – aus den Schnitzeln, die er zuvor in den Knäuel getan hatte. Entzückt, Gold so billig zu bekommen, will der König einen neuen Versuch wagen und verdoppelt den Einsatz.

«Herr», antwortet der Schlaukopf, «ich habe Ihnen alles gezeigt, was ich weiß, und von jetzt an können Sie das ebenso gut machen wie ich; aber eines müssen Sie wissen: Welcher Bestandteil auch immer fehlt, es läßt sich (wenn nicht alle Zutaten vorhanden sind) kein Gold machen.» Der König trägt alle Materialien zusammen, auch die beiden verbleibenden Knäuel von *Tabardie*, und es gelingt ihm, Goldfolien herzustellen. Auf dem Gipfel der Seligkeit bestellt er die Zutaten für tausend Folien, findet aber keine *Tabardie* mehr. Der Abenteurer wird gerufen und beauftragt, die fehlende Zutat zu beschaffen. Er verschwindet mit dem Geld, das ihm zu diesem Zweck ausgehändigt wurde, und hinterläßt in seinem Zimmer eine Kassette mit der Moral: «Als ich Ihnen sagte, Sie würden reich, hätten Sie von mir verlangen sollen, daß ich selbst es zuvor würde, erst dann hätten Sie mir glauben sollen.»[16]

Man begegnet oft dieser Beschuldigung des Betrugs, daß nämlich dem Grundstoff oder dem Stock, mit dem gerührt wurde, etwas Feingold hinzugefügt werde. Sebastian Brant spricht im *Narrenschiff* (1494) vom guten klingenden Metall, das im Stock versteckt sei.[17] Chaucer erklärt in seinen *Canterbury Tales* (Ende des 14. Jahrhunderts), wie ein falscher Alchimist einem Priester ein Wunderpulver verkaufte, indem er reines Silber in Buchenkohle versteckte und mit Wachs versiegelte.[18] Aber diese Vorstellung des betrügerischen Alchimisten überlagert in der ersten Hälfte derselben Geschichte diejenige vom verrückten Alchimisten, der zur selben Zeit ein Gegengewicht darstellt. Denn es gibt rechtschaffene und ehrbare Alchimisten. Aber da sie mit ihren Verrichtungen nicht weiterkommen und, um nicht leichtgläubige Könige und Priester zu ruinieren, sich selbst ruinieren, muß man von einer selbstmörderischen Verrücktheit sprechen.

Der Diener des alchimistischen Kanonikus, der die sieben Jahre von Enttäuschung und fruchtloser Arbeit aufzählt, ist eher bemitleidenswert als lächerlich. Chaucer ist genial; er hat diese Schilderung in den Mund des Dieners gelegt, um dem Kanonikus seine Illusionen zu belassen. Nachdem er die barbarisch benannten Zutaten und die merkwürdigen Instrumente, mit denen er umgeht, geschildert hat, berichtet der Diener von einem Unfall. Der Topf ist auf dem Feuer und enthält alle Zutaten, und nur der Alchimist hat sie hineingelegt. Der Sieg scheint nahe ... und plötzlich, die Explosion. «Das kommt oft vor; der Topf ist entzwei, und adieu! Alles ist weg!» Das Metall hat eine solche Kraft, daß die Mauern durchlöchert sind und ebenso der Boden, das Stockwerk, das Dach! Einer sagt, das Feuer sei nicht richtig angelegt worden, ein anderer, es liege am Blasebalg, und man schlägt den Diener, der ihn hätte betätigen sollen. Ein dritter findet, das Metall sei nicht richtig gehärtet worden, und ein vierter meint, auf einem Buchenholzfeuer wäre das nicht passiert. Der Meister beruhigt den Streit. Man kann nichts machen; fegt die Kammer und seid zufrieden! Wir beginnen mit Freuden aufs neue. Man entfacht das Feuer wieder – «aber ob es heiß oder kalt ist, ich darf es sagen, wir haben nie irgendein Ergebnis zustande gebracht».[19]

Die Schmähungen gegen die Fälscher und gegen den Wahnsinn der Alchimisten vervielfältigen sich im 14. und 15. Jahrhundert. Das Thema, und die Unterscheidungen einer «falschen» und einer «wahren» Alchimie, wird von den Alchimisten selbst aufgebracht, die nicht mit denen verwechselt werden wollen, die sie verachten. Die obskure Sprache, die ursprünglich nötig gewesen war, um die göttliche Enthüllung geheimzuhalten, erlaubt ebenfalls eine Unterscheidung zwischen «wirklich erleuchteten Gelehrten» und falschen Alchimisten.[20] Sie verstehen die Allegorien, die anderen nehmen sie wörtlich. Arnald von Villanova, Jean de Roquetaillade und andere machen sich über Leute lustig, die Blut, Haar, Eier, Urin im wörtlichen Sinn verstehen und sie allen Ernstes destillieren, kochen und bleichen ... «Und dann finden sie nichts, denn es ist alles imaginär.»[21]

Feindseligkeit der Kirche, Vorsicht der Magistraten

Diese erste Angriffswelle gegen die Fälscher gipfelt in der Bulle *Spondent quas non exhibent* von Johannes XXII., ausgestellt am 20. Juni 1328. «Sie versprechen, was sie nicht zeigen»: Die Alchimisten verkaufen Schimären – der Papst selber sei ihren Versprechungen zum Opfer gefallen, sagten böse Zungen, als er Gold für die Finanzierung eines Kreuzzugs suchte; deshalb sei seine Bulle gegen sie so ätzend ausgefallen.

«Kein Zweifel, die Adepten der alchimistischen Kunst betrügen einander wechselseitig, wenn sie, ihrer eigenen Unwissenheit bewußt, mit Bewunderung denen zuhören, die Behauptungen der gleichen Art aufstellen. Wenn sich ihnen die erstrebte Wahrheit entzieht, legen sie den Tag (des endgültigen Experimentes) fest und erschöpfen alle Möglichkeiten; dann verstecken sie ihren Betrug hinter Reden, so daß sie schließlich – was dem Wesen der Dinge widerspricht – so tun, als ob sie durch eine ausgeklügelte Umwandlung wirkliches Gold oder Silber herstellten. Ihre verwünschte und verdammenswerte Neugier geht so weit, daß sie wertlosen Metallen das Aussehen staatlicher Münzen geben, das naive Gemüter täuschen kann: Genau auf diese Weise werfen sie ein blendendes Licht auf die Gewöhnlichkeit der in ihren Öfen brennenden alchimistischen Feuer.» [22]

Tatsächlich, man könnte hier den bitteren Bericht über eine selbstgemachte Erfahrung lesen. Die Verdammung richtet sich wohlgemerkt gegen die Betrüger und betrifft nicht den Fall, in dem das alchimistische Gold echt wäre. Der Fälscher muß der staatlichen Schatzkammer «zur Verteilung an die Armen» dieselbe Menge reinen Goldes zahlen, wie er alchimistisches Metall fabriziert hatte.

Die Persönlichkeit des Papstes verleiht einer Bulle, die sich nur gegen die Fälscher zu richten scheint, eine andere Tragweite, denn es handelt sich bei Johannes XXII. um einen französischen Papst in Avignon. Es gelang Johannes XXII., die Finanzen und die moralische Macht der Kirche nach einem starken Rückgang des päpstlichen Einflusses wieder aufzurichten. Er war ein umstrittener Papst, oft angegriffen von der politischen Macht wie auch von gewissen Orden wie den Franziskanern. Er entging einem Mordanschlag durch Verhexung und Gift, und er war auch der Autor einer berühmten Bulle gegen die Zauberer, *Super illius specula*. Sein Pontifikat zeichnete sich durch die Entwicklung der Inquisition und die ersten Wegweiser zur Hexenjagd aus.

In manchen dieser Prozesse wurde die Alchimie mehr oder weniger mit der Magie gleichgestellt. Ein Prior wurde angeklagt, weil er mit anderen Mönchen zusammen eine Statuette aus Blei hergestellt hatte, die jeden Monat sprechen und alle Geheimnisse der Alchimie preisgeben sollte.[23] In den Schriften selbst wurden magische Beschwörungen mit alchimistischen Verfahren und philosophischen Spekulationen vermischt. Die Illustrationen, die in kodierter Form die Verfahren begleiteten, wurden zur Beschwörung verwendet.[24] So gleiten die Verurteilungen unmerklich vom Betrug zu magischen Praktiken hinüber.

Der Katalane Eiximenis (1340–1409), Bischof von Elne und Patriarch von Jerusalem, spricht in seinem *Regiment de la cosa publica* von der Alchimie als zu den «Künsten und Tätigkeiten gehörig, die für die Öffentlichkeit schädlich sind»; hier sind auch die Nigromantie, die Chiromantie, die Kunst zu stehlen, zu betrügen und zu mogeln eingereiht. Allein die Aufzählung spricht Bände, denn sie stellt die Alchimie in unmittelbare Nähe zu den dämonischen Künsten und zu Hochstapelei. Nach Thomas ist die Alchimie möglich, aber «Gott will das öffentliche Wohl der Welt schützen und enthüllt sie deshalb nur sehr wenigen Leuten, und auch das sehr spät». Aber die meisten, die sich ihr widmen (und sie sind zahlreich, sagt er), sind Lügner, Wilde, Arme und Bettler, verrückt und rasend, Betrüger und Betrogene. [...] Aus diesem Grund müssen die Regierungen diese abscheulichen Künste verfolgen und alle, die sie lehren und gebrauchen, aus ihren Ländern vertreiben, selbst wenn sie nur flüchtig damit zu tun hatten. Was sie in erster Linie dazu veranlassen sollte, ist der «Eifer, Gott zu verehren», denn indem sie die göttliche Majestät beleidigen, riskieren sie, Gottes Zorn auf ihre Gemeinschaft zu ziehen. – Man ist noch nicht bei der Ketzerei angekommen, aber schon bei einem gotteslästerlichen Wahn, der die Gesellschaft gefährdet. Bestenfalls, meint er, können Alchimie und Astrologie «eine große Neigung hervorrufen, zur Nigromantie, dieser schlechten Kunst, überzugehen». Was den Franziskaner am meisten erschreckt, ist der rasende Eigensinn der Alchimisten, bis zu ihrem Tod an einem Werk zu arbeiten, das sie ruiniert und das niemals vollendet werden kann: ein Beweis des Wahnsinns, wiederholt er.[25]

Einen neuen Schritt tut Nicolaus Eymericus, der Generalinquisitor am Hof von Aragon und der Verfasser eines *Directorium Inquisitorum*. 1396 faßt er in einer kurzen Abhandlung, *Contra alchimistas*, die Entwicklung der Wissenschaft zur Kunst der Fälschung und dann zur Anrufung des

Teufels zusammen.[26] Er stellt acht «Fragen», diskutiert eine um die andere und präsentiert fünf Schlußfolgerungen, die entweder der heiligen Schrift oder der Erfahrung entnommen sind; er demonstriert, daß nur die Natur Gold, Silber und Edelsteine hervorbringen kann (die Alchimie ist keine Wissenschaft), der Mensch nur ihr Äußeres nachahmen kann (die Alchimie ist eine Fälscherkunst) und daß er es mit Hilfe des Teufels täuschend zustande bringt. Der Teufel kann kein Gold machen, denn die Kunst der Schöpfung gehört Gott. Er benutzt deshalb die Vermittlung des Alchimisten. Aber er kann ihn nicht lehren, Gold zu machen, was ein Vorrecht Gottes ist: Dafür kann er aber Schätze herbeibringen, deren Versteck er kennt, und sie ihm zeigen, damit er in den Wahn verfällt, die Alchimie erlaube ihm die Vollendung des großen Werkes. So geht man geschickt vom Thema des Wahnsinns der Alchimisten, der Unmögliches für möglich hält, zur Dämonenverehrung über: Der Wahn ist von den Versprechen des Teufels erzeugt, der echtes Gold vorzeigt. Der Teufel aber zeigt dieses Gold nur denen, die ihn anrufen, und gemäss Johannes von Salisbury setzt jeder Pakt mit dem Teufel ein Opfer voraus, mindestens das des eigenen Körpers. Diese Argumentation ist notwendig, damit die Alchimie ein Verbrechen gegen den Glauben wird und damit der Inquisition unterstellt werden kann.

Bernard Astruc, ein katalanischer Benediktiner, der 1420 starb und der Abt von Sant-Esteban de Bañolas bei Gerona war, wiederholt diese Argumente in seinem *Traité contre les alchimistes*, das er im Papstpalast von Avignon 1404 verfaßte. Sie sind Falschmünzer, Erfinder von verheerenden Heilmitteln, sie drohen in Aberglauben zu verfallen, weil sie nicht erreichen, was sie wünschen. Es sind «Fabrikanten von Lügen, Geldbörsenleerer, eine Geißel für die Armen»[27], Ausdrücke, die er den langen Schimpfiaden des Eymericus entnommen hat. Der Alchimist gilt praktisch gleich viel wie der Zauberer – wenigstens, wenn er Erfolg hat, aber meistens ist er nur ein Betrüger. Was bei Thomas nur der Natur gestattet und bei Eiximenis ein nur als Ausnahme gewährtes Gottesgeschenk ist, wird am Anfang des 15. Jahrhunderts zum Teufelswerk. In zwei Jahrhunderten ist die griechisch-arabische Wissenschaft vom Kapitol zum Tarpeijschen Felsen gelangt.

Mindestens in den Augen der Tempelhüter. Denn am Hof und im Prätorium werden andere Gerichte serviert, wie Villon sagte. In diesen Zeiten von Hungersnot und Krieg ist man nicht so heikel, was die Herkunft und die Qualität des Goldes betrifft. Die großen Höfe Europas halten sich ihre Alchimisten, wie sie sich ihre Ärzte und Astrologen halten, und nicht selten verkehren selbst Fürsten und hochgestellte Persönlichkeiten mit ihnen.

In Frankreich wird der Vater der Dichterin Christine de Pisan, Thomas von Bologna, Astrologe, Arzt und Alchimist, von Karl V. angestellt. Alchimistisches Geld wird im 14. Jahrhundert in England hergestellt, um den Hundertjährigen Krieg zu finanzieren. Nach der Überlieferung soll es Ramón Llull selbst gewesen sein, der den Ofen für Eduard III. bediente im naiven Glauben, eine Kreuzfahrt zu finanzieren. Aber die Chronologie dementiert diese Legende eindeutig: Der katalanische Philosoph war seit zwölf Jahren tot, als der englische König den Thron bestieg. Es hat sich zwar eine Platte erhalten, die an die beiden erinnert, aus alchimistischem Metall gemacht und mit einer Inschrift, die Eduard III. als «König von England und Frankreich» bezeichnet, aber es ist nicht sicher, wann sie entstanden ist; manche Historiker glauben, sie sei hundert Jahre jünger als Eduards Regierungszeit.

Wie immer, derselbe König hat tatsächlich versucht, mit diesem Mittel seine Finanzen zu ordnen, denn nach einem Schriftstück von 1360 wurden einem Alchimisten fünfhundert Goldstücke und zwanzig Pfund Silber geliefert, der sie vervielfachen sollte. Die Geschichte ging schlecht aus sowohl für den König, der seinen Einsatz verlor, als auch für den Betrüger, dem sie sieben Jahre im Turm von London einbrachte. Das alles ergab widersprüchliche Edikte; bald wurde die Verwandlung verboten (1403), bald gestattet (1444, 1456, 1457) oder gar angeraten. Ein Edikt von 1436 ermutigte die Kleriker, sich mit Alchimie zu beschäftigen, um dem notleidenden Königreich zu helfen. Ähnlich ist in Deutschland die Alchimie mit dem Traum verbunden, die alte kaiserliche Macht wiederherzustellen.[28]

Was die Ziviljustiz angeht, so hütete sie sich sehr, den Inquisitoren auf das unsichere Terrain der Dämonenverehrung zu folgen. Vor allem in Italien, wo die Alchimie in der Zeit des *Risorgimento* besonders in Mode ist. Andrea de Rampinis setzte sich einfach über die päpstliche Bulle hinweg und berief sich auf den heiligen Thomas, als er den Verkauf von alchimistischem Gold gestattete, solange es rein und durch natürliche Mittel gewonnen sei. Das «sophistizierte» Gold dürfe nicht als echtes Gold verkauft werden, was Sinn macht.[29]

Oldrado da Ponte sagt dasselbe, nimmt sich aber die Mühe, auf einen theoretischen Streit einzugehen. Die Gegner der Alchimie nennen jeden, der eine Sache in eine andere verwandelt oder sie auch nur verbessert, «einen Ungläubigen, schlimmer als ein Heide», denn das sei das Vorrecht des einen Schöpfers. Der Jurist kann mühelos darlegen, daß die Umwandlung die Basis der menschlichen Industrie sei: Wenn man mit Würmern Seide und mit Kräutern Glas machen kann, wieviel leichter müßte die Erzeugung eines Metalls aus einem anderen Metall sein. Er beruft sich auf den heiligen Augustinus und die «verborgenen Gründe der Keimung» *(occultae seminariae rationes)*, die er bei jeder Art beobachtet: Wenn man ihnen die Gelegenheit gibt, wandern sie zu anderen Arten aus rein natürlichen Gründen. Wenn also die Alchimisten echtes Gold, ohne Zuhilfenahme der Magie, erzeugen, ist ihre Kunst völlig legal und mit derjenigen der Metallurgen verwandt.[30] Die zivile Gesellschaft blieb für die Argumente des Klerus taub.

Mit Ausnahme eines Ediktes von Alphons X. (Ende 13. Jahrhundert, als die Alchimie auf dem Höhepunkt war), blieben die gesetzlichen Verbote rar und verspätet: 1480 in Frankreich, 1493 in Nürnberg.[31] Im allgemeinen waren die Großen zu begierig, sich – echtes oder falsches – Gold zu verschaffen, um den Alchimisten wahrhaft nachzustellen.

Eine andere Alchimie?

Haben die Enttäuschungen und hierauf die Angriffe gegen das *Opus magnum* die Entwicklung der Alchimie beeinflußt? Barbara Obrist gewann diesen Eindruck, als sie die Bildsprache der Alchimie im 14. und 15. Jahrhundert studierte. Das Zusammentreffen zwischen den ersten Zweifeln an der Wirklichkeit der Verwandlung von Metallen und der Entwicklung einer religiösen Thematik und Bildsprache ist tatsächlich auffällig. Arnald von Villanova ist, im 14. Jahrhundert, der erste, der das Symbol Christi und seiner Passion gebrauchte, um den alchimistischen Prozeß zu beschreiben.

Viele Parallelen dieser Art sind skizziert worden: zwischen dem alchimistischen Verfahren und der Messe, zwischen der Verbrennung und der von Johannes dem Täufer angekündigten Feuertaufe. Die christlichen Formeln werden alchimistisch gedeutet: INRI wird zu *Igne Natura renovatur integra* (Durch das Feuer erneuert sich die ganze Natur). Aber das ist nicht die einzige Thematik, die eine Erneuerung der Alchimie versucht; auch die Mythologie kommt reichlich zum Zug (die Suche nach dem goldenen Vlies, der Androgyn) und sogar die Politik (der kaiserliche Adler gegen das Papsttum)!

Außerdem wird es nötig, auf die Beschuldigung, Alchimisten seien Wahnsinnige, zu antworten und die Vermehrung der Schriften über eine okkulte Wissenschaft zu begründen. Man spricht oft von einer Verwünschung, die denjenigen träfe, der das Geheimnis lüfte. «Aber ich», präzisiert Jean de Roquetaillade, «fürchte die Verwünschung dieser Philosophen nicht, denn ich enthülle diese Geheimnisse keinem Unwürdigen, sondern den Armen der Kirchgemeinde, den Evangelisten und dem Klerus, damit sie die Witwen, die Mündel und die Waisen besuchen, die Not leiden und Schweres durchmachen.» Da alle Epochen an das bevorstehende Kommen des Antichrists glaubten, schreibt auch er im Hinblick darauf, «um das auserkorene Volk Gottes zu befreien, dem es gegeben wurde, das Amt Gottes und die Autorität der Wahrheit zu kennen».[32]

Die zwei Gründe werden vom 14. Jahrhundert an oft in den christlichen Büchern angeführt: Die Kenntnis okkulter Dinge und der Geheimnisse der Materie sind kein vornehmer Beweggrund mehr, der lange Zeit Opfer erfordert. Das Mißtrauen dem Gold gegenüber führt dazu, die Begierde nach Reichtum nicht mehr in den Vordergrund zu stellen: Für die Allgemeinheit ist es eher die Furcht vor dem Eingreifen des Teufels, die das Interesse an dieser Suche verstärkt. Das *Livre de la composition et de l'opération de la grande pierre* sagt ebenfalls: «Wir haben diesen geheimen Teil der Naturphilosophie niedergeschrieben, damit sie den Armen und Bedürftigen von Nutzen sei.»[33] Anfang des 14. Jahrhunderts ist das Thema des zu finanzierenden Kreuzzugs ein ähnlicher Vorwand ...

Man versteht auch, daß nach dem Scheitern der Praxis und den Spötteleien darüber das spekulative Vorgehen in Führung ging. Wie immer die Resultate auch waren, die Alchimie verpflichtet zu einer Askese, die statt der Materie den Menschen verändert, und es war ganz natürlich, daß hier das neue *opus magnum* hinzugezogen wurde. «Die Form und die Materie des Goldes sind in der Phantasie des Alchimisten wie in derjenigen des Arztes die Heilung eines unheilbar Kranken», sagt Ramón Llull 1289.[34] Die Alchimie ist nicht – oder nicht nur – eine materielle und äußerliche Suche, sondern vor allem eine innerliche, wie jene Zeit sie liebt. Roger Bacon (1214–1292) ist der Bekannteste derer, die seit dem 13. Jahrhundert parallel zur praktischen Alchimie eine spekulative entwickelten. Letztere ist, das ist klar, die wichtigere, denn im Mittelalter gilt die Theorie stets mehr als die Praxis. Die praktische Alchimie stellt den Beweis für die Lehre der spekulativen, die sich sehr gut ohne Experimente aus Büchern lernen läßt.[35]

Diese zweibödige Alchimie nimmt vom 14. Jahrhundert an einen gewaltigen Aufschwung. Im selben Maß, als sich die Fälscher von der Technik abwenden, wuchert die Spekulation. Für Petrus Bonus, den Verfasser einer *Pretiosa margarita novella* (Neuer Edelstein), hilft die Vernunft dem Alchimisten am Anfang seiner Suche, aber weiter kommt er nur dank einer göttlichen Enthüllung. Der Stein, der am Beginn des Verfahrens durch Sublimation gewonnen wird, kann nicht wirklich vollkommen sein, denn er ist instabil; man müßte ihn fixieren, wozu eine göttliche Enthüllung notwendig wäre. Der geistige Prozeß der Erkenntnis wird dann demjenigen des Gläubigen verglichen: Der Glaube ist zu Anfang nötig, um die Suche zu beginnen; die Vernunft sichert den Fortschritt; die Erleuchtung kommt am Ende; hierauf folgt das Seelenheil.[36] Die ersten Alchimisten – die in der mittelalterlichen Überlieferung Heiden sind und lange vor Christi Geburt lebten – werden mit Propheten verglichen, denn sie kamen nur dank einer göttlichen Erleuchtung zum Ziel. Was den Stein der Weisen angeht, der die Metalle in Gold verwandelt, kann man ihn als ihren «Erlöser» betrachten und mit Christus vergleichen.

Barbara Obrist stellt die These auf, der «offensichtliche Mißerfolg» des Goldmachens und die immer stärker werdende Idee, Gott und die Natur allein seien dazu fähig, hätten das Ende der ursprünglichen Suche angekündigt. Wie auch immer – die Forschungsarbeiten haben zwar das Ziel, das ihnen gesetzt wurde, nicht erreicht, aber sie zeitigten große Fortschritte in der Chemie, der Medizin und der Metallurgie. Am bekanntesten ist die Destillation von Alkohol, aber es wurden auch neue Heilmittel und neue Legierungen entdeckt. Wenn auch ihr Weg lang war und ihre Grundsätze aufgegeben werden mußten, so verhalfen die Forschungen der Alchimisten zum Ersatz einer Medizin mit pflanzlichen und tierischen Heilmitteln durch eine chemische Medizin.

Wenn auch die Entdeckungen und der wissenschaftliche Aspekt mancher Experimente der mittelalterlichen Alchimie den Rahmen dieses Buches sprengen würden, so sollte man sie doch nicht allzu hastig als eine illusorische und trügerische Suche abschreiben. Die Verwandlung war in Theorie und Praxis ein Mißerfolg. Gewisse Alchimisten des 15. Jahrhunderts gaben sie auf, um sich der Erforschung der «Quintessenzen» und der Wasser (Lösungen) zu widmen. Die Ansprüche der Königshäuser zwangen sie jedoch, die traditionellen Experimente weiterzuführen. Der

Status des Alchimisten, der genötigt ist, in einem Bereich Erfolg zu haben, an den er selbst immer weniger glaubt, um andere Experimente machen zu können, ist besonders wackelig und erklärt vielleicht sein geheimnisvolles Auftreten.

Um den theoretischen Mißerfolg der Suche zu kaschieren, sagt Barbara Obrist, habe man sie durch ein «System der Okkultierung» ersetzt, in der die symbolische Bildsprache, die zu jener Zeit aufkommt, eine große Rolle gespielt habe. Man habe die Alchimie zu einer göttlichen Wissenschaft erhoben und die Gelehrten damit gehindert, sie im aristotelischen Sinn wissenschaftlich, durch Beobachtung und Deduktion, zu untersuchen, was für die Alchimie fatal gewesen wäre.[37] Diese mystische Abtrift hatte sich aber schon vorher gezeigt, und ihr Aufschwung im 14. und 15. Jahrhundert war bestimmt nicht das Resultat einer bewußten Zielsetzung. Die immer heftigeren Angriffe, die brutal nach einer Zeit der Euphorie einsetzten, müssen die Alchimisten verunsichert haben. In den anderen Bereichen, die wir studiert haben, war die Entwicklung gemächlich; hier aber fand sie innerhalb eines Jahrhunderts statt und machte aus dieser Suche, die so alt wie die Welt ist, einen funkelnden Meteor in der mittelalterlichen Vorstellung.

ZUSAMMENFASSUNG

Dieses notwendigerweise bruchstückhafte Bild der Magie, des Aberglaubens und des Irrationalen im allgemeinen wollte vor allem zeigen, wie komplex das Problem war in einer Epoche, die nicht mehr einem Idealland leuchtenden Glaubens oder einem Land okkulter Praktiken entsprach. Die zehn Jahrhunderte des Mittelalters bestehen aus Widersprüchen, Rivalitäten, Fragen, Zweifeln. Der Wunsch zur übermäßigen rationalen Erfassung stößt auf bedingungslosen Glauben und auf den antiken Empirismus. Der Mangel an Vertrauen zu den Meldungen der fünf Sinne, der sicher in der Seltenheit zuverlässiger Meßinstrumente gründet, treibt die Argumentation in eine Theoretisierung, die sie vom wissenschaftlichen Vorgehen entfernt. Aus Angst, ins Irrationale abzugleiten, beschränkt sich die mittelalterliche «Wissenschaft» in vielen Bereichen auf immer komplexere und abstraktere Synthesen.

Der Glaube, andererseits, schwankt zwischen erleuchteter Mystik und spitzfindiger Theologie. Steht man vor Unerklärlichem, so ruft man als *deus ex machina* das göttliche Wunder, das Eingreifen des Teufels, die okkulten Ursachen der Natur oder die Sinnestäuschung zu Hilfe. Die Reaktionen entsprechen notwendigerweise den Jahrhunderten und den Ängsten der Zeit. Das Hochmittelalter sieht als heidnische Praktiken, was das 11. bis 13. Jahrhundert als Volksglauben verwerfen und das 14. bis 15. Jahrhundert als Teufelswerk entdecken. Ein Versuch, die Jahrhunderte in Perioden zusammenzufassen, ist also notwendig, ehe man einen Überblick zu geben versucht.

Spätantike (3. bis 4. Jahrhundert)

Als das Christentum die Eroberung Westeuropas beginnt, ist es zweifellos die Religion eines Kaiserreichs, aber eines zerfetzten Kaiserreichs. Ziemlich schnell, in der merowingischen Epoche, wird es in den meisten der barbarischen Königreiche wieder zur Staatsreligion. Trotzdem muß es auf dem Land tiefer schürfen und sich mit neuen Mentalitäten auseinandersetzen. In entlegeneren Gegenden (Germanien, Nordeuropa) dauert die Evangelisierung bis zum 12. Jahrhundert, und die heidnischen Reste in der Folklore bleiben lange zahlreich.

Bei den Intellektuellen spielt sich der Kampf gegen die antiken Götter anders ab. Ein Gebildeter, der mit dem antiken Gedankengut in Kontakt ist, läßt sich nicht so schnell umstimmen wie ein von keltischer Mythologie umnebelter Bauer. Obwohl Christus diejenigen wie Thomas selig pries, die es nicht nötig haben, zu sehen, um zu glauben, blieb das Christentum nicht lange auf die Fischer von Galilea beschränkt. Vom 1. Jahrhundert an gingen Glaube und Vernunft gut zusammen. Um Zugang zu den intellektuellen Kreisen zu gewinnen, machten sich die Kirchenväter an die wissenschaftliche Aufarbeitung, oft auf dem Grund heidnischer Philosophien (Stoa, Epikurismus), die begonnen hatten, die Grundlagen der griechisch/römischen Religion zu untergraben.

Der Unterschied zwischen den beiden Strategien zeigt sich im Status, den die ersten Christen den alten Göttern gaben: eine euhemeristische Idee (es sind zu Göttern erhobene Menschen) steht neben einer theurgischen Erklärung (es sind Dämonen, die sich als Götter ausgeben); die erstere richtet sich vor allem an Intellektuelle, die letztere an das Volk. Die beiden Erklärungen können übrigens nebeneinander bestehen, denn man findet sie gleichzeitig bei Augustinus (4. Jahrhundert), und das Mittelalter nimmt sie beide wieder auf. Aber die Gleichstellung der alten Götter mit Dämonen beherrscht schließlich das Feld.

Vorübergehend hat diese vorzeitige Rationalisierung des Irrationalen auch die christliche Religion berührt. Das erste Problem waren die Wunder der Heiligen, die gewisse christliche Autoren nur zögernd akzeptierten. Es handelt sich vor allem um eine Stellungnahme gegenüber den Juden und den heidnischen Philosophen, die keine Hemmungen haben, Christus und die Heiligen als Zauberer zu betrachten, und die den Reliquienkult verspotten. Um diese Zeit bildet sich ein Thema, das im Mittelalter häufig aufgegriffen wird: dasjenige des Endes der Wunder; sie waren zur Zeit Christi nötig, um Skeptiker zu überzeugen, jetzt aber, da der Glaube triumphiert hat, sind sie nicht mehr nötig.

Man findet auch bereits Überlegungen zum Verhältnis zwischen Glauben und Vernunft, das Augustinus auszugleichen versucht: «Wenn wir verstehen, danken wir Gott; der aber, der nicht viel versteht, soll, wenn er alles getan hat, was seiner menschlichen Natur möglich war, den Rest als Hoffnung ansehen ... Wenn du nicht verstanden hast, glaube. Verständnis ist eigentlich die Ware des Glaubens. Man versuche also nicht, zu verstehen, um glauben zu können, sondern zu glauben, um verstehen zu können, denn wenn du nicht glaubst, verstehst du nicht.»[1] Diese Problematik beunruhigt unverändert das 12. Jahrhundert und wird unverändert beantwortet.

Aber sehr bald überschwemmt eine Flut von Wundern die anfängliche Skepsis, und die Hagiographie wird in merowingischer Zeit zum großen Lieferanten des Irrationalen. Gregor von Tours veröffentlicht im 6. Jahrhundert die bis zur *Goldenen Legende* eindrücklichste Sammlung. Die rationale Erfassung der Religion, deren Grundlagen man in den ersten Jahrhunderten findet, wurde rasch aufgegeben, ja bekämpft. Der heilige Ambrosius von Mailand (4. Jahrhundert) und Gregor der Große (6. Jahrhundert) lehnen die Vernunft als Grundlage des Glaubens ab: «Wenn ich durch die Vernunft überzeugt bin, weise ich den Glauben ab»[2], schreibt der erstere; «Der Glaube ist nichts wert, wenn die menschliche Vernunft ihm einen Beweis liefert»[3], fügt der zweite hinzu. Indem er Menschen, die alles verstehen wollen, mit Leuten vergleicht, die Honig gefunden haben und sich davon so vollstopfen, daß sie erbrechen müssen, scheint der heilige Papst immerhin zuzugeben, daß die Vernunft anziehend ist. In dieser Weigerung, die katholische Religion rationales Gebiet betreten zu lassen, liegt bestimmt das Ergebnis der Kämpfe gegen intellektuelle Ketzerei, den Manichäismus (3. bis 4. Jahrhundert) und vor allem den Arianismus (4. bis 6. Jahrhundert), welch letzterer *stricto sensu* auf einem Streit über ein Iota beruhte.[4] Das Christentum, das die antiken Religionen im Namen der Vernunft angegriffen hatte, weigerte sich, auf die gleiche Art untergraben zu werden, sobald es die Macht dazu hatte.

Die behutsame Rationalisierung, der die Bestätigung eines einfachen Glaubens folgte, hinderte immerhin die Magie und die pseudowissenschaftlichen Spekulationen daran, sich im christlichen Abendland auszubreiten. Die chaldäische Magie, die theurgische und gnostische Geisterbeschwörung, die griechische metaphysische Alchimie, die griechisch/

ägyptische Astrologie bleiben auf den mittelmeerischen Orient beschränkt und entwickeln sich am Busen des Islams. Von diesen Praktiken kennt der Okzident lange Zeit nur verstreute Rezepte, die von keiner allgemeinen Theorie unterstützt werden, überlieferte oder empirische Rezepte, die auf gewissen Gebieten sehr praktisch waren (Alchimie) und auf anderen von Aberglauben geprägt (Aberglauben) oder ohne Umschweife magisch (Medizin).

Das Hochmittelalter (6. bis 10. Jahrhundert)

Nach der großen evangelischen Rodung durch die ersten Missionare konnte sich die Christianisierung auf eine solidere und reichhaltigere Struktur stützen. Nun stellten sich andere Probleme, besonders die der Verschmelzung der Kulturen und der Anpassung an die örtlichen Geisteshaltungen. Priester und Mönche, die aus intellektuellen Eliten ausgewählt wurden, brachten ein heidnisches Erbe mit sich, das sich spontan in die neue Kultur integrierte.[5] Barden und irische *filid* fügten in die Heiligenvitae keltische Legenden ein; und da sie die Herstellung von Talismanen nicht verhindern konnten, entschließen sich die kontinentalen Priester, aus heiligen Gegenständen oder Bibelworten welche zu machen. Diese pragmatische Haltung wurde von den Kirchenbehörden kritisiert – die dem heiligen Eligius zugeschriebene Predigt zeigt diese doppelte Auffassung der Religion, die mit heidnischen Gewohnheiten konfrontiert ist.

Von heute aus gesehen, müssen wir feststellen, daß in den meisten Bereichen die Assimilation über den Radikalismus gewisser Bischöfe gesiegt hat. Die heidnischen abergläubischen Vorstellungen sind christianisiert oder durch neue Praktiken ersetzt worden, welche die Jahreszeiten der Natur feiern: Gesegnete Zweige, Reinigungsfeuer, Zwölfnächte, umbenannte Quellen, behauene Megalithe, Feste unter dem Patronat verschiedener Heiliger ... Trotzdem ist es schwierig, die Zeit dieser Christianisierung und die direkte Beziehung der folkloristischen Themen mit heidnischen Mythen festzulegen.

Parallel dazu entsteht eine christliche Magie mit geweihten Gegenständen (Glockenseile, Altäre, Kerzen, Salz, Öl, geweihtes Brot, Hostien) oder dem Heiligenkult (Reliquien, Staub vom Grab, medizinische Gebete). Die vielfältigen Versuche, solchen Aberglauben auszurotten – sie bilden eine lange Litanei bis in die heutigen Tage –, erweisen sich alle als vergeblich. Die Religion bleibt nach dem Niedergang des Heidentums die wichtigste Zuflucht des Irrationalen und des Aberglaubens.

Das Zurückweichen der antiken Magie, die vor allem im Orient erhalten bleibt, macht den Aufschwung der germanischen und keltischen Magie möglich: Die barbarischen Gesetze, die im 6. Jahrhundert schriftlich formuliert werden, beziehen sich nicht auf dieselbe Wirklichkeit wie die Konzilien und die christlichen Autoren, die von der lateinischen Kultur geprägt waren. Man fürchtet jetzt mehr den *maleficus*, den Schadenzauberer, als die vielen Arten von Wahrsagern des antiken Rom. Diese sehr konkrete Zauberei, die mit Haß und Neid verbunden war, nährt die großen Affären der Epoche: den Prozeß von Mummol, die Reize der Brunhild, die Scheidung Lothars ... und schon entdeckt man in der Beschuldigung der Zauberei eine ausgezeichnete politische Waffe, um sich unbeliebter Ratgeber zu entledigen oder um unerwünschte Heiraten zu annullieren oder zu verhindern.

Die Furcht vor bösen Zauberern konzentriert sich einen Augenblick auf die *tempestarii*, die Sturmbringer. Die sehr hohe Abhängigkeit von den Launen des Wetters kann diese Besessenheit erklären, zu einer Zeit, als die autarke Wirtschaft wichtiger war als der Handelsaustausch. Aber diese Beachtung der Himmelserscheinungen ist vielleicht nicht ohne Beziehung zum neuen Aufstieg der Astrologie in der karolingischen Epoche. Um Berechnungen zu erstellen und die beweglichen Feste zu bestimmen, begannen die Gelehrten der Zeit wieder mit der Beobachtung des Himmels und den astronomischen Rechnungen. Sie fanden dabei parallel verstreute Bruchstücke der antiken Wahrsagerei (Kreis des Pythagoras, Unglückstage, Mondphasen). In diesem Bereich kam der Einfluß der arabischen Wissenschaft früher, vielleicht dank der Neugier eines Mannes, Gerbert von Aurillac, der bei den Moslems in Spanien Mathematik und Astronomie studiert hatte.

Die Unterscheidung, die sich jetzt zwischen einer wissenschaftlichen und einer Volks-Astrologie abzeichnet, ergibt ein anderes Bild des Magiers: Der Zauberer wird der in okkulten Künsten bewanderte Gelehrte, der Nekromant, der verbotene Zauberbücher besitzt und den man verdächtigt, mit dem Teufel im Bund zu stehen. Gerbert von Aurillac, der Papst des Jahres 1000, wird eines der ersten Opfer dieser neuen Vorstellung. Zur Sünde des Neides und des Zorns gesellt sich die des Hochmuts und der Gier. Zuviel zu wissen wird verdächtig.

Der kulturelle Aufschwung, der sich im 12. Jahrhundert mit der Blüte der romanischen Kunst, der Geburt der Universitäten, der Unterscheidung literarischer Genres zeigt, hat seine Wurzeln in der Kapetinger-Epoche Anfang des Jahres 1000. Die Gefahr des Heidentums scheint in Europa seit dem Seßhaftwerden der Normannen gebannt. Läßt man die germanischen und skandinavischen Grenzen beiseite, so hat die Christenheit die antike Religion zerstückelt; sie existiert nur in einzelnen Volksglauben. Andere Probleme bewegen jetzt die Kirche aufs neue, vor allem die Krise des Monarchismus und das Wiederaufkommen der manichäischen Ketzereien. Die klösterlichen Reformen und die neuen Orden vervielfachen sich: Kamaldulenser, Kartäuser im 11. Jahrhundert, und vor allem, im 12. Jahrhundert, Zisterzienser, Prämonstratenser, Augustiner. Die ersten Prozesse gegen die Manichäer enden 1022 auf dem Scheiterhaufen von Orléans. Die Kirche hat kaum mehr Zeit, um heidnische Reste auszutilgen.

Neue Landschaften führen zu neuen Mentalitäten. Franco Cardini nennt das demographische und sozio-ökonomische Erwachen als Ursache der Veränderungen. Die bäurischen Aberglauben, die an Orte gebunden sind (Quellen, heilige Bäume), werden gegenstandslos, wenn die Bevölkerung wegen der systematischen Urbarmachung der Wälder neue Felder suchen muß und wegzieht. «Selbst die Quelle, selbst der Stein, der während Jahrhunderten verehrt wurde, verloren ihre Heiligkeit, wenn die alten Gläubigen sich anderswo niederließen, auf der Suche nach neuem bebaubarem Land; und sie waren bestenfalls noch vom Echo einer Legende gezeichnet, wenn sich Neuankömmlinge ansiedelten.»[6] Veränderte gesellschaftliche Beziehungen, im Hinblick auf den Feudalismus, der sich in einem gut überlegten System organisierte, ergeben eine andere Bildwelt, verändern die Beziehungen der Menschen zum Teufel, zu den Toten, und schaffen andere Legenden.[7] Die Entwicklung der Städte regt andere Volksglauben, eine neue Folklore an.[8]

Nach und nach verändert sich der Status solcher Volksvorstellungen. Von götzenverehrenden Praktiken, die die Anbetung eines anderen Gottes voraussetzen, geht man zu abergläubischen Überlieferungen über, denen höchstens eine schuldhafte Naivität zugrunde liegt. Als Burchard zu Anfang des 11. Jahrhunderts von Frauen spricht, die glauben, sie flögen in Dianas Zug mit, denkt er nicht an Reste eines heidnischen Kultes, sondern an die krankhafte Phantasie leichtgläubiger Frauen. Vom 12. Jahrhundert an beendet die Literatur die Folklorisierung des Heidentums. Die keltischen, germanischen oder lateinischen Themen werden zu fiktiven Erzählungen, die gewisse Romanschriftsteller wie Chrétien de Troyes manchmal ihres Aspekts des Wunderbaren berauben. Manche sind nur noch literarische Formen, wie im *Bestiaire d'amour* von Richard von Fournival oder in den antiken Legenden über Tiere, die ein bloßer Vorwand zu galanten Metaphern sind. Die gebildeten Ritter sprechen mit herablassendem Lächeln von den Bauern, die an Feen glauben, und imitieren in ihren Bergeries die einst heiligen Tänze und Lieder. Später, in den *Evangiles des quenouilles*, wird der Aberglaube zu Altweibererzählungen herabgewürdigt, die abends bei Kerzenlicht ausgetauscht werden.

Diese neue Auffassung des Übernatürlichen erzeugt eine originale Mythologie aus der Verschmelzung von keltischen, germanischen und klassischen Trümmern: eine humoristische Mythologie mit Zwergen, Feen und Riesen; eine christliche Mythologie, die einer neuen Spiritualität zugrunde liegt oder auch neue Hoffnungen mit den St.-Brandan-Inseln oder dem Gralszyklus. Diese Vorliebe für «folkloristische» Literatur ist vor allem aristokratisch. Fourrier bringt sie in Verbindung mit den von Heinrich II. Plantagenet, dem englischen König, geführten Feldzügen, der so seine Beherrschung der keltischen Länder festigen wollte: Zwischen 1155 und 1175 erobert er mit Waffengewalt oder Ehrungen die armorikanische Bretagne (1158–1166), Wales (1163–1165), Irland (1171–1175), Schottland (1174). *Tristan* von Thomas d'Angleterre und die Lais von Marie de France sind in diesem Umfeld entstanden.[9] War es nicht Walter Map, der am Hof der Plantagenets das «Höflingsgeschwätz» aufgezeichnet hat, das von wunderbaren keltischen Inhalten erfüllt ist?

Aber auch den Intellektuellen steht andere Nahrung zur Verfügung als der Aberglaube des Volkes. Zwei neue Wissensquellen öffnen sich ihnen: die Lehre des Aristoteles und die arabische Zivilisation. Die historischen Voraussetzungen dieses neuen kulturellen Aufschwungs sind bekannt: Die spanische Reconquista, die die Übersetzung enorm vieler arabischer Manuskripte zur Folge hatte, und die Kreuzzüge, die den Kontakt mit der byzantinischen Zivilisation wieder herstellten, sind die wichtigsten; wir sollten aber die Orte der langsamen Assimilation wie das Königreich Sizilien, wo sich seit dem 11. Jahrhundert ein Austausch vollzieht, oder Katalonien, wo Gerbert von Aurillac im 10. Jahrhundert Mathematik und Astrologie studiert hat, nicht vergessen.

Die Einflüsse auf den Bereich, der uns beschäftigt, sind vielfältig. Die westliche Magie holt sich im Osten neuen Stoff: die *Kyraniden*, die 1168 bis 1169 aus dem Griechischen übersetzt wurden, die hermetische Literatur (die Hermes Trismegistos zugeschrieben wurde), die zahlreichen *Geheimschriften*, die von Aristoteles stammen sollten, die salomonischen Schriften, das *Picatrix*, 1256 übersetzt – von der Geisterbeschwörung bis zur Herstellung von Talismanen und von der Macht des Wortes bis zu derjenigen der Pflanzen wird die westliche Magie total umgekrempelt und steht von nun an in einem strukturierten System und einer zusammenhängenden Kosmologie. Das Interesse der Monarchen für diese Erneuerung der okkulten Wissenschaften – Alphons X., Friedrich II. – ist wichtig und bedeutsam: Es handelt sich um komplexes Wissen, nicht um Volksglauben, und es ist noch sicher vor dem Verdacht der Kirche.

Zwei «Wissenschaften» sind es, die von Anfang an von der Begeisterung der Europäer überschwemmt wurden: Die Alchimie und die Astrologie mit ihrer kleinen Schwester, der Geomantie (oder irdischen Astrologie), sind im Mittelalter höchst erfolgreich. Ob es um Magie der Talismane, um Geisterbeschwörung, um alchimistische Experimente oder um Wahrsagerei geht, man leiht sich von den Arabern nicht Aberglauben, sondern ein bewährtes und strukturiertes Wissen. Selbst wenn es uns aus heutiger Sicht irrational erscheint, entspricht es genau den Rationalisierungsbestrebungen der Epoche. Kein Zusammenhang mit der antiken Zukunftsvorhersage, bei der anscheinend unbedeutende Dinge (Eingeweide, Appetit oder Flug der Vögel) den Willen der Götter anzeigen sollten, oder mit der empirischen Vorhersage der Bauern, die das Hochmittelalter hatte kodifizieren wollen.

Aber der kulturelle Aufschwung beschränkt sich nicht auf die Übernahme. Es handelt sich vor allem um eine neue Geisteshaltung zum Irrationalen und Übernatürlichen. Die Vernunft, die sich vor allem in Logik und Syllogistik ausdrückt, will alles verstehen, alles erklären. Man stellt wiederum die Frage, wie sie sich zum Glauben verhalte. Zweifellos gibt man diesem, wie der heilige Augustinus, noch den Vorrang: Man muß glauben, um zu verstehen, und nicht verstehen, um zu glauben. Aber unter dem Vorwand, die Heiden zu bekehren, vervielfacht man die gefährlichen Argumentationen über das Geheimnis der Dreifaltigkeit und über die Existenz Gottes. Die ersten «Beweise» legt der heilige Anselm am Ende des 11. Jahrhunderts vor.

Die Grenze zwischen Rationalisierung und Ketzerei ist leicht zu überschreiten. Die Philosophie, «Dienerin der Theologie», muß das Dogma ohne Abweichungen auslegen. Unter dem Deckmantel der Antworten auf Einwände, die man den Postulaten der Kirche entgegenhalten könnte, beginnen die Dialektiker, immer gewagtere Ideen vorzulegen. Glaube kann, wenn nötig, die letzte Hilfe sein, wenn die Vernunft *a quia* bleibt: Aber wenn man demonstriert hat, daß ein Dogma – wie das der Trinität, die damals die Geister beschäftigte – der Vernunft widerspricht, genügt dann die Schlußfolgerung, es sei um so notwendiger, daran zu glauben? Der Anfang des 12. Jahrhunderts, das das Feuer der Philosophie entdeckt und fröhlich alle seine Streichhölzer verbrennt, ist bei diesem Thema von einer Kühnheit, wie sie lange nicht mehr vorkommt. Die Kirchenbehörden mögen donnern, soviel sie wollen, die Bewegung geht vom Grund aus. «Meine Schüler», erklärt Abœlard, «wünschten menschliche und philosophische Begründungen zu hören, Dinge, die man verstehen konnte, anstatt bloß dozierte. Sie sagten, ein Vortrag, dem die Vernunft nicht folgen könne, sei sinnlos, und man könne nicht glauben, was man nicht vorher verstanden habe. Nach ihnen ist es lächerlich, anderen zu predigen, was weder die eigene Intelligenz noch die der Schüler fassen könne: Der Herr selbst habe Blinde als Blindenführer abgelehnt.» [10]

Die Skepsis erstreckt sich im 12. Jahrhundert auf alle Bereiche. Man deutet die Legenden der Naturwissenschaft (Tierbücher, Steinbücher), man versucht, Wunder durch verborgene Ursachen zu erklären, man sucht für den Einfluß der Sterne auf den Menschen eine rationale Ursache, erklärt die Wirkung der Magie, der Talismane, der Verwünschungen durch eine der Psychosomatik ähnliche Theorie. Die Vernunft obsiegt – ihre bloße Anrufung genügt, um jede Art von Magie und Wahrsagekunst zu vernichten: «Es ist nicht nötig, diesen Irrtum mit der Vernunft zu bekämpfen, denn er gründet sich nicht auf die Vernunft, und die Vernunft bekämpft von sich aus diejenigen, die keine vernünftigen Gründe haben.» [11]

Die orthodoxesten Theologen geifern wider diesen neuen «Materialismus» – und vielleicht gab es da tatsächlich eine atheistische Bewegung, die sich im Gefolge des Averroismus hätte entwickeln können. Der Unglaube der Bauern und der Ritter wird ein Leitmotiv der französischen Literatur: Sie hassen die Priester, spotten über die Exkommunikation, setzen sich über die Vorschriften bezüglich Abstinenz und Fasten hinweg, gehen nicht zur Messe, leugnen die Existenz des Paradieses.

Auch ohne anachronistischen Atheismus hat die «Renaissance» des 12. und 13. Jahrhunderts ein Schwinden der religiösen Werte hinnehmen müssen.[12]

Die Folgen dieser neuen Geisteshaltung waren zwiefach: Einesteils entwickelte sich eine immer zerebralere Scholastik; andernteils zeigte sich als Reaktion die Verstärkung eines anspruchsvollen Glaubens, der keine Kompromisse mit der Vernunft eingehen will. Das 12. Jahrhundert ist auch das des heiligen Bernards, dessen Predigten über das *Hohelied* am Grund der mystischen Bewegung im Westen liegen. Die Theologie wendet sich rückwärts und diskutiert wieder die himmlischen Hierarchien der Engel und der Teufel – was, wer weiß, ein paar Kleriker dazu verführt hat, letztere zu beschwören.[13] Die Geburt des Fegefeuers erlaubt neue Theorien über Gespenster und eine elastischere Moral. Zwischen diesen Gruppierungen zeigt schon bald ein Schiedsrichter seine Nase: der Teufel selbst.

Die Herrschaft des Teufels (12. bis 15. Jahrhundert)

Man kann die Angst vor dem Teufel nicht genau datieren, denn in ihr zentrierten sich nur die verschiedenartigsten Ängste. Er erscheint dauernd in den Predigten der Priester, und er wurde schnell genannt, wenn ein unerklärliches Übel geschah, wie Gott bei einem Wunder ... Aber als diese Angst nicht auf Individuen beschränkt bleibt, sondern eine ganze Gesellschaft erfaßt, wird sie zu einer kollektiven Besessenheit, die sich von sich selbst ernährt und die Angst des Nachbarn gefährlich entflammt. Die monarchische Erneuerung des 11. und 12. Jahrhunderts scheint diese Kollektivneurose gekannt zu haben. Der heilige Bernard, die größte Gestalt dieser Reform, verglich das Kloster mit der Wüste, in welche die Kirchenväter der ersten Jahrhunderte aus Ägypten flüchteten: Vollbrachten beide nicht dieselben Wunder, indem sie junge Leute, die ein leichtes Leben gewohnt waren, in einem offenen, kettenlosen Gefängnis hielten?[14] Gewiß. Und da dieselben Ursachen dieselben Wirkungen haben, versteht man, daß die Besessenheit vom Teufel, wie sie die ersten Einsiedler kannten, in den romanischen Klöstern erblühte. Wir haben gesehen, wie diese Besessenheit über die Klöster hinausquoll und über die Theologen und Inquisitoren nach und nach die ganze Gesellschaft überflutete.

Das 11. und das 12. Jahrhundert hatten eben die manichäische Versuchung neu erstehen sehen, die die Gleichstellung von Ketzertum und Teufelsbeschwörung erleichterte. Der Gegensatz zwischen Gut und Böse, die Ablehnung des christlichen Gottes, der für die Inquisitoren ausschließlich das Gute darstellt, machte aus den Katharern Ketzer. Und umgekehrt wurden die Beschwörer und die Magier zu Ketzern, so daß die Inquisitoren über alles nichtgöttliche Irrationale herrschten. Im 13. bis 15. Jahrhundert erweiterten sie ihren Herrschaftsbereich immer mehr und versuchten der Reihe nach, ihm die Teufelsbeschwörer, die Zauberer, die Astrologen, die Alchimisten, die Träger von Talismanen und die leichtgläubigen Bauern zu unterstellen. Die phantastische Bildwelt, die von den Heiden geerbt worden war, von den Zwergen zu den Feen und von den Sturmbringern bis zu den fliegenden Trossen, wurde des Teufels.

In gewissen Gesellschaftsschichten und Gegenden entstand lebhafter Widerstand. Die ersten Inquisitoren treffen auf wilde Opposition. 1233 wird Konrad von Marburg, der erste offizielle Inquisitor der germanischen Lande, nach anderthalb Jahren unerbittlicher Amtswaltung ermordet. 1330 sehen sich die Inquisitoren von Toulouse und Carcassonne, nachdem sie ihre Macht zehn Jahre lang auf die Magie hatten ausdehnen können, von neuem auf die Ketzerjagd beschränkt – nur ein Jahr nach dem einzigen Prozeß, den sie gegen einen Mönch wegen Hexerei hatten führen können. 1484 werden die Inquisitoren Institoris und Sprenger aus Deutschland verjagt, und es brauchte eine päpstliche Bulle, ihre Befugnisse zu bestätigen.[15] Bis zum Ende hat das Mittelalter versucht, einer sich stets weiter ausbreitenden Inquisition zu widerstehen. Was die königlichen Höfe angeht, so werden sie eine Zuflucht für verdächtige oder verbotene Praktiken: Die Herrscher beschützen oder pensionieren noch immer Astrologen und Alchimisten, und die Zivilgerichte versuchen sie zu verteidigen. Die Großen sind nicht so heikel, wenn es darum geht, sich durch die Alchimie Gold zu verschaffen oder den Feind zu verzaubern. Dies beweist einerseits, daß die obersten Gesellschaftsschichten noch immer etwas leichtgläubig sind, und andererseits, daß es den kirchlichen Autoritäten verhältnismäßig schwerfällt, dort ihre Verurteilungen durchzusetzen.

In einem Europa, das von Kriegen, Hungersnöten und Epidemien heimgesucht wird, ist es schwierig, dem Druck der Kirche und des Volkes zu widerstehen. Die Fürsten sehen übrigens ein, wie nützlich die Prozesse sind, wenn sie einflußreiche Persönlichkeiten loswerden wollen. Minister, Tempelherren, Bischöfe, Ratgeber, große Feudalherren machen bald diese Erfahrung. Der Prozeß gegen Jeanne d'Arc ist gleichzeitig ein Beispiel der Verteufelung einfältigen Aberglaubens (der Feenbaum) und des politischen Einsatzes der Zauberei. Die Prozesse sind außerordentlich häufig, und das zu einer Zeit, in der kleine Leute recht oft Gnadenerlasse für das Vergehen der Zauberei erhalten; man kann annehmen, daß es sich im 14. Jahrhundert vor allem um politische Verbrechen handelte, wovon manche den Königen gefielen. Wenn in der Templer-Affäre die kirchliche Macht auch vor Philipp dem Schönen Spießruten laufen mußte, so hatte er doch einen Fuß in den neuen Bereich gesetzt.

Die Angst vor dem Teufel überschattet zum Glück nicht die ganzen letzten Jahrhunderte des Mittelalters. In anderen Bereichen haben die Streitigkeiten der vorausgegangenen Jahrhunderte die Situation geklärt. Der Gegensatz zwischen Vernunft und Glaube, der das 12. Jahrhundert beschäftigt hatte, endete mit einer neuen Aufteilung der Kenntnisse. Beiderseits werden die Positionen radikaler. Die Mystik entwickelt sich parallel mit einer der Vernunft verpflichteten Scholastik. Trotz Spötteleien finden Wundererzählungen *(Miracles de Notre-Dame* von Gautier de Coincy, *Légende dorée* von Jakobus de Voragine; Sammlungen von *exempla)* wieder zum reinen Glauben und zu entwaffnender Naivität. Unter den Angriffen, die ihr zuteilwerden, findet die Magie eine anarchische und glückliche Emsigkeit. Die Wissenschaften, die Medizin, die Geographie entledigen sich alten Aberglaubens in verschiedenen Schriften. Angesichts des Mißerfolgs ihres Bestrebens spaltet sich auch die Alchimie in verschiedene Schulen: Neben der mystischen Alchimie gibt es eine konkretere Forschung, aus der langsam die moderne Chemie und Pharmazeutik hervorgehen. In den meisten Gebieten hat das 12. Jahrhundert einen Bruch verursacht, der – nach dreihundert Jahren Reifung – beiden Parteien zugute kommt.

Die drei Perioden, die sich abzeichnen – im Bereich des Irrationalen wie auch in vielen anderen –, entsprechen vielmehr drei Bewegungen, die einander überdecken, aber zu gewissen Momenten der Geschichte die Oberhand haben: eine Bewegung der Gleichstellung, eine Bewegung der Folklorisierung, eine Bewegung der Ausschließung. Ihre Abfolge geht mit der fortschreitenden Ausschaltung der heidnischen Kultur einher: Im ersten Stadium versucht man, sie in eine gemeinsame Kultur einzuschmelzen; im zweiten Stadium toleriert man sie auf niedrigem Niveau der

Kenntnis der Welt (gelehrte Kultur und populäre Kultur); im dritten spricht man ihr den Kulturcharakter ab und macht daraus eine Gegenkultur, teuflisch und nicht göttlich. Die Bekräftigung einer christlichen Vision der Welt ist auf dem Höhepunkt ihrer Entwicklung und ihres Zusammenhangs angelangt: Das 16. Jahrhundert wird sie nur als Ganzes in Frage stellen können.

Das Weltbild

Die Magie und der Aberglaube im Mittelalter stimmen mit seinem Weltbild und seinem Wissen überein. In einem Weltall, das weitestgehend unbekannt und feindlich ist, läßt sich die Umgebung nur durch Theoretisieren meistern. Das Aufstellen von Systemen und die Vielzahl der Erklärungen kompensieren den allgemeinen Mangel an Kenntnissen und das daraus entstehende Unbehagen. Von dieser Lage aus gesehen hat die christliche Zivilisation den Vorteil eines Lebens in einer Schöpfung, die durchgehend «gut» ist – das Leitmotiv Gottes während der sechs Tage der Schöpfung. Das Universum ist im Grunde harmonisch – man glaubt an die «Sphärenmusik», die die himmlische Harmonie auf die Bewegungen der Sterne überträgt. Für Honorius Augustodunensis ist die Welt wie ein Scheitholz, wo die scheinbaren Verschiedenheiten im wesentlichen übereinstimmen wie ein Männerchor mit einem Kinderchor; Harmonie entsteht zwischen Körper und Geist, Engel und Teufel, Himmel und Hölle, Wasser und Feuer, Luft und Erde, Süß und Bitter, Weich und Hart.[16] Es gibt also nichts zu entdecken, aber alles wiederzuerkennen. Das Universum ist ein Buch von Bildern; in einem getrennten Band enthält es alle Bildunterschriften. Der Gelehrte wie der Reisende muß nur die richtige Bildlegende unter das richtige Bild setzen, muß das Buch der Enthüllungen mit seinen Entdeckungen in Einklang bringen. «Die Bildwelt des Mittelalters ist äußerst ‹strukturalistisch›: die Form ist bedeutsam, und von der Form geht man aus, um sich den unbekannten Inhalt vorzustellen oder um den bekannten zu begründen.»[17]

Diese Geisteshaltung erklärt, was uns wie ein Mangel an Neugier und kritischer Einstellung vorkommt, aber eine bemerkenswerte Fähigkeit verrät, sich Neuem anzupassen. Man weiß, wie die Entdeckung des Magnets bei Marco Polo auf der richtigen Lesung der Legende unter einem Bild beruht – Salamander ist dort ein Stein, nicht ein Tier:

Nichts hat sich an der bekannten Welt verändert. Diese Haltung zeitigt im 16. Jahrhundert überraschende Auswirkungen, als die Welt sich mit bis anhin unbekannter Schnelligkeit ausdehnte: Die Kartographen haben selbst nach der Entdeckung Amerikas Mühe, sich der *terra incognita* und des südlichen Kontinents der alten Griechen zu entledigen.

Überdies ist das Mittelalter, das man gerne als Ursprung unserer Magie und unseres Aberglaubens betrachtet, kein großer Erfinder von Bildern. Es erfindet nichts, sondern interpretiert, schmilzt um, formuliert. «Die Wirklichkeit interessiert weniger als alles, was bei der Suche nach Bedeutungen behilflich sein kann, die seine Phantasie mehr zur Formulierung eines Symbolgehalts beflügeln als die Schaffung fantastischer Wesen.» [18] Die mittelalterliche Mythologie ist nur ein Neuguß der heidnischen Mythen, gewürzt mit Christentum. Seine Geschöpfe, die Feen, die Zwerge, die Riesen, sind nur eine Verbindung fantastischer Wesen, die die keltische, germanische und griechisch/römische Phantasie bevölkert hatten. Das Prinzip lautet, niemals Ererbtes wieder in Frage zu stellen, sondern ihm andere, genauere oder mit der religiösen Orthodoxie besser übereinstimmende Erklärungen zu geben. Zwei Jahre nach der Entdeckung Amerikas, 1494, kann Sebastian Brant von den neuen Inseln sprechen, aber sich auch fragen, warum der Ozean am Rand der Welt nicht in einen Abgrund stürzt und wie Antipoden sich mit dem Kopf nach unten fortbewegen können.[19] Welche Widersprüche in diesen Fragen enthalten sind, fällt ihm offenbar nicht auf. Die neuen Entdeckungen sind weit davon entfernt, eine Revolution auszulösen; sie integrieren sich problemlos in die alte Kosmographie. Es braucht mindestens ein halbes Jahrhundert, bis die Geographen verstehen – manchmal sogar mehr: Bis ins 18. Jahrhundert erscheinen die verlorenen Inseln des heiligen Brandan da und dort auf den Karten.

Bei einer eher auf Wiedererkennen als auf Entdeckung zentrierten Optik ist das bis zum 12. Jahrhundert beliebteste Forschungsinstrument der Platonismus oder das, was man davon durch Vermittlung der lange verstorbenen Platon-Schüler kennt. Für das ganze Mittelalter – und die Wiederentdeckung des Aristoteles ändert nichts daran – ist die wirkliche Welt die Welt der Ideen, des Absoluten, von welchem das wahrnehmbare Universum nur Schatten oder Symbol ist. Für Honorius ist die wahrnehmbare Welt der Schatten der archetypischen Welt. Gedachte und geschriebene Abhandlungen sollen uns verstehen helfen. In seinem Kopf ist die mündliche Rede einfach, unveränderlich und ewig; die geschriebene wird vervielfältigt, also abgeändert und für Fehler empfänglich. Aber ob ein Kopist sie fälscht oder ein Brand sie zerstört, im Geist des Verfassers bleibt sie bestehen.[20]

Die wahrnehmbare Welt ist also nur wichtig als Zeichen der Ideenwelt. In einem Tierbuch ist ein Löwe nur insofern wirklich, als er Christus symbolisiert. Alles hienieden wird Zeichen einer höheren Wirklichkeit, die es zu entdecken gilt. Bei der Krönung von Philipp II. August will ein Ritter die Menge beruhigen und wirft seinen Stab ins Publikum. Er zerbricht drei Lampen, deren Öl über das königliche Paar fließt. Für Rigordus ist das ein Zeichen der göttlichen Salbung, die der König erhalten wird. Diese Umdeutung des Wirklichen kann schwer verständliche Proportionen annehmen. Die Karte der Mittelmeerländer von Opicinus, einem Priester und Geographen des 14. Jahrhunderts, sieht in der Form Europas ein Bild der Kirche und in der Nordafrikas das Bild ihres Verführers: die «tunesische Schlange» und, bei gedrehter Karte, den «griechischen Drachen». Von hier aus gehen verschlüsselte Botschaften (der rechte Arm des Sünders, vertrocknet, streckt sich gegen Venedig und der Arm Gottes nach Avignon, dem zeitweiligen Sitz der Päpste), ja sogar intime Besessenheiten (Friedenskuß zwischen Pavia, der Gebärmutter der Frau, und Mailand, dem Penis des Mannes, dem Venedig als Hoden beigegeben ist).[22] Man entdeckt immer nur, was man schon kennt.

Diese Auffassung bleibt die des ganzen Mittelalters. Die nominalistische Strömung, die dem Weltall keine konkrete Wirklichkeit zugesteht, bleibt stets in der Minderheit und wird sogar Gegenstand von Verfolgungen. Die Wiederentdeckung des Aristoteles, die den Akzent wieder auf die Phänomene setzt und eine neue Erforschung der Natur einleitet, ändert das platonische Bild nicht grundsätzlich: Die Unterscheidungen zwischen Form und Materie, zwischen Macht und Handlung halten die binare Struktur des Wirklichen und den Glauben an eine nicht wahrnehmbare, wesentliche und tiefe Wirklichkeit aufrecht. Das *Picatrix*, das von Aristotelismus geprägt ist, liefert ein deutliches Beispiel. Es teilt die Materie in geistige und körperliche ein. Die geistige enthält die Grundmaterie, die Grundformen (Prinzipien ohne Materie), die Grundeinheit (den Punkt, den Augenblick). Sie ist einfach, und es gibt sie nur im Himmel. Die körperliche Materie besteht aus den den Sinnen zugänglichen Elementen; sie zerfällt und ändert sich. Das ist die Materie, die wir hienieden kennen.[23] Magie und Aberglauben wuchern wie Unkraut in der Fuge zwischen den beiden Welten.

Wie in Baudelaires Gedicht: «Die Natur ist ein Tempel, dessen lebendige Säulen hin und wieder konfuse Worte verlauten lassen; der Mensch geht durch einen Wald von Symbolen, die ihn vertraut anblicken.» Die Welt ist eine vollgefüllte Schatztruhe, wo die Elemente einander in einer komplexen Struktur entsprechen, die die Wissenschaft entdecken soll. Sympathien verbinden einerseits die obere Welt mit der unteren, die Sterne mit der Erde und mit jedem ihrer Elemente, aber auch die himmlischen Sphären mit der Welt, um die sie kreisen, oder den Leib Christi mit dem des Menschen und die Seele Gottes – den Heiligen Geist – mit der Seele der Welt. In den Weltkarten wird der Leib Christi mit der Welt identifiziert – der Kopf ist im Osten, wo man das irdische Paradies vermutete, die Füße im Westen hinter dem Ozean, der rechte Arm in Europa und der linke in Afrika. Aber die Welt ihrerseits entspricht dem Körper des Menschen, dessen ursprünglicher Name, Adam, den vier Kardinalpunkten entspricht[24], und die Seele der Welt (der Heilige Geist) der menschlichen Seele. So ist der Mensch in Körper und Geist wahrhaftig das Abbild Gottes.

Diese Entsprechung zwischen Makrokosmos und Mikrokosmos begründet den Einfluß der Sterne und der Lufterscheinungen. Bestenfalls rationalisiert man diese Kraft, indem man von astralen Strömungen oder von den Winden, die sie zum Menschen bringen, spricht. Hildegard von Bingen, Mystikerin des 12. Jahrhunderts, sah dies in einer Vision: «Ich sah schließlich, wie viele Flüssigkeiten sich im Innern des Menschen befinden und bewegt und verwandelt werden, und wie sie dann die Eigenschaften der Winde und der Luft annahmen. Wirklich: Jedem oberen Element entspricht eine Luft mit besonderen Eigenschaften. Es ist diese Luft, die dank der Winde Elemente dreht, die sonst unbeweglich wären. Dank der Hilfe der Sonne, des Mondes und der Sterne setzen die Elemente auch Luft frei, die die Welt temperiert.» Die Bewegung der Elemente wird begleitet von der Aussendung eines Windes, der die unteren Luftschichten erreicht. «Dieser Wind vermengt sich schnell mit der Luft, mit der er bestimmt verwandt ist ... Er berührt dann den Menschen, dessen innere Flüssigkeiten er verändert je nach den sich entsprechenden Eigenschaften dieses Windes und dieser Luft.»[25]

Die Sterne zu kennen heißt also, die eigentliche Quelle dieser von Wind (oder der himmlischen Strahlung) übermittelten Einflüsse zu kennen. Der Einfluß des Mondes auf die Menstruation war seit langem beobachtet worden. Wie sollte man da nicht verallgemeinern und den Einfluß anderer Himmelskörper auf den Organismus annehmen?

Außer den Entsprechungen zwischen Oben und Unten hat jedes Element auf der Welt seine Entsprechung in einem anderen Bereich: ein Stein mit einem Kraut, einem Fisch oder einem Vogel, die alle drei in Beziehung zum selben Stern stehen. Das Interpretationssystem auf zwei Ebenen kann sich dank eines Systems des analogen Denkens gewaltig ausbreiten. Daß ein roter Stein Blutungen heilt, ist bereits Wissenschaft. So erklären sich die okkulten Kräfte der Materie und deren Anwendung durch die gesamte talismanische Magie.

Es gibt schließlich eine dritte Ebene der Entsprechungen, zwischen der Wirklichkeit und dem Wort, das sie bezeichnet. Der Glaube an eine Ursprache – im Mittelalter war dies das Hebräische – erklärt ursprünglich die Gleichung zwischen Welt und Wort. Als Adam die Tiere benennt, tut er mehr, als ihnen eine Identität zu verleihen: Er sichert ihr konkretes Dasein, abgeleitet von den ideellen Tieren, die Gott je nach Art geschaffen hat. Dieses sehr enge Band zwischen der Nennung und dem Objekt breitet sich in alle Sprachen aus. Die Wissenschaft der Etymologien lernt die eigentliche Wirklichkeit der Dinge. Wesentliche Wahrheit ist für das Mittelalter, daß der Mann *(vir)* Kraft *(vis)* ist und die Frau *(mulier)* Schwachheit *(mollities)*.

Und die in Begriffe gefaßte Wirklichkeit muß sich dem Bild, das man sich von ihr gemacht hat, anpassen. Die Welt *(Orbis Terrarum)* wird durch ihre Initialen O.T. bezeichnet, die sich verbinden, um das Skelett ihrer kartographischen Erfassung zu bilden ⊖. Oben (im Osten) Asien, links Europa, von Asien durch den Don getrennt (linker Arm des T), rechts Afrika, von Europa durch das Mittelmeer getrennt (Schaft des T) und von Asien durch den Nil (zweiter Arm des T). Im Zentrum, gemäß der biblischen Enthüllung (*Richter* 9,37; *Ezechiel* 38,12) Jerusalem, Nabel der Welt, Nabel Christi, dessen Leib der Weltkarte entspricht. So findet man in einem extrem abstrahierenden Bild mit zwei Buchstaben und drei Linien den Namen der Welt, die Heilige Schrift und die Entsprechung zwischen Unten und Oben begründet.

In diesen durch ein dreifaches System von Entsprechungen zusammenhängenden und strukturierten Begriff der Welt sind Magie und Aberglauben des Mittelalters einzufügen. Man wird gewahr, daß es sich – wenn die Volkskultur und die irrationalen Aberglauben beiseite geschoben sind – um Wissenschaften handelt, die dieselben Forschungsmethoden, die gleichen Bezugssysteme und die gleichen Gesetze anwandte wie die gelehrte Wissenschaft der Epoche. Daher die äußerst flüssigen Grenzen, die erlaubte und verbotene Kenntnisse, orthodoxe und diabolische Glaubensinhalte trennen. Ende des 20. Jahrhunderts, wo die Magie sich gerne exotisch gibt, hat das Mittelalter für uns denselben Geruch wie der Orient der Yogis, das Afrika der Marabuts oder das Amerika des Wodu: denjenigen einer Kultur, in der das Irrationale so ins Alltägliche integriert ist, daß es keine Trennung mehr gibt zwischen Wissenschaft und okkulten Künsten, und die uns Heutigen total fremd ist.

ANHANG

I. DAS IRRATIONALE IN DER WELTANSCHAUUNG

Angesichts des Universums, dessen Geheimnisse er nicht alle lüften kann, kann der Mensch drei Haltungen annehmen: er ergibt sich dem, was er nicht versteht; er versucht es zu verstehen; er versucht es zu beherrschen. Die Reaktion des Menschen auf das Geheimnis ist die erste Achse auf der nachfolgenden Tabelle.

Die horizontale Achse der Tabelle entspricht mehr oder weniger der Geschichte der Ideen von Comte: Zuerst erklärt man die (mit magischen Kräften begabten) Objekte fetischistisch oder animistisch, dann geht man über zu einer polytheistischen Erklärung («Götter», Engel oder Dämonen bewegen sie), hierauf folgt der Monotheismus (ein Gott wirkt Wunder), die Metaphysik (ein unbekanntes Prinzip, eine Naturkraft bewirkt, was man nicht versteht), dann der Positivismus (eine rationale Erklärung ist möglich). Zum Beispiel, warum macht der Wein betrunken! Weil ihm der Geist der Rebe (oder der Erde oder der Toten) innewohnt und denjenigen ergreift, der davon trinkt, wird man im fetischistischen Stadium sagen. Weil der Gott der Reben, Dionysos, uns in seiner Gewalt hat, im polytheistischen Stadium. Weil Gott es so will, im monotheistischen. Weil er «ein berauschendes Wesen» hat, im metaphysischen. Durch seine Wirkung auf unser Gehirn als Reaktion des Metabolismus, im positivistischen Stadium. Dieses Schema ist praktisch, wenn man es nicht überfordert. Seine Gefahr liegt darin, daß es einen intellektuellen Werdegang, den jeder Mensch in jedem Augenblick vollziehen kann, als historisch darstellt.

Denken wir dran, daß ein ähnliches Entwicklungsschema schon in der Scholastik des 15. Jahrhunderts im Keim vorhanden war. Den drei Stadien Comtes könnte man die Stadien gleichstellen, die die Universität von Paris in der Entwicklung der Medizin sah: methodisch (Apollo, bestehend aus Zauber und Beschwörung), empirisch (Äskulap, auf Erfahrung gründend) und rational (Hippokrates, auf der Vernunft gründend). Die methodische Medizin ist im religiösen Stadium (die Kräfte werden auf die Handlung eines Gottes zurückgeführt, die empirische Medizin würde zur Metaphysik gehören (die Kräfte sind getrennt von den Substanzen), die rationale Medizin gehört zum positivistischen Stadium (die Kräfte werden durch die Vernunft erklärt).

Haltung gegenüber \ Agens		IRRATIONALES			RATIONALES
		Böse oder fremde transzendentale Kräfte (Teufel, heidn. Götter)	Gute transzendentale Kraft (Gott)	Unbekannte Naturkräfte	Mensch
AKTION	Gesten, Praktiken	Zauberei, Götzenverehrung	Wunder	Magie, Verwünschung, Alchimie	Medizin, Industrie ...
AKTION	Worte	Anrufung, Beschwörung	Gebet	Beschwörung, Magische Worte	Rhetorik, Literatur ...
PASSIVITÄT	Ergebenheit	Heidentum, Ketzerei	Konfessionelle Moral	Aberglaube, Astrologie, Numerologie	Recht ...
PASSIVITÄT	Volksglaube	Feen, Zwerge	Glaube	Ungeheuer, Talismane	Humanismus ...
VERSTÄNDNIS	Voraussicht	Orakel	Eschatologie	Wahrsager, Astrologie, «Mantien»	Futurologien (Meteorologie)
VERSTÄNDNIS	Erklärung	Ketzerei (Manichäismus)	Theologie, Mystik, Visionen	Träume, Parapsychologie	Naturwissenschaften, Philosophie

II. DIE MAGISCHEN PRAKTIKEN

Klassifikation von Frazer

- Magie
  - Theorie (Wissenschaft)
  - Praktik (Kunst)
    - negativ (Tabus)[1]
    - positiv = sympathisch[2] (Zauberei)
      - homöopathisch[3]
      - Berührungsmagie[4]

Klassifikation von Delrio

- Magie
  - physisch[5] (natürlich)
    - ausführend[6]
    - wahrsagend[7]
  - künstlich[8]
    - ausführend
      - mathematisch[9]
      - mit Illusionen arbeitend[10]
    - weissagend
  - teuflisch (verboten)
    - spezielle[11]
    - hellsehend
    - böse
    - frivol (unnütz)[12]

[1] Besteht aus Verboten (Ernährung, Sexualität).

[2] Beruht auf der «Sympathie» zwischen Gegenständen, Tieren und Menschen.

[3] Beruht auf Entsprechungen zwischen Gegenständen und Handlungen gleicher Art (Organ eines Tieres und entsprechendes menschliches Organ, Pflanze und Himmelskörper ...) *Similia similibus curantur, contraria contrariis* (Gleiches wird mit Gleichem geheilt, Gegensätzliches mit Gegensätzlichem).

[4] Beruht auf der Übertragung einer Macht oder einer Handlung durch Berührung (Kleid, das jemand gehört hat) oder durch Zugehörigkeit (Fingernägel, Haar ...). Was mit jemand in Berührung war, wirkt immer noch auf ihn.

[5] Die auf den okkulten Naturkräften beruht (legitim, wenn nichts Böses beabsichtigt ist).

[6] Durch Handlungen.

[7] Vermutungen über vergangene, gegenwärtige und zukünftige Dinge, mit natürlichen Mitteln.

[8] Bedient sich der menschlichen Industrie (legitim, wenn nichts Böses beabsichtigt ist).

[9] Bedient sich der Erkenntnisse, die die menschliche Industrie gewonnen hat (Arithmetik, Geometrie, Astronomie).

[10] Die mit Illusionen arbeitet (Tricks der Scharlatane und Taschendiebe).

[11] Die die «Erkenntnis und Praxis einer außerordentlichen und wunderbaren Wirkung» sucht.

[12] Die nur zum Vergnügen des Anwenders ausgeübt wird.

Klassifizierung nach den verwendeten Mitteln

Basis	Magie	Religionen
Lebensmittel	Tränke	Kommunion
Wort	Anrufung Verwünschung Verhexung	Gebet Segnung
Schrift	Ligaturen magische Vierecke Schriftzeichen	Gebetsriemen heilige Alphabete (Runen, Ogham)
Gesten	*Ligatio* Faszination Zauberdinge Böser Blick *(jettatura)*	Gottesdienste Exorzismen Prozessionen Wunder
Glücksbringer	Amulette Talismane Fetische Pentakel Siegel	Reliquien Medaillen Statuen
Ziele	Verhexung Wahrsagung Verzauberung (Stöcke, Ringe, Degen ...)	Christlicher Aberglaube (Glocken, Kerzen, liturgische Gegenstände ...)
Geist	Beschwörung Anrufung Nekromantie	Anrufung Exorzismus
Illusion	Tricks Taschenspielerei Sophistikation *Dialektik* Illusion	

III. DIE PYTHAGOREISCHE ZAHLENMAGIE

(Ms B.N.Lat. 7337, fol. 175, 15. Jahrhundert)

4	3	27	28	15	3	7	16	15	15	21	23
A	B	C	D	E	F	G	H	I	K	L	M

15	8	14	21	13	14	19	6	6	3	2
N	O	P	Q	R	S	T	V	X	Y	Z

Später Wohlstand: 1 - 2 - 3 - 4 - 7 - 9
Baldiger Wohlstand: 11 - 13 - 14 - 16 - 17 - 19
Sehr später Wohlstand: 20 - 22 - 23 - 26 - 27 - 10
Spätes Unglück: 5 - 6 - 8 - 12
Baldiges Unglück: 15 - 18 - 21 - 24
Sehr spätes Unglück: 25 - 28 - 29 - (30)[1]

Zahl der Tage: Sonntag = 16
Montag = 17
Dienstag = 15
Mittwoch = 25
Donnerstag = 12
Freitag = 15
Samstag = 17

«Wenn man etwas über zukünftige Dinge wissen möchte, kann man es folgenderweise erfahren: Man muß den numerischen Wert des Namens der Person, über die man etwas wissen möchte, feststellen mit Hilfe der oben angegebenen Zahlen und Buchstaben; man zählt zur mit Hilfe des Alphabets gewonnenen Zahl die Zahl des Tages, der Woche und des Mondes hinzu; man teilt dieses Resultat durch dreißig und interpretiert den Rest gemäß den Angaben.»

[1] Ms 10, schon im «sehr späten Wohlstand». Ich korrigiere nach anderen phytagoreischen Zahlenanordnungen, die Wohlstand und Unglück gleich verteilen, den Buchstaben aber andere Zahlenwerte geben.

Um die Zukunft des Marcus an einem Montag am fünften Tag des Mondes zu kennen, nimmt man den Zahlenwert des Namens, 87 (M=23, A=4, R=13, C=27, V=6, S=14); man zählt die Zahl des Tages dazu (17) und die des Mondes (5), man teilt das Resultat (109) durch dreißig und behält den Rest, 19. Der Wohlstand ist nicht fern.
Der Mondmonat (29 Tage) beginnt bei Neumond. Aber die mittelalterlichen Mondkalender rechnen oft mit 30 oder 31 Tagen, vermutlich, weil sie lieber den Einfluß des Mondes auf jeden Tag des Sonnenjahres kennen wollten.

ANMERKUNGEN

Einleitung

[1] 1992 auf der Straße verteiltes Flugblatt.
[2] Louis Pauwels/Guy Breton: *Histoires magiques de l'histoire de France.* Albin Michel, Paris 1977. S. 84.
[3] Robert Muchembled/Marie-Sylvie Dupont-Bouchat/Willem Frijhoff: *Prophètes et sorciers dans les Pays-Bas, XVIe-XVIIIe siècle.* Hachette, Paris 1978. S. 16.

ERSTER TEIL: DER MENSCH VOR DER MAGIE

[1] Archives Nationales, JJ 176, Nr. 233, Blatt 181.
[2] Sebastian Brant: *Das Narrenschiff,* Kapitel 38. – Sebastian Brant: *La Nef des Fous.* Edition de la Nuée-Bleue. 1988. S. 141–142.

1. Die Magie im Mittelalter

[3] So die ursprüngliche Version der Legende, wie sie in den Pseudo-Klementinen enthalten ist: *Recognitiones* IV, 27–29 (Anfang des 3. Jahrhunderts, von Rufinus im 5. Jahrhundert ins Lateinische übersetzt) in: Migne PG Bd. 1, Sp. 1326–1327.
[4] Vgl. Grégoire de Tours: *Histoire ecclésiastique des Francs.* Renouard, Paris 1836–1837. – Eine Tradition, die wir vor allem wiederfinden bei Hugo von Sankt-Viktor im Kapitel *De magica et partibus eius* in: *Eruditionis Didascalicae libri septem* in: Migne PL Bd. 176, Sp. 810, aber auch bei Hrabanus Maurus *(De magorum praestigiis),* Isidor von Sevilla (*Etymologiae* VIII, 9), ... schließlich bei allen, die von der Magie im Mittelalter sprechen. Simon von Phares hat diese Tradition um ca. 1490 stark erweitert, vgl. Symon de Pharès: *Recueil des plus célèbres astrologues et quelques hommes doctes.* Champion, Paris 1929. S. 20–22.
[5] Vgl. *Maugis d'Aigremont,* ein Heldenlied aus dem 13. Jahrhundert, *Dolopathos,* eine romanhafte Gestaltung (ebenfalls 13. Jahrhundert) der Geschichte der Sieben Weisen (Herbert: *Li Romans de Dolopathos.* Jeannet, Paris 1856. S. 385), und das Vorwort der

Bibloi kyranides (der *Kyraniden*), eines griechischen Werkes, das im 12. Jahrhundert ins Latein übersetzt wurde.

[6] Vgl. Isidor von Sevilla: *Etymologiae* VII, 6, 17.

[7] Vgl. *Lex Evangiles des quenouilles*. Vrin, Paris 1985. S. 79.

[8] Der Hochmut ist die Sünde der Teufel, und sie haben nach Thomas von Aquin den Menschen die magischen Künste enthüllt. Vgl. *Summa contra Gentiles* III. 109.

[9] Der griechische Name Kheops steht für den ägyptischen Namen Sophis.

[10] Vgl. Marcelin Berthelot: *Les Origines de l'alchimie*. Steinheil, Paris 1885. S. 145–162.

[11] Vgl. Bernard Basin: *De artis magicis* (1483) in: *Malleus maleficorum, ex pluribus autoribus coaceruatus*. Apud Ioannem Iacobi Iuntae F, Lugduni 1584. Bd. 2, S. 10.

[12] *Historia naturalis (Naturgeschichte)*, Buch 30, 3–4; 7; 13.

[13] Über die Wunder Indiens, die Legenden über Alexander und den Priester Johannes vgl. Lynn Thorndike: *A History of Magic and Experimental Science*. Macmillan Co, New York 1923–1958. Bd. 2, S. 263 ff.

[14] *I Henoch* VIII, 1–3.

[15] Die Übersetzung des *Kalevala*, Kap. 19, folgt der französischen Übersetzung von Léouzon-le-Duc, Piazza, Paris 1926.

[16] Paris, Bibliothèque Nationale, MS Fr. 1533, Blatt 37.

[17] William Shakespeare: *König Johann*, 3. Akt, 4. Szene, in der Übersetzung von Schlegel/Tieck.

[18] Vgl. Guillaume de Nangis: *Chroniques*. Renouard, Paris 1843–1844. Bd. 1, S. 66 und 24.

[19] Matthäus von Westminster: *Floribus historiae*, in: Mansius: *Sacrorum conciliorum nova et amplissima collectio*. Florenz 1759–1798. Bd. 22, Sp. 1168.

[20] Vgl. Guillaume de Nangis: *Chroniques*. Bd. 1, S. 22f.

[21] Ebd., Bd. 1, S. 29, 110, 140; Bd. 2, S. 127, 135–139.

[22] «[Hebräisch] Schrei, mein Schild ist Gott der Herr, [griechisch] mein Gott, [lateinisch] der unaussprechliche Name, [irisch?] ..., [lateinisch] oh Veronika, du reizest die Adern wie ein brennendes [hebräisch] Fieber, [lateinisch] der Bluterguß trocknet, hört auf [?] ... durch den [griechisch] Heiland, Heiland, [lateinisch] erbarme dich meiner, Gott, Gott, mein Gott. [Griechisch] Amen. [Hebräisch] Halleluja, halleluja.» *Lorica* des heiligen Gildas. Vgl. J. H. G. Grattan und Charles Singer: *Anglo-saxon magic and medicine*. Oxford University Press, London 1952. S. 189.

[23] Vgl. Franco Cardini: *Magia, stregoneri, superstizioni nell'Occidente medievale*. La Nuova Italia, Firenze 1979. S. 5f.

[24] Vgl. *Exodus* 22,7, *Leviticus* 20,27, *Deuteronomium* 18,10f.; der heilige Hieronymus hat die Anweisungen in seiner lateinischen Bibelübersetzung *(Vulgata)* den römischen Gegebenheiten angepaßt. Vgl. Franco Cardini: *Magia, stregoneri, superstizioni nell'Occidente medievale*. S. 7f.

[25] Zum Beispiel bei Wilhelm von Villiers. Vgl. Guy Beaujouan/Yvonne Poulle-Drieux/Jeanne-Marie Dureau-Lapeyssonnie: *Médicine humaine et vétérinaire à la fin du Moyen Age*. Droz, Genève 1966. S. 133.

[26] Albert der Große: *Liber mineralium* II, 2, 4. In: *Alberti opera omnia*. L. Vivès, Paris 1880–1899. Bd. 5, S. 35.

[27] *Indiculus superstitionum et paganarum*. In: *Monumenta Germaniae Historica, Leges* II, Capt.Reg.Franc.I. Hannover und Berlin 1888. S. 222.
[28] Vgl. *Des Frater Rudolfus Buch «De officio Cherubyn»*. In: Theologische Quartalsschrift Nr. 88 (1906), S. 411–440.
[29] Franco Cardini: *Magia, stregoneri, superstizioni nell'Occidente medievale*. S. 13.
[30] Isidor von Sevilla: *Etymologiae* VIII, 9. *De magis*.
[31] Hugo von Sankt-Viktor: *Eruditionis Didascalicae libri septem* VI, 15. *De magica et partibus eius*.
[32] Die Illusion ist ein häufiges literarisches Thema. Viele Zauberer, wie z.B. der Zwerg Auberon im *Huon de Bordeaux*, können den Regen und den Wind rufen, Bäume fällen, Flüsse graben, aber alles ist nur Illusion. Sie sind nicht wie die Hexer, deren Macht real ist. In der Praxis gleicht die Illusion der Kunst der Fingerfertigkeit.
[33] Maïmonide: *Le Guide des égarés suivi du Traité des huit chapitres*. Verdier, Paris 1979. S. 536–540.
[34] *Picatrix, the Latin Version of the Ghayat Al-Hakim*. Hrsg. von David Pingree. The Warburg Institute, University of London, London 1988. S. 46.

2. Das Erscheinungsbild des Magiers

[1] Aimoin: *Historia Francorum* I, 8. In: Migne PL Bd. 139, Sp. 643. Fredegar: *Historia Francorum epitomata*, Kap. 12. In: Migne PL Bd. 71, Sp. 581f. Fredegar spricht von vier Generationen: einem Sohn, der einem Löwen gleicht, zwei Enkeln, die dem Leoparden und dem Einhorn gleichen, zwei Urenkeln, die mutig und gierig sind wie Wölfe und Bären, und schließlich einer Generation von Hunden. Obschon diese Überlieferung besser zur Vision des Königs paßt, hatte diejenige mit drei Generationen mehr Erfolg.
[2] Fredegar: *Historia Francorum epitomata*, Kap. 35.
[3] Aimoin: *Historia Francorum* III, 94. Fredegar: *Historia Francorum epitomata*, Kap. 30, begnügt sich damit, die «Handlung seiner Großmutter» *(factione aviae)* zu erwähnen, ohne auf Einzelheiten einzugehen.
[4] Vgl. Pierre Braun: *La sorcellerie dans les lettres de rémission du trésor des Chartres*. In: *Congrès national des Sociétés savantes, section de philologie et d'histoire jusqu'en 1610*. Actes du 102e congrès. Paris 1979. Bd. 2, S. 257–278.
[5] Ebd., S. 266.
[6] Michelets Theorie, wonach die Zauberei eine Revolte der unterdrückten Frauen darstellte, ist heute unhaltbar. Aber sie hat das Verdienst, die Aufmerksamkeit auf die soziologischen Voraussetzungen zu ziehen, die das Ungleichgewicht der gegen Frauen und Männer geführten Zauberei-Prozesse ermöglichten.
[7] Wilhelm von Auvergne: *De universo* II, III, Kap. 23. In: *Gulielmi Alverni episcopi Parisiensis Opera omnia*. Ex Officina Damiani Zenari. Venedig 1591. S. 1004–1006.
[8] Vgl. die von Du Cange vorgestellte Hypothese zu *Hera* in: Du Cange: *Glossarium mediae et infimae latinitatis*. Didot, Paris 1840–1856.

[9] Über die verschiedenen Identitäten der Dame Abonde vgl. Norman Cohn: *Démonolâtrie et sorcellerie au Moyen Age. Fantasmes et réalités*. Payot, Paris 1982. S. 247–258. Du Cange: *Glossarium mediae et infimae latinitatis* zu *Bensozia, Diana, Hera*.

[10] Regino von Prüm: *De synodalibus* II, 364 in Migne PL Bd. 132, Sp. 352. Der Text wird erneut wiedergegeben von Burchard von Worms (*Decretum Collectarium* X, 1 und XIX, 5, in: Migne PL Bd. 140, Sp. 963), Ivo von Chartres (*Decretum* XI, 30, in: Migne PL Bd. 161, Sp. 751 und *Panormia* VIII, 75, in Migne PL Bd. 161, Sp. 1323) und Gratian (Migne PL, Bd. 187, Sp. 1349). Alle sind sich einig, daß dieser Text auf das Konzil von Ankyra 314 zurückgeht, wo er aber nicht figuriert, weshalb ihn die Herausgeber der Konzilstexte als Anhang beifügten. (Vgl. Mansius: *Sacrorum conciliorum nova et amplissima collectio*. Florenz 1759–1798. Bd. 2, S. 535). Der Irrtum scheint Regino zuzuschreiben zu sein, der einfach die Anweisung *ut supra* gab, nachdem er vorher das Konzil von Ankyra zitiert hatte. Man glaubt, daß der Text auf ein unbekanntes karolingisches Kapitel zurückzuführen ist, das Baluze in die *Fragmenta capitularium* nach seinen *Capitularia regum Francorum* (B. Morin, Paris 1780. Bd. 2, S. 365) aufnahm. Im 12. Jahrhundert schmiedete man aus diesem Text ein Apokryph des heiligen Augustinus, *De spiritus et anima*, Kap. 28 (Migne PL Bd. 40, Sp. 799), ein Werk, das heute Alcher von Clairvaux zugeordnet wird. Schließlich schrieb man den überzähligen Kanon des Konzils von Ankyra dem heiligen Damasus zu, einem Papst des 4. Jahrhunderts. Alles wurde vorgekehrt, um diesem Text ein Alter zu verleihen, das er nicht hat. – In Wirklichkeit muß man den Ursprung dieses weiblichen Trugbilds in der karolingischen Vorliebe für himmlische Erscheinungen suchen.

[11] Guillaume de Lorris et Jean de Meung: *Le Roman de la Rose*. Garnier-Flammarion, Paris 1974. Verse 18425–18432, 18437–18444.

[12] Johannes Nider: *Formicarius*. B. Belleri, Duacus 1602. S. 123. Beachten wir, daß Nider in diesem Kapitel von Träumen spricht und nicht an die Wirklichkeit von «Reisen durch die Luft» glaubt.

[13] Gregor von Tours: *Historia Francorum* VI, 35.

[14] Ebd. IX, 6.

[15] Ebd. IX, 6.

[16] Ebd. X, 25.

[17] Helgaud von Fleury: *Vita Roberti*, in: Martin Bouquet: *Rerum Gallicarum et Francorum scriptores – Recueil des historiens des Gaules et de la France*. Librairies associées, Paris 1733 ff. Bd. 10, S. 99. Helgaud gibt den Vers folgendermaßen wieder: «Scandit ab R Girbertus in R, post papa viget R.»

[18] Walter Map: *De nugis curialium*. Clarendon Press, Oxford 1914.

[19] Ein Gedicht, in dem sich Robert II. damit brüstet, er sei Schüler von «Nectanebus ille magister» gewesen. In dieser Reinkarnation von Nectanebo hat Arturo Graf Gerbert von Aurillac erkannt. Aber zielt diese Anspielung auf die wissenschaftlichen Kenntnisse des Pharaos oder auf die magischen Künste, deren er beschuldigt wurde? Vgl. Martin Bouquet: *Rerum Gallicarum et Francorum scriptores – Recueil des historiens des Gaules et de la France*. Bd. 10, S. 67, Vers 167. Arturo Graf: *Miti, leggende e superstizioni del medioevo*. E. Loescher, Torino 1892 f. Bd. 2, S. 7.

[20] Johannes Wolf: *Lectionum memorabilium et reconditarum centenarii* XVI. L. Reinwichel 1600. Bd. 1. S. 292–295.

[21] Vgl. Sigebert von Gembloux: *Chronica*. In: Migne PL Bd. 160, Sp. 197. Ordericus Vitalis: *Historia Ecclesiastica*, S.H.F. 1838. Bd. 1, S. 175. Willelmi Godelli: *Chronicon* 1, III., A° 996. Wilhelm von Malmesbury: *Gesta Regum Anglorum* II, 10. Walter Map: *De nugis curialium* IV, 11. Die zwei letztgenannten sind die vollständigsten unter den konsultierten Quellen. Sie geben zwei recht verschiedene Stadien der Legende am Ende des 12. Jahrhunderts wieder.

[22] Vgl. S. 211.

[23] Vgl. *Histoire littéraire de la France*. Paris 1733–1898; Reprint 1971 ff. In Band 29 werden Buch um Buch die Argumente einer Zuschreibung diskutiert.

[24] Das Leben von Ramón Llull, gegen 1311, also zu Lebzeiten des Philosophen, geschrieben, ist in den AASS veröffentlicht: Ioannes Bollandus: *Acta Sanctorum*. Bruxelles 1643 ff. Große Auszüge daraus sind übersetzt in: *Histoire littéraire de la France*. Bd. 29.

[25] *Histoire littéraire de la France*. Bd. 29, S. 276.

[26] Ebd., S. 292.

[27] Vgl. die köstlichen Klagen von Adelard von Bath in: Lynn Thorndike: *A History of Magic and Experimental Science*. Bd. 2, S. 25.

[28] F. fr. 19978, 19963, 19962. Vgl. die entsprechenden Notizen im Katalog der Manuskripte.

[29] Vgl. Lynn Thorndike: *A History of Magic and Experimental Science*. Bd. 1, S. 165.

ZWEITER TEIL: DAS ANTIKE ERBE UND DER ABERGLAUBE

1. Es riecht nach Heidentum

[1] Vgl. Ed. Martène/U. Durand: *Veterum scriptorum et monumentorum historicum, dogmaticorum moralium amplissima collectio*. Paris 1724. Bd. 1, Sp. 625–627.

[2] Beschrieben von Adam von Bremen. Vgl. Claude Lecouteux: *Les Nains et les Elfes au Moyen Age*. Imago, Paris 1988. S. 134.

[3] *Ex vita S. Remacli Episcopi Trajactensis*. In: Martin Bouquet: *Rerum Gallicarum et Francorum scriptores – Recueil des historiens des Gaules et de la France*. Bd. 3, S. 545 f.

[4] *Les Evangiles des quenouilles*. S. 105.

[5] Wilhelm von Auvergne: *De legibus*, Kap. 27. In: *Guilielmi Alverni episcopi Parisiensis Opera omnia*. S. 90.

[6] Der Tanz ist eine universelle Form des Kultes, auch in der Bibel bezeugt (2 *Samuel* 6, 14 ff.). Der Rausch, den er erzeugt (David tanzte mit aller Macht vor der Bundeslade), ist der mystischen Ekstase ähnlich. Die christliche Liturgie scheint diese Praxis nicht aufgenommen zu haben. Im Gegenteil: Seit den ersten Konzilien und während des ganzen Mittelalters verbot die Kirche strikt, an heiligen Orten zu tanzen.

[7] Wilhelm von Auvergne: *De legibus*, Kap. 26. In: *Guilielmi Alverni episcopi Parisiensis Opera omnia*. S. 79.

[8] Dufour: *Calendriers et croyances populaires, les origines magicoreligieuses, les dictons.* Maisonneuve, Paris 1978. S. 26f.

[9] Vgl. Arnold Van Gennep: *Manuel de folklore français contemporain.* Picard, Paris 1972ff.

[10] Man hat z. B. das Fest der Ratten, das am 17. März im Berry gefeiert wurde, mit dem *dies tiniarum vel murorum* in Zusammenhang gebracht, von dem der heilige Eligius (Migne PL Bd. 87, Sp. 528) spricht. Aber selbst wenn man sich damit abfindet, daß damit Ratten zu Motten und Mäusen *(murorum* statt *murum)* geworden sind: Alles, was man über die Predigt des 7. Jahrhunderts sagen kann, ist, daß es sich bei diesem Tag um einen Feiertag gehandelt hat. Das ist eine magere Verbindung.

[11] Vgl. Burchard in: Migne PL Bd. 140, Sp. 961, 834, 837.

[12] Migne PL Bd. 87, Sp. 528.

[13] Vgl. Jacques Le Goff: *Pour un autre Moyen Age.* Gallimard, Paris 1977. S. 223–235.

[14] Leges II in: *Monumenta Germaniae Historica.* Hahn, Hannover, Weidmann, Berlin 1826–1934.

[15] Wilhelm von Auvergne: *De legibus*, Kap. 27. In: *Guilielmi Alverni episcopi Parisiensis Opera omnia.* S. 84.

[16] *Acta sanctorum.* Zum 12. September. Bd. 4, Sp. 27.

[17] *L'Atre périlleux.* Champion, Paris 1936. S. 207.

[18] *Aye d'Avignon.* Droz, Genève 1967. Verse 1031ff.

[19] Herbert: *Li Romans de Dolopathos.* Jeannet, Paris 1856. Verse 940 und 4185.

[20] *Les Evangiles des quenouilles.* S. 98.

[21] Jacques Le Goff: *Pour un autre Moyen Age.* S. 236–279.

[22] Hermès Trismegiste: *Corpus hermeticum.* Belles Lettres, Paris 1972. S. 167.

[23] Ps 96,5 «Omnes dii gentium sunt daemonia.» Heute meistens übersetzt: «Alle Götter der Heiden sind nichtig.» – Die Übersetzung *daemonia* ist eine Lehnübersetzung aus dem Griechischen (Septuaginta).
Die Unterscheidung zwischen Gott und Teufeln (Kräfte des Bösen, die von Gott zugelassen sind) ist nicht im Geist der hebräischen Bibel, die vor allem die Überlegenheit des Gottes Israels über die falschen Götter der Völker hervorhebt.

[24] Hermès Trismegiste: *Corpus hermeticum.* S. 10.

[25] Vgl. die oft zitierten Stellen *Exodus* 7,11.22. Für die Überlegungen dieses Abschnitts vgl. Hrabanus Maurus: *De magum praestigiis.* In: Migne PL Bd. 110, Sp. 1087–1110.

[26] *De civitate Dei* IX, 20. Platon: *Kratylos* 398b.

[27] *De civitate Dei* VIII, 15. Tertullian: *Apologie*, Kap. 22. Augustinus: *Die Wahrsagekunst der Dämonen.* In: Migne PL Bd. 40, Sp. 581–592. Die bösen Dämonen haben die Magie erfunden. Da sie in den Wolken wohnen, können sie das Wetter vorhersagen: Und da sie es sind, die uns die Krankheiten schicken, können sie die Mittel dagegen verschreiben.

2. *Volksglaube und Aberglaube*

[1] Vgl. *Procès de condamnation.* Hrsg. von Jules Quicherat. Rayounard, Société de l'Histoire de France, Paris 1841.

[2] Über die Geschichte der Feen im Mittelalter hat Laurence Harf-Lancner mit *Les fées au Moyen Age: Morgane et Mélusine: la naissance des fées* (Champion, Paris 1984) eine umfassende Abhandlung geschrieben, der ich die meisten der folgenden Ausführungen entnommen habe. Er verweist das Buch von Alfred Maury: *Croyances et Légendes du Moyen Age* (Champion, Paris 1896) auf den zweiten Platz, doch auch dieses Buch enthielt eine der ersten ernstzunehmenden Hypothesen über den Ursprung der Feen, und wir freuen uns noch heute an seinen poetischen Höhenflügen.

[3] Johannes Nider: *Formicarius*. S. 124. – Obschon einem Heiligen des 5. Jahrhunderts zugeschrieben, ist diese Anekdote typisch für das 14. Jahrhundert und vor allem für Nider selbst.

[4] *Les livres du roy Modus et de la royne Ratio* Société des anciens textes français. 1932. Bd. 2, S. 58–59.

[5] Über diesen Passus über Melusine und Morgan vgl. Laurence Harf-Lancner: *Les fées au Moyen Age: Morgane et Mélusine: la naissance des fées.*

[6] Claude Lecouteux: *Les Nains et les Elfes au Moyen Age.* Die meisten in diesem Abschnitt entwickelten Gedankengänge habe ich von Lecouteux übernommen.

[7] Ebd., S. 24–26.

[8] Ebd., S. 151 und 37.

[9] *Les Evangiles des quenouilles*, S. 88. – Wenn eine Frau nachts aufsteht, um zu urinieren, und dabei ein Bein über ihren Mann hebt, kann sie ihn, besonders wenn er eine Erektion hat, impotent machen, es sei denn, sie klettert auf dieselbe Weise über ihn zurück.

[10] Claude Lecouteux: *Les monstres dans la littérature allemande du Moyen Age, contribution à l'étude du merveilleux médiéval*. Kümmerle, Göttingen 1982.

[11] Vgl. Claude Gaignebet/Jean-Dominique Lajoux: *Art profane et religion populaire au Moyen Age*. Presses Universitaires françaises, Paris 1985.

[12] Maximilien Misson: *Voyage d'Italie*. Amsterdam 1743. Bd. 1, S. 29–30.

[13] Claude Lecouteux: *Fantômes et Revenants au Moyen Age*. Imago, Paris 1986. Jean-Claude Schmitt: *Les Revenants dans la société féodale*. In: *Le temps à la réflexion* III, 1982, S. 285–306. Jacques Le Goff: *La naissance du purgatoire*. Gallimard, Paris 1981.

[14] *Pelle in qua nascitur puer:* Damit ist manchmal die Nachgeburt oder die Placenta gemeint. Sie bildet den hinteren Teil der Fruchtblase, welche den Fötus umhüllt, und entspräche der Definition besser. Die proteinreiche Plazenta wird in vielen Gegenden gegessen.

[15] *Des Frater Rudolfus Buch «De officio Cherubyn»*. In diesem Werk finden sich noch andere abergläubische Vorstellungen. Ich habe sie ausführlich behandelt in: *La naissance interdite*. Orban, Paris 1988.

[16] *Les Evangiles des quenouilles*, S. 84–87.

[17] Ebd., S. 91.

[18] Ebd., S. 96–98.

[19] Ebd., S. 91–94. Vgl. Pline l'Ancien: *Histoire naturelle*. Belles Lettres, Paris. S. 24 und 26.

[20] *Les Evangiles des quenouilles*, S. 125. Vgl. die ähnliche Argumentation bei der Auslegung von Träumen, S. 105.

[21] Vgl. Joachim Yarza Luaces: *Fascinum. Reflets de la croyance au mauvais œil dans l'art médiéval hispanique.* In: *Razo,* Bd. 8, 1988, S. 113–127. Jacques A. Dulaure: *Du culte des divinités chez les Anciens et les Modernes.* Société du Mercure de France, Paris 1905. Vgl. auch den Artikel *Fascinum* in: Charles Daremberg/Edmond Saglio: *Dictionnaire des antiquités grecques et romaines.* Hachette, Paris 1877–1906.

[22] Pline l'Ancien: *Histoire naturelle.* S. 26.

[23] Ebd., S. 39–40.

[24] Guillaume de Nangis: *Chroniques.* Bd. 1, S. 3, 64, 111, 193.

[25] Pline l'Ancien: *Histoire naturelle.* S. 26.

[26] *Textes de droit romain.* Veröffentlicht und kommentiert von P. F. Girard. A. Rousseau, Paris 1913.

[27] Seneca: *Naturales Questiones* IV, 6–7. Lucanus: *Pharsalia* VI, Verse 462–484.

[28] Grégoire de Tours: *Histoire ecclésiastique des Francs.* Bd. 2, S. 89.

[29] Vgl. vor allem die Jahre 550 bis 582.

[30] Grégoire de Tours: *Histoire ecclésiastique des Francs.*

[31] Mansius: *Sacrorum Conciliorum nova et amplissima collectio.* Bd. 8, Sp. 332.

[32] *Monumenta Germanicae Historiae.* Leges, Sectio I, 1, 30, S. 259 und 104.

[33] Mansius: *Sacrorum Conciliorum nova et amplissima collectio.* Bd. 11, Sp. 970.

[34] *Monumenta Germanicae Historiae.* Leges, Sectio II, 1. S. 59.

[35] Agobard von Lyon in: Migne PL Bd. 104, Sp. 156–157.

[36] Region von Magon (heute: Port-Mahon) auf den Balearen. Der Name wurde wahrscheinlich gewählt, weil er an *magus* erinnert.

[37] Agobard von Lyon in: Migne PL Bd. 104, Sp. 148.

[38] Ebd., Sp. 148.

[39] Ebd., Sp. 149–158.

[40] Jacques-August-Simon Collin de Plancy: *Dictionnaire des sciences occultes avec le dictionnaire infernal.* Migne, Paris 1846–1848.

[41] Chrétien de Troyes: *Yvain ou le Chevalier au lion.* Verse 401–403.

[42] *Expositio super Iob.*

[43] Henry Institoris/Jacques Sprenger: *Le Marteau des sorcières.* Plon, Paris 1973. S. 417.

[44] Martin Delrio: *Les Controverses et Recherches magiques.* Paris 1611. S. 162–163.

[45] Guillaume de Lorris/Jean de Meung: *Le Roman de la Rose.* Verse 1–5, 15–20.

[46] Macrobe: *Commentaire du songe de Scipio.* Garnier, Paris 1850. S. 13–14.

[47] Jacques Le Goff: *Le christianisme et les rêves.* In: *Sogni nel Medioevo.* Ateneo, Rom 1985. S. 171–205.

[48] Über diese zweite traumkritische Bewegung vgl. Jean-Claude Schmitt: *Rêver au XIIe siècle.* In: Ebd., S. 291–316. Jacques Le Goff: *Pour un autre Moyen Age.* S. 299–306.

[49] Vgl. *Sogni e temperamenti* von Marta Fattori und *I sogni e gli astri* von Tullio Gregory in: *Sogni nel Medioevo.* S. 87–109, 111–148.

[50] Vgl. die von Hermann Braet gesammelten Beispiele in: *Rêves, réalité, écriture.* In: Ebd., S. 15.

[51] Arnald von Villanova: *Expositiones visionum quae fiunt in somnis.* In: *Philosophi et medici opera omnia.* Waldkirch, Basel 1585. Sp. 623–640. – Lange Erklärungen fin-

den sich auch in einer etwa um 1300 kopierten Abhandlung über Träume: Bibl. Nat., Ms Lat. 16610.
[52] *Guilielmi Alvernis Episcopi Parisiensis Opera omnia.* Zenari, Venedig 1591, S. 1007.
[53] *Summa theologica* II, II, 95. *Utrum divinatio quae sit per somnia sit illicita.*
[54] Johannes Nider: *Formicarius.* S. 122–130.
[55] Zu den mittelalterlichen Texten über Träume vgl. Lawrence T. Martin: *Somniale Danielis.* P. Lang, Frankfurt a. M. 1981. Jean-Haust: *Médicinaire liégeois du XIIIe siècle.* Palais des Académies, Brüssel 1941.
[56] Bibl. Nat., Ms Lat. 16610, Blatt 9.
[57] «Man sollte die Träume nicht beachten, denn, wie die Heilige Schrift sagt, sie sind eitel. Deswegen wird durch Mose gesagt: Ihr sollt nicht Wahrsagerei noch Zauberei betreiben, ihr sollt Träume nicht beachten, ihr sollt euch nicht wenden zu den Geisterbeschwörern und Zeichendeutern. (Lev 19,26).» In: Migne PL Bd. 87, Sp. 530.
[58] Grégoire de Tours: *Gloire des Martyrs*, I, 23, *Gloire des confesseurs*, Kap. 65.
[59] *Voyage de Charlemagne.* Hrsg. von Paul Aebischer. T.L.F. 1965. Verse 70–71. *La chanson de Roland.* Hrsg. von Joseph Bédier. Piazza, Paris 1938. Laisse 56 und 57.
[60] Johannes Nider: *Formicarius.* S. 116.
[61] Die Legende von Merowech, dem Sohn eines Meerungeheuers mit der Gestalt eines Minotaurus, wird im 7. Jahrhundert von Fredegar berichtet, vgl. Migne PL Bd. 71, Sp. 579. Die Legende von Arthur ist im Mittelalter verbreitet, vgl. Ulric Molitor in *Malleus maleficorum*, Bd. 2, Seite 47.
[62] *Les Evangiles des quenouilles*, S. 91.
[63] Augustinus: *De Civitate Dei*, XV, 23. In: Migne PL Bd. 41, Sp. 468.
[64] *Guilielmi Alverni episcopi Parisiensis Opera omnia.* S. 1009.
[65] Jean-Claude Schmitt: *Les traditions folkloriques dans la culture médiévale.* In: *Archives de sciences sociales des religions*, 1, 1981, S. 5–20.
[66] *Malleus maleficorum*, Bd. 2, S. 65–67.
[67] Bibl. Nat., Ms Lat. 16610, Blatt 8.

3. Die Kunst, die Zukunft vorherzusagen

[1] Vgl. Hector Claeys: *Saint Arnold.* 1889. S. 36–37.
[2] *2 Könige* 1, 1–8.
[3] Vgl. Augustinus: *De Civitate Dei*, VIII, 15. Hrabanus Maurus in: Migne PL Bd. 110, Sp. 1101–1102. Thomas: *Summa contra Gentiles*, Lib. III, Kap. 154.
[4] *Summa contra Gentiles*, Lib. I, Kap. 154.
[5] Ich habe während meiner Lektüre sechsundneunzig gezählt. Die vollständigsten Listen finden sich bei Robert-Léon Wagner: *«Sorciers» et «Magiciens», contribution à l'histoire du vocabulaire de la magie.* Droz, Paris 1939. S. 150–151. Martin Delrio: *Les Controverses et Recherches magiques.* S. 574–606.
[6] Über die Alektryomantie und die Clidomantie vgl. beispielsweise Andrée Ruffat: *La superstition à travers les âges.* Payot, Paris 1976. S. 208.
[7] Johannes von Salisbury: *Polycraticus* in: Migne PL Bd. 199, Sp. 474. Emmanuel Le Roy Ladurie: *Montaillou, village du Languedoc.* Gallimard, Paris 1982.

[8] *Guilielmi Alverni episcopi Parisiensis Opera omnia.* S. 990.
[9] Ebd., S. 989.
[10] Lynn Thorndike: *The Place of Magic in the Intellectual History of Europe.* Macmillan Co., New York 1923–1958. S. 13.
[11] Simon de Phares: *Recueil des plus célèbres astrologues et quelques hommes doctes.* S. 233. Simon von Phares macht daraus fälschlicherweise eine von Karl V. gegründete Astrologieschule.
[12] Suzel Fuzeau-Braesch: *L'Astrologie.* Presses Universitaires de France, Paris 1989.
[13] P. Saintyves: *L'Astrologie populaire.* Rocher, Paris 1989.
[14] Tertullian: *Liber de idolatria,* Kap. 9, in: Migne PL Bd. 1, Sp. 671–672.
[15] Jean Gerson: *De respectu coelestium siderum,* in: Œuvres complètes. Desclées, Paris 1961–1973. Bd. 10, S. 111.
[16] Augustinus: *De Civitate Dei,* V, 1–7.
[17] Konzil von Laodicea (ca. 366): Kanon 36, Konzil von Braga II (561): Kanon 9, Konzil von Braga III (572): Kanon 72.
[18] Migne PL Bd. 87, Sp. 528–529.
[19] *Histoire littéraire de la France.* Bd. 4, S. 274.
[20] Lynn Thorndike: *A History of Magic and Experimental Science.* Bd. 1, S. 672.
[21] Ebd., S. 677.
[22] Ebd., S. 678.
[23] Migne PL Bd. 90, Sp. 609–614.
[24] Guillaume de Nangis: *Chroniques.* Bd. 1, S. 169 und 426, Bd. 2, S. 210.
[25] Migne PL Bd. 90, Sp. 963–966, der Text wird Beda zugeschrieben.
[26] Sebastian Brant: *La Nef des Fous.* S. 240.
[27] Lynn Thorndike: *A History of Magic and Experimental Science.* Bd. 1, S. 698–704.
[28] Ebd., S. 710–716. Bibl. Nat., Ms Lat. 17868, Blatt 1r–12v.
[29] *Aye d'Avignon.* Droz, Genève 1967. Vers 2562.
[30] Vgl. Lynn Thorndike: *A History of Magic and Experimental Science.* Bd. 1, S. 661–666.
[31] *Picatrix* entspricht dem arabischen *Buqratis.* Er wurde Al Majriti zugeschrieben, und man diskutiert noch über eine mögliche lateinische Version, die vor der spanischen Übersetzung existiert hätte. Die ältesten lateinischen Manuskripte datieren vom 14. Jahrhundert und beziehen sich auf den spanischen Text. Zu diesem Problem vgl. David Pingrees Einleitung zur lateinischen Version: *Picatrix, the Latin Version of the Ghayat Al-Hakim.* The Warburg Institute, University of London, London 1988.
[32] Vgl. S. 187ff.
[33] Lynn Thorndike: *The Place of Magic in the Intellectual History of Europe.* S. 18.
[34] Hans Biedermann: *Handlexikon der magischen Künste, von der Spätantike bis zum 19. Jahrhundert.* Akademische Druck- und Verlagsanstalt. Graz 1986. S. 23. Vgl. auch Migne PL Bd. 41, Sp. 669; Lynn Thorndike: *A History of Magic and Experimental Science.* Bd. 1, S. 674.
[35] Die üblichen Entsprechungen sind: Widder/Kopf, Stier/Hals, Zwillinge/Arme und Schultern, Krebs/Brust, Löwe/Seiten, Jungfrau/Bauch, Waage/Gesäß, Skorpion/Geschlechtsteil, Schütze/Oberschenkel, Steinbock/Knie, Wassermann/Beine, Fische/Füße.

[36] Rusio: *Moralia sive notabilia*, in: Guy Beaujouan/Yvonne Poulle-Drieux/Jeanne-Marie Dureau-Lapeysonnie: *Médecine humaine et vétérinaire à la fin du Moyen Age*. S. 73.
[37] *Ordonnances des Rois de France*. Imprimerie royale, Paris 1723–1847. Bd. 16, S. 470.
[38] Symon de Pharès: *Recueil des plus célèbres astrologues et quelques hommes doctes*. S. 262.
[39] *Concordantia astronomie cum theologia. Concordantia astronomie cum hystorica narratione. Et elucidarium duorum precedentium*. E. Ratdolt, Augusta Vindelicorum 1490. Kap. 60.
[40] Symon de Pharès: *Recueil des plus célèbres astrologues et quelques hommes doctes*. S. 187. Die Sonnenfinsternis fand am 11. der Kalenden des Juli statt, am Ende der Zwillinge. Es handelt sich also dem antiken Kalender entsprechend um den 21. Juni und nicht um den 11. Juli, wie Saintyves glaubte. Das Jahr wird nur indirekt genannt: «Das war der Beweggrund in diesem Jahr für die Hochzeit zwischen Ludwig und der Tochter des Kaisers von Spanien, die in Orléans 1154 gefeiert wurde.»
[41] Gervasius Cantuarensis: *Opera historica*. Longman, London 1879–1880. Bd. 1, S. 334–335.
[42] Maimonides: *Le Guide des égarés suivi du Traité de huit chapitres*. 2. Buch, Kap. 3–12.
[43] Lynn Thorndike: *A History of Magic and Experimental Science*. Bd. 2, S. 323.
[44] *Summa contra Gentiles*, III, q. 82–88.
[45] *Summa theologica*, P. I Q. 115 A. 4 und P. II, 1 Q. 9 A. 5.
[46] Claude Ptolémée: *Tetrabiblos*. Vernal, Lebaud 1986. S. 98–99.
[47] Claude Ptolémée: *Les Cent Sentences astrologiques*. Chacornac, Paris 1938. «Wer das Wesen der Sterne kennt, kann ihre schlechten Wirkungen leicht verhindern, denn er weiß, wie er sich vor ihrem bösen Einfluß hüten kann, ehe dieser zur Geltung kommt.» S. 16. – «Der geschickte und weise Astrologe kann gegen die Auswirkungen des Himmels kämpfen, genau wie der erfahrene Pflüger die schlechte Beschaffenheit eines Feldes bekämpft, indem er es pflegend verbessert.» S. 17.
[48] Iamblichos: *Les Mystères d'Egypte*. Belles Lettres, Paris 1989. S. 199–202.
[49] *Summa theologica*, P. II, 2 Q. 95 A. 5.
[50] Raymond Llull: *Traité d'astrologie*. Stock-Moyen Age, Paris 1988. S. 173–195.
[51] Jean Gerson: Œuvres complètes. Bd. 10, S. 90.
[52] Symon de Pharès: *Recueil des plus célèbres astrologues et quelques hommes doctes*. S. 249.
[53] Jean Gerson: Œuvres complètes. Bd. 10, S. 90–109.
[54] *De respectu coelestium siderum* und *Contra superstitiosam dierum observantiam*.
[55] Jean Gerson: Œuvres complètes. Bd. 10, S. 79.
[56] *Malleus maleficorum*. S. 305.

DRITTER TEIL: DIE SOZIALE INTEGRATION

1. Magie und Medizin

[1] Eliphas Lévi: *Histoire de la Magie, avec une exposition claire de ses procédés, de ses rites et de ses mystères*. Imago, Paris 1983. S. 303.
[2] J. H. G. Grattan/Charles Singer: *Anglo-saxon magic and medicine*. S. 24.
[3] Ebd., S. 9.
[4] Lynn Thorndike: *A History of Magic and Experimental Science*. Bd. 1, S. 550–575.
[5] Guy Beaujouan/Yvonne Poulle-Drieux/Jeanne-Marie Dureau-Lapeyssonnie: *Médecine humaine et vétérinaire à la fin du Moyen Age*. S. 130–133.
[6] Vgl. J. H. G. Grattan/Charles Singer: *Anglo-saxon magic and medicine*. S. 152–157.
[7] Ebd., S. 107.
[8] Marcellus Empiricus: *De medicamentis liber*. Teubner, Leipzig 1889. S. 89.
[9] Man glaubte, diesen geheimen Namen in Angerona und in Flora zu finden, aber die antiken Autoren, die ihn erwähnen, kennen ihn selbst nicht.
[10] Marcellus Empiricus: *De medicamentis liber*. S. 89.
[11] «Ich beschwöre euch, böse Würmer, beim Vater und beim Sohn und beim Heiligen Geist, beim Engel der Majestät und bei den Stimmen aller Heiligen, damit ihr keine Macht habt, eurem Diener/eurer Dienerin N. zu schaden.» (N. = Name des/der Kranken) In: Jean Haust: *Médicinaire liégeois du XIIIe siècle*. S. 100. Eine Formel gegen den Krebs, sie mußte gegen Osten gesprochen werden und war mit einem imposanten Zeremoniell und einigen christlichen Gebeten verbunden.
«Ich beschwöre dich, Pferderotz, bei der heiligen Maria und dem, der von ihr geboren wurde, niemals mehr hier zu weilen.» In: Guy Beaujouan/Yvonne Poulle-Drieux/Jeanne-Marie Dureau-Lapeyssonnie: *Médecine humaine et vétérinaire à la fin du Moyen Age*. S. 133.
[12] Wilhelm von Villiers war sich dessen bewußt, als er diese Beschwörungsformel einführte, und versicherte, daß sie für die Seele ungefährlich und mit dem katholischen Glauben vereinbar sei.
[13] Bibl. Nat., Ms lat. 3528, Blatt 119 r: «Anna hat Maria geboren, Maria hat Jesus geboren und Elisabeth Johannes den Täufer. Kind, komm heraus, denn Jesus ruft dich zur Taufe.» Ähnlicher Zauberspruch in Jean Haust: *Médicinaire liégeois du XIIIe siècle*. S. 95.
[14] Bibl. Nat., Ms lat. 7137, Blatt 202 v. Vgl. Jean Claude Bologne: *La naissance interdite*. S. 113.
[15] Bibl. Nat., Ms lat. 3269, Blatt 84 v: «Im Namen des Vaters, des Sohnes und des Heiligen Geistes, Amen. Gaston hat Myrrhe gebracht, Nestor hat Weihrauch gebracht, Balthasar bringt Gold.»
[16] «Der heilige Nazar, die heilige Thekla und die heilige Aquila saßen am Meer. Die heilige Thekla sagte: Gehen wir! Der heilige Nazar sagte: Gehen wir! Die heilige Aquila sagte: Dieser Fleck – er mag weiß, rot oder schwarz sein – soll aus dem Auge von N. verschwinden!» Jean Haust: *Médicinaire liégeois du XIIIe siècle*. S. 99.
[17] Bibl. Nat., Ms lat. 3528, Blatt 118 r. Vgl. ebd., S. 99.

[18] Guy Beaujouan/Yvonne Poulle-Drieux/Jeanne-Marie Dureau-Lapeyssonnie: *Médecine humaine et vétérinaire à la fin du Moyen Age*. S. 132.
[19] Jean Haust: *Médicinaire liégeois du XIIIe siècle*. S. 99, 123, 117.
[20] Bibl. Nat., Ms lat. 3269, Blatt 85 v.
[21] Marcellus Empiricus: *De medicamentis liber*. S. 111.
[22] Ebd., S. 110.
[23] Ebd., S. 110.
[24] Bibl. Nat., Ms Fr. 1319, Blatt 59 r. Jean Haust: *Médicinaire liégeois du XIIIe siècle*. S. 121.
[25] Lynn Thorndike: *A History of Magic and Experimental Science*. Bd. 1, S. 726.
[26] A = 1, B = 2, R = 100, X = 60, S = 200. Eine gnostische Tradition besagt, es gebe 365 Himmel wie 365 Tage, und Abraxas wird einer der Namen Gottes. Vgl. Hans Biedermann: *Handlexikon der magischen Künste, von der Spätantike bis zum 19. Jahrhundert*. S. 19.
[27] Bibl. Nat., Ms lat. 3269, Blatt 85 v.
[28] Bibl. Nat., Ms lat. 3269, Blatt 85 v. Bibl. Nat., Ms Fr. 1319, Blatt 59 r. Jean Haust: *Médicinaire liégeois du XIIIe siècle*. S. 99.
[29] Jacques-Auguste-Simon Collin de Plancy: *Dictionnaire des sciences occultes avec le dictionnaire infernal*.
[30] Bibl. Nat., Ms lat. 3269, Blatt 84 v bis Blatt 85 v.
[31] Vgl. Danièle Jacquart/Claude Thomasset: *Sexualité et Savoir médical au Moyen Age*. Presses Universitaires Françaises, Paris 1985. S. 70–72.
[32] Marcellus Empiricus: *De medicamentis liber*. S. 151. J. H. G. Grattan/Charles Singer: *Anglo-saxon magic and medicine*. S. 185.
[33] J. H. G. Grattan und Charles Singer bringen mehrere pythagoreische Kreise aus dem Hochmittelalter (vgl. S. 41), erklären aber nicht, wie sie funktionieren. Wir geben ein Beispiel im Anhang.
[34] Bartholomaeus anglicus: *De Genuinis rerum coelestium, terrestrium et infernarum proprietativus libri XVIII*. Richter, Frankfurt 1609. Buch 9, Kap. 20. – Listen der «dies egipciales» gibt es zum Beispiel in: Bibl. Nat., Ms lat. 7138, Blatt 11 r; Bibl. Nat., Ms lat. 2825, Blatt 126 v und Blatt 128 r.
[35] Jean Haust: *Médicinaire liégeois du XIIIe siècle*. S. 124, 129–130.
[36] *Guilielmi Alverni episcopi Parisiensis Opera omnia*. S. 999.
[37] Ernest Wickersheimer: *Dictionnaire biographique des médecins en France au Moyen Age*. Droz, Genève 1979. Vgl. auch Danièle Jacquart: *Le Milieu médical en France du XIIe au XVe siècle*. Droz, Paris 1981. S. 41–47.
[38] Guy Beaujouan/Yvonne Poulle-Drieux/Jeanne-Marie Dureau-Lapeyssonnie: *Médecine humaine et vétérinaire à la fin du Moyen Age*. S. 133.
[39] Ebd., S. 124–133.
[40] Ebd., S. 283.

2. Aberglaube und Religion

[1] Schauen wir doch einfach Guillaume de Nangis: *Chroniques* nach: 1138 Auferweckung eines Toten durch den heiligen Malachias; 1148 erscheint statt einer Hostie

ein Kind; 1160 Wunder in der Kirche Notre-Dame de Rocamadour; 1181 erneut eine wunderbare Verwandlung einer Hostie; 1198 Auferweckung eines Toten, Verwandlung des Weins in Blut anläßlich einer Messe; 1271 Wunder auf dem Grab des heiligen Ludwig; 1322 Wunder auf dem Grab des Grafen von Lancaster ...

[2] Odo von Cluny: *Vita Geraldi*. Beispiele zitiert in Joseph-Claude Poulin: *L'Idéal de sainteté dans l'Aquitaine carolingienne*. Presses de l'Université, Laval 1975. S. 113–115.

[3] Peter Brown: *Le Culte des saints, son essor et sa fonction dans la chrétienté latine*. Cerf, Paris 1984.

[4] Ebd., S. 14–18.

[5] Origenes: *Contra Celsum* I, 38, 68, 71; II, 32, 48; III, 1, 52; VI, 40; VIII, 9. Tertullian: *Apologeticus*, Kap. 21. Augustinus: *De consensu Evangelistorium* I, 9–11.

[6] Migne PG Bd. 1, Sp. 1308.

[7] Lactantius: *Divinae institutiones* V, 3.

[8] Augustinus: *De Civitate Dei* X, 8–16.

[9] Origenes: *Kommentar zum Johannesevangelium* II, 34, 204. Die Stellen werden zitiert von Marc van Uytfanghe, vgl. *Hagiographie, cultures et sociétés*. Etudes augustiniennes, Paris 1981. S. 255. Der Artikel von Marc von Uytfanghe entwickelt die in diesem Abschnitt zusammengefaßten Ideen.

[10] Hieronymus: *Contra Vigilantium* in: Migne PL Bd. 23, Sp. 339–352. Vgl. *Hagiographie, cultures et sociétés*, S. 211.

[11] Migne PL Bd. 142, Sp. 1360. Vgl. Joseph-Claude Poulin: *L'Idéal de sainteté dans l'Aquitaine carolingienne*. S. 112.

[12] Guillaume de Nangis: *Chroniques*. Bd. 2, S. 135–139.

[13] Vgl. Peter Brown: *Le Culte des saints, son essor et sa fonction dans la chrétienté latine*. S. 20.

[14] Joseph-Claude Poulin: *L'Idéal de sainteté dans l'Aquitaine carolingienne*. S. 111.

[15] Vgl. *Acta Sanctorum* zum 12. September.

[16] Jacques de Voragine: *La Légende dorée*. Garnier-Flammarion, Paris 1967. Bd. 1, S. 73–75.

[17] «In Gottes Liebe singen wir den Heiligen, die eine große Liebe zu ihm haben, und jetzt ist der rechte Augenblick, und es ist gut, daß wir dem heiligen Léger singen.» (*Vie de Saint Léger*, 10. Jahrhundert.)

[18] «Diese Geschichte ist eine angenehme Gnade und ein hoher Trost für jede geistige Erinnerung, für die, die rein und keusch leben und würdig die Freuden des Himmels erleben in jungfräulicher Hochzeit.» (*Vie de Saint Alexis*, 11. Jahrhundert.)

[19] «Tod, wenn du die zu singen lehrst, die über die Liebe singen und sich wegen Eitlem rühmen, wie jene, die dich entzücken, weil sie das Zeitliche verlassen und du sie nicht besiegen kannst ...» (*Vers de la mort* von Helinan von Froidemont, 12. Jahrhundert.)

[20] Die Romanschreiber brüsten sich systematisch, sie erzählten eine «gute Geschichte», die «beste Geschichte», eine «wunderschöne Sammlung» ...

[21] Denis Piranus: *Vie de Saint-Edmund le roi*. Göteborg 1935. Verse 60–64.

[22] «Denn die Ritter, Prinzen und hohen Herren lieben Lachen, Geschichten, Lieder, Fabeln und Scherze mehr als das Leben der Heiligen, lange Reden und Predigten. Sie wünschen Musik, schöne Kleider, breite Bordüren mehr als Beispiele und gute Worte

des Evangeliums. Gottes Wort ist ihnen gleichgültig, diesen hohen Herren und hohen Damen.» – Alle Beispiele stammen aus den *Miracles de Nostre Dame* und wurden von Isabelle Duvivier zusammengestellt für ein noch nicht veröffentlichtes Buch über Gautier de Coincy.

[23] «Ich will euch erfreuen mit der Erzählung eines Wunders.» – «Um euch zu zerstreuen und meinen Kopf zu trösten.»

[24] «Sie halten für Fabeln und Märchen die hohen Wunder, die man ihnen erzählt.» – «Wenn sie nicht wagen, die Muttergottes zu tadeln, sagen jene, die voller Gift sind, die Wunder seien nicht wahr und nicht echt. Um alle Hindernisse wegzuräumen, sagen sie, es sei alles eine apokryphe Schrift.»

[25] Vgl. *Hagiographie, cultures et sociétés*. S. 220–221. Marc van Uytfanghe versucht Perioden festzustellen, in denen die wundergläubigen beziehungsweise die wunderablehnenden Strömungen vorherrschen. Das Mißtrauen sieht er in der Spätantike, das Wunder wird dann im 6. und 7. Jahrhundert wieder wichtig (vor allem durch Gregor von Tours), aber die Autoren des 7. und 8. Jahrhunderts lehnen allzu «folkloristische» Wunder ab. Nach dem Jahre 850 gewinnt die wundergläubige Strömung wieder an Wichtigkeit.

[26] *B. Alberti Opera omnia*. Bd. 27, S. 156.

[27] *Guilielmi Alverni episcopi Parisiensis Opera omnia*, S. 72.

[28] Henri-Charles Léa: *Histoire de l'inquisition au Moyen Age*. Société nouvelle de librairie et d'édition, Paris 1900. Bd. 1, S. 240.

[29] *Les Evangiles des quenouilles*. S. 100.

[30] Migne PL Bd. 189, Sp. 1255–1267.

3. Das Irrationale und die Wissenschaft

[1] *Aye d'Avignon*, Verse 2005–2013. Der Saphir verleiht nach Albert dem Großen dem Menschen Keuschheit, auch der Chalzedon hat nach Hildegard von Bingen diese Macht, zwei Beispiele unter vielen.

[2] Ebd., Verse 2425–2428. Der Achat und der Hahnenstein (ein durchsichtiger Edelstein, den man im Kehllappen des Hahns findet) haben auch nach Marbods *Liber lapidum* diese Macht. Migne PL Bd. 171, Sp. 1741–1742.

[3] Joan Evans: *Magical Jewels of the Middle Ages and the Renaissance, particularly in England*. Clarendon Press, Oxford 1922. S. 113.

[4] Migne PL Bd. 171, Sp. 1757–1758.

[5] Migne PL Bd. 197, Sp. 1247.

[6] *Obras medicas de Pedro Hispano*. Por ordem da Universidade, Coimbre 1973. S. 273.

[7] Jean Haust: *Médicinaire liégeois du XIIIe siècle*. S. 116.

[8] *B. Alberti Opera omnia*. Bd. 5, S. 44.

[9] Migne PL Bd. 171, Sp. 1740–1746.

[10] Joan Evans: *Magical Jewels of the Middle Ages and the Renaissance, particularly in England*. S. 120.

[11] Migne PL Bd. 171, Sp. 1769–1770.

[12] *Apokalypse* 21,19–20: Jaspis, Sardonyx, Topas, Saphir, Sarder, Chrysopras, Chalzedon, Chrysolith, Hyazinth, Smaragd, Beryll, Amethyst. – Ich zitiere aus den mittelalterlichen Lapidarien; die Übersetzung aus dem Hebräischen und Lateinischen ist bei den Edelsteinen schwankend, und die modernen Bibeln geben die Listen etwas anders wieder.

[13] *Exodus* 28,17–20. Der Priesterschurz hat vier Reihen zu je drei Steinen: Sardonyx, Topas, Smaragd; Karfunkel, Saphir, Jaspis; Ligurer, Achat, Amethyst; Chrysolith, Onyx, Beryll. – Auch hier zitiere ich aus Lapidarien.

[14] Aufgezählt im *Libellus de Corona Virginis* in: Migne PL Bd. 96, Sp. 285–318: Topas, Sarder, Chalzedon, Saphir, Achat, Jaspis, Karfunkel, Smaragd, Amethyst, Chrysolith, Chrysopras, Beryll. – Diese Steine sind der *Apokalypse* und dem Buch *Exodus* entliehen.

[15] *Ezechiel* 28,13: «In Eden warst du, im Garten Gottes, umgeben von Mauern aus Edelsteinen jeder Art, aus Sardonyx, Topas und Jaspis, Chrysolith, Beryll und Onyx, Lazulith, Karfunkel und Smaragd.» – Gregor der Große versteht diesen Satz als Hinweis auf die neun Ränge der Engel. Vgl. Migne PL Bd. 76, Sp. 1250. – Diese Steine finden sich auch in anderen Aufzählungen, werden aber in den christlichen Lapidarien nicht weiter erklärt.

[16] Alle diese Beispiele stammen aus dem christlichen Lapidarium in Versen (vgl. Léopold Pannier: *Lapidaires français du Moyen Age*. Vieweg, Paris 1882. S. 283–285); das letzte Beispiel stammt aus dem Lapidarium in Prosa (ebd., S. 293).

[17] Migne PL Bd. 171, Sp. 1770.

[18] Joan Evans: *Magical Jewels of the Middle Ages and the Renaissance, particularly in England*. S. 228.

[19] Migne PL Bd. 197, Sp. 1247–1249.

[20] Ebd., Sp. 1262.

[21] Joan Evans: *Magical Jewels of the Middle Ages and the Renaissance, particularly in England*. S. 83.

[22] Ebd., S. 105.

[23] *Obras medicas de Pedro Hispano*. S. 235, 261, 265.

[24] Marie de France: *Eliduc*, Verse 1046–1053.

[25] Guillaume de Lorris et Jean de Meung: *Le Roman de la Rose*, Verse 16021–16031.

[26] Richard de Fournival: *Le Bestiaire d'amour, suivi de la réponse de la dame*. Slatkine, Paris 1969. S. 29, 8.

[27] Ebd., S. 60.

[28] *Le livre de Marc Pol*. Didot, Paris 1865. S. 161–162. – Es ist Surficar, der Direktor der Bergwerke von Kubilaï-Khan, der ihm persönlich die Förderung und Behandlung von Asbest erklärt.

[29] Vgl. Claude Lecouteux: *Les Nains et les Elfes au Moyen Age*. S. 47. – Schon Isidor von Sevilla (Migne PL Bd. 82, Sp. 566) hat erklärt, daß dieser Stoff aus Asbeststein und nicht aus Salamanderhaut gewonnen wird.

[30] Pierre Braun: *La Sorcellerie dans les lettres de rémission de Trésor de Chartres*. S. 267.

[31] Ebd., S. 267.

[32] Jean Haust: *Médicinaire liégeois du XIIIe siècle*. S. 117, 652.

[33] Henry Institoris/Jacques Sprenger: *Le Marteau des sorcières*. S. 419.

[34] Alle Reisenden erwähnen diese Völker von Ungeheuern, die aus der antiken Geographie stammen und von Plinius beschrieben wurden. Erschöpfend erfaßt hat sie Claude Lecouteux: *Les monstres dans la littérature allemande aus Moyen Age, contribution à l'étude du merveilleux médiéval.* S. 74–90. – Eine typologische Klassifizierung findet sich in Claude Kappler: *Monstres, Démons et Merveilles à la fin du Moyen Age.* Payot, Paris 1980, S. 120–183.

[35] Claude Kappler vermittelt in seinem eben erwähnten Werk (S. 185–204) die Rolle der Sprache und des Bildes beim Entstehen der Ungeheuer.

[36] Vgl. *Bestiaire d'Oxford.* Club du Livre, Paris 1984. Vgl. auch Claude Lecouteux: *Les monstres dans la littérature allemande au Moyen Age, contribution à l'étude du merveilleux médiéval.* S. 91–126.

[37] Brunet Latin: *Li livres dou Trésor.* Imprimerie Nationale, Paris 1863. S. 189.

[38] *Le Livre de Marc Pol.* Kap. 73. – Marco Polo hat die Große Mauer mehrmals überquert, spricht aber an keiner Stelle davon, was die Kommentatoren erstaunte, ja bei ihnen Zweifel an der Wirklichkeit seiner Reise aufkommen ließ. Er glaubte, daß die Länder von Gog und Magog in der Provinz Tanduk, Mongolei, liegen würden; er brachte sie mit Ung und Mugul in Verbindung. Die mittelalterlichen Karten zeigen an dieser Stelle und mit diesem Namen die Mauer, die die beiden legendären Völker umschloß. – In der Bibel (*Ezechiel* 38 und 39) war Gog König von Magog. Eine apokryphe Legende machte aus ihnen zwei verfeindete Völker, die Alexander in einer sehr großen Einfriedung einsperrte.

[39] Guillaume de Nangis: *Chroniques.* Bd. 1, S. 15.

[40] Migne PL Bd. 71, Sp. 951–952.

[41] Eine Verleumdung des Pseudo-Fredegar im 7. Jahrhundert (Migne PL Bd. 71, Sp. 579): Merowech wird von einem den Wogen entstiegenen «Minotaurus» gezeugt, als seine Mutter im Meer badet.

[42] Claude Ptolémée: *Tetrabiblos.* S. 110–111.

[43] Claude Lecouteux: *Les monstres dans la littérature allemande au Moyen Age, contribution à l'étude du merveilleux médiéval.* S. 224.

[44] Ebd., S. 174.

[45] Ebd., S. 157, 169, 178. Vgl. auch Claude Kappler: *Monstres, Démons et Merveilles à la fin du Moyen Age.* S. 21, 223–233.

[46] Er kommt bei Vergil, Solinus, Strabo und anderen vor.

[47] Migne PL Bd. 41, Sp. 971.

[48] Marie de France: *Bisclavret,* Vers 4.

[49] *Les Evangiles des quenouilles,* S. 143.

[50] Anne Paupert: *Les fileuses et le Clerc, une étude des «Evangiles des quenouilles».* Champion, Paris 1990. S. 212.

VIERTER TEIL: DIE AUSSCHLÜSSE

1. Weiße oder Schwarze Magie?

[1] *La Clef d'Amors*. Halle 1890. Verse 1313–1328.

[2] Chrétien de Troyes: *Cligès*. Verse 3117, 5249–5269. – Vgl. *1. Korintherbrief* 7, 9: Thessalien gilt in der Antike als zentrales Gebiet der Magie.

[3] Herbert: *Li romans de Dolopathos*. Vers 4016.

[4] Pierre Braun: *La sorcellerie dans les lettres de rémission du Trésor de Chartres*. Bd. 2, S. 268.

[5] Migne PL Bd. 125, Sp. 717.

[6] Alle Verfahren, für die in den Anmerkungen keine eigene Quelle angegeben ist, stammen von Burchard (Migne PL, Bd. 141, Sp. 972–976) und von *Des Frater Rudolfus Buch «De officio Cherubyn»*.

[7] *Les Evangiles des quenouilles*, V, 1; ursprüngliche Fassung: III, 5.

[8] Pierre Braun: *La sorcellerie dans les lettres de rémission du Trésor de Chartres*. Bd. 2, S. 266.

[9] Marcellus Empiricus: *De medicamentis liber*. S. 347.

[10] Maimonide: *Le Guide des égarés, suivi du Traité des huit chapitres*. S. 537.

[11] Migne PL Bd. 141, Sp. 961.

[12] Lynn Thorndike: *A History of Magic and Experimental Science*. Bd. 2, S. 780–781.

[13] Migne PL Bd. 87, Sp. 528.

[14] *Le Journal du médecin*, Dossier Nr. 546, S. 22–23.

[15] Migne PL Bd. 141, Sp. 961.

[16] Emmanuel Le Roy Ladurie: *Montaillou, un village du Languedoc*. S. 465.

[17] *Des Frater Rudolfus Buch «De officio Cherubyn»*. S. 428–430.

[18] Ebd.

[19] Jacques Annequin: *Recherches sur l'action magique et ses représentations: Ier et IIe siècle après Jésus-Christ*. Belles Lettres, Paris 1973. S. 19.

[20] *Chanson de Roland*, Verse 2346–2348.

[21] Jean Haust: *Médicinaire liégeois du XIIIe siècle*. S. 96.

[22] Guy Beaujouan/Yvonne Poulle-Drieux/Jeanne-Marie Dureau-Lapeyssonnie: *Médecine humaine et vétérinaire à la fin du Moyen Age*. S. 184. – Wenn man Arepo als Eigennamen auffaßt, lautet die wörtlichste Übersetzung: «Der Säer Arepo hält seine Räder mit Mühe (mit Sorgfalt).»

[23] Bibl. Nat., Ms lat. 3269. Blatt 85 r.

[24] *Picatrix, the Latin Version of the Ghayat Al-Hakim*. S. 61.

[25] Jean-René Vieillefond: *Les Cestes du Julius Africanus*. Didier, Paris 1970, S. 42–49.

[26] Gewisse Zusammenstellungen schwankten am Anfang. Ich rufe die mittelalterlichen Entsprechungen in Erinnerung: Kupfer/Venus, Eisen/Mars, Zinn/Jupiter, Blei/Saturn, Silber/Mond, Gold/Sonne.

[27] *Picatrix, the Latin Version of the Ghayat Al-Hakim*. S. 61.

[28] Lynn Thorndike: *A History of Magic and Experimental Science*. Bd. 2, S. 788–790.

[29] *Guilielmi Alverni episcopi Parisiensis Opera omnia*. S. 998–999.

[30] *Liber secretorum Alberti magni.* Blatt B2 r/v. – Der Regenbogen ist die Schärpe der Götterbotin Iris.
[31] *Guilielmi Alverni episcopi Parisiensis Opera omnia.* S. 998.
[32] Robert-Léon Wagner: *«Sorciers» et «Magiciens», contribution à l'histoire du vocabulaire de la magie.* S. 99–100.
[33] *Liber secretorum Alberti Magni.* Antwerpen 1555. S. 141–142.
[34] Ebd., S. 186–187.
[35] Ich habe eine ähnliche Argumentationsweise der Medizinbücher in *La naissance interdite* behandelt.
[36] *Guilielmi Alverni episcopi Parisiensis Opera omnia.* S. 998–999.
[37] Migne PG Bd. 6, Sp. 1269–1272.
[38] *Liber secretorum Alberti magni.* S. 193–195, 203–204.
[39] *Summa contra Gentiles.* Lib. III, Kap. 101.
[40] *Picatrix, the Latin Version of the Ghayat Al-Hakim.* S. 5, 20.
[41] Jean Gerson: Œuvres complètes. Bd. 10, S. 88.
[42] *Das Wunder* in $E = Mc^2$.
[43] Ich habe in *La naissance interdite* die Theorien über zeitweilige Unfruchtbarkeit behandelt, die durch seelische «Unfälle» *(pathemata)* wie Wut oder Angst verursacht wird.
[44] *De physicis ligaturis* von Costa ben Luca (Qusta ibn Luqa), vgl. Arnald von Villanova: *Philosophi et medici opera omnia.* Spalte 619 ff.
[45] Diese ganze Argumentation stammt aus dem Buch von Costa ben Luca.
[46] *Summa contra Gentiles.* Lib. III, Kap. 103.
[47] Jacques Annequin: *Recherches sur l'action magique et ses représentations: Ier et IIe siècles après Jésus-Christ.* S. 23–24.
[48] *Liber secretorum Alberti magni.* S. 186–192.
[49] *Summa contra Gentiles.* Lib. III, Kap. 103–109.

2. *Die Hexerei oder das Auftauchen des Teufels*

[1] *Bulletin de la Société de l'histoire de France* von 1844. S. 87–100.
[2] Abel Rigaut: *Le Procès de Guichard, évèque de Troyes.* Picard, Paris 1986.
[3] *Picatrix, the Latin Version of the Ghayat Al-Hakim.* S. 164.
[4] Pierre Braun: *La sorcellerie dans les lettres de rémission du trésor de Chartres.* Bd. 2, S. 267.
[5] Ebd., S. 268.
[6] Verzauberungen mit Hilfe von Wachspuppen finden sich auf akkadischen Tafeln, auch Horaz und Ovid erwähnen sie. Der Louvre zeigt eine ägyptische Statuette, die offensichtlich für solche Praktiken verwendet worden ist.
[7] Pierre Braun: *La sorcellerie dans les lettres de rémission du trésor de Chartres.* Bd. 2, S. 268.
[8] Vgl. *Les lavandières de nuit*, eine Erzählung aus dem Berry, veröffentlicht von Laisnel de la Salle im Jahre 1875.
[9] *Picatrix, the Latin Version of the Ghayat Al-Hakim.* S. 155.

[10] Bibl. Nat., Ms lat.7337, S. 45–46.
[11] Robert-Léon Wagner: *«Sorciers» et «Magiciens», contribution à l'histoire du vocabulaire de la magie.* S. 60.
[12] Emmanuel Le Roy Ladurie: *Montaillou, un village du Languedoc.* S. 467, 579–580.
[13] Robert Muchembled: *Culture populaire et culture des élites dans la France moderne (XVe–XVIe siècles).* Flammarion, Paris 1978. S. 109–116.
[14] Jamblique: *Les mystères d'Egypte.* S. 147–155, 186–192.
[15] Robert-Léon Wagner: *«Sorciers» et «Magiciens», contribution à l'histoire du vocabulaire de la magie.* S. 49.
[16] Koran: Sure 21,82; Sure 34,12; Sure 38,37.
[17] *Guilielmi Alverni episcopi Parisiensis Opera omnia.* S. 81–89, 977–979.
[18] *Picatrix, the Latin Version of the Ghayat Al-Hakim.* S. 112–137.
[19] Norman Cohn: *Démonolâtrie et sorcellerie au Moyen Age: fantasmes et réalités.* S. 207–210.
[20] Charles Coquelin: *Bullarum, privilegiorum ac diplomatum amplissima collectio.* Mainard, Rom 1739–1857. Bd. 3, S. 194–195.
[21] Henry Institoris/Jacques Sprenger: *Le Marteau des sorcières.* S. 342–343.
[22] *Jesaja* 28,15.
[23] Die Elemente dieser beiden Abschnitte stammen großenteils von Pascal Texier: *Du pacte de Théophile au pacte du sorcier* in: *L'Histoire des faits de la sorcellerie, actes de la huitième rencontre d'histoire religieuse tenue à Fontevraud les 5 et 6 octobre 1984.* Presses de l'Université d'Angers, Angers 1985. S. 25–34.
[24] Walter Map: *De nugis curialium.* I, 30.
[25] Er spricht von den nächtlichen Treffen, bei denen die Frauen je nach Verdienst bestraft oder belohnt und die Kinder geopfert, dann aber wieder zum Leben erweckt und in ihre Wiege gelegt werden. Migne PL Bd. 199, Bd. 136.
[26] Migne PG Bd. 22, Sp. 819–882.
[27] Migne PL Bd. 210, Sp. 366.
[28] Timotheus, der über diese neue Dämonologie mit Teufeln, die einen materiellen Körper haben, höchst verblüfft ist, versucht Thrax zu beweisen, daß sie schon in antiken Texten vorgekommen sei. – Die Furcht vor dem Teufel brauchte im byzantinischen Reich des 11. Jahrhunderts noch die Untermauerung durch die Lehre.
[29] G. Mansius: *Sacrorum conciliorum nova et amplissima collectio.* Bd. 23, Sp. 414, Kan. 9.
[30] Henri-Charles Léa: *Histoire de l'Inquisition au Moyen Age.*
[31] Johannes Nider: *Formicarius.* S. 548.
[32] Norman Cohn: *Démonolâtrie et sorcellerie au Moyen Age: fantasmes et réalités.* S. 129–182, 120.
[33] Ebd., S. 12.
[34] Jean-Pierre Bayard: *Le Diable dans l'Art roman.* Ed. de la Maisnie, Paris 1982. Jeffrey Burton Russel: *Lucifer: The Devil in the Middle Ages.* Cornell University Press, Ithaca 1984. S. 129–158.
[35] Migne PL Bd. 142, Sp. 685 ff.
[36] Migne PL Bd. 189, Sp. 851–954.
[37] Bernard Pez: *Thesaurus anecdotorum novissimus.* Bd. 1, 2, Sp. 373–472.

[38] *Le Diable au Moyen Age*. Aix-en-Provence 1979. Nach Jean-Charles Payen wurde die neue Ethik des Inneren, die die Verantwortung des Individuums stärken sollte, durch die Gestalt des Teufels behindert, der für das Böse die Verantwortung übernahm.
[39] Ebd., S. 37–69.
[40] Migne PG Bd. 122, Sp. 851–852.
[41] Johannes Nider: *Formicarius*. S. 425–426. – Die Erwähnung Davids findet sich in *1 Samuel* 16, 14–22.
[42] Ebd., S. 427–428.
[43] Ebd., S. 429.
[44] Jean Froissart: *Chroniques*. Léon Mirot, Paris 1931. S. 170–181.
[45] Emmanuel Le Roy Ladurie: *Montaillou, un village du Languedoc*. S. 58.
[46] *Malleus maleficorum*. S. 2–3. Henry Institoris/Jacques Sprenger: *Le Marteau des sorcières*. S. 135.
[47] *Prêcher d'exemple. Récits de prédicateurs du Moyen Age*. Stock, Paris 1985. S. 54, 61.
[48] *Le Diable au Moyen Age*. S. 23–35.
[49] Nicola Eymeric: *Directorium Inquisitorium*. Rom 1578. S. 235–239.
[50] Ebd., S. 234–235.
[51] *Summa contra Gentiles*. Lib. III, Kap. 105.

3. Die Alchimie oder die Grenzen des Wissens

[1] Plinius: *Histoire naturelle*. I, 33, 79 (XII). Es handelt sich um eine einfache Technik (Schmelzen von Auripigment), die vielleicht keine direkte Beziehung zur Forschung der Alchimisten hatte. Der Kaiser gewann übrigens eine kleine Menge Gold, die zwar seinen Einsatz nicht vergütete, aber über deren Entstehung die Kommentatoren sich immer noch Fragen stellen.
[2] Murator: *Antiq. Ital.* Bd. 2, Sp. 376.
[3] Mircea Eliade berichtet nur schon für den Okzident über Beispiele der Verarbeitung von Meteoriten bei den Hethitern, den Kretern, den Ägyptern. Die Ägypter nannten das Eisen «biz-n.pt»: Metall vom Himmel.
[4] Mircea Eliade: *Forgerons et Alchimistes*. Flammarion, Paris 1956. S. 54. – Ich fasse hier die Forschungsergebnisse von Mircea Eliade zusammen.
[5] Ebd., S. 152ff.
[6] Gänzenmüller: *L'Alchimie au Moyen Age*. Marabout, Verviers 1974. S. 30–31.
[7] Barbara Obrist: *Les Débuts de l'imagerie alchimiste (XIVe–XVe siècle)*. Le Sycomore, Paris 1982. S. 21–31.
[8] Gänzenmüller: *L'Alchimie au Moyen Age*. S. 18–20. Lynn Thorndike: *A History of Magic and Experimental Science*. Bd. 1, S. 765–773.
[9] Marcelin Berthelot: *Collection des anciens alchimistes grecs*. Bd. 2.
[10] Barbara Obrist: *Les Débuts de l'imagerie alchimiste*. S. 40–48. Gänzenmüller: *L'Alchimie au Moyen Age*. S. 22.
[11] Thomas von Aquin: *Quia forma substantialis auri non est per colorem ignis quo utuntur alchimistae, sed per colorem solis in loco determinato, ubi viget virtus mineralis.*

[12] *Summa theologica* II, II, 77, 2.
[13] Jacques van Lennep: *Alchimie. Crédit communal de Belgique*, Bruxelles 1985. S. 311. Chiara Crisciani: *The conception of alchemy as expressed in the Pretiosa margarita novella of Petrus Bonus of Ferrara*. In: *Ambix* Nr. 20, 1973, S. 165–181.
[14] Guillaume de Lorris/Jean de Meung: *Le Roman de la Rose*, Verse 16065–16148.
[15] Dante: *Inferno*, 29. Gesang.
[16] Don Juan Manuel: *El conde lucanor*. Ebro, Zaragoza 1974. S. 50–53.
[17] Sebastian Brant: *La Nef des Fous*. S. 404.
[18] Geoffrey Chaucer: *The Canterbury Tales*. In: *The Complete Works of Geoffrey Chaucer*. Bd. 4. Clarendon Press, Oxford 1972. S. 433 ff.
[19] Ebd., S. 537 ff.
[20] Chiara Crisciani: *The conception of alchemy as expressed in the Pretiosa margarita novella of Petrus Bonus of Ferrara*. S. 175.
[21] *Theatrum chemicum Praecipuos selectorum auctorum tractatus de chemiae et lapidis philosophi antiquitate, veritate, jure, praestantia et operationibus*. Argentorati 1659. S. 112, 284.
[22] Gänzenmüller: *L'Alchimie au Moyen Age*. S. 75.
[23] Ebd., S. 75.
[24] Barbara Obrist: *Les Débuts de l'imagerie alchimiste*. S. 248.
[25] Francisco Ximenes: *Regiment de la cosa publica*. Barcelona 1927, S. 133–136.
[26] Bibl. Nat., Ms lat. 3171, Blatt 45 v – Blatt 50 r.
[27] J. Garcia Font: *Histoire de l'alchimie en Espagne*. Dervy-livres, Paris 1980. S. 176–177. Er gibt Astruc seinen katalanischen Namen «Estrucio».
[28] Vgl. Jacques van Lennep: *Alchimie*. S. 374–375. Gänzenmüller: *L'Alchimie au Moyen Age*. S. 89–94.
[29] Andrea de Rampinis: *In usus feudorum commentaria*. Frankfurt 1598. S. 743.
[30] Oldrado da Ponte: *Consilia, seu Respona, & Quaestiones Aureae*. Frankfurt 1576. Blatt 35 r.
[31] Gänzenmüller: *L'Alchimie au Moyen Age*. S. 78.
[32] In: *Theatrum chemicum*. Bd. 3, S. 284, 278.
[33] Ebd., Bd. 3, S. 1.
[34] In: J. Garcia Font: *Histoire de l'alchimie en Espagne*. S. 147.
[35] Gänzenmüller: *L'Alchimie au Moyen Age*. S. 71–72.
[36] Chiara Crisciani: *The conception of alchemy as expressed in the Pretiosa margarita novella of Petrus Bonus of Ferrara*. S. 165–181.
[37] Barbara Obrist: *Les Débuts de l'imagerie alchimiste*. S. 248–249.

[1] Augustinus: *In Johannis Evangelium.* Migne PL Bd. 35, Sp. 1630.
[2] Migne PL Bd. 178, Sp. 1351.
[3] Migne PL Bd. 76, Sp. 1197.
[4] Berühmte Unterscheidung zwischen wesensgleich und wesensähnlich nach dem Konzil von Nizäa. Sie zeigt den Widerstand der Arianer gegen die Wesensgleichheit zwischen Vater und Sohn.
[5] Vgl. Jean Markale: *Le christianisme celtique et les survivances populaires.* Imago, Paris 1983, S. 83 ff., 136–139.
[6] Franco Cardini: *Magia, stregoneri, superstizioni nell'Occidente medievale.* S. 23.
[7] Vgl. die Beziehungen zwischen der Feudalstruktur und dem Teufelspakt im Artikel von Pascal Texier (in: *L'Histoire des faits de la sorcellerie.* S. 25–34), zwischen der Feudalstruktur und den Erscheinungen der Toten im Artikel von Jean-Claude Schmitt (*Les revenants dans la société féodale*).
[8] Zum Beispiel die Mythologie des Drachen, der zum Emblem der Stadt und zum Symbol ihres Wachstums wird. Vgl. Jacques Le Goff: *Pour un autre Moyen Age.* S. 274–276.
[9] Fourier: *Le courant réaliste dans le roman courtois en France au Moyen Age.* Nizet, Paris 1960, S. 22–27.
[10] Pierre Abélard: *Historia calamitatum.* Vrin, Paris 1967. S. 82–83.
[11] Migne PL Bd. 199, Sp. 461.
[12] Vgl. Jean Larmat: *Paganisme, incroyance, hérésie et déviances dans la littérature française des XIIe et XIIIe siècles.* In: *Razo* 8, 1988, S. 75 ff.
[13] Vgl. Robert-Léon Wagner: *«Sorciers» et «Magiciens», contribution à l'histoire du vocabulaire de la magie.* S. 101.
[14] Migne PL Bd. 183, Sp. 519.
[15] Die Bulle *Summis desiderantes affectibus* von Innozenz VIII. führt die Widerstände, denen die beiden Inquisitoren begegneten, im einzelnen auf. Vgl. Charles Coquelin: *Bullarum privilegiorum ac diplomatum amplissima collectio.* Band III, 3, S. 191.
[16] Migne PL Bd. 172, Sp. 1179.
[17] Claude Kappler: *Monstres, Démons et Merveilles à la fin du Moyen Age.* S. 20.
[18] Jean-Charles Payen: *Littérature française, Le Moyen Age I.* Arthaud, Paris 1970, S. 61.
[19] Sebastian Brant: *La Nef des Fous.* S. 245–251.
[20] Migne PL Bd. 172, Sp. 1178.
[21] In: Alfred Maury: *Croyances et Légendes du Moyen Age.* S. 141.
[22] In: *Cartes et Figures de la Terre.* Ed. du Centre Georges Pompidou, Paris 1980. S. 90–91.
[23] *Picatrix, the Latin Version of the Ghayat Al-Hakim.* S. 175.
[24] Anatole (der Osten), Dysis (der Westen), Arktos (der Norden), Mesembria (der Süden).
[25] Hildegard de Bingen: *Le Livre des Œuvres divines.* Albin Michel, Paris 1989. S. 49.

Die Tempelritter beschäftigen noch den modernen Menschen. Sie dienen als Hintergrund, wenn von Elite und Einsatz die Rede ist, aber auch, wenn von geheimer Weltordnung und über die eigentlichen Drahtzieher des Weltgeschehens spekuliert wird. Die Attraktion, die von den Templern ausgeht, hat den Orden um mehr als 600 Jahre überlebt.
Das Buch spürt der Faszinationskraft der Tempelritter nach: Immer wieder verstehen sich Menschen, Einzelgänger oder ganze Gruppen, als Nachfolger der Templer.

ALBATROS

368 Seiten
ISBN 978-3-491-96093-0

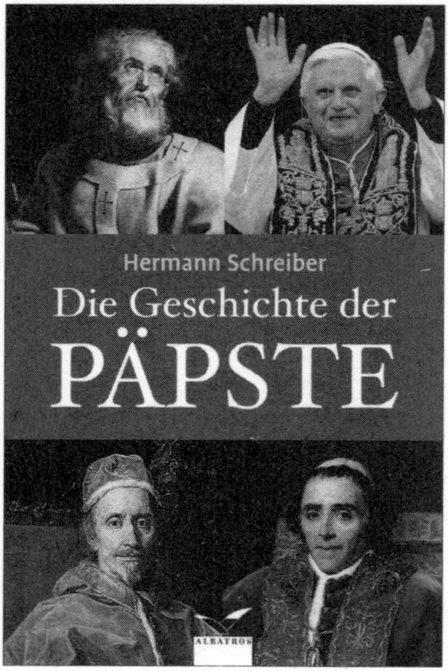

Amt und Institution des Oberhauptes der katholischen Kirche sind in Rom seit dem 4. Jahrhundert bezeugt. Mit dem Dictatus papae (1075) hat Papst Gregor VII. den Titel Papst für den Bischof von Rom und somit für den Stellvertreter Jesu Christi und das Oberhaupt der Gesamtkirche festgelegt.
Hermann Schreiber schildert in dieser aktualisierten Neuausgabe zweitausend Jahre Papstgeschichte: von den Anfängen in den Katakomben Roms bis hin zu den aktuellen Problemen, denen sich Benedikt XVI. gegenübersieht.

ALBATROS

448 Seiten
ISBN 978-3-491-96205-7